上海市社会科学创新研究基地/吴信训工作室

复旦新闻与传播学译库·新媒体系列

吴信训 何道宽 主编

媒介、社会与世界：
社会理论与数字媒介实践

Media, Society, World:
Social Theory and Digital Media Practice

[英]尼克·库尔德利 著
Nick Couldry

何道宽 译

復旦大學出版社

我们考察用的参考轴必须旋转,但那是围绕我们真实需求不动点的旋转。

——维特根斯坦,《哲学研究》,1978[1953]:46

目录

- 中文版序 ········· 001
- 译者序 ········· 001
- 前言 ········· 001

第一章 数字媒介与社会理论 ········· 001
第一节 媒介变革的暗喻 ········· 003
第二节 走向社会取向的媒介伦理 ········· 006
第三节 数字革命及其不确定性 ········· 008
一、什么是媒介,谁是媒介,媒介在哪里? ········· 011
二、我们用媒介做什么? ········· 015
三、媒介的运行还有经济活力吗? ········· 017
四、媒介机构的社会/政治地位正在发生什么样的变化? ········· 019
五、媒介在多大规模上产生影响? ········· 021
六、怎样才能用媒介生活得好? ········· 024
第四节 一个工具箱,几条指针 ········· 024

第二章 媒介实践 ········· 038
第一节 媒介研究的背景 ········· 040
第二节 社会理论的实践 ········· 042
第三节 媒介实践的多种类型 ········· 046
一、搜索与搜索能力的养成 ········· 047
二、展示和被显示 ········· 049
三、在场 ········· 051
四、归档 ········· 053

五、媒介习惯的复合体 …………………………………………… 054
　第四节　小结 ……………………………………………………………… 057

■ **第三章　作为仪式和社会形式的媒介** ……………………………………… 065
　第一节　媒介实践与社会秩序：一场重要的论战 ……………… 068
　第二节　作为仪式的媒介 ……………………………………………… 070
　　一、背景与基本概念 …………………………………………… 071
　　二、比较视角里的媒介中心神话 …………………………… 073
　第三节　媒介仪式的灵活性 ………………………………………… 075
　　一、模式化行为 …………………………………………………… 075
　　二、范畴的作用 …………………………………………………… 077
　第四节　媒介事件的平常化 ………………………………………… 080
　第五节　名流文化 ……………………………………………………… 082

■ **第四章　媒介对社会的隐性形塑功能** …………………………………… 090
　第一节　媒介权力的鲜明特征 ……………………………………… 091
　第二节　媒介权力的隐性伤痕 ……………………………………… 094
　　早期的洞见 …………………………………………………………… 095
　第三节　数字媒介有民主化功能吗？……………………………… 099
　第四节　媒介与公共话语的形塑 …………………………………… 102
　　一、名流现象与犯罪 …………………………………………… 104
　　二、搜索引擎的功能 …………………………………………… 106
　第五节　小结 ……………………………………………………………… 107

■ **第五章　网络化社会，网络化政治？** …………………………………… 114
　第一节　缺失的社会要素 ……………………………………………… 115
　第二节　数字媒介、政治与社会转型 ……………………………… 122
　　一、政治的两个要素：谁和什么 …………………………… 123
　　二、变化中的政治参与条件（政治的"为什么"）………… 127
　第三节　公共政治的新路径 …………………………………………… 130

第六章 媒介与资本和权威的转化 ……………………… 140
第一节 关于媒介化的辩论 ………………………………… 140
第二节 媒介、资本与权威 ………………………………… 144
 一、场域论和媒介的普遍影响 ………………………… 144
 二、媒介元资本和流行偶像 …………………………… 145
第三节 媒介和政治、教育、宗教及艺术的场域 …………… 148
 一、政治的媒介化 ……………………………………… 149
 二、教育、宗教及艺术的媒介化 ………………………… 152
 三、权威和机构容易渗透的空隙 ……………………… 156
第四节 小结 ………………………………………………… 157

第七章 媒介文化：一个正在展开的世界 …………………… 163
第一节 何为媒介文化？ …………………………………… 165
第二节 从需求视角看媒介文化 …………………………… 168
 一、经济需求 …………………………………………… 169
 二、族属需求 …………………………………………… 171
 三、政治需求 …………………………………………… 172
 四、被承认的需求 ……………………………………… 175
 五、信仰需求 …………………………………………… 177
 六、社会需求 …………………………………………… 178
 七、休闲需求 …………………………………………… 180
第三节 小结 ………………………………………………… 181

第八章 媒介伦理，媒介正义 ………………………………… 188
第一节 尚待开辟的路径 …………………………………… 190
 媒介伦理初探 ………………………………………… 193
第二节 媒介实践美德 ……………………………………… 196
 一、准确与诚信 ………………………………………… 196
 二、谨慎的美德 ………………………………………… 199

第三节　媒介不公 ……………………………………… 203
　　　一、媒介不公的研究路径 ……………………………… 204
　　　二、媒介不公的类型 …………………………………… 206
　　第四节　总结：围绕我们需求的不动点………………… 208

■ 参考文献 …………………………………………………… 218
■ 关键词中英文对照索引 …………………………………… 276
■ 译者后记 …………………………………………………… 313

中文版序

几个星期之后,我的《媒介、社会与世界》中文版即将问世,思之令人激动。该书凝聚了我15年思考媒介与权力关系和社会秩序的心得:我吸收社会理论,努力提出一套理论概念,以廓清这个错综复杂、令人困惑的媒介化世界。

在我们这个时代,媒介及其制度的性质正在剧变,这些变革对政治、社会和文化产生重大的影响;其影响涉及各个层次,直至全球规模。本书论述媒介如何推进人对"社会"和"世界"的贡献,这里所谓"世界",既是地缘政治世界,亦是人的经验世界;人的经验世界有时可能是非常局部的经验,但常常是本地和远方要素的混合。这些经验内容和界面谓之"媒介"。今天,媒介变革的某些方面几乎面目全非,与十年前迥然不同了;建设合法性媒介制度并使之为全社会"发声"的可行性,也发生了急剧变化。信息和媒介平台剧增,我们跨界迁徙的能力随之增强,广告的性质也受到深刻的影响。如此,支持媒介内容制度性生产的基本经济的要素,亦处在巨变之中;媒介变化的长远压力正在加剧,且不限于报业。这一切变革的性质是跨越国界的,由技术复制和模仿驱动,不受国界局限,因此,用国际视野思考媒介、社会与世界的关系势在必需。撰写本书的目的是促进围绕媒介、社会与世界关系的论辩,中文版的问世对促成这样的论辩,意义重大。

中国是社会体量最大的国家,它所面对的如何组织社会政治和媒介的关系问题也是最复杂的。因此,在思考媒介、社会与世界的关系时,中国就成了一个重要的参照点。但我得承认,自20世纪90年代中期至21世纪初的前几年间,中国并不在我思考问题的前列。我写书时身居英国,想要提出媒介制度权力的社会再生产的一般理论。不过,我也有意从事媒介研究的国际比较。我的田野工作基于英国,彼时的媒介研究以英语国家视野为主导,那种视野足以支撑我的研究:我不必关注自己论述的实用性是否有明确的国际例证。今天,我不必为本书的视野辩护,因为英语拥有"普世性"的观点是我和其他作者彼时的典型特征。然而实际上,我的"媒介仪式"理论(2003)已被用于中国"超级女声"(*Supergirl*)等媒介现象;此外,我的《媒介仪式的批判路径》(*Media Rituals: A Critical Approach*)正在被译成中文,即将在中国出版。令人高兴的是,媒介研究领域已经高度国际化,像我过去那样把特殊当作一般来论述不再可行了。

这一变革之所以发生,一定程度上是由于媒介研究领域重要成果的影响,例子有詹姆斯·柯兰和朴敏均(Min-Jyun Park)合著的《媒介研究的去西方化》(*De-Westernizing Media Studies*)和达雅·屠苏(Daya Thussu)的《媒介研究的国际化》(*Internationalizing Media Studies*)。但同样重要的是,一些底层因素也在起作用。首先,作为媒介研究的对象,民众流动的国际化日益强劲,阿荣·阿帕杜莱(Arjun Appadurai)称之为"民族景观"(ethnoscape)。其次,人们日常的媒介经验有一个明显的特征:人的意识范围大大超越了本地的范围甚至国家的边界。频仍的可怕事件(如"9·11"恐怖袭击)以及中国、日本、南亚等地的环境灾难造成了强大的冲击。同理,在许多不同的国家里,新传播技术比如手机的使用出现了类似的现象,因此,人们日益意识到新传播技术的重要性,并普遍感觉到万维网高效而无穷的链接功能。还有一个潜隐、见效略缓的原因:在21世纪的头十年里,媒介基础设施的根基剧变,且涉及许多维度,如果只从一个国家的视角来看问题,那就不足以把握正在发生的变革,也不足以了解外表虽变而实际照旧的现象。比如,如果你有志于研究博客,却不考虑其在韩国或伊朗的发展,岂不是很荒唐?因为在几个时间点上,博客在这两个国家的文化和政治生活中获得了显著的地位。同样,如果你有志于研究推特之类的微博客平台,却又忽视中国的微博,你就不可能是严谨的学者,因为在中国独特的政治语境中,微博的政治权重无与伦比,远超推特在西方的地位。

本书旨在探寻一条路子,以思考媒介与社会和世界的关系,我试图提出把握三者关系的社会理论;虽然写书的语境打上了英国的印记,但支撑这一理论的资讯是来自世界各地的例子,包括中国的例子。那就意味着,本书在其他国家被接受的情况至关重要,那是衡量其目标是否业已实现的指标。我以极大的兴趣期待中文版问世后的反响。

然而,之所以国际读者尤其中国读者对我至关重要,还有两个特别的原因。第一个原因和本书的主题有关:在人口众多的大型社会里,制度生产的大型媒体是否能维持其全民注意焦点的角色？是否能继续充当观照社会的"窗口"？换言之，我所谓的"媒介中心神话"是否还有长远的前途？如果其前途不佳，媒介化社会的社会政治将表现出前所未有的形式，比如，国家聚焦的政治就可能失去媒体确保的"显现的空间"(space of appearances，政治学家汉娜·阿伦特①语)。这些问题是英国和美国的问题，也是欧洲、美洲、中东、非洲和亚洲的问题，但媒介制度不确定的未来令人关注，在中国尤其如此，因为中国的国情是：市场与国家制度混合，政治机构复杂，较量激烈。本书不佯装为这些中国问题提供答案，然而，它提出了一些普遍有用的中程概念，第三章和第四章尤其如此；或许，这些概念有助于思考中国未来一二十年媒介制度发展的框架吧。

之所以将本书需要奉献给中国读者，那是因为它所强调的建构理解媒介的比较框架涉及许多方面，不限于我提出的理论概念。第二章描绘媒介实践的框架非常开放，许多日常生活中新近出现的与媒介相关的"实践"都在考察之列。这个框架借鉴了当代社会理论中的"实践理论"，我刻意使之非常开放以涵盖地理和历史的比较。

第七章为比较世界范围内的"媒介文化"提供了一个清晰的框架，其重要维度取自一个人类7种需求的范式。发展经济学家阿马蒂亚·森②论人类"能力"的重要成果给我启示，这个比较框架还取自我和安德利亚斯·赫普(Andreas Hepp)论"媒介文化"的著作(赫普执教于德国不莱梅大学)。同时我必须坦承，本章思想的主要启示来自邱林川③博士，那是他2009年在布里斯班宣讲的论文，他论述了中国农民工对信息和传播技术的需求。对我而言，那次经验犹如晴天霹雳，因为它使我们对媒介和信息环境的理解被颠覆了，我们开始思考，信息和传播技术的使用是由底层经济需求决定的。他的研究显示农民工的特殊生活环境：千里迢

---

① 汉娜·阿伦特(Hannah Arendt,1906—1975)，德裔美国政治学家、思想家，法兰克福学派代表人物之一，著有《极权主义的起源》《人的境遇》《精神生活》《康德政治哲学讲义》等。

② 阿马蒂亚·森(Amartya Sen,1933—)，印度经济学家、哲学家,1998年诺贝尔经济学奖得主，研究福利经济学，关注穷人，代表作有《技术选择》《集体选择与社会福利》《论经济不公平》《就业、技术与发展》《贫穷和饥荒》《选择、福利和量度》《资源、价值和发展》《商品和能力》《伦理学与经济学》《生活标准》《饥饿政治经济学》《再论不平等》《生活质量》《以自由看待发展》《理性与自由》《身份与暴力》等。

③ 邱林川，传播学博士、副教授，执教于香港中文大学，研究发展传播学、社会阶层与阶级、全球化及社会变迁，著有《新媒体事件研究》《移动通信与社会》《工人阶级的网络社会》等。

迢离乡背井外出打工。于是我想,"需求"应该是形塑世界上无数"媒介文化"的关键要素,这是底层需求的要素。

鼓励比较视野的兴趣还见诸最后一章,目的是反映建构全球媒介伦理的可能性,媒介伦理应该充分反映各个层次包括全球层次的媒介问题。这一章还思考建设媒介话语的可能性,有关媒介资源在全球范围内分布的公正和不公的问题,均在考虑之列。

以上几个方面显示,本书等待翻译成中文已有一段时间,我期待聆听这个中译本激起的论辩。我相信,如果有幸跟踪中译本的反响,不同意见的论辩将对我思考媒介、社会与世界产生重大的影响。

序文结束之际,容我感谢何道宽教授为本书的翻译所付出的辛勤劳动,是他把本书送达中国读者。同时,我要感谢复旦大学出版社的高效运作,感谢他们对本书的信赖。

最后要感谢的是我的朋友邱林川博士,不仅要感谢他在本书构想过程中给我的启示,已如上述,而且要感谢他的鼎力推荐,使中译本成为可能。

尼克·库尔德利
于伦敦经济政治学院
2003 年 11 月

译 者 序

一、作者译名和成就

Nick Couldry 的译名混乱,计有寇德瑞、库德瑞、柯尔迪三种。经请教 Couldry 本人,决定定名为尼克·库尔德利(他告诉我,其家姓读作 cool dry)。

库尔德利是英国传播学教授,执教于伦敦大学金匠学院。他主攻文化研究、媒介研究和媒介社会学,继承并弘扬了英国文化研究的传统,旗帜鲜明地批判新自由主义。他紧追学术前沿、思想新锐。在 15 年的学术生涯中,他推出的 8 种学术论著分别是:

1.《媒介仪式:批判路径》(*Media Rituals: A Critical Approach*)

2.《为何发声那么重要:新自由主义之后的文化与政治》(*Why Voice Matters: Culture and Politics After Neoliberalism*)

3.《媒介、社会与世界:社会理论与数字媒介实践》(*Media, Society, World: Social Theory and Digital Media Practice*)

4.《洞察文化:文化研究方法的再想象》(*Inside Culture: Reimagining the Method of Cultural Studies*)

5.《媒介权力的地位:媒介时代的朝觐者和目击者》(*The Place of Media Power: Pilgrims and Witnesses of the Media Age*)

6.《全球时代的媒介事件》(*Media Events in a Global Age*)

7.《媒介消费与公共参与:超越注意力的预设》(*Media Consumption and Public Engagement: Beyond the Presumption of Attention*)(合著)

8.《超越回声的聆听:不稳定世界里的媒介、伦理和中介》(*Listening Beyond the Echoes: Media, Ethics, and Agency in an Uncertain World*)(合著)

二、书名解析

《媒介、社会与世界》含三个关键词。作者对其作了如下解释。

"社会"还是那个常规意义:社会组织和社会生活的容器。不过,有些跨国界的人生活在几个"社会"里。

"世界"是我们生活的环境,大到地球这样大尺度的空间。

"媒介"比"传播"的意义狭隘,但比传统媒体(报纸、广播、电视、电影)的意义宽泛得多。"媒介"包括一切制度化的、用于传播符号内容的结构、格式、形式和界面。

本书的副标题"社会理论与数字媒介实践",有两层意思,意在避免两种错误的转向:① 空中楼阁式的媒介理论;② 规避大话空话。作者竭力使媒介理论贴近普通人,而不是技术精英。

三、主题、方法论与提要

《媒介、社会与世界:社会理论与数字媒介实践》突出媒介实践和媒介仪式,破解媒介权力的显著特征和隐性伤害,阐述媒介化社会的奥秘,批判媒介中心神话,探究媒介文化底层的社会心理文化需求,构建媒介伦理和媒介正义框架。

该书分八章:数字媒介与社会理论;媒介实践;作为仪式和社会形式的媒介;媒介对社会的隐性形塑功能;网络化社会,网络化政治;媒介与资本和权威的转化;媒介文化;媒介伦理,媒介正义。

第一章为导论,以媒介研究的方法论为重点;第二章讲媒介实践,是作者媒介研究方法论的落脚点;第三章重点考察媒介仪式和媒介中心神话,讲媒介的分类和范畴;第四章论媒介的隐性影响,包括隐性的伤害和符号的暴力;第五章是对媒介批评的批评,讲媒介的政治经济学;第六章审视媒介饱和对教育、医学、法律、政治等领域的影响,重温权威、资本等经典概念;第七章回到媒介文化的底层动态关系,从经济需求、族属需求、政治需求、被承认的需求、信仰需求、社会需求和休闲需求审视媒介文化;第八章研究当代生活方式涉及的伦理问题和正义问题。

作者用一个四端的金字塔来图示媒介研究的四种可能的方法论:媒介"文本",媒介生产、流通和接受的"政治经济学",媒介的技术性能,媒介的社会应用。本书的方法论偏重第四种:媒介的社会应用,即媒介实践。

他对这一方法论作了如下解释:"按照这一理论,被置于前台的是媒介如何被应用,如何形塑社会生活,在媒介里流通的意义如何产生社会影响。这种媒介理论没有一个得心应手的名字,所以请允许我用一个略显笨拙的名字:社会取向的媒介理论(socially oriented media theory)。这一理论建基于媒介建构的、媒介使之成立的社会过程。其学科联系首先是社会学,而不是文学、经济学、技术史和视觉传播。"(p.8)

又追加了三点说明:"第一点,这不是媒介中心主义的方法论……第二点,我的方法论焦点不是媒介产品、界面和平台的生产,而是人们利用这些媒介的产出从事的任务……第三点,本书有意成为一个工具箱,我们借用社会理论的棱镜考虑日常实践与数字媒介的关系。"(pp. xi – xii)

第一章"导论"提出本书试图回答有关媒介理论的六个问题:① 什么是媒介,谁是媒介,媒介在哪里?② 我们用媒介做什么?③ 媒介的运行还有经济活力吗?④ 媒介机构的社会/政治地位正在发生什么样的变化?⑤ 媒介以多大规模产生影响?⑥ 怎样才能用媒介生活得好?(p.12)

以下各章围绕这些问题展开讨论。

本书的"总结"以明快的语言重申各章要义,值得大段引用。(pp. 206 – 208)

"第一章检视媒介及其未来的不确定性……

"本书的主要论点始于第二章,我们探索媒介实践,探索形塑媒介实践的基本需求如社群、互动、协调、信赖和自由的需求,在个人的层次上、个人与他人以及群体的层次上探索媒介实践是如何形成的……

"在第三章里,我们探索媒介在社会形式(如仪式)生产中的作用,其背景是一切人对稳定和秩序的需求;在这里,大型机构(国家、公司、媒体)控制资源和权威的驱力与个人和群体被承认的需求产生冲突……

"在第四章里,我们具体考察个人、群体和社会被伤害的可能性,媒介机构运行的赤字或失衡可能会造成伤害:在这一章里,媒介不公的问题首次浮出水面……

"在第五章里,我们考虑媒介对大型社会组织和政治组织隐含的命题,又考虑数字媒介原则上能促成的社会行为和政治行为的大尺度延伸。有人看见走向更大民主化的转移,同时,我们却发现很大的不稳定性:各种规模的社会行为者利用扩大了的行动范围,它们的争斗导致的民主既可能增加,也可能减少。无疑,如果没有自由媒介,民主就不可能;但其自然结果未必是,"更多的媒介"就意味着

"更多的民主";更加精细的社会研究势在必行。一连串的问题接踵而至:传播空间的密度,传播空间由某些制度力量主导的内在趋势,媒介饱和文化对这种主导力量持续的挑战所受到的内在约束……

"在第六章里,我们考虑了媒介化在一些领域产生的后果;这些领域生成了权威、权力、资本和个人被认可的名望,人们为诸如此类的东西而展开争夺……

"在第七章里,我们用国际化的参照系去考虑各种媒介文化,我们对媒介文化的理解被置入多重历史轨迹的语境,我们在形塑人类生活的全套需求里去理解媒介文化……

"在第八章里,我们考虑我们生活中的媒介伦理、媒介正义和媒介不公。我们考虑了一些基本的价值,比如协同、合作、无伤害的好处。"

四、相通的政治经济文化关怀

近年来,我翻译出版了几种政治学、传媒政治经济学和媒介文化的书,均有创意,颇有锋芒。它们是:《新政治文化》(社科文献),《重新思考文化政策》(人大),《互联网的误读》(人大),《媒介、社会与世界》、《群众与暴民》和《新新媒介》(复旦)。

《新政治文化》断言阶级政治消解,党派政治式微,侍从政治淡出,认为阶级、党派、阶层、群体、集团的利益似在趋同。然而,它又承认,在乌托邦似的理想社会实现之前,任何社会都是分层分派的,因而,马克思主义的经济分析、非马克思主义的分层理论仍然适用。

《重新思考文化政策》批判"新自由主义"、"新自由主义的文化政策"和"新自由主义全球化",质疑由资本家的利益和狭义的政府利益决定的文化议程。

《互联网的误读》从史学、社会学、政治学和经济学的视角介绍互联网的历史与现状,批判技术中心主义,矫正敬畏、惊叹和迷信的误读,现实针对性极强。

《媒介、社会与世界》是媒介研究和媒介社会学的力作,继承了英国文化研究的传统,旗帜鲜明地批判新自由主义,破解媒介文化比较研究中的西方中心思想。

《群众与暴民》梳理数千年来群众与暴民这两个关键词的演化,是西方政治思想史的力作,有助于我们理解国内政治、国际政治和网络政治行为,具有重大的现实意义。

译者序

《新新媒介》从媒介哲学和媒介演化的角度阐述了新新媒介的性质、定义、原理和特征,探究新新媒介和个人社交媒介的社会文化影响。

何道宽

于深圳大学文化产业研究院

深圳大学传媒与文化发展研究中心

2013 年 6 月 26 日

前　言

本书讲媒介对社会组织和我们人生在世感觉的影响。书名需要分解成几个关键词予以解释。"社会"还是原来那个意思：社会是社会组织的容器，我们就生活在这个容器里。不过，国别社会（national society）的边界不再包容我们"共同"生活感觉的全部过程；有些主要的群体（无国界的人，即频繁跨越国界谋生的人）不止简单地生活在一个"社会"里。"世界"指的是对我们的生活空间富有意蕴的环境，大到地球这样大尺度的空间。本书所论的"媒介"比"传播"的意义狭隘，但比传统媒体（报纸、广播、电视、电影）的意义宽泛得多。我所谓的"媒介"包括一切制度化的、用于传播符号内容的结构、格式（format）、形式和界面。当一切象征性内容都已数字化、许多平台既承载大众生产的内容又承载人际传播时，"大众媒介"和一般"传播"研究的旧式分割边界模糊起来，但我继续使用"媒介"一词去表示，"媒介"是生产、传播和接收内容的"制度化"的形式和平台，这种"制度化"的形式和平台是本书的首要焦点。在这个意义上，媒介和权力的关系剪不断、理还乱。

本书的副标题"社会理论与数字媒介实践"表示，我想避免理解媒介、社会和世界三者关系中两种错误的转向。首先，许多论者认为[1]，论媒介的媒介评论（media commentary about media）是蹩脚的指南，难以理解媒介正在发生的变化，这有诸多原因。大众媒介生产直接受营销实践的影响，想要营销新的产品、界面和平台的人，声称某种程度上掌控着"媒介的未来"的人，尤其影响着大众媒介的生产。媒介（及其资源）的媒介评论者常常是醉心于技术的精英，所以他们对媒介正在发生的变化所作的解说，必然和他们自己的区分策略（strategies of distinction）捆绑在一起。媒介制度潜隐的兴趣是维护自己在社会基础结构中的"核心"地位（基础结构是我们寻找"正在发生什么事情"的地方），社会基础结构影响着媒介对社会生活的叙述。其次，为了规避媒介研究中大话空话的陷阱，我们的研究必须贴近所有人，贴近他们正在用媒介所做的事情，而不是贴近热爱技术的精英。因此，你在本书中找不到多少精英人士早期采用技术的内容，我更感兴趣的是横跨人口断面的群体使用媒介的习惯。我感兴趣的焦点是人们使用媒介的日常习惯，是人们日常的一些设想：如何用媒介做事情，哪里去获取信息和形象，什么信息能得到流通，如何流通；唯其如此，我们才能掌握媒介与社会和世界的关系。在过去的15年间，以上的一些设想一直在迅速变化。

说媒介与"社会"和"世界"的关系，那就意味着一个或隐或现的观点：社会世界（social world）里"存在着"什么。这就是采用了社会本体论（social ontology）的立场：在我们所谓的"社会"空间里存在着什么样的事物、关系和过程。在一个层次上，这意味着吸收"社会理论"。但在这里，我们必须避免另一个更加微妙的陷阱：我们吸收的一种牌号的社会理论对我们如何理解媒介正在发生的变化起到了局限的作用。

三种问题造成了这样的局限。第一，至20世纪90年代初，大多数社会学理论和社会理论都忽视了对媒介的论述。直到安东尼·吉登斯[①]对现代性的研究、约翰·汤普森（John Thompson）对媒介和现代性的研究、曼纽尔·卡斯特[②]对"网络社会"兴起的研究问世，这个受局限的形势才得以逆转；接踵而起的是20世纪80年代的一些重要成果，这些成果包括对传播技术和其他技术的社会适应和社会变化的研究[2]。顺便指出，政治学也出现同样的盲区[3]，而且人们花了更长的时间才认识到这样的盲区。第二，这些干扰妨碍人们理解媒介改变社会组织的可能性，不能激发视域宽广的研究，比如，有关媒介如何改变其他社会学术语（阶级、群体构成等）的研究也难以受到激励。结果，迄今为止尚未出现媒介如何改变社会本体的综合叙述。第三，有些社会学家把媒介作为自己优先的研究对象，他们优先研究的是媒介的技术基础，但这个版本的社会理论无助于理解媒介，无助于理解媒介在社会生活里的作用。有时，这种研究受一种转向的影响：或者是"非表征理论"（non-representational theory）的转向，或者是更加宽泛的、摒弃任何

---

① 安东尼·吉登斯（Anthony Giddens，1938— ），英国社会学家，提出结构理论与当代社会的整体论，著有《社会学方法的新规则》《社会的构成》《民族—国家与暴力》《现代性与自我认同》《第三条道路：社会民主主义的复兴》《超越左与右》《失控的世界》等。

② 曼纽尔·卡斯特（Manuel Castells，1942— ），西班牙裔美国传播学家、国际著名学者，长期在欧美若干大学执教，著有20余种书，要有《信息时代三部曲：经济、社会与文化》《互联网星汉》《网络社会的崛起》《传播的权力》等。

社会秩序观念的转向,其偏爱是排他性的语汇诸如"情感"、"强度",甚至"纯内在性"(pure immanence)。诸如此类的方法论将广义的哲学反对意见搁置一边[4],无助于我们对媒介表征世界进行分析性把握,尤其无助于我们把握媒介如何表征社会现象及社会排序机制,因为媒介制度的功能之一就是表征社会现象。同理,这些方法论政治上也无助益,因为它们不理会媒介在社会知识生产中的作用,忽视媒介表征作用的失灵——在表征日益不平等的多种世界上,媒介显然是失职了。

思考媒介时,我将利用并发展这样一种社会理论:它重视表征、表征权力的作用,重视我们与表征技术的互动,重视我们在"社会秩序"里如何发挥作用。社会秩序不是既定的或自然的状态;它是在实践中建构,用符号表征的;社会生活"秩序"的媒介表征帮助建构和实施那样的"社会秩序"。社会秩序不是既定的或自然的状态,它是在实践中构建的,用符号表征;媒介对社会生活秩序的表征有助于秩序的规定和运行。

在社会理论的层次上,本书以第一、二章的本体论(在社会和媒介的世界里存在着什么)开卷。接着的第三、四章讲分类和范畴(媒介如何分割并整合社会世界)。第五、六章转向累积:为建设或反对权力而积累社会资源,以及累积和竞争过程中出现的系统的复杂机制。第七、八章讲评估问题:形塑群体和文化在无限多样的媒介中进行挑选的需求;媒介如何促成我们共同生活的大评估框架——我们珍惜的、公正的共同生活的评估框架。使全书多种主题纽结在一起的是一种关怀:我们要更好地理解,媒介如何对我们的知识、机构和伦理作出贡献。

本书研究媒介的方法论还有三点需要说明。第一,这不是媒介中心主义的方法论。我不认为,媒介是人们生活中最重要的事物;媒介研究存在一个问题,它常常把媒介当作生活中最重要的东西。相反,我的方法论基础是对日常行为和习惯的分析。媒介产出的形势和技术基础日新月异时,媒介分析的社会基础尤其重要。从这个大视角的起点看,出现一些难题:独立的媒介社会学、媒介研究能成立吗?媒介和传播网络实现了跨国界的指数增长,聚焦于国别社会的社会学是否成了冗余的累赘呢?这些变化过程是否根本改变了权力的性质呢?媒介的变化如何改变日常生活的现象学和伦理学呢?第二,我的方法论焦点不是媒介产品、界面和平台的生产，而是人们利用这些产出从事的任务。因此可以说，本书意在对媒介的政治经济研究进行补充。媒介的政治经济研究使我们的认识为之一变：我们对媒介的生产和流通有了更好的了解；对形塑媒介生产和流通的经济力量亦有了更好的了解[5]。这是因为我自己的著作最初也源于受众研究。然而，媒介生产研究或媒介消费研究这样的简单划界再也维持不下去了：政治经济学必须考虑消费者或受众的生产，有时，本书还偏离生产，研究生产的逻辑。由于"政治经济学"研究和"受众"都是宏大的研究领域，这两种研究的分工还是必不可少的。第三，本书有意成为一个工具箱，我们借用社会理论的棱镜考虑日常实践与数字媒介的关系。第一、二章打基础，提出总体的视角，考察媒介的当下转化，以及媒介实践的这种惯例。至于其他章节，读者不妨挑选自己的路径，不妨带着自己最感兴趣的问题去决定研读的顺序。

在撰写本书过程中的许多探索路径中，我深深感谢两位最关键的精神导师：我的硕士导师和博士导师大卫·莫利（David Morley），他在我这位30岁出头的后生身上看到了从事研究的潜力；已故的罗杰·希尔维斯通（Roger Silverstone）。他是我的博士论文审读人，在伦敦经济学院执教，在此创建了该校的媒介研究网站，我也为自己在该校的一段经历而自豪。

感谢我在伦敦大学戈尔德史密斯学院主讲的"媒介仪式"课的学生。

众多的同事和朋友以多种形式给予宝贵帮助，我对他们心存感激。

特别感谢Polity出版社的编辑安德里亚·德鲁根（Anrea Druggan）。

本书酝酿多年，实际撰写时则极其忙碌。感谢我的妻子路易丝·爱德华兹（Louise Edwards），感谢她的爱、支持和信赖。没有她就没有这本书。

注释

[1] See, from various perspectives, Livingstone（1999：61）, Caldwell（2000：15）, Herring（2004）, Hijazi-Omari and Ribak（2008）.

[2] Giddens（1990）, Thompson（1995）, Castells（1996）, Silverstone（1994）. More recently, see Beck（2000a：12）, Hardt and Negri（2000：347-348）, Urry（2000：183）.

【3】Jensen (2010: 105).

【4】I deal with aspects of this elsewhere: Couldry (2010: ch. 5).

【5】Important recent work includes: Bagdikian (2004), Curran and Seaton (2007), Curran, Fenton and Freedman (forthcoming), Hesmondhalgh (2007), Kraidy and Khalil (2009), Mayer (2011), McChesney (2008), Mosco (2009), Schiller (2007), Chakravarty and Zhao (2008).

第一章 数字媒介与社会理论

媒介弥漫在我们的感官中,我们对世界的感觉里充盈着媒介。这是一个熙来攘往的世界、富于幻想的世界、全球政治合成图的世界。历史学家布罗代尔①写道,15世纪末之前,人类的生活一直分割为"不同的星体",各据地球一隅,并无有效接触[1]。诸多因素(经济、政治、军事)和诸多过程(贸易、运输、计量)促成了我们今天视之为理所当然的世界。然而,将这一世界作为"既定事实"置入日常事务的却是媒介,媒介正在以不断变换的方式将世界置入我们的日常事务中。1865年,林肯总统被刺的消息12天以后才传到大西洋彼岸[2],然而到2011年年初,阿拉伯国家的政治危机爆发时,受众中午休息时看到这一突发新闻;一定程度上,这样的危机是由跨国电视节目和网络社交媒介点燃的。

半个世纪以前,保罗·拉扎斯菲尔德②和罗伯特·默顿③问,什么是"我们社会里媒介存在的效应"[3]？他们心里想到的社会是国别社会,而且对许多重要的问题,民族国家迄今仍然是极端重要的,从人口流动控制到法定身份和电讯的规制,民族国家仍然是很重要的。然而,"社会"再也不能框定在国别边界内。实际上,经过近年的重新思考之后,"社会"的概念不再如故——不再是不可分割的"整体",而我们是这个整体的组成部分。正如安东尼·吉登斯所言,社会不再是"整体",而是有相对"体系性"(systemness)的若干层次,这些措辞兴起的背景是跨越或忽视国界的其他许多流动和关系[4]。由此可见,媒介的社会影响应该在

---

① 费尔南·布罗代尔(Fernand Braudel,1902—1985),法国年鉴学派第二代著名史学家,著有《菲利浦二世时代的地中海和地中海世界》、《15至18世纪的物质文明、经济和资本主义》、《法兰西的特性》、《地中海考古:史前史和古代史》、《文明史纲》等。

② 保罗·拉扎斯菲尔德(Paul Lazarsfeld,1901—1976),奥地利裔美国社会学家,哥伦比亚大学社会学派代表人物之一。研究范围涉及大众传播、选举与选民心理、市场研究、民意测验、失业、教育心理、数理社会学等领域,讲究社会统计程序和操作过程,强调定量测量和定性的评价,著有《社会科学中的数学思维》、《选民的抉择》、《定性分析》、《应用社会学导论》等。

③ 罗伯特·默顿(Robert K. Merton,1910—2003),美国社会学家,长期供职于哥伦比亚大学,结构功能主义的代表人物之一,著有《17世纪的英格兰技术与社会》、《社会理论与社会结构》、《站在巨人的肩膀上》、《社会理论与社会结构》、《理论社会学》、《科学社会学》、《科层结构与人格》、《大众信念》、《科学发现的优先权》、《科学界的马太效应》、《社会学中的结构分析》等。

其与社会以及世界的关系中去考察。

本书用社会理论去思考21世纪媒介的日常经验。这种经验必然打上了大媒体（big meia）的烙印，大媒体的历史对现代社会共享的世界一直是极端重要的；但这种经验并不仅限于大媒体；实际上，人对人的媒介（person-to-person media）的界面日益增加，人对人媒介和"大众"媒介也许正在经历最急剧的变革。在这种急剧变革的背后，人的行为的急剧变革正在发生。如果说一切媒介都"行为的空间"，"试图……连接分离的事物"（Siegfried Zielinski），那就可以说，互联网使这一特性得以延伸。互联网的全球连接使人产生一种世界的感觉，使人首次感觉到，世界是"一个单一的社会文化场景"[5]。

媒介一词颇为晦涩。"媒介"指生产和流通具体内容的机构和基础设施，这些内容的形式相对固定，带着各自的语境，但"媒介"本身也是内容。无论是哪一种含义，媒介一词都与传播的制度层面有根本的联系，无论是哪一个层面，媒介与基础设施或内容、生产或流通都息息相关[6]。数字媒介只包含媒介最新阶段对现代性的贡献，但这个阶段是最复杂的阶段，互联网的复杂性就是数字媒介复杂性最好的说明，互联网是万网之网，使一点对一点和多点对多点的各种类型的传播联系起来，组成更广泛的传播"空间"[7]。媒介更富有弹性，其相互连接性足以使"媒介环境"成为我们唯一的出发点，单独考虑具体的媒介倒不是我们的出发点了[8]。

互联网是制度支撑的互动和信息储存的空间，创建于20世纪60年代初。等到万维网的协议把超文本连接起来，组合成一个工作系统，互联网才成为一种日常的现象。万维网的鼻祖是蒂姆·伯纳斯-李①，1989年由他构想，1991年由他推出，但到了1993年至1994年之交才进入日常使用的范围。互联网的根本属性是端到端的架构。克莱·舍基（Clay Shirky）对其作了言简意赅的小结："互联网是有关数据在两点之间移动的一套协议。"[9]这里所谓的移动就是信息空间里任何两点之间的移动。移动互联（Mobile Internet）技术来临以后，任何人在物质空间里都可以进入互联网空间的任何一点了。因此，互联网对社会理论产生的影响是根本性的影响。网络连接改变了社会行为的空间，因为网络连接是互动的，上网的行为利用其他地方的互动报告，将其用于进一步的互动。如此，互联网创造了一个有效而无限的人类行为储藏所，这个储藏所改变了社会组织在其他空间里存

---

① 蒂姆·伯纳斯-李（Tim Berners-Lee，1955—　），英国科学家、万维网鼻祖，在欧洲粒子物理实验室创建了万维网，写成了世界上第一个网页浏览器（WorldWideWeb）和第一个网页服务器（httpd），无偿提供万维网服务。

在的可能性【10】。任何一点的行为都可能与其他地方的行为连接起来,而且,这一切连接向评论开放,都可能向网络空间里的新连接敞开大门。美国宗教学者戴维·摩根(David Morgan)指出,美国人2004年在阿布格里(Abu Ghraib)监狱里的虐囚照片就是近年最异乎寻常的例证之一,说明数字媒介可能大大拓展社会流动【11】。即使这样的社会流动产生的后果仍然是由局部的语境和资源决定的,社会行为的运用和感知还是获得了一种新的弹性。今天的媒介成了一个关键要素,行为者借以"将环境当作现实……来把握"【12】。

加拿大传播学家哈罗德·伊尼斯①区分"空间偏向"和"时间偏向"的媒介【13】。互联网无疑是空间偏向的,因为它不仅在延伸的意义上改变了传播的空间运动,而且使之更为复杂。它使信息的空间展开,成为日常行为的空间;它要求我们用另一种方式去理解能做什么,在哪里做,又由谁去做。如果是这样,在互联网时间和空间都转换了的信息库里,伊尼斯的"时间偏向媒介"(石头和泥板上的铭刻、莎草纸上的书写)就退出舞台,无从读取了。

第一节 媒介变革的暗喻

如果用线性发展的眼光看媒介,媒介对社会和世界的重要性是无法把握的【14】。当媒介嵌入了广义的文化和社会过程时,紧张和矛盾随即发生。在伟大的小说《追忆似水年华》(In Search of Lost Time)里,马塞尔·普鲁斯特②描绘小说叙事者第一次打电话的感觉,同时把第一次打电话的经验杂糅进许多后来的记忆里:

> 电话铃声转瞬即逝……那是微弱的声音、抽象的声音,远方的声音被克服了,亲爱者对我们的说话声消逝了……但那声音是多么遥远!我常常听那说话声,不无痛苦……在那最亲近的表象里,我更清楚地感受到了虚幻。那一刻,我们仿佛就在咫尺之遥,伸手就可以拥抱亲爱的人。好像是真实的存在,且声音似乎很近——实际却相距遥远!【15】

这段文字记述传播媒介引起的隐痛。普鲁斯特捕捉住了媒介在日常生活里固有的暧昧角色——"真实的存在……实际却相距遥远!"不过,自那时起,电话已

---

① 哈罗德·伊尼斯(Harold A Innis,1894—1952),加拿大经济史家、传播学家,加拿大传播学派奠基人、媒介环境学派第一代代表人物,著有《帝国与传播》《传播的偏向》《加拿大太平洋铁路史》《现代国家的政治经济学》等。

② 马塞尔·普鲁斯特(Marcell Proust,1871—1922),法国小说家,在法国文学史上占据重要地位,代表作为《追忆似水年华》(7卷)。

经变得面目全非了,我们不再像他那样感到紧张[16]。雷蒙德·威廉斯①也觉得现代媒介的意义暧昧:"现代传播很大一部分内容……是不平均分享的意识的一种形式,由外部发生的事件组成。这样的内容似乎是发生的事情,由强大的方式传输和辅助;在这个世界里,我们没有其他任何感知到的联系,但我们觉得,这样的内容既处在我们生活的中心,又处在其边缘。"[17]

我们无法回到普鲁斯特和威廉斯谈及的变化之前的世界了,那些变化已经嵌入我们对于何为世界、世界如何的设想。不过,我们所谓"传统的"(19世纪中叶的)媒介隐入日常生活背景很久以后,仍然使我们感到困惑。解读唐·德里罗(Don DeLillo)1999年的史诗般小说《地下世界》(*Underworld*)的路径之一是:它表现广播电视既维持美国社会神话又给它添麻烦的作用,小说是对这一作用的一系列的沉思默想[18]。

自唐·德里罗的小说问世以来,许多进一步的变化发生了。首先,电视和其他媒介的形象大量滋生:"生活经验成了媒介在场的经验。"其次,逐秒更新的继续不断的移动通信兴起,广播和人际交流在网上覆盖,任何人都能靠卡斯特所谓的"大众自我传播"(mass self-communication)在网上生产并发布内容。我们还在尝试理解,这些最新的变化如何整合进日常的习惯[19]。

媒介使个人最细微的行为都为之一变,同时又改变了我们最宏大的生活空间。以搜索引擎为例,如今它们成了世界上最重大的商务焦点之一,而15年前它还是不为人知的社会形式。谷歌为我们说明搜索引擎"做什么":它用浏览器为我们提供习以为常的东西,这就是约翰·汤林森(John Tomlinson)所谓的"世界信息资源的瞬间、无限量获取"。这一变化的正面效应我们业已司空见惯:我们"查找东西"时,常常不靠图书或指南,而是靠"谷歌一下"。一位律师朋友告诉我,"如今的法律就在谷歌上";人们了解孩子的病症时,用谷歌搜索;昔日英国黄页的总编承认,"25岁以下的人没有一个知道,我们编辑黄页的是些什么人"[20]。

有一个故事最生动地反映了这一场变革。5年前,有个人装死携妻潜逃,这一丑闻成了英国报界的轰动新闻。一个决定性的时刻突然来临,《每日邮报》(*Daily Mirror*)一位读者证实,这位"去世的"男人与其妻子在巴拿马现身了。他把一串含三个关键词的词组"John and Mary and Panama"键入谷歌,查到了这个男人的行踪。她对记者说的话很有趣:"我是怀疑论者。在今天这个时代,谁也不可能一下子消失得无影无踪,总会有一点行踪,总会有蛛丝马迹。"[21] 这位坚持不懈的谷

---

① 雷蒙德·威廉斯(Raymond Williams,1921—1988),伯明翰大学教授、英国文化批评学派代表人物,著有《文化与社会》、《马克思主义与文学》,编写《传播学》等。

歌用户捕捉住了司空见惯的互联网的暧昧性：既是个人发现的手段，又是集体接触的方式，还是确保互相跟踪的媒介。

然而，当这一冲击和与之平行的其他变化嵌入日常生活，并渗入了生活的每一个层次时，我们又如何把握其影响呢？暗喻可能有所帮助。罗杰·希尔维斯通说，媒介对世界的影响可以用一个暗喻："辩证"[22]。"辩证"（dialectic）一词源于希腊的"会话"一词，捕捉住了会话成分的关系，它们互相通气，却各有分别。我们大家（个人和群体）都对这一辩证关系有所贡献，凭借媒介，我们获得两种设想："存在什么"（what there is）和"能做什么"（what can be done）；我们的贡献不是个人选择的行为，而是由宏大基础设施的变化形塑的，这些新变化又是由经济力量和其他力量驱动的。辩证方法论使我们能探究出人应对媒介差异的灵活性，展现出媒介之间的"交流"（traffic），我们将其称为"补救"（remediation）[23]。

"辩证"一词捕捉住了媒介的累积"容量"及其对日常生活的"系统性"影响吗？为了回答这个问题，我们也许还要用另一个暗喻：托德·吉特林（Todd Gitlin）的"媒介洪流"（media torrent）意象，这是图像和文本的"超饱和"洪流，使我们的日常生活目不暇接、穷于应付。几年以后，他这个意象就整合进了"比特流"软件的名字中；比特流使大文档（电视节目、电影）分解为比特，以无数平行的比特流在互联网上传送。不过，我们不习惯媒介的"洪流"，因为媒介洪流在规模和深度上都不断膨胀：连人们对媒介的评论也在加入这股洪流，吉特林分析"媒介流"以后，汹涌而起的博客、掘客网的推荐、优视网的糅合（mashup）和推特的微博都在加入这股洪流。可见，"媒介流"的暗喻只引导我们走到这一步，它甚至没有考虑今天消费环境的饱和，数据源和信息传输方式比如电子标签芯片充斥其中、使之饱和了[24]。

在这里，"超饱和"一词的技术意义耐人寻味。这是化学和热力学术语，指的是：溶液中可溶的物质过量，"超过了溶液在常态下能溶解的限量"[25]。可见，超饱和是不确定性状态，是可溶物与溶液平衡态的偏离。这种非平衡态是特定变化的结果，比如温度或压力变化引起的不平衡。媒介引起的社会超饱和意味着不确定的、非平衡的状态；社会生活的每一个层次都充满了媒介的内容，起因是特定的压力；空间压力突破广播领地的疆界，时间压力引起具体事件的周期比如全球的政治危机。然而，即使"超饱和"更精准含义的使用也是有限度的，它不足以捕捉住当代社会里媒介的密度。这是因为，社会生活可以解释，而液体却不能解释它罕有的气泡。不过，"超饱和"这一暗喻至少能使我们理解生活的阶段变化；媒介饱和时，社会秩序的可能性就发生变革。在此，情况已经明朗：我们需要联系社会理论来研究媒介。

第二节　走向社会取向的媒介伦理

在这本书里,我想提出一种中观的概念工具,以理解媒介对我们的生活产生的影响。这是一本媒介理论的书,但它说的是什么样的媒介理论呢?

不存在媒介的"纯"理论,因为媒介总是具体的,嵌入了历史,是传播信息和意义的方式。即使最抽象的通讯理论比如克劳德·香农①和沃伦·韦弗②自称的"通讯的数学理论",也只能出现在具体的历史语境中,那是计算机和电视的黎明期,将复杂信息转换为简明的通用形式的代码应运而生[26]。我为了行文方便所说的媒介理论包含着具体的选择,这里所谓的理论对所用的数据和分析类型都有所选择。我们先对此略加解释。

为求简明,我们不妨把媒介研究构想为一个有四端的金字塔。我们可以用四种方式翻转金字塔,根据我们的优先选择把需要研究的那一端当作金字塔顶,把其余的三端当作塔基。没有任何一种翻转是"正确的"或"更好的",因为那四端的名字指明我们优选的研究:媒介"文本"(texts);媒介生产、流通和接受的"政治经济学"(political economy);每一种媒介的技术性能(technical properties);媒介技术和媒介内容的社会应用(social uses)。

这四种选择里的任何一种研究都能产生理论,这些中观的概念具有更宽的研

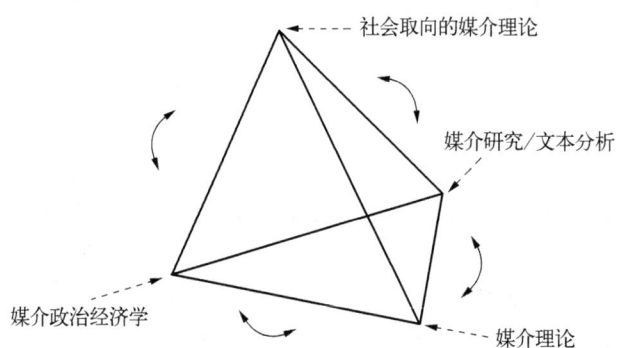

图 1.1　什么样的媒介理论?

---

① 克劳德·香农(Claude Shannon,1916—2000),美国应用数学家,1948 年提出信息论,与韦弗合著《通讯的数学理论》。

② 沃伦·韦弗(Warren Weaver,1894—1978),美国数学家,信息论先驱之一,机器翻译先驱,曾任洛克菲勒基金会自然科学部的主任,与香农合著《通讯的数学理论》。

究视野,每一种理论都需要吸收其他几种选择所得到的研究成果。至于这个金字塔的四端是否能发展成为理论,能在多大程度上发展成为理论,那就有赖于思想磨砺的尺度、学科变化的方式了。在20世纪70年代和80年代,有关媒介内容的一般理论,尤其有关其意识形态属性的一般理论(主导电影研究的荧屏理论和风头稍逊的电视研究)如日中天,但到90年代,这种研究的影响多半已经褪色。政治经济研究已经提出了有关媒介特征和文化生产的显著特征,政治经济研究最广义的版本不仅关注媒介的所有权,而且关注社会生活里权力的不平等[27]。

也许,新近媒介理论里最著名的是单数形式的"媒介理论"(medium theory),其最著名的鼓吹者是早期媒介研究里的加拿大理论家马歇尔·麦克卢汉①和哈罗德·伊尼斯,以及2011年10月去世的德国理论家弗里德里希·基特勒(Friedrich Kittler)。基特勒以非凡的洞察力研究媒介,指出以"媒介"姿态出现的具体的技术和发明,阐明媒介如何延伸我们的感官和感知能力,赋予其新的形式[28]。基特勒的洞见对媒介社会学有启迪意义,不过,他真正感兴趣的是要理解,每一种媒介出现时对我们延伸的感官有何独特的"技术"贡献。只有从这一点去看,我们才能解释,为什么他能在《视觉媒介》(Optical Media)的末尾几页讲计算机,讴歌计算机"清算了……前媒介的幻想",以此为人的感官延伸的媒介史研究画上句号。他把媒介研究的焦点放在其技术"实质"上;他指出,这意味着摒弃"琐碎的内容本位的媒介研究路径",摒弃"大众电影和电视节目"的研究。这甚至意味着摒弃社会学本身,因为基特勒对媒介(如计算机)如何应用不感兴趣:正如约翰·达勒姆·彼得斯(John Durham Peters)所言,基特勒感兴趣的是"没有人这个元素的媒介研究",这是背向社会学的媒介理论[29]。

有别于基特勒,本书提出的媒介理论转向社会学和社会理论。这是媒介研究的第四种可能性。按照这一理论,被置于前台的是媒介如何被应用,如何形塑社会生活,在媒介里流通的意义如何产生社会影响。这种媒介理论没有一个得心应手的名字,所以请允许我用一个略显笨拙的名字:社会取向的媒介理论(socially oriented media theory)。这一理论建基于媒介建构的、媒介使之成立的社会过程。其学科联系首先是社会学[30],而不是文学、经济学、技术史和视觉传播。

和以前的传统媒介一样,"新"媒介业已成为日常生活的内容,成为我们基础结构中理所当然的一部分[31]。因此,理解媒介对社会和世界的影响就有了困难。

---

① 马歇尔·麦克卢汉(Herbert Marshall McLuhan,1911—1980),加拿大文学批评家、传播学家,加拿大传播学派奠基人、媒介环境学派第一代代表人物,著有《机器新娘》、《理解媒介》、《谷登堡星汉》、《麦克卢汉如是说:理解我》、《麦克卢汉书简》、《麦克卢汉精粹》等。

若要把握媒介如何形塑当代的社会生活,那就需要社会理论。如果要厘清数字世界相互依存的复杂性,我们就需要回顾德国社会学家诺伯特·埃利亚斯①有关"外形"(figurations)的论述,这是他在论"文明进程"(civilizing process)的经典里进行的论述。如果我们感兴趣的是在线生产和日常生活里出现的局部的秩序模式和资源富集,我们不妨请教法国社会学家皮埃尔·布尔迪厄②有关文化生产的场域(fields)理论。如果我们只是想简单地问一问,网上流通的无数讯息对社会有何影响,我们就需要学习经典法国社会学家迪尔凯姆③对区分和等级即他所谓"范畴"的论述,我们对世界的表征就浓缩在这样的范畴里[32]。为了把握当代媒介的复杂性,任何理论都能为我所用;我们需要研究社会建设、表征和论争的社会理论。

根本上说,媒介理论的社会取向路径关注的是行为。媒介为理解人类行为的组织提供了一个切入点。我们的出发点是实践的开放性,是实践如何嵌入广阔的权力关系。这种路径与批判的权力社会学有许多共同之处[33],而不是与技术发现的历史有多少共同之处。首先,它关注的是媒介,即疏导传播的组织机制和基础结构,而不是一般所谓的"传播"[34]。另一点更令人惊奇的交叠是不那么著名的媒介理论的代表人物西格弗里德·齐林斯基(Siegfried Zielinski),他不支持媒介发展的线性模式,坚决反对"调节和形塑媒介、坚守生产力范式的经济"。齐林斯基的立场迫使他自己进入了一种"非考古学"的路径,这一路径赞扬的是媒介历史的异质性和多样性[35]。如果将这种怀疑论译解为社会学对理解媒介现状提出的挑战,你就得到一种社会取向的媒介理论,它关注的是对解释媒介产品和系统的强大力量进行解构,那种力量把媒介产品和系统诠释为经济、社会和政治理想化的"天然的"或天衣无缝的结果。

第三节 数字革命及其不确定性

大多数论者相信,我们正处在一场媒介革命中,其焦点是互联网的连接和传输效能,以及围绕互联网效能而兴起的难以计数的数字媒介设备和基础设施。但

---

① 诺伯特·埃利亚斯(Norbert Elias,1897—1990),德国社会学家,著有《文明的进程》、《宫廷社会》、《个体的社会》、《圈内人与圈外人》、《德国人研究》、《什么是社会学》、《知识社会学论文集》等。
② 皮埃尔·布尔迪厄(Pierre Bourdieu,1930—2002),法国社会学家,著有《实践理论概要》、《教育、文化和社会再生产》等。
③ 埃米尔·迪尔凯姆(Emile Durkheim,1858—1917),又译涂尔干,法国实证主义哲学家,社会学创始人之一,著有《社会分工论》、《社会学方法的规则》、《自杀论》、《宗教生活的基本形式》等。

技术"制造神话"的悠久历史应该使我们态度谨慎[36]。新传播技术尤其制造了无数的神话(民主化、政治和谐、世界和平),最新的神话是,信息尤其数字信息是自由的[37]。

伟大的印刷史家伊丽莎白·爱森斯坦①论述了15世纪至17世纪欧洲的"印刷革命",她论述的一些特征值得我们回顾。印刷术完成了文化生产的一种转移,从抄书人缮写的各不相同的文本过渡到为众多读者使用的特色鲜明的印刷品,印刷术造就了一种发行机制(图书市场),如此,"完全相同的图像、地图、图表可以让分散的读者同时阅览"[38]。结果,文本的数量激增,于是,17世纪的学者静坐书房里几个月就可能读很多书,比此前文人游学一生所能目睹的书还要多。其他隐性的结果接踵而至:印刷术巨量的数据记录和归档功能;个人作者而不是集体写作的观念[39]。实际上,这就是传播完成的社会组织的革命,这场革命的首要前提是机印书的技术,不过,这场革命是在漫长的岁月里完成的。另外两位印刷史家费弗尔和马丹②指出,早期的印刷人是游徙不定的,他们随身带着印刷技术漫游。结果,西欧印刷术的传播经过了漫长的300年才完成,缓慢得难以想象[40]。

今天的媒介和信息革命虽有人怀疑[41],与印刷革命相比,不知快了多少,其深度也堪比印刷革命。今天这一场革命不到20年就完成了,分割的地理疆界随之减少,此前的媒介基础结构(卫星与有线电视)的重要变革也被它覆盖。在20世纪90年代初的伊拉克,打字机要在当局那里登记仍然是可行的国家审查制度,电视频道很少,并深受国家影响。到2009年,阿拉伯世界已有470条阿拉伯语的卫星电视频道[42]。近年,能上网的手机普及,国家的审查更加困难。互联网带来了信息生产的革命,从数量有限的离散形式(书籍、小册子、书信、报告、名录)发展到任何形式和规模(网站)的信息单位,条件是:信息单位要符合文本规范或形象格式的基本标准[43]。信息单位的集合如网站和数据库非常容易获取,能纳入集合的数据类型或容量很少受到限制了。数据量和归档量以几何级数增长,集体作者(维基百科)和个人作者(博客、影像网志)的新形式出现,一个新空间形成,正如万维网创建者蒂姆·伯纳斯-李所言,这是为我们"在一切层次上互动"的空间。学界和产业界的许多论者都相信,公共生活和个人生活的大片领域正由于信息革命而急剧改变[44]。

然而,三种立即的修正势在必行。数字世界里很大一部分信息处理的能力是

---

① 伊丽莎白·爱森斯坦(Elisabeth Eisenstein),美国史学家、传播学家,传播学媒介环境学派第二代代表人物,代表作为《作为变革动因的印刷机:早期近代欧洲的历史》。
② 吕西安·费弗尔(Lucien Febvre,1878—1956)和马丹(H.-J. Martin,1924—2007),法国印刷史家,著《书籍的出现》。

掌握在个人手里的,他们凭借的手段是团队的局域网和专有系统(proprietary systems)。劳伦斯·莱西格(Lawrence Lessig)有一段著名的论断:互联网开放的、端对端的结构正在成为明日黄花[45]。对"网络中性"是否能继续维持的恐惧挥之不去;日常使用搜索引擎的便利与谷歌因此而能搞秘密交易的能力令人不安。比如,谷歌与伟利松(Verizon)移动通信公司的秘密交易显然使联邦通讯委员会鞭长莫及。这样的秘密交易令人烦恼。如今,谷歌的市场垄断就受到美国联邦贸易委员会(Federal Trade Commission)和欧洲竞争事务专员(European Competition Commissioner)的挑战。由此可见,我们不能简单地把互联网"空间"当成自由的、人人可用的空间[46]。

第二种必需的修正是,表面上无限扩张的全球连接中,新的隐性断线(disconnection)正在兴起。20世纪90年代以来,数字鸿沟问题凸显。在有些国家比如美国、丹麦、韩国,互联网应用的水平很高,互联网世界似乎成了普及的参照点。但英国政府没有这样的设想。如果放眼西方之外的世界,断线的问题就更加尖锐;在那里,年薪能买一台电脑的情况相差很大;在许多地方,拥有电脑的个人是极少数[47]。同时,在各国内部,使用互联网的男女就有明显的分层,比如在中东,阶级和族群的差别也很大。美国学者埃伦·塞特(Ellen Seiter)指出,"精英和都市专业人士的孩子与穷孩子使用电脑的情况有质的差别。"使用电脑的"良性循环"与技能和社会支持有关;缺乏技能和社会支持的人则陷入"恶性循环":不平等现象可能会延伸到社交网络世界中[48]。

第三种必须考虑的修正是,互联网在地域上大大扩展了,从英语主导的互联网变成了许多语言以上网的集体霸权,但地区(阿拉伯、中国、日本等)之间的用户却难以互通。也许,互联网膨胀太盛,任何一种研究框架都难以把握实际情况。仅中国就有4.2亿网民,其中的3.64亿人用宽带,1.15亿人住在乡间。然而,一个关键点不用置疑,任何概括都难以成立:国家和地区的居民在全球互联网上占有地位十分悬殊。正如詹姆斯·柯兰(James Curran)所言,如果你的母语或熟练掌握的语言是英语,你拥有众多读者的机会就会比马拉地语(Marathi)的作者高出许多倍。换言之,单一的数字媒介的世界是不存在的,表面上看有这样一个世界,但那是幻觉,其基础是不平等产生的全球逻辑,这一幻觉掩盖了不平等的实质[49]。

我们考虑数字媒介的社会影响时,正面肯定"革命"的预言就更加复杂了。首先,拥有一台个人电脑并非联通互联网的唯一路径,因为互联网的使用是由社会协调的。因此,不能紧紧依靠个人上网的统计数字来理解互联网革命;同时,全球的不平等模式驱动了跨国界的劳工迁徙,迁徙形塑社会协调的资源和需求。其次,使用技术的基本可能性是一回事,技术在实践中如何被用于实践是另一回事,两者差别很大。正如雷吉斯·德布雷(Regis Debray)所言,"习惯比工具的历史更加悠久……如果媒介是'新'的,使用媒介的环境就是'旧'的"[50]。实际上,书籍的悠久影响产生了许多因素;这些因素合起来产生了19世纪和20世纪初标准的阅读习惯:阅读的制度性语境和联系;新文化常规;日益壮大的资产阶级越来越多的休闲时间;甚至日落后家里的照明也增多了[51]。互联网革命的一个加速器是,它不仅能把内容而且能使软件(即基础设施)在同一媒介里配置和流通。书籍在传播革新中实现了飞跃,因为它能传播图表和其他技术描绘[52]。然而今天,重要的传播革新依托的软件基础设施可以通过互联网在全球传播,不需要任何人、任何物体的移动!试想想澳大利亚人的开放式编辑系统 Indymedia;1999 年,Indymedia 首次被用于西雅图爆发的反对世界贸易组织的抗议活动;再想想另一个开放式编辑模板 Ushahidi website("见证网"),它用于非洲的灾难报道[53]。

要而言之,尽管激动人心,但当代媒介变革的非线性世界的显著特征还是极端的不确定性。基于"数字一代"的预测取代了市场营销的吹嘘,成了所谓的严肃分析,却犯一个根本的错误:把生活舞台上的行为与真正的历史变革混为一谈了[54]。同理,我们生活的时代无疑是媒介产品在共同平台上汇合的时代,但对我们栖居在独特的"融合文化"(convergence culture)里的说辞,我们还是应该予以质疑[55]。克莱·舍基最近建议,"新工具提供的机会越大,我们越不能全面地从过去的社会形态来推断未来",媒介和社会权力配置的宽大界面就最不确定。普鲁斯特是对的,按照他的评述,以下的判断是荒谬的:"秘而不宣的东西……就是在阳光下被揭示的东西。"[56]

更具体地说,今天的任何媒介理论都必须要研究六种不确定性。在晚近的现代性中,这些不确定因素与分殊性和反身性的广阔过程都有关系[57]。若要理解这六种不确定性,最好的办法就是用媒介制度和技术的具体动力关系来予以说明。

一、什么是媒介,谁是媒介,媒介在哪里?

在一些要害的方面,当代数字媒介尚不足以定型[58]。15 年前,媒介研究的关键要素(文本、生产的政治经济学、受众研究)业已到位。受众研究的迷你革命提出了新问题,比如文本与受众如何互动?那些问题似乎还处在可控范围。虽然有人预言,技术革新(家用录像机问世,卫星和电缆使电视频道成倍增加)会改变研究对象,但这样的根本改变尚未到来。受众(受众研究是我的兴趣所在)似乎仍然很大程度上扎根于媒介服务的国别风景中。在 20 世纪 80 年代初,我们开始理解媒介在维持国家风情里的作用[59]。

在接下来的十年里，媒介研究横向拓展。我们开始看到，除了观看、阅读和收听之外，受众还做许多其他的事情，粉丝研究就是其中一个重要的领域；媒介不再被认为是一个生产——分布——接受的封闭环形路，而是一个跨越空间的广阔的中介化（mediation）过程。媒介研究和与媒介相关的工作和睦相处的关系在人类学中兴起了[60]。互联网、万维网和手机把计算机辅助的传播和移动媒介推到研究工作的前列[61]。结果就出现了不确定性的问题，传统媒介制度的集中化权力是否会被网络生产和消费的比较分散的空间取代呢[62]？但是，到2005年，媒介研究的景观基本上还是维持不变。

2005年以来，媒介和媒介研究里发生一种更大的变动。数字媒介的融合大大加速了。上传照片和视频已司空见惯；评论别人的博客、糅合和自我介绍也司空见惯。手机上网越来越容易，人们接受和流通媒介的能力迅速增强（以几何级数增长）。社交媒介迅速增长（英国、美国和许多国家的脸谱，巴西和印度的"奥库网"[Orkut]，中国的RenRen网，日本的Mixi网，韩国的"赛我小窝网"[Cyworld]），添加了一个全新的维度。我们所谓的"媒介"，以及管束媒介组合的规则大大地拓宽了：媒介研究的"什么"这个对象变了。《经济学家》（Economist）2005年问得好："什么是媒介公司？"[63]

我们要谨防把这一切变化归于技术一种因素。我们所谓的"媒介"（传播基础设施）的变化总是技术、阶级、社会和政治力量交叉所产生的结果。在前数字时代里，"媒介"是数量有限的生产/发行源头向外辐射的产物；"媒介"的接收者是"大众"即"受众"的成员。但这样的格局并不是技术的必然产物，广播的早期发展史就是证明：广播在美国、法国和英国的路径各有不同。在第一次世界大战前后的美国，广播大发展，成为一对一或多对多的媒介。法国和英国探索的则是偏离中心的、包容性的"社区"生产模式[64]。这种非大众模式逐渐消减，几乎被媒介史删去了，它反映了这样一种发展模式：开发从一点到多点的商业机会和政治机会。国家规模的媒介生产和流通需要丰厚的资本，资金密集型的大众媒介很符合现代国家日益加强的集中化组织[65]。

目前正在发生的另一种变化也不能简单归于技术发展的可能性。我们熟悉"整天看电视"的家庭（"constant TV" household）。但今天的情况已然变化，即使在设备比较好的国家比如英国，74%的人用宽带，50%的16岁至24岁的年轻人用手机上网[66]。大量时间上网在许多国家已司空见惯，使用新媒介的活跃人士随之出现。圣战者吉哈德把视频传上网，实际上谁都可以把视频上传优视网；名流在手机上发推特；游行示威者手握摄像机拍摄。由此可见，正在变化的不止是媒介的对象"什么"，还有媒介的使用者"谁"。如此，约翰·汤普森所谓的大众传播里"生产者和消费者根本断裂"的情况不再那么单纯。今天,互联网使个人的信息能抵达大量的受众,这使我们想起电话问世初期个人在电话线上向"世界"演唱奏乐的情景【67】。不过,如今的传播范围和基础设施所受的局限已截然不同了。专职的生产/发行不仅投入自己的内容,而且刺激和管理"用户生成的内容";另一方面,媒介消费者或受众成员有无数的机会贡献自己的内容,他们能对制度性媒体的生产评头论足;当然,谁抓住这样的机会倒是未成定局。有人赞扬传统报纸网站的互动社群,亦有人对此抱比较怀疑的态度【68】。有人看到了更根本的变化:互联网从"出版的媒介"变成"交流的媒介";视频从中心发行的文化媒介变成了"人际化网络的延伸"【69】。我们能看到媒介产出的崩解、"大众媒介"的凋谢吗?或者是另一种情况,我们低估了今天新媒体公司比如谷歌的兴趣呢?它们有志于维持高质量的媒介环境,让搜索引擎在这里运行吗【70】?

可以说,今天主要的商务媒体博弈者并非程序商、新闻社或电影公司,而是谷歌(含其属下的优视网)、脸谱和苹果。它们制造并销售设备、平台和搜索引擎,媒体端口要依靠这些产品。把许多媒介使用流结合起来,合成实用的"整体"的,正是这些博弈者。塔里顿·基里斯皮(Tarleton Gillespie)指出,"平台"是业界频频使用的字眼,用以表达这样一种理解的观念:对新平台的需求没有尽头。所以,2011年夏天撰写本书的时候,我正在等着看,微软以85亿美元并购网络电话公司Skype以后,是否能跻身主导媒体的万神殿【71】。诸如此类的变化在两个层次上发挥作用。首先是平台上传递什么内容的层次,以及相应的变化;在这个层次上,内容的类型成了标准的消费品。主要的制片商(时代华纳、21世纪福克斯)策划的优质的视频点播(VOD)可能会导致一个决定性的变化,使电影需求转向家庭。同时,谷歌还在探索在优视网上发行新电影,在智能手机上看电影。与此同时,"云游戏"(cloud gaming)时代正在吸收个人化的媒介习惯(独自在单台游戏机上玩),确保游戏人越来越依靠把大群人联系起来的网络基础设施【72】。第二个层次是内容如何传递、有何变化的层次。通过嵌入的应用软件,我们不断获取信息,被一步步引向互联网上的专利区,那是简单的搜索无法进入的专利区。这就是克里斯·安德森(Chris Anderson)和迈克尔·沃尔夫(Michael Wolff)看到的一幕:开放存取的"互联网死了"【73】。

我们必须如履薄冰。虽然拥有新颖的传播可能性,有些媒体还是一如往昔。广播部分上网了,但广播声音的世界仍然是许多人生活中日常的背景。又以电视为例,21世纪初,常有人宣告"电视的终结"【74】。无疑,电视的性质从起居室角落的大匣子变成了一位作家笔下的"无固定场所的屏幕的集合",从遥控器操纵、只能以一种方式(广播、电缆或卫星传送)收看的媒介变成了"母体媒介"(matrix medium),与其他数字媒介平台和内容连接,提供越来越灵活和动态的传播方式[75]。我们不再把单一实体的电视视之为理所当然,电视的内容是由许多电视公司生产的,如今的"电视"是一个浩大的空间,许多多媒体巨头在这里竞争[76]。陌生的新手进入这个空间:报社(《太阳报》、《纽约时报》)在自己的网站上播放自己的视频,或储存他人生产的视频(《卫报》)。不过,虽然许多国家黄金时段的收视率降低,看电视的人照常看,而且看的人还很多;"电视仍然是中国最普及、影响最大的媒介"[77]。威廉·乌里奇奥(William Uricchio)认为,电视可能要回到它出道时的"多元形式"(pluriformity),那是大批受众形成之前电视的特征[78]。显然,如果思考新媒介(互联网?)如何取代旧媒介(电视?广播?),我们就不能把握日益拓宽的媒介环境。

一波又一波新兴的饱和媒介如奔腾的洪流冲击着富国的居民:

(1)从少数地基电视频道到数以百计的有线电视和卫星电视频道;

(2)越来越快、连续不断地接入互联网和万维网;

(3)用"移动"电话接入其他媒介;

(4)广播和报纸靠数字化报纸网站上网;

(5)发送内容的网站在互联网上极大增长,既搞自上而下的发行,也容许照片、电影、电视和音乐的横向交换;

(6)作为新的界面,脸谱之类的社交网和上述的网站链接,或仅仅用来与朋友接触并调动我们的支持者;

(7)在时间和空间中多点对多点不断广播的界面比如推特;

(8)为 iPhone 手机、安卓手机、黑莓手机等移动设备提供的媒介应用服务。

近年的媒介饱和浪潮不断积累,使"饱和"不足以表达真实的情况。媒介具有沉淀的复杂性,宛若风景之复杂。但每个人的小天地是如何浸淫在媒介的世界里的呢?就是说,人们如何积极主动地到媒介的风景里去挑选呢?这个问题尚难以确定[79]。

准确地说,我们从什么范围里挑选媒介呢?或者说使用什么媒介呢?以上问题建立在亨利·詹金斯(Henry Jenkins)研究的基础上,但那仍然是范围有限的基本媒介[80]。现在我们体验的却是"媒介多元体"(media manifold),构成一个发送平台的复杂网络,背后支撑这一网络的是互联网有效而无限的储存。虽然发展不平衡,但这多种多样的媒介是我们大家都可以想象得到的,因为一切媒介都已经数字化,或正在数字化,成为基本上同类的信息比特。许多设备和器材(固定的和移动的)接入互联网,这就意味着,我们越来越多地使用彼此连接的许多媒介,而不是单一的媒介。人类学家马蒂亚诺和米勒(M. Madianou and D. Miller)把这种多样性命名为"多元媒体"(polymedia)[81]。但用这个词的风险是,它可能只含有多元性的意思,难以表达媒体连通性的形貌,那才是至关重要的意思。所以,我仍然在这里坚持用"媒介多元体"这一术语。那样的"多元体"(manifold)似乎无处不在,却又无处具体存在;我们只不过不同程度地嵌入了这个多元体。

在此,有关媒体界面的概括都不足以表达真实的情况。使用的习惯是关键,习惯不仅是简单的重复:任何习惯都通过多重实践而趋于稳固,多重的实践建构新的生活方式,在家里是这样,在广义的日常文化里也是这样的。这使我们过渡到第二种不确定性:媒介的使用。

二、我们用媒介做什么?

描绘人们用媒介做什么曾经是非常简单的事情:看纪录片,听广播连续剧,读周刊或日报,上电影院,翻书。已然扎根的变化使这一基本的景观复杂化:录像机引起的时间迁移,带硬盘的新型数字录像机带来的时间变化。数字媒介环境的补救性技术进一步发展。诚然,有些媒介包总是有不确定性的:我们不曾系统地了解不同的人如何读一张报纸(先看体育版、时尚版或头版新闻?)。但在无限量的互联网超文本中,媒介消费的规模、秩序和语境等方面的不确定性是一切媒介消费固有的特征。

我们再次看到,这样的去稳定性不仅是一个技术问题。丽萨·基特尔曼(Lisa Gitelman)认为,媒介技术的"使用协议"至关重要[82]。媒介消费数十年间稳定的一个因素是使用方便。对消费者而言,媒介产业提供的信息和娱乐包是很方便的:黄金时代的新闻播报,每天早上投递和受到的报纸,美日每周准时播出的肥皂剧。短缺曾经是决定方便与否的一个因素:广播电视台和报纸数量有限,使媒介资源短缺。但到了信息丰裕的时代,方便就产生了不同的结果:方便的东西未必是大型的媒介包(总是植入了广告),而是每天十次在网上浏览的主要新闻[83]。过去,媒介消费的旧习惯殊途同归:人们开关收音机、电视机时能猜想,别人正在和他们做同样的事情(生产商可以做同样的猜想);可是昔日这样的景观不会再现,至少不会简单再现。我们必须把方便放进变化中的工作、家庭和休闲如何组织的背景中去理解。新的习惯网格正在形成,我们对它们的描绘尚不清晰。我们考察的出发点是人们五花八门的使用媒介的方式:把全家福传到脸谱网上让分散在不同国家的亲友看,在电影频道上看老电影,搜索地球另一端的天气情况。

有些决定性的潮流已然成形,比如纸媒版报纸的消费业已下降,尤其在英国和美国的年轻人中。下文将要回头说这一趋势的经济语境,不过请注意,在有些国家比如斯堪的纳维亚的国家,情况略有不同,年轻人消费报纸的势头仍然强劲;

也许,都市捷运系统里的免费报纸证明提供了报业活力的基础[84]。其他媒体的情况更加复杂。公认不错的电视网新闻在美国也在走下坡路;正如阿曼达·罗兹(Amanda Lotz)所言,这不过是长期而言"电视网新闻死亡"的初露端倪,却不是电视网新闻的死亡。即使在美国,网络新闻的渗透也是被夸大了:正如美国广播公司世界新闻部的总裁乔恩·班纳(Jon Banner)所言,"我们的电视广播使任何网上新闻形同侏儒,大概在可预见的将来会继续维持这样的地位"[85]。即使在美国,看电视新闻所花的时间自1996年以来几乎没有变化,那是互联网大发展之前的一年。在英国和德国,把电视作为新闻源的人比依靠其他新闻源的人多出许多倍。即使在互联网渗透程度很高的丹麦,电视新闻仍然是主要的新闻源;最近的一次调查显示,欧洲的阿拉伯移民主要依靠的也是电视新闻[86]。

纸质报纸和电视新闻是人们预测媒介景观剧变时最喜欢考察的两个因素。但如果我们看都市消费的总体情况,实际的统计数据与鼓吹旧媒介死亡的夸大其词很不协调,这一景观颇有戏剧性。在美国,2005年人们看电视的时间多于1995年(那是互联网普及之前),2008年的收视率继续上升。在英国,2002年和2007年间,看电视的情况没有变化,2008年、2009年和2010年间,收视率连续上升三年。在德国,2002年至2007年,总体上的收视率也在上升[87]。诚然,电视节目被后续的网络转播盖过风头的情况(如音乐电视《山丘》[The Hills])是有的,但正如托比·米勒(Toby Miller)所言,另一个电视节目收视率立即占上风的情况(如美国版的《办公室》[The Office])也是有的[88]。原因之一是,用遥控器"按键"看电视节目在许多方面符合人们日常的欲望:需要跟上肥皂剧,需要熟悉的背景以舒缓沉默的家务,看体育赛事的直播,而不是读报纸上的体育新闻[89]。尽管有这么多矛盾的现象,在可预见的将来,电视也许仍然是多数人首选的媒介,无论电视节目是如何播放的,无论网络上用了什么样的宣传手段[90]。这是英国的传媒独立监察机构(Ofcom)用作政策基础的设想。然而,在2006年,索妮娅·利文斯通、蒂姆·马克汉姆(Tim Markham)和我的"公共连接"(public connection)研究所得出的结论与一般人的看法有矛盾[91]。

媒介宣传和实际的媒介使用分道扬镳,很有道理。我们很容易忽视两者脱节的关键形式,包括许多人主动选择不购买或使用某种技术的情况,这是迄今仍然被忽视的媒介研究领域[92]。基于媒介技术新潮的研究报告常常使我们误解技术变革的速度,因为它们低估了习惯的惰性。习惯不像新闻天天变。不错,用多种媒体完成多重任务的情况比以前多了,但在多种平台上与亲友交流的能力正在成为许多人基本的能力,不分贫富。但复杂情况难以对付,所以简化网上媒介使用的新方法正在成为惯例。菲利普·拿波利(Philip Napoli)察觉到互联网的"大众化"(massification),大多数在线活动围绕少数几个网站进行,网站的数量比我们预料要少[93]。简易的新设备比如iPhone简化了我们与多元一体媒介的界面。从更宽广的视域来看,媒介技术只有在日常语境中与我们的大范围习惯结合在一起,与我们办事的方式结合在一起时,我们的媒介习惯才会变化。手机应用软件的力量在于,它们能重构我们与媒介互动的基本习惯。在这里,大范围的权力博弈动态隐含的命题是很深刻的:正如苏姗·哈尔彭(Susan Halpern)所言,"通用软件一问世,它必定是谷歌网的软件,而不是普世的软件"[94]。

单从技术的立足点看问题,媒介实践与世界的啮合是不能预测的。媒介的界面和应用快速变革时,把握这样的结合与脱节尤其难把握。雷蒙德·威廉斯对"移动私人化"(mobile privatization)的技术进行的探讨颇为著名,这是比较早的洞见:一方面,增加的移动性(商品、人员和信息的移动)使家庭成为自足的"私密"场所,人们在此看电视,从这里驱车外出;另一方面,家园和共享的公共空间的旧形式出现了新的脱节。变化中的媒介生产的新视野出现了,比如《卫报》编辑艾伦·拉什布里杰(Alan Rusbridger)就提出新闻的"共同化"(mutualization)理论;这样的新视野透露更多的新结合,而不是脱节[95]。

媒介使用习惯的变化和大范围的习惯包的变化是一致的,我们日常的实践由这些习惯包组成。比如,在政治抗议时期就大量使用社交媒介,但政治动荡却是大范围变革的蹩脚向导,因为政治动荡是例外而不是常态。娱乐和"使生活结为一体"的基本需求也许是更有用的向导。乔纳森·克拉里(Jonathan Crary)指出,社会和文化"注意力的态势"(以及不注意的态势)随历史而变迁,倘若此说不错,全球媒介的议程向娱乐的迁移,也许就是日常的媒介使用正在发生的最大的变革[96]。这就使我们过渡到下一个问题:媒介生产经济学底层的不确定性。

三、媒介的运行还有经济活力吗?

本书的主要关怀不是媒介经济学,但我们不能忽视媒介经济活力出现的变化,这些变化构成的挑战是:什么媒介能生存,以什么形态生存?

首先是好消息。尤查·本科勒(Yochai Benkler)认为,互联网开放的"端对端"结构[97]、其超文本性和低成本都是对文化生产的强大刺激[98]。但从主流媒体的角度看,事情看上去是另一回事。请考虑历史悠久的媒介格式筹集资金的经济模式。姑不说公共服务的广播,那要受政治压力的影响;且说靠广告营运的媒体正面临极大的压力,因为广告收入正转向网络(Craigslist分类信息网站、eBay易趣网、在线假日预定网站)。即使并非像有人鼓吹的那样富有戏剧性,受众习惯的变化也可能引起商务感知的变化,它们改变了媒体的收益基础;当受众感觉到,广告的唯一趋势是上网时,他们的媒介习惯尤其会得到强化,尤其会受到大集团公司商务模式的强化,大公司不会对媒介企业的特殊性做出让步(《洛杉矶时报》近年的萎缩即为一例)[99]。

纸媒报纸的情况尤其显著。在英国和美国报业中,广告收益的损失是实实在在的,这和读者人数的减少有关系。地方报纸上的分类广告市场几乎破产,因为互联网上的其他选择很方便。保罗·斯塔尔(Paul Starr)根据英国的情况对此做了概括:"互联网破坏了报纸作为市场中介力量的角色。"[100] 倘若没有其他娱乐性更强的媒体节目(体育、闲话、名流新闻)和横向补贴,倘若新闻的生产从来就不曾独立赢利,那会是什么样的局面呢?倘如此,报纸"包"就会分解为大量的超文本链接,就会对新闻生产的活力构成根本挑战[101]。同时,特尔希·兰塔伦(Terhi Rantanen)指出,无论何时何地,准新闻的"信息"都可以随时获取,于是,"靠一般的新闻服务获利就越来越难了"。如果是这样,分类包装的现代新闻就会被许多人讲述的没有分殊的"新故事"取代吗?就会使我们想起现代新闻制度出现以前的时代吗?迄今为止,新补贴形式是否会出现,以抵消报纸下降的经济活力,这一点尚不确定[102]。

然而,媒介广告并没有单一的走向。2011年3月,英国的传媒独立监察机构Ofcom宣告,2010年的电视广告市场扩大了,而且全球电视广告市场也扩大了[103]。同时它又宣告,对是否能找到在线广告可行的通用模式的问题作出判断,为时尚早。

然而有一些深层的因素在重构媒介经济。数字时代媒介受众更加难以理解,对试图吸引其注意力的人而言,这种可能就是挑战;广告商一直是媒介环境的驱动力[104]。由于分离媒介的汇合,人们在媒介环境里运动的轨迹千变万化,如果生产商和广告商都难以形成模式,那可怎么办?约瑟夫·塔洛(Joseph Turow)率先探索受众销售机制,他显示,受众游移不定的形貌对媒介产业产生了深刻的影响,电视或新出现的平台对受众的设想难以定性。业界的目标受众聚焦于个体的高价值消费者,不是通过具体的媒介包(可以投放广告的节目或连续剧),而是通过网上继续不断地追踪目标受众个人,追踪他们的运动轨迹。这会不会削弱一般受众的概念,削弱媒介生产商对共同的公共世界的责任感呢?非目标受众的价值在下降,而区分更加明朗的利基(niche)受众则重要得多。分割市场的营销对政治受众产生什么样的长期影响?对这个问题也可以做出类似的判断[105]。

然而,即使富可敌国,个体消费者的口味也需要落地在广阔的信念网络上[106]。可见,塔洛分析的总体含义仍然是不确定的;实际上,这把我们引向另一个不确定性,媒介作为社会机构变化中的地位是不确定的。

四、媒介机构的社会/政治地位正在发生什么样的变化？

媒介机构——实际上一切媒介生产商都生产表征意义：他们表征世界（可能的、想象的、可取的、实际的世界）。媒介对真相进行或明或暗的宣示：媒介表征里的缺口和重复如果有足够的系统性，就可能扭曲人们的感知，人们对社会政治领域里能看到什么就可能被扭曲。现代性集中化的关键机制（阶级、社会、政治、文化机制）倚重媒介作为传播基础设施的作用[107]。詹姆斯·贝尼格（James Beniger）的名著《控制革命》（*The Control Revolution*）极富洞见，意在辨认19世纪中叶工业革命中的社会（如美国和英国）面对的"控制危机"（crisis of control），研究信息和媒介生产在解决这场危机中的作用[108]。现代媒介机构与现代社会组织孪生的现象并不是西方的特产。在当代的印度、中国、伊朗和巴西，这种现象正在展开，只不过具体情况有国别特色而已。

表面上，这就是媒介在社会肌体里必然的角色；我曾经将其称为"媒介中心神话"（myth of mediated centre）[109]。我在这里说"表面上"，因为总是有另外的历史选择（历史没有神学，请黑格尔原谅我这样说）。某些技术和发明被采纳而成为"媒介"（基特勒敏锐地揭示这一道理），有一定的偶然性，但我还要说，"现代化"和"集中化"的一切过程也有极大的偶然性[110]。"中心"未必是社会组织的特征，"媒介中心"更说不上如此：更准确地说，随着时间的流逝，事物都处在进行性的组织过程中，借用布尔迪厄的话说万事万物的演进，仿佛都必不可少。我们的"媒介"观念本身即为一例[111]。从多种媒体产业的分离动态中浮现出某种普通的、神话的"媒介"（the media）。这一观念被日常的社会功能主义复制。我们不能忽视媒介话语里社会"秩序"的主张，也不能忽视其中代表社会"秩序"的主张。无论在欧洲或北美，或在非洲国家威权扩张的历史过程中，我们都不能忽略这样的宣示[112]。

然而，如果媒介生产、消费和经济的动态关系正在瓦解媒介中心神话，那该怎么说呢？如果"the media"观念本身正在内爆，就像我们所谓的各种媒介界面正在内爆一样，那又该怎么看呢？我们再次重申，破坏性的动态关系并不是技术力量本身：互联网将一切分离的文本（想想YouTube）联系起来，性能非凡，使"the media"继续作为参照点的观念更容易被接受了，而不是难以被接受了。破坏性的源头是，技术的可能性是如何与大范围的经济、社会和政治力量结合的。塔洛对媒介产业对一般受众的兴趣减少作了分析，找准了破坏性的经济动态关系。然而，如果我们要维持基本的消费者需求（时尚、音乐、体育需求），那就需要"the media"观念来提供共同的参照点，如此，我们就能转向这些参照点去看，正在发生什么变化，什么东西"酷"。实际上，大媒体公司越来越注意寻找"噱头"，以驱动各种各样的用户去跨平台追寻内容,以便沿路生成广告受益[113]。格雷厄姆·特纳(Graeme Turner)指出,大众媒介的衰落并不等于媒介"中心"的衰落。在多出口的数字媒介时代,媒介机构声称"中心"更为重要了,因为它们为自己提供的广泛的"价值"辩护[114]。为"媒介中心"代言并将受众与"媒介中心"联系起来的能力更加重要了,因为它在社会政治现实里的参照点比过去更为脆弱。中心控制的名流生产日益困难,于是,名流故事不是减少了,而是热得发狂。许多形式的受众互动非但没有民主化,反而为媒介生产商提供了关键的市场信息,同时又强化了受众对特定产品的认同[115]。

有关媒介底层社会动态关系变化的言论同样是颇有歧义的。几十年来,"直播"(liveness)一词给我们的感觉是,我们必须打开从中心向外发送信息的媒介去检查,"正在播什么节目"[116]?这样的社会冲动不会突然消逝。但如果新出现的"直播"形式主要是人际传播呢?通过智能手机和组织者,社交网上是不是正在出现一种社会"直播"呢?用肯·希利斯(Ken Hillis)的话说,是不是在出现"分散配置的社会中心"呢?换句话说,这样的"直播"固然有中介,但那中介却不是中央媒介机构[117]。如果社会交往正在改变我们"何为新闻"的感觉,那又如何?如果那改变是从公共政策转向社会流(social flow),那就是一场根本的变革了,那将堪比16世纪和17世纪"新闻"一词的诞生[118]。

我们再次看到,辩证分析胜过线性分析。至少,优视网是受众成员和媒介公司在中介机制。媒介机构(BBC、NBC、音乐专业人、商务品牌)在社交网上容纳个人介绍,这些个人化的数据对营销人很有用,对控制这些数据的机构(谷歌、脸谱)而言,这些数据具有重大的金融价值。推特成了命令炒作的重要舞台:2011年5月,世界娱乐新闻网(WENN)签署协议,独家发布名流在推特网上的照片[119]。社交网上回馈的信息使之特别适合造成利基产品和一般产品的"轰动",这样的信息又回馈给主流媒体。社交网非但没有聚焦于另一个"中心",社交网和主流媒体建构中心的机制越来越紧密地纠结在一起,就像双螺旋线;在当今世界,营销本身越来越注重模拟"会话",日益重视"调动消费者的能动性"[120]。但没有迹象表明,这一双螺旋线是否能放大一般的新闻消费。这不是要否认社交媒介在冲突的情况下能发挥政治作用。与此同时,媒介机构与社交媒介的连接是其维持社会地位的一种方式。难怪,社交网上的新闻很快就被主流媒体放大了(见第五章)。但尚无迹象表明,对国家一级的广播公司的需求正在下降。收视、收听和阅读国家主流媒体的原因是复杂的,正如一位中国观众所言:"我们知道,电视台只播放政府想要我们看的节目,但那并不是说,这些节目不值得看……如果我想获得不同的视角,我可以随时上互联网。"[121]那些复杂的原因并没有消失。

稍微拓宽一点看,媒介和"社会"(the social)的关系常常与国家政治的命运纠结在一起,实际上与一切政治纠结在一起。政治学有一条尽人皆知的道理:政治是有中介的,所以媒介传递的政治图像不"仅仅是另一种"叙事:这一叙事凸显的是当代政治的"露面的空间"(space of appearances)[122]。国家并没有消亡;实际上,国家的社会监督和边境防卫工程反而更加雄心勃勃了[123]。政府必须关注"媒介"的命运,所以它们通过社交网追求新政治的受众,突出表现在奥巴马总统2008年竞选时对社交网的使用。在这里,大型政治机构和大型媒体底层的利益交汇在一起,它们都要通过媒介中心的建构来维护自己的权威。《卫报》和BBC很高兴,2009年4月1日伦敦20国集团的抗议活动爆发时,它们都甘心当抗议活动的仓库,连旁观者伊恩·汤林森(Ian Tomlinson)挑战警察有关严重冲突叙事的视频也在储藏之列。媒体公司利用互联网用户生成的内容,以加强自己作为主要叙事者的地位。这是旧酒新瓶的策略。首先注意到这一策略的人叫芭比·泽利扎(Barbie Zelizer),她指出,肯尼迪被刺及其后续的电视报道使用了这一策略。BBC网站上对埃及革命的一则简短的报道写道:"在目前的动乱中,社交媒介发挥了关键的作用,人们纷纷向推特网发信息。"[124]

如果媒介中心主义维持下去,其代价可能是娱乐政治的核心地位,这就符合道格拉斯·凯尔纳(Douglas Kellner)比较宽泛的论断:"娱乐正在形塑从互联网到政治的一切生活领域。"[125]娱乐主导的地位(投资少于调查性新闻)适合弱势媒介机构的底线经济,但娱乐主导的态势和许多政治语境与结果都是协调的,这样的政治局面有:前南斯拉夫后社会主义的竞争性民族主义;中国社会主义/市场的混合政治;菲律宾后独裁体制脆弱的民主政治。有时,比如在具体的阿拉伯世界或小布什总统的美国,娱乐可能是挑战传统话语和精英话语以求突破的最有效的方式,人们借此发出声音,提出问题[126]。

然而,围绕媒介机构的社会价值所提出的这一切问题,贯穿着更大范围的不确定性。

五、媒介在多大规模上产生影响?

媒介产生影响的最重要的方式之一是社会、经济和政治的规模:这就是媒介的空间和地域表征暗示的规模(见第四章),以及媒介在空间里的流通和连接所产生的规模,本章集中讨论这后一种规模。

媒介是在空间里的流动过程。媒介"在空间里"运行,因为它们促成了内容和传播的组织,结果就产生了"媒介里的"空间,曼纽尔·卡斯特将其称为"流的空间"(space of flows)[127]。媒介使社会、经济和政治的过程实现很大的规模的协调。实际上,媒介改变了我们言说社会的规模,不过,媒介又将不平等(首先是能见度的不平等)嵌入这个过程中[128]。通过媒介,我们获得了在世间生活的感觉,获得了世界大事的视野;通过传播,全球规模的资本主义得以维持,结果造成了潜在的反叛资本的全球范围的新规模[129]。然而,全球化本身掩盖了相当大的复杂性。全球化的主要理论家认为,全球化的主要特征是"网络的广阔性"和"互相连接的深刻性";如果真是这样,那么,这些特征总是留下一些未被揭示的领域,即连通性较少的地方[130]。

关于媒介改变社会规模的作用,人类探奇的心理历史悠久。20世纪初,报纸使加布里埃尔·塔尔德①震惊:"即使报纸使所有的读者……感觉到自己的哲理身份,它也不会关注对人人都有趣的当前的和同步发生的事情……报纸为公民的生活注入活力,煽起心灵和意志统一的运动。"[131]但20世纪初媒介造成的规模的外观不同于今天。今天看来,波兰作家布鲁诺·舒尔兹(Bruno Schulz)的情绪离我们多么遥远啊。1938年3月,德国入侵奥地利时,那是走向致命的第二次世界大战的前夜。他在给友人的信里写道:

> 如果我回信不及时,请别生气。空间的遥远使文字那么孱弱、无效、无力,不中肯綮。漫漫空间尽头的收信人似乎只有一般的真实性,只有不确定的生存状况,就像小说里的人物。这成了写信的阻力,剥夺了写信切中时局的及时性,使之在汹涌而来的现实面前就像是犹豫不定、意义暧昧的手势。[132]

在电子邮件和网络电话的世界里,我们共同生活的传播空间无穷大,其强度和速度是几年前难以想象的。斯科特·麦奎尔(Scott McQuire)启用了一个新词"关系空间"(relational space),表达媒介转换日常经验和社会空间"形貌"的作用[133]。

由于日常有关跨国连接甚至全球连接的设想,由此而生的"时空距离拉大"(time-space distanciation)[134]得到了强化;在很大程度上,这样的设想扎根于我们的数字媒介经验里。连接和流动的新例子时常发生,令人注目。2009年6月,一段手机视频显示,示威者内达·阿贾—索尔丹(Neda Agha-Soltan)倒毙在德黑兰街头,这段视频绕过伊朗的互联网镇压送到推特账号上,经过在国外的流通后又回到伊朗;第二天,那一幕在同一条街的旗帜上重新露面[135]。2007年1月,杰德·古蒂(Jade Goody)针对真人秀电视节目《名流老大哥》(*Celebrity Big Brother*)里一

---

① 塔尔德(Gabriel Tarde,1843—1904),法国社会学,研究范围横跨社会学、心理学、统计学和犯罪学,有十余种著作传世:《比较犯罪学》、《模仿律》、《刑法哲学》、《社会逻辑》、《社会规律》、《刑罚和社会研究》、《权利的变迁》、《普遍的对立》、《经济心理学》、《学习与社会》、《社会学纲要》、《社会心理学研究》、《权力的变迁》、《舆论与群众》。

位宝莱坞女演员的种族主义评论,激起怒潮,这段视频在优视网上流通,不出几个小时,就使出访印度的几位英国大臣遭遇到政治危机。类似的例子也见于数字时代之前。1988年奥林匹克拳击赛期间,美国电视节目里一段种族主义的评论从美国驻南韩的军事基地泄露出来,激怒了韩国人[136]。不过,在这个比较早的例子里,那样的文化流是偶然发生的。在《名流大兄弟》里,推动抗议怒潮的力量成倍增长:视频在分散的网络中流通,这说明,优视网跨越文化边界把媒介和受众联系起来了。因此,我们必须重新调整规模,用以衡量媒介显示的事件有何意义。

媒介流的全球化使国别的复杂性增加,使国内政治和国际政治与文化的互动更加复杂。但如果用空间被消除的观点来看诸如此类的变化,那就错了[137]。无论联系如何紧密,一切空间都有"结构"(安德烈·杨森[Andre Jansson]语):都有基于社会表征的秩序和等级的模式;用这些模式来衡量,当代生活是"流体"、能"自由流动"的观点就土崩瓦解[138]。固然,互联网有去中心化(decentralization)连通的属性,但这并不意味着,互联网的效应被去地域化(deterritoralization)了。萨吉娅·萨桑(Saskia Sassen)指出,表面上去物质化(dematerialization)的过程里存在着"物质条件",这些条件在地域和权力结构中分布不均。因此,媒介不会消除规模的等级,而是产生重构规模的效应。媒介和长期针对媒介中心主义神话的斗争,正是萨桑所谓的全球化世界的组成部分;她把这样的斗争称为"多样性的、有一定规范的秩序"。在此期间,各国的媒体在人们消费的媒体中仍然占很大一个百分比[139]。

媒介与规模的关系和社会理论的一个领域有关,人们在讨论媒介时罕有提及这个理论:行为者网络理论(Actor-Network Theory)。行为者网络理论生发于科学社会学和俗民方法论①对传统的描绘语言有所怀疑,坚信人的习惯有可塑性。但反思行为者网络理论前20年的历史时,布鲁诺·拉图尔(Bruno Latour)摒弃该理论中每一个成分,包括其中的连词符"-"。他认为,该理论只不过是循环论证的方法,追寻构成世界的人和物作为行为者在空间里的流动。他摒弃人们对规模(微观-宏观区分)的传统理解,断言:"社会领域不存在规模(微观-宏观)的变化,规模可以说总是平坦的、折叠的……每一个地点都可以被视为框架和归纳。"对他而言,不存在自然的社会"规模",不存在"大"或"小";只存在延伸,因此不存在"社会现象"典型发生的独特的规模[140]。这一论断挑战媒介与"宏观"或"微观"的自然联想。不过,拉图尔这个观点可以用来解释:为什么伊尼斯所谓的"空间

---

① 俗民方法论(ethnomethodology),亦称民本土方法论或常人方法论,研究人们在日常生活互动中使用方法的理论,创始人为美国社会学家芬克尔(Harold Garfinkel)。

偏向"的电话能强化空间相邻的网络,无论通话双方相隔距离的远近[141]。但与拉图尔这一洞见相伴的问题是:他忽略了行为累积和沉淀的语境。与此相似,约翰·乌里(John Urry)呼吁创建研究"流动性"的社会学(sociology of mobilities),他抓住了"流动性"与家庭、想象力和基础设施的关系;须知,家庭、工作场所、社会交往点的关系都需要诸多流动来维持,资源和常规的地域性积累也需要诸多流动来维持[142]。

对社会规模更加精到的理解并不等于放弃法国社会学家达尼洛·马图切里(Danilo Martuccelli)"社会生活的本体论性质"。他认为:人们在协调和竞争中生活,对行为的"约束"和"压制"在空间里积累[143]。下文很快要回头讲这个观点对媒介理论的一个关键的意义。我们先转向有关当代媒介的最后一个不确定性:伦理。

六、怎样才能用媒介生活得好?

媒介给人的生活尺度带来的变化具有重大的伦理意义。哲学家汉斯·乔纳斯(Hans Jonas)指出,我们认识到,地球是一个宏大的环境系统,这使我们对自己行为的伦理洞见为之一变[144]。我们看到,自己在小环境里的行为在大范围的环境里产生累积效应。用乌布利希·贝克(Ulbrich Beck)的话说,对环境尺度变化的伦理反思是全球"风险社会"直接产生的后果,这种反思也适用于环境之外的领域。媒介的全球规模对媒介伦理的意义逐渐明朗了[145]。

如何凭借媒介并通过媒介过合乎伦理的生活?这个问题的答案没有一致同意的出发点。但事实上,我们的生活处在媒介渗透的饱和态,所以,继续满足于没有媒介伦理的伦理学,势必是越来越难了。既然一切媒介传播能在全球规模上流通,应运而生的自然就是与媒介伦理相关的全球规模[146]。但局部的伦理问题,即集体、友情、制度空间的伦理问题,就纠缠在各种规模上的媒介流里并因此而转换了。

在第八章里,我们将更系统地思考媒介伦理的出发点。在那里,我们还将更系统地审视相关的正义问题,看看正义如何应用于媒介的运行。媒介正义一语并非完全陌生,但这个领域的探索尚未起步。然而,媒介资源公正分配问题对理解媒介如何改变世界具有核心的意义。

第四节 一个工具箱,几条指针

如果你跟随我读到了这里,你就会意识到,本书不描绘一幅笔直行程的地图。六条不确定的线路互相交叉,但地平线上没有它们的交汇点,累积的不确定性不可能在一个交汇点上廓清。理解媒介、社会和世界今天的关系,这不是分析某一网络界面的问题,也不是分析某一技术革新的问题。实际上,我们需要一整套中观的概念,才能把握媒介嵌入深层社会空间所产生的秩序和无序的类型问题。本书旨在提供这样一个工具箱。

在第二章里,我们迈出重要的一步:认真研究媒介作为世界上多种行为习惯的结合体。以后的所有章节都以这一步为基础。

在第三章里,我们仔细考察媒介机构宣示的世界窗口的观念,还要考察由此而生的仪式和神话;在世界各地千差万别的情况下,媒介仪式和神话仍然在我们的媒介经验中占主导地位。

第四章看媒介神话和仪式的影响之一:媒介过程对社会隐性的形塑作用,包括隐性的伤害和符号的暴力;大规模媒介机构的习惯做法对个人和群体可能会造成伤害。

接下来的四章直接转向媒介对社会和政治变革的影响。

第五章检视经常有人做出的宣示:媒介新形式改变了社会构造和政治行动的可能性。这些言论常常在知识上不完备,或没有足够的知识做支撑,对维持特定社会政治类型的资源不够了解。

第六章审视媒介饱和对远离媒介的领域比如教育、医学和法律的长远影响,也考察其已然媒介饱和的领域比如政治的影响。这使我们能从一个新方向重温一些经典的概念比如权威、资本。

第七章回到全球规模,审视形塑媒介文化的底层动态关系。

最后的第八章研究当代生活方式涉及的伦理和正义问题,以及媒介通过当代生活方式产生的伦理和正义问题。

这个工具箱潜隐着三条指针,这是本章勾勒的媒介理论和社会理论路径里浮现出来的原理。本章开卷提出的第一条原理是:非线性原理【147】。在描绘媒介在社会变革里的作用时,我们都必须随时质疑媒介变革的线性记述,质疑人们回应技术的态度,质疑这些态度产生的结果。矛盾、紧张和歧义影响媒介在一切规模上的社会机制。所以,媒介的社会学描绘必须平衡两种记述:一是权力如何跨越空间得以维持,并横穿纷纭复杂的个人观点;一是日常的媒介邂逅给我们的感觉,给我们提供的有关世界的策略。不建基于政治经济学的媒介现象学是盲目的,但忽略媒介现象学的媒介政治经济学是很不完全的。

另有两条原理与非线性原理相关。第二条原理是,媒介研究必须分析媒介实践,将其当作人们所做的一套开放的事情。世界不是一个文本,而是习惯和资源编织的一张大网,包含书写和解释文本的习惯;把世界当作一个文本来解读,那是被误导了[148]。20世纪80年代的受众研究和技术研究,它们抓住了这条原理,这是对广义社会科学的贡献。如果短缺克劳德·费斯彻尔(Claude Fischer)所谓的"对使用者的探索"(user heuristic),对技术发展所作的记述就有风险,那只不过是对技术营销的鹦鹉学舌而已[149]。

第三条原理是表征的物质性,需要仔细分析。表征有实质意义,是行使权力、争取权力的物质场所。简言之,我们"有什么"的感觉总是社会政治斗争的产物,总是权力起作用的场所[150]。但充分把握这一点和媒介的关系是有困难的,因为媒介机构的作用告诉我们"有什么",至少告诉我们有什么"新东西"。媒介的作用是掩盖权力场里日常错综复杂的关系。媒介的目标是使人们的注意力集中在某个方向,集中在社会知识和政治知识的共同场所上。媒介机构嵌入现代社会的核心场所,因为到了数字媒介时代,媒介机构斗争的历史越来越激烈。对当代社会表面上看自然的媒介"秩序"有必要进行解构。雷蒙德·威廉斯说得好:"如果我们认为必须从秩序着手去进行研究,我们就难以提出切中要害的问题:社会秩序是否真的服务于我们的需要。"[151]

我不准备按照媒介给我们描绘的所谓世界的"事实"去探索媒介、社会和世界。我宁可追随卢克·波尔坦斯基(Luc Boltanski)路径,将具体而连续的制度建构之类的媒介宣示置于前景,以便继续不断地解析制度建构的机制和结果,我在上文将这样的解析称为"媒介中心神话"的解构[152]。我们需要从唯物的角度去描绘,这样的社会建构是如何发生的;这样的建构始于一个多元的社会本体,同时又注意,一个多元的社会如何通过简化的行为有效地得到还原,而这些行为本身也是主要的权力形式。这个观点不同于马克思的或拉康①的意识形态观点,它不依靠宣称:有一个真正底层的意识形态结构、欲望或驱力,更没有一个价值的制度性熔炉(即媒介)。主导是多元的;既含有经济的维度,又含有象征的维度,即波尔坦斯基所谓的"决定是什么的领域"。在社会分析里,因此而获得重要意义的是"总计和表征是什么的工具,至少是决定什么是与集体相关的要素":它们是形塑"事情之所以如此"的制度[153]。如此,虽然波尔坦斯基没有明确提及媒介机构,他还是揭示了一个道理:为什么对媒介的批判性理解对理解当代世界至关重要。

我们这样的媒介研究路径植根于社会理论的关怀,所以它避免了"媒介中心主义",媒介中心主义常被人指为媒介研究中隐藏的危险[154]。这条路径的出发

---

① 雅克·拉康(Jacques Lacan, 1901—1983),法国心理学家、"法国的弗洛伊德",代表作《著作集》。

点是社会理论一个特色鲜明的领域。在厘清事物秩序时,它强调表征的作用,摒弃最近出现的社会理论里反表征的转向。诚然,"非表征理论"(non-representational theory)有一些用处(它强调游戏、前认知现象、实践的变异性;见第二章),但它最基本的一步忽略了表征行为和内容,所以它对媒介研究实在是帮不上忙。"非表征理论"的主要倡导者奈杰尔·希利弗特(Nigel Thrift)讨论媒介时,只谈情感或情绪[155]。新闻该不该谈呢?他这一举措并非偶然,其驱动力是一个信念:"发生的事情的形貌和内容不断变化","不存在稳定的'人'的经验",人的"感官"在不断延伸[156]。然而,这种媒介理论的极端形式与权力的实际运行情况相悖;实际情况是,"有什么"的表征是稳定的。事实上,和它追随的行为者网络理论一样,非表征理论完全不去描绘,表征的内容和解释是如何嵌入世界的[157]。

摒弃表征的路径略显怪异,其背后隐藏的是围绕社会学的经验基础的论辩。斯科特·拉希(Scott Lash)对此作了最好的分析。他认为,社会学应该告别经典社会理论的"理性主义",用康德的话说,其基础是经验性的先验(empirical a priori)(尤其迪尔凯姆的社会"事实",比如社会生活的纽带,即大群人聚集时直觉的纽带)。我们应该转向另一种经验:后天的经验,这种经验记录一个"社会过程,它尚不足以持久凝聚成'事实'"。拉希眼中的选择直截了当:过去的社会学问"社会秩序为何可能成立";新的方法论简明扼要,追问:"我们体验的社会现象是什么?"[158]他宣称,我们深深嵌入技术系统,这意味着"没有时间/没有空间……去进行反思",所以我们的社会本体中就没有表征扮演的角色。实际上对他而言,"认识论和本体论的二元论被扁平化为极端的技术单子了"[159]。我强调解构媒介中心主义的神话,这和他的怀疑论异曲同工;他强调社会秩序的继承语言,同时又标明重要的差异。即使不存在聚焦于国家之类的社会"中心",系统厘清社会现象秩序的尝试仍然络绎不绝,且十分重要:并非一切都是混乱不堪的。社会功能主义声称,社会秩序井然,社会各部分相互依存,就像人体或有机体。社会功能主义是一支重要的社会力量;具有讽刺意义的是,它仍然携带着过去的社会话语的印记[160]!既然媒介机构仍然积极推进自己在社会秩序里自然而然的角色,实际上仍然代表着这样的角色,忽略诸如此类言论的媒介理论就失去了一种重要的工具[161]。

由此可见,我们的社会理论选择,对我们是否掌握了必要的工具去理解媒介在世上的作用,意义重大,在急剧变革和多维变革的时代尤其重要。我们的观点是,社会是多元的,而不是统合一体的;我们承认媒介和其他技术在社会实际构成中的作用[162],同时又承认技术的社会表征的作用。时间的流动性当然超乎政府、制度和社会学家强加秩序的意图,但实践本身又依靠排序和分类的过程(媒介就是在这样的过程中演化的)。日常生活不是纯发明的空间,晚近的一些理论却持这样的观点[163]。说到底,我所谓"社会取向的媒介理论"是:我认真看待社会,将其视为物质约束性和可能性的场所,认真看待媒介在社会建构中的作用。在检视各国媒介生活的千差万别时,这是我坚持的关键原理,本书第七章尤其坚守这一原则,但这条原理是贯穿全书的。

注释

【1】Braudel (1981:561).

【2】Rantanen (2009:15).

【3】Lazarsfeld and Merton (1969:495).

【4】Giddens (1984:164). Compare Mann (1986:1), Beck (2000a), Urry (2000), Touraine (2007).

【5】Zielinski (2006:7), Tomlinson (1999:9).

【6】Jensen (2010:110). Compare Thompson (1995:19-22), Shirky (2010:53) and Friedrich Krotz's helpful definition of media as a distinctive modification of communication involving any of the following:"a technology, societal institution, organizational machine, a way of setting content in a scene, and a space of experience of a [recipient]"(Krotz 2009:23).

【7】For media's relation to modernity, see Thompson (1995), Garcia Canclini (1995), Mattelart (1994). For broad histories of media, see Briggs and Burke (2005), Chapman (2005), Starr (2004). On the nature of the internet, see the definition of Chadwick (2006:7).

【8】On contemporary media as "environment", see, for example, Press and Williams (2011:8-16).

【9】Shirky (2010:61).

【10】See, for example, Lev Manovich's account of how artistic production is changed in the era of new media by the externalization online of the resources that artists had once drawn on "somewhere below consciousness"(2001:127).

【11】Morgan (2008:54).

【12】Thévenot (2007a:238).

【13】Innis (1991).

【14】Hepp (2010:39-40); Debray (1996:15).

【15】Proust (1983:134-135). I quote from the C. Scott Moncrieff and T. Kilmartin translation but prefer in the text a more recent translation of the novel's overall title.

[16] I wrote this passage before finding John Tomlinson's (2007: 119 – 120) interesting, if differently directed, discussion of the same passage.

[17] Williams (1973: 295 – 296).

[18] DeLillo (1999).

[19] Quotations from Gitlin (2001: 20); Castells (2009: 55).

[20] Vaidyanathan (2011); Tomlinson (2007: 95); Michael Pocock, CEO of Yell, quoted *Guardian*, 14 July 2011.

[21] *Daily Mirror* reader, quoted Weaver (2007).

[22] Silverstone (2002: 762).

[23] Bolter and Grusin (2000: 50).

[24] Gitlin (2001: ch. 1). On RFID chips, see Hayles (2009: 47); Press and Williams (2011: 202 – 204).

[25] http://en.wikipedia.org/wiki/supersaturation, last accessed 6 January 2011: Gitlin (2001: 67) does not draw on this technical meaning.

[26] Shannon and Weaver (1949). For brilliant analysis, see Kittler (2010: 43 – 46, 208).

[27] Golding and Murdock (1991); Garnham (1990); Miège (1989); Mosco (2009); Chakravarty and Zhao (2008).

[28] Kittler (1999, 2010). As Meyrowitz (2008) notes, all branches of media theory (medium theory, uses and gratifications, power theory) overlap to some degree. For "medium theory" generally, see Meyrowitz (1994).

[29] Kittler (2010: 67 and 176; 226; 44, added emphasis; 31, 42 – 43, 33 and 176). For commentary, see Peters (2010: 5) and the critique of Lovink (2003: 27, 22 – 29).

[30] Thompson (1995); Giddens (1990). For related discussion, see Moores (2005), Longhurst (2005), Hesmondhalgh and Toynbee (2008).

[31] Graham (2004: 23).

[32] Elias (1994); Bourdieu (1993); Durkheim and Mauss (1970).

[33] Mills (1959); Gouldner (1962); Splichal (2008).

[34] Here, contrast an elegant defence of a broader communication theory: Jensen (2010, especially ch. 2).

【35】Zielinski（2006：269）.

【36】Mosco（2009：117）. Compare Sconce（2003）；Curran, Fenton and Freedman（forthcoming）；Palfrey and Gasser（2008：294）；Morozov（2011）.

【37】Marvin（1987）. For important recent critiques of the myth of "free" information, see Morozov（2011）, Lanier（2011）；for an example of that myth, see respected journalist commentator Jeff Jarvis's（2011）comment that "print feels finite, digital infinite. But print is also limiting, while digital is freeing".

【38】Eisenstein（1983：22, added emphasis）.

【39】Eisenstein（1983：44,71,78,85）. The expansion of "archive" capacity was a basic consequence also of writing itself（Goody 1976）.

【40】Febvre and Martin（1990：170）.

【41】Winston（1998：2）.

【42】El-Nawawy and Iskendar（2002：68）on 1990s Iraq；on the contemporary Arab world, see Kraidy and Khalil（2009：31）.

【43】Manovich（2001）.

【44】Berners-Lee, quoted Introna and Nissenbaum（2000：179）；on the "information revolution" generally, see for example Bimber（2003）and the then BBC Director of Global News, Richard Sambrook（Sambrook 2006）.

【45】Schiller（2007）；Lessig（2002）.

【46】Petersen（2010：60－64）；Shiels（2010）. The *Guardian*（24 June 2011）reported that an FTC investigation on Google was imminent.

【47】General internet penetration is stated at 78.3%（USA）, 80.9%（South Korea）and 85.9%（Denmark）：www.internetworldstats.com；*mobile broadband* access is however 89.8% in South Korea, according to OECD figures：www.oecd.org/document/54/0,3746,en_2649_34225_38690102_1_1_1_1,00.html（both last accessed 6 September 2011）. On the UK's continuing digital divide, see Ofcom（2009a and 2009b）, and globally, see ITU/UNCTAD（2007）. On relative costs of a computer, see Chadwick（2006：65）.

【48】Wheeler（2004）on the Middle East；Seiter（2005：13）and Livingstone（2002）on class and children's internet use；Ofcom（2010, in 2007－2011：249－250）on class and internet access generally；Warschauer（2003：24）and Kling（1999）on a vicious circle；Ellison, Steinfield and Lampe（2007）on social networking. For a useful recent summary of the digital divide debate, see Chadwick（2006：

ch. 4).

[49] CNNIC (2010) for China internet statistics; on Marathi, see Curran, Fenton and Freedman (forthcoming: ch. 2).

[50] Debray (1996: 16).

[51] Wuthnow (1989); Wittmann (1999).

[52] Kittler (2010: 67).

[53] Arnison (2002); Shirky (2010: 16).

[54] Buckingham (2008: 15); Herring (2008: 87).

[55] See ch. 5.

[56] Shirky (2010: 156); Proust (1982: 390).

[57] Beck, Giddens and Lash (1994); Fornäs (1995: 2–7); Lash (2002); McQuire (2008: 21–22).

[58] Poster (1999: 17).

[59] Anderson (1983); Billig (1995).

[60] Jenkins (1992), Gamson (1994), Priest (1995) were important early studies on how audience and fans get involved in the media process; on "mediation", see Martin-Barbero (1993), Couldry (2000a), Silverstone (2005); for the rapprochement between media studies and anthropology, see Dayan and Katz (1992), Ginsburg (1994), Rothenbuhler and Coman (2005).

[61] E. g. Turkle (1996), Katz and Rice (2002), Livingstone (2002).

[62] Compare Couldry (2000a: 184–195).

[63] *Economist*, 20 April 2006, added emphasis.

[64] On the USA, see Barnouw (1990 [1975]: ch. 2) and Douglas (1987: chs 5 and 9); on France, see Barbrook (1995); on the UK, see Scannell and Cardiff (1991).

[65] On the need for capital, see Garnham (1990), Benkler (2006: ch. 2); on the relation of media to state, see Mattelart (1994), Barry (2001), Larkin (2008).

[66] Medrich (1979) on the constant TV household; UK statistics from Ofcom (2011, in 2007–2011).

[67] Thompson (1990: 15); Kine (2000: 43) on early use of phone wires in the USA.

[68] Contrast Beckett (2010) and Jones (2009) on the "communities" attached to the UK's *Daily Telegraph* website and US network news channel websites,

respectively.

【69】Respectively, Manovich（2008：53）, Marshall（2006：50）.

【70】On "mass media", see Manovich（2008：53）, Marshall（2006：50）, McQuail（2005：139）. On Google, see Carr（2011）and Google CEO Eric Schmidt's comments following his MacTaggart Lecture, Edinburgh Television Festival, August 2011, quoted Kiss（2011）.

【71】On Apple and Google, see Kirwan（2010）; Eric Schmidt, CEO of Google, has spoken of the new "Gang of Four"（Google, Apple, Amazon, Facebook）, quoted Waters and Edgecliffe-Johnson（2011）; on the strategic use of the term "platform", see Gillespie（2010）; on Microsoft and Skype, see Arthur（2011）.

【72】Garrahan（2011）on Premium VOD; Castillo（2011）on Google and YouTube; Stuart（2010）on "cloud gaming".

【73】Anderson and Wolff（2010）; compare Zittrain（2008）.

【74】Lotz（2009a：12 - 13 n. 2）; Katz（2009）.

【75】Dawson（2007）quoted Lister et al.（2009：229）; Curtin（2009：13）.

【76】Spigel and Olsson（2004）; Turner and Tay（2009：3）; Lotz（2009a：12）; Curtin（2009：18）.

【77】Miller（2010：143）; Ofcom（2011, in 2007 - 2011）; on China, see Miao（2011：111）.

【78】Uricchio（2009：63）.

【79】See Bird（2003）, and for interesting reflections on the significance of this for audience research, see Ruddock（2007：ch. 7）.

【80】Jenkins（2006：13）.

【81】Madianou and Miller（2011）.

【82】Gitelman（2008：7）.

【83】On the era of "plenty", see Ellis（2000）; on news consumption at work, see Boczkowski（2010：ch. 5）.

【84】On decline in newspaper consumption, see Rantanen（2009：115）, Starr（2009）; yet 65% of Finnish 15- to 29-year-olds read a newspaper compared with 24% in the USA（World Association of Newspapers 2008）and newspaper consumption among Swedish youth remains strong（Bergström and Wadbring 2008）; on free papers, see Straw（2010）.

【85】Lotz（2009b：95, 109）; Banner, quoted Lotz（2009b：105）.

【86】 Pew (2008) for US television news consumption; on UK and German figures, see Couldry (2009a) discussing Ofcom (2007 – 2008, in 2007 – 2011), Oemichen and Schröter (2008); on Denmark, see Linaa Jensen (2011); on European Arab migrants' news consumption, see www. media-citizenship. eu.

【87】 On the USA, see Miller (2010: 12 – 13), Curtin (2009: 13), Spigel (2004: 1) and Robinson and Martin (2009) who report television viewing as almost unchanged between 1975 and 2005; on the UK, see Ofcom (2007 – 2011); on Germany, see Medien Basisdaten, www. ard. de/intern/basisdaten/onlinenutzung, last accessed 20 November 2008.

【88】 See respectively Curtin (2009: 16), Miller (2010: 144).

【89】 Lotz (2009a: 9, 2); Johnson (2009).

【90】 Scannell (2009); Bolin (2011: ch. 5).

【91】 Couldry, Livingstone and Markham (2010); and see our 2006 report available from www. publicconnection. org. uk.

【92】 Wyatt, Thomas and Terranova (2002); Selwyn, Govard and Furlong (2005).

【93】 Napoli (2008: 60).

【94】 Halpern (2010: 26). Compare Gillespie (2011), Powell (2011), Zittrain (2008).

【95】 On mobile privatization, see Williams (1992: 26 – 31) and compare Lefebvre (1971: 100 – 101); on mutualization, see Rusbridger (2009) and compare Jarvis (2007), Bruns (2005), Russell (2011).

【96】 Christensen and Røpke (2010); Crary (1999: 1); on the bias towards entertainment, see Turner (2010), Thussu (2009), and, for important anticipation of this argument, Morley (1999).

【97】 On the internet's open structure, see Bolter (2001); Lessig (2002: 34ff).

【98】 Benkler (2006: 32 – 33).

【99】 Carroll (2007) on the *Los Angeles Times*.

【100】 Starr (2009: 4). In the UK, there was a 5 million drop in newspaper readership between 1992 and 2007 (National Readership Survey 2007, quoted in Brook 2007), with recent NRS surveys suggesting continuing falls (*Press Gazette*, 7 July 2011). In the USA, the percentage of the adult population reading any daily newspaper fell from 45. 1% to 39. 6% between 2008 and 2010, according to Newspaper Association of America data (www. naa. org, last accessed 25 June

2011）．

[101] Beecher（2009）；Phillips（2011）．

[102] Rantanen（2009：129，132）．On the uncertainty of cross-subsidy, see Starr（2009：10 – 12），Fenton（2009），Massing（2009a and b），Sambrook（2010：20 – 21），Lievrouw（2011：125 – 132）．

[103] On UK TV advertising to 2010, see Bradshaw（2011）and Ofcom（2011, in 2007 – 2011）（admittedly by August 2011 current figures looked less encouraging：Sweney 2011）；globally, see Thomas（2011）．

[104] Smythe（1977）．

[105] Turow（2007）；Bolin（2009：351；compare 2011：ch. 3）．A similar argument - about the fragmentation of the public sphere and communications space can also be based on the way digital media *enhance* specialized communication（Sunstein 2001；Lievrouw 2001；anticipated by Pool（1983：261）．On fragmentation and political marketing, see Bennett and Manheim（2006），Howard（2006）．

[106] Compare Buonanno（2008：26）on the likelihood that "generalist" television will continue alongside "narrowcast" television.

[107] Compare Douglas（1987：317）on radio in modernity.

[108] Beniger（1986）．

[109] For more detailed discussion, see Couldry（2003a, 2006）．

[110] Appadurai（1996）；Ong（2006）．

[111] Bourdieu（1977）；compare Boltanski（2009）．

[112] Larkin（2008：ch. 2, esp. 66）；see also Spitulnik（2010）．

[113] Jones（2009：30, 33）on US late-night talk shows.

[114] Turner（2010）；compare Couldry（2009a）．

[115] On celebrity, see Marshall（2006：644）；on the implications of "interactivity", see Andrejevic（2008b）．For media institutions' needs to retain our attention more generally, see Dayan（2009），Uricchio（2009：72），Thomas（2004）．

[116] Feuer（1983）；Bourdon（2000）．

[117] Hillis（2009：58）．Compare Gergen（2002：240）on the conflict between the localism of cell phone and the general reach of mass media. Burgess and Green's survey of YouTube found that only 8% of uploaders to YouTube were media companies, although traditional media were the source of 42% of uploaded

material (2009: 43-46).
[118] Thomas (1971: 510-511).
[119] Burgess and Green (2009: 37) on YouTube; *Press Gazette*, 11 May 2011, on WENN and Twitter; see Waters (2011), on financial value.
[120] Scoble and Israel (2006); Arvidsson (2011). On the closeness of social networking sites to capital, see Palfrey and Gasser (2008: 268) and Beer (2008), criticizing boyd and Ellison (2008).
[121] Turner (2009: 62) on national broadcasters; Chinese viewer, quoted Sun and Zhao (2009: 97).
[122] Meyer (2003), Thompson (2001); on "space of appearances", see Arendt (1960).
[123] Sassen (2006); Turner (2007a: 288).
[124] Zelizer (1993); www.bbc.co.uk 11 February 2011 (my emphasis).
[125] Kellner (2003: 12), compare McNair (2006), Riegert (2007), Imre (2009a); Turner (2010: 22).
[126] Volcic (2009) on former Yugoslavia; Sun and Zhao (2009) on China; Capino (2003) on the Philippines; Kraidy and Khalil (2009: 33) on the Arab world; Baym (2005) and the major new study by Delli Carpini and Williams (2011) on the USA.
[127] Castells (1996); for the distinction between "media in space" (communication footprints) and "spaces in media" (topologies of mediated communication), see Adams (2009: 1-2).
[128] Giddens (1990: 14) and see geographical insights into how inequalities are folded into scale: Massey (1994: ch. 6); Janelle (1991); Smith (1993).
[129] Beck (2000b: 11-12) compare Urry (2000: 183); Hardt and Negri (2000: 347-348, cf. 58).
[130] Held et al. (1999: 15-17).
[131] Tarde (1969 [1922]: 306-307).
[132] In Ficowski (1990: 179).
[133] McQuire (2008: 22).
[134] Giddens (1990).
[135] For discussion, see Cohen (2009). The Iranian government subsequently tried to block access to tributes to Neda Agha-Soltan: *Guardian*, 5 June 2010.

【136】Larson and Park (1993).

【137】The history of such claims is vast: see, on the telegraph, Flichy (1994: 9).

【138】Jansson (2006: 100), discussing Bauman (2000). Compare Martuccelli (2005: 46–49, 55).

【139】Poster (2006: 78) on demateralization; Sassen (2006: 344 on material conditions; 310 on rescaling; 10 on normative orders); Tunstall (2008: xiv) on national media.

【140】Latour (1999: 18), and see further ch. 4 for ANT's relevance to media. Some geographers even reject the notion of "scale" altogether (Marston, Jones and Woodward (2005); compare Thrift (2008: 17)) but this move has been subject to fierce attack (Leitner and Miller 2007). See, for a related argument, Morley (2011) and also the conclusion to ch. 5.

【141】Fischer (1992) on the early telephone; Gergen (2002), Ling and Donner (2009) on mobile phone.

【142】Urry (2007: 8–9).

【143】Martuccelli (2005: 83, 58–69).

【144】I write of "human life", while acknowledging that the boundaries between "human" and "nature", and between "human" and "technology", are constructed (Strathern 1992). And yet, as Strathern points out, "we still act with Nature in mind" (1992: 197, quoted Barry 2001: 11). Equally, we still act with "the Human' in mind, which does not mean there is a simple or specifiable human "essence" (Hayles 1999).

【145】Jonas (1984), Beck (1992).

【146】Silverstone (2007); Couldry (2006).

【147】Compare Debray (1996: 15); Briggs and Burke (2005: 4).

【148】Anthropologist Henrietta Moore (1986: 116) comments that space is not a text - "the organization of space is not a direct reflection of cultural codes and meanings; it is, above all, a context developed through practice."

【149】Fischer (1992: 17,85).

【150】I focus here on the materiality of how representations take effect, once received. Another important issue is the materiality, and uneven distribution, of the processes whereby media representations get made and distributed: Boyd-Barrett and Rantanen (1998); Parks (2005).

【151】Williams (1961: 123).

【152】Couldry (2003a, 2006).

【153】Boltanski (2011: 9, 34, xi) and in French translation (2009: 26, 61, 13); for p. 61, I give my slightly adjusted translation.

【154】Hepp (2010: 42-43), and see earlier Martin-Barbero (1993), Couldry (2006: 13-15), Morley (2007: 200), Curran (2002: 53).

【155】Thrift (2008: 183-184, 242, 250). Compare Parikka (2010).

【156】Thrift (2008: 2). Other writers influenced by Gilles Deleuze go even further and dissolve all process and all subjects into pure "immanence" (Parikka 2010: 234 n. 31), a move Thrift rightly rejects (2008: 13, 17). Parikka offers an account of how media constitute "worlds" that is entirely non-representational, relying on an account of "affects" that, for all its precision of language, says nothing about how media contents matter in the world. See also Clough (2009) on Deleuze's "transcendental empiricism".

【157】Couldry (2008b) criticizing Latour (2005); Knoblauch (2011). For an exception, see Andrew Barry's reflections on the role of technology in politics which acknowledges the regulatory and constitutive role of technical "information", although not that of broader representations of the social world (Barry 2001: ch. 7).

【158】Lash (2009: 178). Compare Savage (2009: 157, 163-164). And see special issue of *European Journal of Social Theory* 12(1) in 2009.

【159】Lash (2002: 18, 16).

【160】For the long-established problems of functionalism in sociological explanation, see Lukes (1975). On the role of sociological explanation in everyday social order, see Boltanski (2009: 44).

【161】For the philosophical basis of my approach to representation in critical realism, see Couldry (2008b); compare Downey (2008). For a powerful critique of the social constructivism about facts to which critical realism is opposed, see Boghossian (2007).

【162】Barry (2001), Latour (2005).

【163】The best reflections on this complexity remain Lefebvre (1971).

第二章 媒介实践

"媒介为何物是需要拷问的,而不是预设的。"

——布莱恩·拉金【1】

第一章评述了媒介与社会关系的几种不确定性,它们可能会令人望而生畏。为了前进,我们需要一个简单的出发点,这就是路德维希·维特根斯坦所谓的摩擦(friction)【2】。"实践"既提供了出发点,又提供了摩擦的观点。将媒介视为实践,将"人们所做的事情……视为一种行为形式"【3】。如此,我们既发现需要探索的庞大阵容的事物,又找到了有用张力的源头,也就是那种对媒介进行理论抽象的本能。在审视社会学和媒介研究晚近的"实践"范式前,让我解释将媒介视为实践的四大好处。

第一,实践与规律性相关,也就是和行为的规律性相关【4】。社会学本身对规律性感兴趣,而不是对机缘巧合、偶然发生的事情感兴趣。媒介社会学关心的是与媒介相关的行为的规律,以及语境和资源的规律;这些规律使某些类型的与媒介相关的行为可能或不可能。除非有许多层次的规律和秩序,否则我们就寸步难行。实际上,我们生活在"世界"上的感觉就建立在这样的背景秩序上。我们的媒介习惯与其他习惯结成大的组合(日常的"程式"、"日程"、"生活样式"),这是我们看到并依靠的秩序的一部分。

第二,实践是社会性的。在社会理论晚近的"实践"转向的背后,隐藏着人们对维特根斯坦后期语言哲学的兴趣。这个关键的一步将语言视为行为,此前的观点是将语言视为意义的表达,而意义的表达必须与世界"符合"。如此,维特根斯坦试图挑战把语言作为总体的大屋顶理论,代之以语言用作工具箱的观点。他说:"试想工具箱里的工具:有榔头、钳子、锯子、螺丝刀、直尺、胶水瓶、胶布、铁锤和螺丝钉——语词的功能和这些工具一样众多。"请注意维特根斯坦构想这个行为本位的语言观里所隐含的社会语境:他将这个社会维度称为"生活的形式"。"生活形式"(forms of life)指向的是人们常做的事情,不必为之立法。用他的话说,"人们在语言的使用上达成一致……那不是意见的一致,而是生活形式的一致"【5】。根据这个观点,语言是一套约定俗成的开放的习惯。许多人认为,这是思考其他习惯的跳板。

维特根斯坦自己的表述中的难点是一种不确定性:"生活形式"是否局限于普世相同的习惯呢?抑或涵盖更加偶然、文化形塑的、需要常规力量的习惯呢[6]?维特根斯坦强调语言的社会性——使工具箱能运行的相互依存,这显而易见。这个观点和韦伯①创建社会行为本位的社会学不谋而合,所谓社会行为就是以他人为取向的行为[7]。习惯不是个人特异的行为;习惯是社会建构体,承载着整套的能力、约束和权力。

第三,实践指向我们所做的许多事情,因为它们与人的需求有关。这并不意味着一套固化的、由普遍人性界定的需求。即使我们认为人的生活总是某种协调,但我们稍后会看到,协调活动的性质依托相互依存的背景;在具体的时空条件下,相互依存是社会生活更普遍的特征,包括由媒介支撑的生活。在这一章里,我们探索与媒介相关的习惯如何由基本需求形塑;这些基本需求有协调、互动、社群、信赖和自由。毋庸赘言,没有简单的办法把"需求"映射到习惯之上;但在下文里,你应该记住我们揭示的形塑多样性的需求。

第四,实践和行为的联系为我们以规范的方式思考媒介提供了独特和重要的基础,我们可以问应该如何靠媒介生活。自亚里士多德以来,伦理学的悠久传统对价值的理解不仅靠抽象思维,而且以实际的和潜在的行为为参照。亚里士多德说:"人的善性是符合美德的灵魂的活动。"[8]所以,如果要探究如何凭借媒介生活,最佳的出发点就是把媒介当作实践来思考。第八章将进一步探究这个问题。

在这四个方面,媒介研究的实践路径提出问题的参照,不是把媒介当作物件、文本、感知工具或生产过程,而是在行为的语境里参照人正在用媒介做什么。这样的媒介社会学感兴趣的是直接指向媒介的行为;行为指向媒介,却未必以媒介为目的或目标;行为的可能性由媒介先前的存在、在场或运行来决定。我们可以把这些兴趣结合成一个看似简单的问题,将其作为本书其余部分的参照点:人们正在做的什么事情与媒介有关系?

这需要一个广义的"媒介"定义(见第一章),不仅包括传统的媒介(广播、电视、报纸、电影),而且包括其他一切移动平台和固定平台,获取或传输任何内容(机构和个人生产的内容)的平台都包括在内。正如弗里德里希·克罗兹所言,形塑行为的媒介的体系性(systemness)有许多形式[9]。

我们拷问媒介实践的问题不应该局限于媒体业界或媒介史的直接关怀。实

---

① 马克斯·韦伯(Max Weber,1864—1920),德国社会学家、政治经济学家,社会学奠基人之一,著有《基督教新教伦理和资本主义精神》、《经济与社会》、《学术与政治》、《经济与历史支配的类型》、《支配社会学》、《经济行动与社会团体》、《中国的宗教与世界》、《社会学的基本概念》、《非正当性的支配:城市类型学》等。

际上,截然不同的历史能激发有关媒介的一些有趣的问题。以记忆和记忆术的历史为例[10],在前现代,信息储存和流通的稀缺使记忆术和回忆术优先,但今天信息的超丰裕状态使选择和组合的技艺优先吗?媒体所炒作的媒介变革的普遍性用"网络一代"之类粗糙观念,炒作年轻人和老人的分别,说年轻人是"数字土生子",老一代是"数字移民"。这样的炒作于事无补[11]。苏珊·赫林(Susan Herring)指出,"网络一代"是成人概念,使我们难以把握传播的需求及其解决办法如何变化(或不变化),使我们难以清楚了解,如果有变化,传播的需求及其解决办法的变化有多快,又需要克服什么样的阻力[12]。这并不否定重要的变化正在发生:对许多国家的年轻人而言,计算机已然是社会基础设施必不可少的一部分[13]。同样,谁也不能否认,文化生产和传播在过去的15年间已经巨变;然而,即使在英国和美国这样的国家里,相当多的人连上网的基本条件也得不到保障。如果网络内容的生产者在美国都有性别和阶级的分层,那么,预报之中的从"只读文化"到"读写文化"的转移也得不到保证[14]。在这种富有争议的景观中,向多种实践开放的研究路径是有好处的。

第一节 媒介研究的背景

大量的媒介研究将焦点放在媒介文本上。但实践路径的媒介研究使媒介文本去中心化,去文本中心化的理由是:绕开难以解决的"媒介效应"问题。我们怎么知道哪一个媒介文本以什么具体的方式改变了受众的行为呢?关于"媒介效应"的隐约的设想仍然充斥于媒介分析中,在日常的议论中也比比皆是。实际上,如果我们从媒介文本的消费着手分析,这些隐约的预设在所难免。文本路径认为,文本本身有价值,既然如此,除非你知道文本的细节对大范围的社会过程有意义,为什么要把媒介文本作为首要的研究焦点呢?一般而言,这正是难以说明的地方[15]。

另一条路径从生成媒介的制度结构入手,政治经济传统和晚近的文化经济传统就是这样的路径[16]。媒介和文化领域里的产业和市场分析本身有重要意义,对理解限制这两个领域的参与和产出的压力至关重要。但即使媒介产品的生命历程从此开始,媒介生产也不是媒介社会学或与社会学相关的媒介理论独一无二的出发点。为什么?因为媒介生产的结构尤其集中与合并的动态关系并不会告诉我们,媒介产品在社会生活中有何用途。

媒介的"效应"问题在政治经济学中被取代,但未被解决;这个问题对许多媒介研究路径都是挑战。"主导意识形态"的马克思主义理论[17],以及晚近不那么精致的、名流花边新闻对日常生活影响的叙事,都受到这个问题的挑战[18]。"媒介理论"论及媒介的社会影响时,都面对一些独特的问题。比如,马特·富勒(Matt Fuller)用"媒介生态"的概念对媒介"系统"和媒介"对象"做唯物主义的记叙时,就遭遇到一些问题。他用"媒介生态"来"表示过程与客体、存在与事物、模式与物质的大量的动态的关系"[19]。显然,他这样看媒介对日常生活贡献的"体系性"有一定的范围;实际上,我们将在第四章里讨论,"表征"潜入软件界面和搜索引擎将产生长远的后果;我们可以再深入讨论这些界面依靠的可编程性(programmability)的标准,列夫·马诺维奇(Lev Manovich)多年前就谈过这个标准[20]。不过,我们仍然要知道,可编程性层次上的差异如何在日常实践的层次上产生重要的差异。与此相似,富勒的"生态"定义没有纳入使用或解释模式的叙述。所以,在系统层次上,他最后的假设是社会"效应"本身,而效应正是生态概念要研究的问题。富勒这条数字媒介研究路径,以及其他软件优先的研究路径都有一个问题:它们绕开了表征在社会排序实践中的作用。

摆脱这一僵局的哲学路径是将日常生活作为实践来描绘,例如多种"生活形式"互相交织,包括表征、解释和反映的惯例。维特根斯坦认为,表征和主体间性(intersubjectivity)是在实践中构建的,它们是人的生活不能再简约的要素[21]。和吉利斯·德勒兹(Giles Deleuze)超越康德哲学相比,维特根斯坦这一步同样激进[22],但其中涉及的对日常语言和理解的暴力要少得多。

实践路径不始于媒介文本或媒介机构,而是始于与媒介相关的事件,含一切松散和开放的关系。它提的问题很简单:在各种情景和语境中,人们(个人、群体、机构)在做什么与媒介相关的事情[23]?人们与媒介相关的实践如何与广阔的动因联系?从潜力上看,这一路径的结果是媒介研究的新范式[24]。

人们用媒介做什么?20世纪50年代率先提出这个基本问题的是伊利胡·卡茨(Elihu Katz)[25],但随之而起的使用和满足方法论聚焦于个人对"媒介"(受限客体)的使用上。我们这里讨论的媒介研究的实践路径强调的是社会,其重点不限于媒介使用的关系,而且20世纪80年代和90年代的媒介研究也是其预兆。早期的受众研究强调,消费那一刻是通过媒介文本生产意义的"确定的时刻"(determinate moment)。由此生发出整套家庭生活习惯的重要研究,看电视的习惯就进入了这样的研究,和早期的计算机辅助通讯研究有一些交叠[26]。稍后,研究者开始超越具体的媒介消费语境。伊恩·安(Ien Ang)问道:"生活在媒介饱和的世界里……这是什么意思呢?"[27]我自己研究中考虑的问题是:"在大型媒介机构主导的世界里生活……这是什么意思呢?"[28]与此同时,旨在"把握当代'媒介文化'"里所谓"第三代"的受众研究兴起,它审视与媒介相关的开放的身份构建过程[29]。这种研究是否仍然需要具体文本"受众"的概念,彼时并不那么清楚。稍后,电影研究中发生了转向受众的研究,强调"电影消费是一种活动",在时空里组织的活动[30]。其他媒介研究人寻求一个较宽泛的术语,或用"中介化"(mediation),或用"媒介化"(mediatization),以把握更大范围的文本流通;第六章将再议这些词语。

那时,受众研究难以和人类学里兴起的媒介兴趣区别开来。在20世纪80年代初,在论"电视部落"的博士论文中,人类学家埃里克·麦克尔斯(Eric Michaels)回忆他1979年对德克萨斯州阿玛瑞罗新教徒的研究,揭示了人们对媒介进行评估的巨大差异[31]。十年后,费伊·金斯堡(Faye Ginsburg)给"大众媒介"的人类学方法论所下的定义颇具特色,读起来像是在对媒介研究的在整个领域进行预测:"我们研究的特色是以人及其社会关系为中心,而不是以媒介文本或技术为中心;把媒介作为社会形式来分析所提出的经验问题和理论问题,不是我们关注的中心。"[32]

再过十年后,专攻媒介的人类学家伊丽莎白·伯德(Elizabeth Bird)写道:"我们实在不能把媒介的作用从文化里分离出来,因为媒介牢牢扎根于文化的网络里,只不过个人以不同的方式表述媒介而已……'受众'无处不在,又无处可寻。"这和平淡无味的"媒介饱和"的表述截然不同,因为她坚持说,"作为个体的人,我们没有'媒介饱和',至少没有以任何可预见的、统一的方式进入媒介饱和状态"[33]。此间,围绕信教的家庭如何调节媒介消费的问题展开了辩论,辩论内容包括他们如何规避或挑选媒介信息输入的习惯[34]。我们看到,聚焦于媒介实践的研究路径使我们对当代媒介文化上的总体认识要复杂一些。

到2005年前后,媒介研究开始摆脱文本源头的束缚,聚焦于媒介实践的多样化。此间,正如第一章所示,媒介实践的整个景观开始扩张并快速变化。凑巧,在媒介研究和日用媒介中,一种理解这些变化的方式正在广阔的社会理论中兴起:这就是实践理论。

第二节 社会理论的实践

实际上,社会理论发生过两次"实践"转向。一是布尔迪厄早期的研究,一是与西奥多·莎茨基(Theodor Schatzki)有关的广泛的社会运动。在很大程度上,两次转向都和维特根斯坦的反思有关;维特根斯坦对哲学未能把握日常思维和行为的动力学进行反思,试图从理论的视角"解释"这样的失败[35]。然而,在从实践和广阔的社会思想中吸取种种启示时,这两次转向是尖锐对立的。

布尔迪厄用"实践"的观念,一定程度上是为了论战。他用这个概念来指认人类学结构主义者尤其被克劳德·列维-斯特劳斯①误解的日常生活里的特征:日常行为的时长、行为的具体性。这些特征都不能简约为抽象的"总体",也不能简约为抽象功能的表现。最重要的是,虽然布尔迪厄认为日常行为有"逻辑",但这一逻辑不是结构主义者所谓的"系统",是不能从其结果(列维-斯特劳斯从神话里演绎出的系统)中读出来的。布尔迪厄认为,这一逻辑是不那么明显的"生产原理的系统",这一逻辑生成的条件使实践成为可能[36]。他摒弃"阅读"社会、社会仿佛很容易解释的方法,取代这种"阅读"方法的是他调查的方法,他研究行为的前提条件;这里所谓的前提条件是:实践要分析,分析者自己的实践需要分析。布尔迪厄这一洞见至今是相当激进的。然而,他描绘实践如何由前提条件(尤其"习惯"的概念)决定的观点,却更富有争议[37]。对他而言,人的习惯是后天学会、随后又被复制的,"处在意识水平之下"[38]。我们将在第四章里看到,这样的描绘至今对我们理解当代媒介文化有启迪意义,不过,它不能把握媒介实践的总体情况,因为很多媒介实践是人们有意为之的行为。

西奥多·莎茨基、安德里亚斯·雷克维茨(Andreas Reckwitz)等人更晚近的实践研究实用的范围更广[39]。不过,作为社会解释,他们的研究有一些局限,促使在某些方面我们回到布尔迪厄。就像对布尔迪厄一样,对莎茨基而言,"实践"一词不仅有描绘的功能,在超越社会理论的两难困境(个人对社会、机构对结构)中迈出了决定性的一步,而且达到了理论的高度。布尔迪厄也研究了这些两难。莎茨基认为,实践本身是一种有独特秩序的场所;"在这里,理解有了结构,可理解性被阐明了。"[40]独特的习惯(如游泳或打纸牌)的独特的组织性能构成了大范围的"社会秩序"。实际上他认为,组织行为使习惯各不相同,它们在实践的组织中反复回归。安德里亚斯·雷克维茨对这一路径的评论颇有助益:"实践……是程式化的行为,含若干互相联系的成分:身体活动形式、脑力活动形式、'事物'及其用途、理解的形式的知识背景、技艺、情绪状态和动机知识。"[41]

在对习惯做法的多种解释的组织功能中,莎茨基所作的区分是:①"理解";②"显性规则";③"目的、计划、信念"[42]。通过其性能和提供的语境,这些功能要素有助于习惯做法的复制。并非每一种习惯做法都拥有以上的全部要素;实际上,唯有他所谓的"整合性习惯做法"(如游泳、农务、烹饪)才含有全部要素,其

---

① 克劳德·列维-斯特劳斯(Claude Levi-Strauss,1908—2009),法国社会人类学家,结构主义主帅,认为人类行为是一个交流系统,著有《亲属关系的基本结构》、《结构主义人类学》、《原始人的思维》、《图腾崇拜》、《悲惨的热带》、《野蛮人的心灵》等。

功能是为组织次一级的习惯提供微型的规则。他所谓的"分散型习惯做法"（如描绘、排序）只和层次①有关系,换言之,通过理解,这一习惯衍生出同类型习惯做法的一个集合。我们可能会问：游泳里的规则究竟是什么？即使这些规则清楚,它们对整体的习惯做法又有何意义？我们不妨将这些拷问暂且搁置,先说莎茨基观点的重要意义：在社会里获得的实践范式使行为人能彼此理解日常的活动。安妮·斯威德勒(Ann Swidler)解释说[43],这一路径不是用心灵主义的"文化"观（如内在"理念"或"意义"）来解释行为模式,而是偏重实践中达到的协调,这就是莎茨基所谓的"语境构建的生活的整合"[44]。

由此可见,实践理论有助于将数字革命的那些大话转化为具体问题：人们所做的与媒介相关的是什么样的事情？人们所说（心想、相信）的与媒介相关的是什么样的事情？我们不希望媒介饱和的世界的组织对应"前饱和世界"（彼时的受众活动可以被认为是与日常生活分离的）的组织。而且,实践理论廓清了一个道理：为了确定与媒介相关的习惯做法如何区分的原理,我们就不能单靠媒介研究者或社会研究者的直觉。在与媒介相关的问题上,我们必须仔细考察人们在做什么、说什么、想什么。关于这条原理的应用,参见文本框2.1"推特与实践理论"。

文本框2.1 "推特与实践理论"

推特是2006年创建的一个微博平台。它吸引并支持若干不同的做法,这些习惯做法是生活形式,需要予以区别。因此,推特有力地说明了实践理论的价值。推特的成功吸引国际模仿者,中国的新浪微博即为一例。

推特只容许140个字,但推特很容易与其他文本、声频或视频链接。起初,它是一个博客平台,有若干优点：对发送者而言,由于其基本的共享格式和强加的简短篇幅,很容易在移动中发送,在手机上就可以完成;对接收者而言,简短和即兴思想的感觉都是其好处。推特的基本用途在救灾时自然展开,在2011年日本的海啸和美国的"艾琳"飓风中,推特都派上了用场。转发推特的习惯做法强化了这个讯息流通过程。

推特平台Prima facie(亮相)可能会产生混杂的、去语境化的噪声,但从这个基本出发点,衍生出多种习惯的做法,这些做法各自与特定的读者或推特账号连接。

首先,地位高、身份吸引人、拥有拥趸者（哪怕人少）的个人能把推特作为不必获授权的评论手段。对制度结构和权威,推特有去稳定的作用。

在竞争激烈、媒体可能高度关注的领域(见第六章),有力的个人虽然过去很少发声,却可以用推特来影响事态。比如,球员可以在俱乐部宣布新人加盟之前发布新球员到达的消息(曼联队的领队亚历克斯·弗格森[Alex Ferguson]回应这篇推特时说,推特"浪费时间",见 2011 年 5 月 20 日《卫报》)。

第二,媒体地位高的个人(如名流)能用推特维持长期"在线",他们不拘一格的亲和性适合构建一个粉丝众多的基础(英格兰的滑稽演员史蒂芬·弗莱[Stephen Fry]是这方面的先驱,但现在用推特已司空见惯)。

第三,群体可以围绕一个推特地址或哈希标签(hashtag)形成,人们可以在这里发表评论(或提供信息):如果成功,这就使不曾有身份或符号资本的群体获得在场的身份。在阿拉伯之春等示威活动中,抗议者用哈希标签结成群体,协调快速行动,因各自的观点而名噪一时或臭名昭著。媒介研究的实践路径不仅有助于我们区分推特的不同用途,而且使我们不至于猜想、未经仔细考察证据时,我们就知道推特博文有何用途。在 2011 年 8 月的英国骚乱中,政府和有些人匆匆忙忙就假设,推特(和脸谱)的主要用途是挑动骚乱,致使有人呼吁在不稳定时予以禁止。然而,《卫报》的调查显示,推特更常见的用途是对骚乱做出回应;这个结果呼应了阿拉伯之春的辩论,有人假设,推特是埃及抗议者动员的关键工具,后来证明,这样的假设是夸大了(Lewis, Ball and Halliday 2011;Beaumont 2011)。

莎茨基论及日常生活表面下的"社会性组织"(tissue of sociality)[45]。然而,他和布尔迪厄有根本分歧,除了地方语境中冒出的个人习惯做法构成的秩序外,他否定任何社会秩序。他坚持认为,明白的理解、具体做法的规则和目的存在的地方是社会秩序的唯一场所。莎茨基排除大机构比如媒体(第三、四章予以讨论)的宏观形塑功能,因为他坚持把社会秩序的功能局限于理解,仅限于单个习惯的"整合"。他显然在走极端。在脸谱网或优视网里,多种习惯做法结合起来形成复杂的习惯做法,这又该如何理解呢?复杂的习惯形式上可以识别,无须大量显形的描绘,因为我们日常的习惯做法通过日常惯例的基础而反复再现[46]。与此相似,广为人知的技术的功能可见性(affordance)形塑使用者共享的理解。再者,行为者网络理论也可能提供有用的补充,因为它感兴趣的是不同的行为、物件和行为者如何集合起来构成稳定的、横跨大范围的形式。特里斯坦·希尔曼(Trillistan Thielmann)最近指出,"行为者网络理论并不预先决定,在行为链的哪个环节去发现媒介"[47]。这有助于我们理解宏观的"数字构造"比如金融市场如何生成新的社会形式、我们日常"整合"的习惯做法又是如何反复组织起来的[48]。

社会学家伊丽莎白·肖弗(Elizabeth Shove)指出,我们常常忽略了社会排序的一个层次,因为它隐藏在表面上平凡的对方便、控制和舒适的需求中[49]。肖弗鼓励我们审视"习惯做法的复合体",考察一种习惯做法适合另一种习惯做法而产生的秩序。手机的"应用服务"是一个完美的例子。"应用服务"和手机的其他功能提供了一个重要的、至今尚无人分析的变革引擎,采用了一个全新的媒介/数据界面。植入了"下一趟回家的火车"信息的电话软件使你的手机个人化,很有力;同理,韩国公司为穆斯林市场开发的"朝圣电话"(Qiblah phone)嵌入了穆斯林做功课的提示信号和指向麦加的罗盘[50]。使人能在试衣间里扫描衣服的"应用软件"(以比较价格、核对朋友的看法)[51],是合乎实际的应用、促成方便和社会嵌入的新形式。在这种细微的应用中,实践理论接上了地气。

第三节 媒介实践的多种类型

实践理论的价值在于,它就人们行为与媒介的关系提出了一些开放性的问题。为了说明这个问题潜在的复杂性,我们举实况转播足球赛的例子。一个在电视上看球赛的人可能是某球队的粉丝,那是他情绪的释放;对另一个人而言,他陪伴侣或孩子看球可能是为了履行他的责任,或与其分享快乐;也许对同一家庭的另一个人而言,足球这一媒介的详细内容并不重要,它只表示家庭里空间使用的一种方式,随时间而有所变化的方式;对一个在公共空间里看球赛的人而言,那可能是群体团结的一部分;对另一个人而言,那可能是为了消磨时间,只要有朋友按响门铃,他就可以立即关电视不看;一旦有精力,他就回头做事情,不再看下去。当然,我不是指出这种"不确定性"的第一人[52]。

单从"文本"(比如实况直播的球赛)入手,单凭人们如何阅读文本(媒介研究最早的出发点),我们不可能把握人们在用媒介做什么。唯有足球粉丝"阅读"文本的方式可能会具有研究意义,因为只有他们看球赛才是大范围实践中核心的、不可替代的成分。在上述例子中,政治经济的研究路径是重要的研究背景,只有在球迷看球赛的情况下,政治经济的研究路径才能成为前景;经济压力决定他在哪里看球赛,甚至决定球赛的结构。我们转向大范围的协调问题时,人们参与球赛的实践类型众多(从球迷到家人互动,再到社区中心或酒吧的群体团结,直到变换一下所做的事情),但他们所做的大体上是同一件事情——同时看电视;只有在理解文本的协调形式时,阅读文本的方式才具有核心的意义;只有在文本的内容具有非同一般的共享意义(重要的运动赛事和政治事件、肥皂剧和系列剧的高潮)时,阅读文本的方式才具有核心的意义。

在数字融合的时代,实践路径的开放性特别重要:实际上,在"媒介多元体"(推特、短信、脸谱连接)里的其他媒介引导我们迅速离开文本原来的边界,比如实况转播的"文本"原来的边界。

媒介研究的重点从偏离文本(及其直接感知的生产),转向与媒介相关的一大套做法,我们就能更好地把握这些习惯做法产生的社会过程[53],这些做法不但涉及生产者和表演者,而且涉及互动的受众以及想成为表演者的受众,还涉及公众里没有看球赛的人,他们也可能都受到那个大背景的影响。这样的研究路径改变了我们对脱口秀的看法:艰苦的劳动投入了让主宾邂逅的过程,从中选出合适的场面播放,由此产生的文本仅仅是那个实践过程的一个侧面[54]。一个类似的路径有助于把握仿真媒介和名流文化(见第三、四章)。实践路径使我们追寻和媒介相关的做法,但不和任何一套具体的文本相关:比如,教育工作里使用媒介源头的做法,个人自述喜欢用的媒介,政治、医疗或司法系统使用媒介的情况,实际上无论哪里的工作情况——实践路径并不和这些具体的文本挂钩(见第六章)。实践路径还把实践与权力系统的联系纳入视野。在这里,实践路径与新媒介的其他研究路径是兼容的,比如里弗洛(L. Lievrouw)和利文斯通就将新媒介定义为"人造物"、"习惯"和"大范围的社会安排和组织形式"[55]。这里不存在忘记媒介象征性权力的问题:在第三、四章里,我们将论及这个过程的方方面面。

总之,"媒介"最好被理解为一个广阔的实践领域。像莎茨基所谓的一切习惯做法一样,"媒介"在基本层次上是社会现象,社会行为使人的习惯做法稳定,并使之互相区别。我们需要为实践这个领域画像,这就需要一些起步的标杆,哪怕有点粗糙的标杆。本着这一精神,我先介绍单一的媒介实践,然后再介绍比较复杂的媒介实践。

一、搜索与搜索能力的养成

因为互联网是一个无限量的信息库,所以凡是互联网的使用,无论多么简单,都需要搜索。正如马修·海因德曼(Matthew Hindman)所言:"单靠一己之力,互联网用户只有两种方式去发现过去不知道的内容。一是在已知的网站上冲浪去发现;二是靠搜索工具去发现。"[56]

我们对谷歌之类的搜索引擎的依靠不可逆转,就像电话系统从人工接线走向自动交换机一样[57]。搜索爬行器根据协议扫描互联网。在第四章里,我们将更加仔细地介绍搜索引擎对世界的影响,但我们先在此回忆因特洛纳(Introna)和尼森鲍姆(Nissenbaum)的名言:"生存就意味着被搜索引擎编入索引。"[58]搜索及其条件影响社会本体。

搜索不仅是抽象工具的运行,搜索嵌入了我们的习惯做法。即使我们"喜欢"的默认网站也是以前搜索的"结果"。搜索使受众的解释行为延伸[59]。这个过程是开放的。因为正如杰伊·波尔特(Jay Bolter)所言,"网页的功能就像普通页面的功能,但它们又像沿途的驿站"[60]。搜索的路径不断整合进我们的行为:也许,我们出门开会(或出国)时,没有地图,对目的地的设施详情更不了解,准备在路上依靠智能手机的搜索功能。但这种新的行为方式——在不同的时空里建构知识的获取和知识的应用带来了新的区分形式。互联网越大,人们使用搜索引擎的策略和技能的差异就越显著:在这里,社会经济地位和教育给人巨大的优势,虽然随着使用实践的增加,这样的差异可能会因为经验的积累而缩小[61]。此外,许多新闻民主化的新模式依靠受众找到更多分散的新闻源,或者由新闻聚合网帮助受众寻找新闻源。如果我们认为,互联网是无限量的信息库,那么,搜索就是一种关键的做法,搜索的过程形塑了互联网用户的行为条件。

从搜索开始,其他习惯做法很快形成:向家人、朋友和同事转发链接,借以交换信息,转发聚集他人推荐内容的储存网站(如 Digg 网),助人缩小搜索范围,转发预订的搜索工具(如 RSS 新闻和其他提醒信息)。这些搜索能力养成的习惯做法在日常生活中日渐突出,人们获取潜在信息的信息流急剧膨胀。获取信息的力量分散(任何人都能转发链接,能表示自己"喜欢"某一个帖子),这和过去千百年间传播有趣材料的方式反差强烈;比如古代和中世纪学者编著的作品集常常是在修道院里完成的,他们搜集散落书籍里的语录,编著成册[62]。如今,不仅个人(无论身在何处)用电脑或手机推荐信息,而且系统界面(如掘客网和红迪网[reddit])使用户能推荐信息。有论者希望,"合作过滤"和其他形式的集体分类形式挑战谷歌的主导地位,甚至创造新的社会纽带形式[63]。

无疑,搜索习惯的养成比个人依靠谷歌之类的搜索引擎那种简单的概念复杂,但正如亚历山大·哈拉维斯(Alexander Halavais)所言,对"通俗分类法"(folksonomics)和"社交网"的赞扬忽略了三个因素。第一,搜索习惯的养成说到底仍然要依靠"搜索的理念",致力于提高搜索功能。嵌入搜索引擎底层的功能约束不会消亡;实际上,我们要充分发挥社会学想象力,才能够揭示其隐形的功能[64]。第二,所谓的社交网也已布满制度性猎食者,他们深知同辈推荐对开拓销售目标的潜力。亚马逊网店依据准社会线索去推动消费("购买这款商品的其他顾客还买了以下商品……")。类似社交的提示达到了精明手法的新高度,那就是所谓的"火花连接"(sparkle link);幕后的亚马逊员工对其推销的商品进行调整;你搜寻相关的商品时,一个问题弹出来问:"你实际上在寻找这一款吗?"那就是他们在促销的产品。在政治营销中,同侪的政治信息交换肯定会由于搜索养成的习惯做法而得到提升,尤其是在政治动员的时候。但如果同辈的交换(我们用 Digg、Delicious[美味书签]等网站来表达偏好)越来越受到很有权势的政治商务人士的影响,结果又如何呢[65]?第三,我们的搜索越来越受先定软件的影响,通过手机的 GPS 功能(如 Foursquare[正方]和 MyTown[我的城市]等导航服务),先定软件向我们推荐相关的信息。这种搜索的绕道功能尚不确定,因为它们使我们付出沉重的代价:除非我们决定退出,把搜索让给其他的用户,否则我们就在不断地把自己的情况向供应商袒露。接下来我们讲其他重要的做法。

二、展示和被显示

如果搜索关心的是"有什么",那么日常生活中越来越突出的是一套我想称之为"展示"的做法。"展示"行为没有一套封闭的特征,至多不过有一些维特根斯坦所谓的"家族相似性"[66],由于这样的相似性,每一个展示行为都有足够多的相似点,彼此相似,显示其大"家庭"的属性。"展示"一词有助于我们把握使某物可公开让人们获取的大量媒介行为:在前数字时代,许多这样的行为是闻所未闻的[67]。

2010 年 5 月底开始写这一章时,我在网上搜集展示行为的例子。一是小报的一种旧做法:揭秘公共人物的非法行为。以英国小报《世界新闻报》(*News of the World*)为例,它在自己的网站上披露一个秘密录制的视频,约克郡公爵夫人(人称"菲姬")显然在索要并接受贿金,答应让对方会见其前夫安德鲁亲王——伊丽莎白女王的儿子[68]。引人注目的是,其一,我们看见接受贿金的镜头,而不是只读到相关的报道;其二,我们以网络连接的形式看到索贿,只需转发,我们就轻而易举地吸引了他人的注意力。因此,任何网上的展示行为都会引发一长串的再展示。

另一个例子是石油巨头英国石油公司上传的实况视频,显示它试图控制墨西哥湾的漏油灾难,这是它所谓的"堵漏行动"[69]。它指望我从这个海底传上来的视频了解到什么情况呢?我看见的是什么呢?真是"实况"吗?这些没有答案的问题指向这一展示行为的有趣之处:英国石油公司对这场危机的回应是把自己的"媒介流"放进公共领域,因为主流媒体/电视报道螺旋形上升,快要失控了。如果英国石油公司的这一次展示是不得已而为之的防御,正面"展示"的造势也是常见的行为。一年以后,总部设在纽约的人权观察组织(Human Rights Watch)视察利比亚现场,搜集政府军使用子母弹的证据,在自己的网站上展示那些武器的碎片[70]。

优视网(2006 年被谷歌收购)提供了广阔展示的新空间,各色人等可以上传和讨论视频。大量的材料是媒体上传的,那是广泛传播自己材料的成本低廉、不受规制的另一种选择:这样的行为是媒体继续生产/推销的策略。尽管如此,优视网上的其他材料包括人们搜索养成的习惯做法(见上文),它们针对的是一般人而不是具体的受众,人们上传的自己喜欢的视频就是这类材料。个人和群体最有趣的展示行为是以前没有实际可行形式的公开展示行为。请考虑我2010年5月27日搜索到的视频:

(1)哈利·波特剧组穿过伦敦国王广场的视频(到2011年6月底观看的人数已达136 000);

(2)华盛顿大学信息学院图书馆人员翻唱的Lady GaGa歌曲(到2011年6月底观看的人数已达800 000);

(3)"卢切尔"犬与爱心人士的视频,由索尔兹伯里宠物犬信托会上传,邀请领养宠物犬的新主人(到2011年6月底观看的人数为2 163)【71】。

优视网是一个浩瀚的视频库,它把一个简单的爱犬广告、一段目睹名流风采的记录和一段办公室的自娱自乐放在一起,使之并存在互相连接的公共空间里。"为优视网制作视频"是否足以被视频制作者视为莎茨基所谓的"分散型习惯做法"(dispersed practice),是否受足够的规则约束而被视为"整合性习惯做法"(integrative practice),这个问题悬而未决。

同样有趣的是这些行为发生的多样的社会语境。今天,被展示(被放进更大流通流域)几乎是一切行为潜在的一维,在家门外几乎总是这样,在家里也常常是这样。戈夫曼①研究如何以各种方式"调节"【72】,他这个观点在这里相当适用:它有助于我们描绘日常互动的可能性(空间、时间、主题可能性)如何被转化为媒介。我们常面对基本上模棱两可的感觉,不知道自己会在什么地方被展示。许多当代媒介在广泛传播和封闭性传播之间的分别是模棱两可的【73】。

一些展示和被展示的语境令人愉快:如今,度假、聚会之后——实际上任何事件之后,几乎自动上传照片到网站(脸谱、闪客、喀嚓鱼[Snapfish]等)的语境就令人愉快。我们共享的经验很快就会转换为相册里的照片,还成为网上形象流的要素,这个设想如今成了我们管理自己私密人格面具和公共人格面具的不可分割的一部分:在脸谱网上贴共度美好时光的照片把"展示"和"被展示"连在一起(见下文)【74】。其他语境是中性的,受规范驱动:通过脸谱等社交网展示我们的社会关系,其做法嵌入社交网界面【75】。还有一些展示行为可能会有攻击的动机:用展示行为羞辱他人、洋洋自得,如学校杀手洋洋自得的视频。在过去的时代里,有

---

① 欧文·戈夫曼(Erving Goffman,1922—1982),美国社会学家、符号互动论代表人物,著有《避难所》、《邂逅》、《公共场所行为》、《污记》、《互动仪式》、《框架分析》和《交谈方式》等。

时甚至在当代,战争罹难者的头颅被悬挂在柱子上示众。现在大概不用这样示众了:攻击的视频几秒钟以后就可以在网上或朋友的手机上流通。在英国,这一可怕的展示有一个令人毛骨悚然的诨名"开心掌掴"(happy slapping)[76]。虽然"开心掌掴"的后果令人恶心,但对它嗤之以鼻,不将其视为媒介的构造成分,那也于事无补。因为这个例子说明,普遍的展示做法已经无孔不入,它与领地、资源和身份的继续不断的冲突纠缠在一起[77]。

还有防卫性的展示形式。莱斯特郡退休老人临时组建的社区监察队即为一例。他们用相机、网站和优视网报道本地的毒品交易,向警察报告。我用"防卫性"一词,因为这些老人无疑会这样描绘自己的行为,但这种群体的监视和国家延伸过度的监察一脉相承,许多人会认为这富有攻击性[78]。

以上多种"展示"形式说明,社会空间和公共空间正在经由媒介辅助的做法而重新调整。人的行为空间可以被广泛利用了,不仅可以用作想象建构的空间,或记忆追寻的空间,还可以用作永恒的视觉寻踪的空间。请回想第一章里那位谷歌用户追踪逃犯的故事。大规模的展示为日常生活中人与人的互相监督(coveillance)立下了规矩,把日常的行为和表现转换为景观和观景。展示是将私密生活投射出正常边界的方式之一:撰写博客、在脸谱网上报道私人/公共事件比如关系破裂就是这样的例子[79]。

我们接着介绍一些原本复杂(多成分)的与媒介相关的习惯做法,如今它们司空见惯,可以被视为简单的习惯做法了。为便于操作,我用"在场"(presencing)表达一个空间管理的概念;为向他人表示自己的存在,个人和群体用这个概念不断管理自己与他人在空间里的关系。与此相似,"归档"(archiving)指的是人们时间管理的概念,表达他们在时间流程中的在场(与他人一道在场)。

三、在场

无论你用不用社交网,你都不可能觉得社交网的空间很陌生。我们知道有些人想到的社交网是什么样的概念:他们需要告诉他人的是什么类型的故事;他们担心隐私受损而对叙事加上限制;"上网[脸谱网、人人网等]"是可资识别的习惯;很大程度上,习惯的规范取决于其所处的文化环境以及文化容许的框架。不同的平台产生不同的联想;正如高桥利惠(Toshie Takahashi)最近对日本社交网站Mixi和聚友网的研究所揭示的那样,聚友网与远方朋友和国外网站产生联想,部分原因是,聚友网从美国引进日本的时间比较晚[80]。但让我们用实践路径的开放性提一个略加变换的问题:"上脸谱网"可以纳入的媒介实践的大家族是什么样的?

我想说,那个家族就是"在场"。我指的是一大套媒介提升方式,个人、群体和机构都可以把有关自己的信息和表征放进信息流,以维持自己的公共存在。"公共"一词肯定是太简单了:丹尼尔·米勒(Daniel Miller)指出,脸谱的"公共"维度产生于"私人领域聚合"[81]。"在场"不等于邀约三五好友讲新闻;也不像在公告牌上发通知,其受众并不确定。因为"在场"指向一个公共空间里永久性的网站,其显著特征是信息的生产者展示自己。无论他的基地是哪些平台(当然,人们变换平台或跨越多个平台),"在场"的行为涉及比较宽的领域,目的是回应日常生活里正在出现的一个需要:身体在它所处的物质空间之外寻求它在公共领域里的存在,去构建个人的对象化(objetification)[82]。媒介平台、媒介技能和媒介使用构成"在场"实践的前提,实践行为可能会强烈地反映在这些前提下,但"在场"首先不是"关于"媒介的实践。"在场"是自我的工程:青春期成长过程中日益自动化的那部分。正如达纳·波伊德(danah boyd)颇有说服力的对美国的研究所示,"在场"是年轻人的公共参与,因为他们在面对面公共空间里参与的能力受到局限。日本是另一种情况,"在场"是成年人自己与远方父母关系的调节手段,意在追求更流畅的、不那么拘谨的交流。韩国的情况与日本类似,上网手机流行比较早,手机上的"迷你网页"(minihompy)成了个人"在场"互相联系的主要手段:85%的韩国互联网用户用"迷你网页"交流[83]。"在场"变化中的规范化期望是否在产生新型的政治呢[84]?我们把这个问题推迟到第五章去讨论。

"在场"可能是简单的自我推销。但在不能自由迁移的年轻人中,在分散(自愿或非自愿的)的家庭中,"在场"是必需而不是选择:是"保持联系"或"抱团"的基本的下限,当然还含有友情和为人父母的大范围的实践[85]。"在场"产生相互依存的新问题:有人必须读你的帖子,你得相信他们知道到哪里去(或不到哪里去)寻找你流通的材料等。这把我们引进另一位经典社会学家诺伯特·埃利亚斯的领地,他论述相互依存规范的兴起。个人如何确定,什么才是维持他们与同侪借用媒介在场的恰当水平呢?什么共享的故事能表达在场的新义务的意义呢?什么是可以接受的在场的极限——空间、连续性和强度方面的极限呢?须知,我们不能确保,究竟是谁会看到我们在场所做的事情[86]。

今人"在场"的习惯究竟在多大程度上是新的习俗,这个问题尚不是很明确。社会联系的规模肯定是新的,但要记住,过去在欧洲社会的精英圈子里,"社会"露面是义务,法国和英国的精英圈子就有这样的习俗。这意味着出席舞会和聚会,有时亦闭门谢客,来者在门口留下名片,说明与主人的关系,使其能认定客人,却不必开门迎客。在《追忆逝水年华》里,普鲁斯特一定程度上记述了19世纪中叶那个世界的式微,并如何让位于大众媒介的公共世界,这是两个标准截然不同的世界[87]。透过社交网站和互联网上的"在场",我们看到类似19世纪中叶那种"社会"的复活吗?那个迎面而来的世界的规模、风格、速度、节律截然不同吗?什么相关的习惯正在兴起呢?对权力和规范而言,人们评估彼此在网上表现的习惯意味着什么呢[88]?

四、归档

"归档"在时间上与空间的"在场"对应。"在场"努力解决在公共空间维持存在(在社会空间中让人看见)的困难问题。我所谓的"归档"是个人时间管理的习惯,个人力求管理自己不断生成的大量信息候选项的痕迹,使之成为可以接受的东西,甚至成为可以把握的历史。许多作家注意到,互联网接入日常生活(个人和机构的生活)使信息流彻底改变,使其在社会秩序里的作用彻底改变了。吉登斯论及信息储存在建构国家权力里的作用,这一洞见依然宝贵。但他的洞见是在20世纪70年代提出的,那时,信息还是靠物理手段储存,储存在紧锁的深宅大院里[89]。如今,布鲁斯·宾伯(Bruce Bimber)指出,一切信息都挤进目前,成为一个开放的信息库:新闻公告和报纸内容,竞选信息,政治传播、基本的讨论。他说,"过去的信息可以今天获取了",换言之,人人都能上网[90]。过去分离的领域——大众媒介和人际传播,如今联系起来了,联系它们的纽带是新的归档功能:优视网是文化档案库,你可以在这里搜寻你喜欢的老电视节目里模糊的片段,并立即将其传递给你的朋友[91]。第六章将要讲述"归档"对政治人士(尤其群体和机构)的含义。

眼下,让我们集中讲个人的习惯。人人都有留下个人履历的欲望[92]。当代社会行为人超量的媒介材料生产对归档构成新的压力问题:谁有时间和精力去管理他们在网上"在场"的历史,使之对未来人而言不至于是随意放置的一团乱麻呢?这里有更宽泛的伦理问题(见第八章);同时,新的实践类型能提出解决问题的办法,至少是准解决办法。请考虑日益增加的"保存人生印记"(life-caching)的举措,即人生档案的控制管理,亦考虑脸谱网最近发布的时间线(Timeline)专栏,马克·扎克伯格宣称,这一专栏将"帮助你讲述自己的人生故事"。过去,归档的主导形式是日志或照相簿,两者各有一点特殊的宗教语境或休闲语境。如今,跨个人(trans-individual)的语境正在网上涌现出来,这是共享归档材料的语境:闪客或喀嚓鱼等照片共享网站,以及数不尽的其他网站[93]。

网上保存照片日益普及。克里斯坦森(Christensen)和罗普克(Røpke)指出[94],摄影术正在成为莎茨基所谓的"整合性习惯做法",这是将个人记忆、集体纽带和社群的历史生产结为一体的社会演进方式。这种"归档"方式和空间指向的"在场"越来越紧密地连在一起了。

五、媒介习惯的复合体

实际的做法未必都是习惯,但常常是习惯:习惯性重复是行为稳定并成为积习的一种方式。我们的习惯不是孤立的,它们在大的习惯网络中是连在一起的。牵动一个习惯,整个网络结构就会被扰动。孤立地考察时,媒介习惯比如看电视的习惯(见第一章)的变化比较慢,常常不如媒介造势的大话变得快。有些与媒介相连的习惯最好是被当作许多媒介习惯结成的复合体,不足为奇;有时,与媒介不相连的习惯也可以被视为这样的复合体,这也不足为奇。这些复合型习惯可能会牵引出"行为序列"(action sequence)[95]。或引起多种行为的互相影响。接下来,我们考虑一些例子,其中难免有一点猜度的成分。

1. 跟上新闻

"跟上新闻"的习惯值得研究,率先追求这一理念的是挪威学者英基·哈根(Inge Hagen)[96]。斯堪的纳维亚人视新闻消费为义务,这种意识之根是新教徒"阅读乃义务"的意识[97]。

在更广阔的层次上,"跟上新闻"的复合型习惯是国际范围内普遍的兴趣,能推进用新闻继续生活的更复杂的复合型媒介习惯,有助于人通过新闻消费来面向一个公共世界[98]。今天数量激增的新闻界面可能意味着,跟上新闻可能是许多小习惯做法的结合:不仅包括看黄金时段的电视新闻,或在固定时段听广播新闻,而且包括在午餐时扫描一下电脑上的新闻主页,接收手机上的短信,在朋友的电子邮件或博客里跟进一条新闻线索,在回家的路上取一张免费报纸翻阅等[99]。你在每一种习惯上所花时间的长短、你如何延伸阅读、在多大程度上将其与背景新闻联系起来进一步探索,这些习惯多有不同,甚至千差万别。新闻跟踪的习惯和人口统计变数的相关性是一个新的重要研究领域。

媒介产业的经济模式和工作习惯正在自我调节,以适应变化中的跟上新闻的时空分布模式。"9·11"事件后即时新闻的消费戏剧性地说明[100],网络新闻的消费常常是上班时在笔记本电脑上浏览的,这样的消费模式是许多人每日功课的一部分。以阿根廷为例,这一点认识影响了新闻网站的组织,这已为帕布洛·波切考斯基(Pablo Boczkowski)的研究所证明。表面上,这应该引向跟上新闻习惯的延伸和充实,分散工作环境里的注意力,使新闻消费转到相反的方向,以及匆匆掠过标题而不深入[101]。配有新闻软件的能上网的"智能"手机司空见惯,跟新闻的时空形貌正在变化,可能会继续剧变,但剧变的原因植根于日常习惯的组织中,那不是抽象的公民义务。

2. 评头论足

一种复合型习惯值得研究,我称之为"评论"。一些有文字社会的突出特征是评论的习惯丰富多样：犹太神秘哲学的传统是一个经常被提到的例子，但古代世界普遍缺少文本，所以手稿传到手中时，常有许多前人（注经者）的批注；传到今人的传统文本有许多中世纪抄本的希腊文本[102]。今天，我们正在进入一个评论的时代，原因却刚好相反：因为阅读和观看的东西无限量地增加，我们需要发出信号、彼此帮助到信息洪流中去挑选信息。同时，由于一些相关的原因，我们发送评论和信号的能力被数字媒介大大拓展了：我们视之为理所当然的是，发一封邮件、上载一个链接，我们就瞄准了自己读过的有趣的东西，并引起世界另一端的某个人的注意。评论的范围大大拓宽了。

这一变革名曰"互文性"，始于20世纪60年代，凯伦·特伦波姆-韦因布拉特（Keren Tenenboim-Weinblatt）一篇文章对此作了精彩的点评。如今，互文性不是潜藏在文本中，不需要学者去抽象演绎，它是我们使之发生的事实，在我们日常的工作和休闲活动中，我们评论的习惯就产生互文性[103]。

在媒介经济学中，评论是越来越重要的一个因素，传媒的组织机构试图把读者点击其他网站的下行（downstream）信息流货币化，重要的产业越来越依靠网民在社交网站上上行的链接[104]。但评论的基础结构浮现出来时，对媒介的广义社会学而言，评论还是一种很重要的习惯。吸收行为者网络理论而形成的实践路径有助于我们追溯评论的历史。以前，大多数人的媒介评论在以太中消失得无影无踪——对着电视机的吼叫、书里的涂鸦、对朋友说的一句话，都荡然无存了。现在，我们的评论自动保存在网站上，别人看得到了。然而，这样的评论发生在很多网站上，横贯了许多习惯。这种复合型的评论实践是如何组织的？这种新组织如何改变人们理解评论的宗旨？对广义的媒介文化成员的地位而言，这样的组织方式有什么含义？

下一步讲我们如何形塑自己与"媒介多元体"的总体关系。两个复合型习惯颇为有趣。

3. 开放一切渠道

现代性的一种主导叙事手法是，即使我们的移动能力和空间传输能力有所增加，我们生活的基础结构仍然要求，我们把更多的时间花在相对受限的私密空间里：这就是安东尼·吉登斯所谓的"经验的存封"（sequestration of experience）[105]。然而，无论我们身处何方，现代媒介都造成了越来越多的、继续不断的信息输入，于是，另一种截然不同的现象成为可能："连接的存在"（connected presence）[106]。

只要我们愿意，我们就能对来自四面八方的内容永久性地开放，并维持潜在性回应的态度[107]。许多论者认为，继续不断保持联通的习惯（甚至冲动）是"数字土生子"一代的特征[108]。如此，在一切频道上维持开放的状态，这是一切新型便携式界面(如 iPhone 手机)的营销前景的要素之一。诚然,对一切东西开放是根本不可能的,但"可以被联系上"的需求形塑着一个新的习惯做法,看得出来,这个习惯有别于以往的、建基于间歇性交流的媒介消费模式,有别于大众媒介和人际媒介清楚分割的习惯。如果维持一切渠道的开放,那就意味着,个人的取向永久性地超越自己的私密空间,超越在这个私密空间里流通的媒介[109]。

在过去的若干历史时期即媒介稀缺的时期里,更加"向世界开放"所需要的刚好是相反的形貌。在中世纪的欧洲,那就意味着大多数时候都把自己孤立起来,像修士那样,以便对来自上帝的讯息更加开放[110]。如今,我们生活在超饱和媒介的景观里,我们向世界开放的截然不同的方式正在出现,这是刚好和自我"存封"相反的开放方式:自觉自愿地向尽可能多的渠道开放,以期向已知的他人和更广阔的世界开放。

4. 筛选

开放一切渠道造成了严重的问题[111]。只有靠相当程度的背景选择,这种积极回应的态度才可能成立。在前现代,远方的消息是"奢侈品",最多不过是靠巧遇送达你的[112]。现代性产生经常来自远方的日益增多的新闻流,不过,在过去的 20 年里,新闻流成了日常生活中不得不管理的问题。直到最近,虽然有少数例外,文本分析偏重文字的模式几乎都不强调人们不收看/收听/阅读的东西。斯图尔特·胡佛(Stewart Hoover)和同事研究的就是一种例外。他们研究美国家庭积极限制孩子使用媒介的情况。在今天的媒介环境中,筛选几乎就是一种生存的技能[113]。

筛选之所以必要,不仅是因为送达我们的海量信息和传播,而且因为同时送达我们不同类别的信息流有矛盾,这些矛盾需要我们多花一些时间去解决[114]。罗伯特·哈桑(Robert Hassan)指出,"网络时间"的即时性使日常生活负担过重,但打开邮件、点击链接、回复短信总是要花费我们的"日常时间"。筛选的功能越来越多地被委派给了技术界面比如 iPhone,它们提供的媒介门户是实现筛选后的结果,背后有大量的商务谈判(比如,《卫报》的内容经过筛选后成了手机的"应用服务")。从大量的"应用服务"里挑选后,人们就把无限量的媒介环境里很大的一部分信息剔除出去,结果就产生了一个"被选中"界面。可以说,这是一个定制的"媒介多元体"——既可以管理,似乎又相当个人化。

筛选还具有相当多的个人化含义。空间可用度的时间表设置总是要被用来给人提供"难以被找到"(inaccessibility)的时间段。在 20 世纪 70 年代,专业人士圈子里似乎在减少他们"可达性"(accessibility)范围[115]。但到了 21 世纪初,谢丽·塔克尔(Sherry Turkle)生动的研究结果显示,压力来自另一个方向。"躲藏"

（在上网，却不让他人知道自己在上网），另一种更简单的方式越来越常见，那就是打电话。塔克尔引用一个21岁的大学生的话说："我不再打电话，我没有时间唠叨。"面对面互动的开放性被砍掉了：一个16岁的学生告诉塔克尔说，她喜欢阅读文本，不喜欢打电话，"因为打电话的感觉是，'约束少得多'"；"不过她承认，'年岁稍大时，我会打电话与人交谈'"[116]。

在这里，筛选和大范围的问题有关系：社会协调依靠广阔的联系，既需要与媒介相连的系统性过载，又受其伤害。这个结果是不是新的"控制危机"呢[117]？用詹姆斯·贝尼格（James Beniger）的话说，新的危机不是像以前那样信息太少，而是因为信息太多呢？如果是那样，像贝尼格发现19世纪的危机那样，我们是不是可以希望，新的重要的适应性习惯做法尚处在胚胎期呢？

第四节 小 结

基于实践的路径开启了一些涉及面广的问题：在数字媒介时代纷繁复杂的环境里，人们使用媒介时经常遇到的问题。在本章开头，我们区分针对不同媒介的行为、用媒介的行为和以媒介为前提的行为。稍后，我集中介绍第二种和第三种行为，我们的重点偏离最标准的媒介研究专题：阅读文本、看电视、看图像。但行为尤其是重复的行为会成为其他行为的背景，所以我们实际上难以把这三种行为区分开来。

实践的深层动态关系开始浮现出来：随时保持"接触"的需要，获取信息的需要，接触他人的需要，维持在公共领域里"在场"的需要，以及挑选和屏蔽的需要，结果就产生对他人的选择性注意和不注意。如此互相依存的行为网络是最好的路径之一，我们借此把握媒介里的变革和围绕媒介的变革，因为这样的行为网络依靠业已达成的协调；正如诺伯特·埃利亚斯对早期现代性的研究所示，这样的行为网络是新文化"形貌"的构成要素[118]。对他而言，关键的形貌是舞蹈、时尚、餐桌礼仪；新形貌在我们中间兴起，但其轮廓分明还要等一段时间。正如在其他技术时代里一样，我们能看到不同类型的交往互相叠加[119]。与此同时，在一些重要的方面，大范围的参照点和社会空间规范"尚未形成清晰的模式"[120]。

基于实践的媒介研究路径必须紧贴政治经济学。在数字媒介时代，在重新塑造日常生活的形貌中，在网络空间里集体展示的强烈兴趣将成为关键因素。比如，在脸谱网之类的平台的限度内，我们展示身份认同、开发公共形象或准公共形象。结果，我们就可能深陷市场逻辑而冒风险，陷入自我反省和自我表现的形貌里,萨拉·巴内特-怀沙(Sarah Banet-Weiser)称之为"真实性烙印"(branding of authenticity)[121]。意在有限范围内流通的现象被大众媒介的八卦用上了,且成为家常便饭,于是"真实性烙印"的过程就被强化了:主流媒体使用脸谱网上的形象,将其作为遇害者或嫌疑犯的目击证人,这样的事例见惯不惊。更深一层说,嵌入社交网平台的社交模式(以及日益增多的网络社交)自然就生成了基于某些节点(和个人连接)的排他性的行为,使我们看不见这些节点背后的东西[122]。

由此可见,我们对媒介社会后果的了解不能止步于对媒介习惯的详细了解,虽然莎茨基的论述与完美的判断刚好相反。脸谱网的例子再次揭示了一个事实:日常使用媒介的累积性饱和产生了系统性压力,上文对筛选的论述已经指出这样的压力。在第五、六章,我将再说这样的系统性压力。除了媒介政治经济学的探索外,同样重要的是探索大范围的社会权力形式,使用媒介的日常表征性习惯里就涉及媒介的社会权力。这是下一章的主题。

注释

【1】 Larkin(2008:3).
【2】 Wittgenstein(1978[1953]:46).
【3】 Pitkin(1972:3).
【4】 This primary concern with action also fits with the basic emphasis of communication theory with communications as action (Jensen 2010:5).
【5】 Wittgenstein(1978[1953]:11,6,88).
【6】 Pitkin(1972:293). A further difficulty for my argument, and any account of media practice that follows critical realism (see ch. 1, n. 161), would follow if Wittgenstein's insights into practice *depended* on the social constructivism about facts with which Wittgenstein's work has often been associated. There is, however, no such dependence, although differing views on constructivism inform the contrast developed later in the chapter between my approach to practice and Theodor Schatzki's.
【7】 Knoblauch(2011).
【8】 Aristotle(1976:76).
【9】 Krotz(2009:22).
【10】 Yates(1992[1966]).
【11】 Tapscott(1998);Prensky(2006).

[12] Herring (2008: 72, 78, 87); Buckingham (2008: 10).
[13] Hillis (2009: 25).
[14] Lessig (2008), discussed by Bolin (2011: ch. 7), and compare the statement of O'Reilly (2005) that "everyone' is now "a content producer"; on stratification of online production, see Hargittai and Walejko (2008).
[15] Lewis (1991: 49).
[16] Garnham (1990); Hesmondhalgh (2007).
[17] Classically challenged by Abercrombie, Hill and Turner (1981).
[18] Cashmore (2006).
[19] Fuller (2005: 2).
[20] Manovich (2001, especially 16, 47–48).
[21] Lopez Cuenca (2007/2008).
[22] See Parikka (2010: 61) on Deleuze's move beyond Kant's view of the world emerging from the subject.
[23] Thrift interprets a practice approach differently, arguing that practices "are not … the practices of actors but of the practices themselves" (2008: 8). But, while the social dimension of practice is fundamental, this need not rule out individual agency, intentionality and reflexive adjustment.
[24] See Couldry (2004). Others are more cautious about such a paradigm shift (Bird 2010: 99). On agency, see Thévenot (2007b: 410).
[25] Katz (1959), quoted Jensen (2010: 78).
[26] On audience research, see Hall (1980); on domestic practice, see Morley (1986), Silverstone (1994), Silverstone and Hirsch (1992); for pioneering work on computer-mediated communication, see Turkle (1996).
[27] Ang (1996: 70, 72).
[28] Couldry (2000a: 6).
[29] Alasuutaari (1999: 6); Hermes (1999).
[30] Jancovich and Faire (2003: 3).
[31] Michaels (1982). Thanks to Gareth Stanton for alerting me to this important source.
[32] Ginsburg (1994: 13). Compare Mark Allen Peterson on the need to shift in studying media "from word to worlds" (2003: 22).
[33] Bird (2003: 2–3, added emphasis).

[34] Hoover, Schofield Clark and Alters (2004).
[35] Wittgenstein (1978 [1953]).
[36] Bourdieu (1977: 109 – 110; 1990: 83).
[37] As Warde notes (Warde 2005), in his later work Bourdieu gave much less emphasis to the concept of practice, preferring the concept of field.
[38] Bourdieu (1990: 73).
[39] Schatzki (1999); Reckwitz (2002); Schatzki, Knorr-Cetina and von Savigny (2001); Warde (2005).
[40] Schatzki (1999: 12).
[41] Reckwitz (2002: 249).
[42] Schatzki (1999: 89).
[43] Swidler (2001).
[44] Schatzki (1999:15). For Schatzki's own critical discussion of Bourdieu, see Schatzki (1999:136 – 144).
[45] Schatzki (1999: 202).
[46] Moores (2005: 9), discussing Giddens (1984). Compare Swidler (2001: 78).
[47] On "affordances", see Gibson (1979); on ANT, Thielmann (2010).
[48] On "digital formations", see Latham and Sassen (2005: 10); for "holding things together", Christensen and Røpke (2010: 246 – 247), and compare Tomlinson (2007: ch. 5), Shove (2007: ch. 2).
[49] Shove (2007: 170).
[50] Campbell (2010: 129).
[51] See for example *Guardian*, 11 December 2010.
[52] See Bausinger (1984), Morley (1992); for an early precedent for using televised sport as a way into the sheer diversity of practice related to media, see Nightingale, Bockardt, Ellis and Warwick (1992). For media use to mark off space, see Bengtsson (2006); for the "putdownable" text", see Hermes (1995).
[53] Peterson (2010a: 172).
[54] See Gamson (1998); Grindstaff (2002); Illouz (2003).
[55] Lievrouw (2011: 7), drawing on Lievrouw and Livingstone (2002).
[56] Hindman (2009: 42).

[57] Halavais (2009a: 56–57).
[58] Introna and Nissenbaum (2000: 170).
[59] Livingstone (2004).
[60] Bolter (2001: 28).
[61] Howard and Massanari (2007).
[62] Hamesse (1999: 107ff).
[63] See generally Miller and Shepherd (2008: 8); specifically on Digg, see Bennett (2011: 168–169); the phrase "collaborative filtering" is from Papacharissi (2010: 152–157). See also Palfrey and Gasser (2008: 200), Levy (1997: 10), Halavais (2009a: ch. 8).
[64] Halavais (2009a: 9, 117, 162–168).
[65] Clark and van Slyke (2010), Jenkins (2006); for a pessimistic view, see Bennett and Manheim (2006), discussing Katz and Lazarsfeld (1955).
[66] Wittgenstein (1978 [1953]: 32). My term "showing" is inspired, in part, by Daniel Dayan's (2009) concept of "monstration", but its usage is more general.
[67] A longer history would include the early days of weblogs and webcams: Couldry (2003a: ch. 7); Senft (2008); Hillis (2009: ch. 5).
[68] www. newsoftheworld. co. uk
[69] www. bp. com/liveassets/bp_internet/globalbp/globalbp_uk_english/homepage/STAGING/local_assets/bp_homepage/html/rov_stream. html, also recycled for example on PBS Newshour's YouTube channel, www. youtube. com/pbsnewshour, last accessed 25 June 2011.
[70] www. hrw. org, 15 April 2011, last accessed 25 June 2011.
[71] Respectively, www. youtube. com/watch? v = tsi9HFWlA2c, www. youtube. com/watch? v = a_uzUhlVT98, and www. youtube. com/watch? v = sMQDDB0SFqw, all last accessed 25 June 2011.
[72] Goffman (1974: 43–44).
[73] Compare Marwick and boyd (2010: 123) on social networking sites.
[74] Miller (2011: 94–95) for an example from Trinidad.
[75] boyd and Ellison (2008).
[76] For "happy slapping", see e. g. *Guardian* news reports on 15 December 2005 and 27 July 2010. For school shooters videos, see Sumiala (forthcoming).

【77】Rowena Davis (2008), drawing on Kintrea et al. (2008).

【78】Leicester pensioners reported *Metro* 7 July 2010; on Britain's surveillance state, see House of Lords (2009).

【79】On co-veillance, see Andrejevic (2008a); on everyday spectacle, see Longhurst (2005: 5), Wood and Skeggs (2008); on breaking up online, see Gershon (2010) and Ito (2010: 132 – 138).

【80】For Japan, see Takahashi (2010b: 459 – 460); for cultural differences generally, see Miller (2011: 186 – 187); on privacy concerns and practice, see Livingstone (2008), boyd (2008), Marwick and boyd (2010).

【81】Miller (2011: 175).

【82】Miller (2011: 179). For something like "presencing" in relation to organizations, see Cooren, Brummans and Charrieras (2008).

【83】boyd (2008: 134 – 137); Takahashi (2010a: 135); Yoo (2009: 218).

【84】Taylor (2007: 143 – 144).

【85】Tomlinson (2007: 111); boyd (2008: 126). On parenting, see Madianou and Miller (2011).

【86】boyd (2008: 126).

【87】See especially *The Guermantes Way* and *Cities of the Plain* (Proust 1983).

【88】Zittrain (2008: 219 – 220); Enli and Thumim (2009), discussing Beer (2008). See more generally the perspectives of Elias (1994).

【89】Giddens (1974).

【90】Bimber (2003: 91); compare Lev Manovich (2008: 38): "what before was ephemeral, transient, unmappable and invisible becomes [with the web] permanent, mappable, and viewable."

【91】Burgess and Green (2009: 87).

【92】Ricoeur (1992), Cavarero (2000).

【93】Lury (1998) and Flichy (1994: 73ff) on photos; on today's forms of online presence, see Palfrey and Gasser (2008: 35). On life-caching, see Carter (2004); Mark Zuckerberg quoted *Guardian*, 23 September 2011.

【94】Christensen and Røpke (2010: 251).

【95】Wuthnow (1989: 7).

【96】Hagen (1994).

【97】Gilmont (1999: 237).

【98】Peterson(2010b:133); Couldry, Livingstone and Markham (2010:65 - 66).
【99】Compare Schrøder and Kobbernagel (2010) for Danish study.
【100】Allan (2006).
【101】Boczkowski (2010:ch. 2).
【102】N. Wilson (2007).
【103】Tenenboim-Weinblatt (2009), which uses the series *24* as an example. See Sands (2008:72, 88, 296) for evidence that *24* worked as an "intertext" within the US military and judiciary during a controversial period of US politics (the height of Guantanamo Bay operations). For interesting reflections on the impact of web-searchability on criteria of literary scholarship, see Kirch (2010).
【104】According to market researcher Experian Hitwise (2010:12), entertainment industries receive 16.7% and news and media receive 10.6% of their hits this way.
【105】Giddens (1991) on the sequestration of experience; compare Williams (1992) on mobile privatization.
【106】Licoppe (2004).
【107】Winocur (2009:179).
【108】Turkle (2011:xii); Palfrey and Gasser (2008:5).
【109】See Licoppe (2004:147) on "the fantasy of continuous connection".
【110】Webb (2009).
【111】Here I have learnt a great deal from the ongoing research of my doctoral student Kenzie Burchell.
【112】Braudel (1975:365); Bloch (1962:65).
【113】Hoover, Schofield Clark and Alters (2004). Compare for early comments on selecting out, Morley (1986) on local news, Jennings Bryant (1993:155), Couldry (2000b:81). As Mansell points out (2010:7), we cannot assume that everyone avails themselves of the most technologically sophisticated ways of managing information.
【114】Hassan (2003:41, 44).
【115】Zerubavel (1981:ch. 5, esp. 141 - 142, 153).
【116】On "hiding out", see Turkle (2011:146); quotes taken from Turkle (2011:

15 and 190).

[117] Ling and Donner (2009: 142), discussing Beniger (1986).
[118] Elias (1994: 445 on interdependence, 214-215 on figurations).
[119] Flichy (1994: 168).
[120] Bauman (1992: 65).
[121] Banet-Weiser (forthcoming); compare Lanier (2011: Part 1).
[122] Mejias (2010).

第三章 作为仪式和社会形式的媒介

新技术常常提升"分类式"身份。

——克雷格·卡尔洪[1]

象征性边界……是社会行为者对物件、人、习惯甚至时间和空间进行分类的概念区分。它们是工具,个人和群体借以在现实的定义上争论并达成一致。

——米歇尔·拉蒙特和维拉格·莫尔纳[2]

我们需要证明的是,用社会自身标准来判断社会是荒谬的,因为社会的分类是社会宣传的一部分。

——昂利·列斐伏尔[3]

一个年轻人走到开罗的一堵墙壁跟前,用油漆涂抹脸谱网的大写英语词FACEBOOK时,那是什么意思?是传授知识?是宣传品牌?是表示聚会的参照点?抑或是表示大范围的社会变革?这样的不确定性暗示一个宽泛的问题:我们如何从第二章介绍的看似无穷多样的与媒介相关的习惯过渡到对与媒介相关的权力的理解?我将在接下来的四章里分阶段讲解这个问题。

把握媒介与权力的关系问题有一定困难,这和社会理论里大范围的问题有关系:在大型、复杂、多孔隙、媒介密集、全球连接的社会里,权力和政治秩序发挥什么作用?日益增加的碎片化的媒介节目并不意味着,媒介权力业已消亡。以英国和美国为例:其他一切证据都说明,媒介增长繁花似锦,媒介生产去中心化,能用上媒介的界面令人眼花缭乱,尽管如此,媒介却高度集中在名流文化上,这不完全是媒介市场"推力"的结果,媒介还深入了日常生活和社会规范。我们如何解释这表面上矛盾的现象呢?

作为起点,让我们回顾波德莱尔①早期的媒介洞见。他说:"媒介运输系统

---

① 查理·波德莱尔(Charles Baudelaire,1821—1867),法国诗人,象征派诗歌先驱,现代主义创始人之一,著有《恶之花》、《巴黎的忧郁》、《人为的天堂》、《美学管窥》、《浪漫主义艺术》等。

(或……媒介权力的再生产)在形式的层次上起作用。"[4]他所谓的"形式"指的是社会形式,而不是媒体节目的格式。他对最基本的大众媒介构成社会形式或关系感兴趣,他所谓的形式就是媒介生产者和消费者的"社会分割"[5];在数字时代,这样的分割更见复杂。如果要发挥这一思想,那就需要吸收"分类"的概念。这就使我们回到第二章所论的实践:类别仅仅是关键手段之一,借此,具体的习惯嵌入并复制更一般的权力特征。这还使我们进入有关当代社会形式和社会秩序的一些重要的论辩,我们在第一章末尾已经对此做了暗示。一切人类生活都需要一定程度的稳定和秩序,一个永恒的问题是:用权力不平等的话说,我们要付出多大代价来寻求稳定和秩序?

对社会形式的兴趣是法国经典社会学家迪尔凯姆的突出特征,实际上,社会思想分类的理念是社会秩序的固有要素。我们可以把这一传统追溯到最近法国人围绕波尔坦斯基和劳伦·泰弗诺(Laurent Thevenot)的《论正当性》(*On Justification*)展开的辩论。泰弗诺注意到迪尔凯姆"丰硕而有限的传统"对马塞尔·莫斯(Marcel Mauss)分类思想的影响[6]。迪尔凯姆设想,"集体的认知分类和人们归属的集体之间的关系极其重要"[7],但今人不会这样看问题了。这也是泰弗诺的局限。波尔坦斯基和泰弗诺的价值社会学坚守分类的观念,但它被置入的语境和迪尔凯姆的语境截然不同。他们认为,在社会里和世界上,没有固定的成员身份,没有天下一致的社会价值观;在我们是谁、我们的归属问题上,没有不变的确定性,只存在多种"正当性规范"(regimes of justification),它们互相竞争,以界定价值和社会生活领域。表面上看,这个观点和媒介使象征性资源集中、以系统的方式聚焦于社会价值的观点有矛盾。但在他和伊芙·恰佩洛(Eve Chiapello)合著的更著名的《资本主义的新精神》(*The New Spirit of Capitalism*)一书里,这个社会价值多元论的目标并不是放弃批评,只不过是调整其立论的基础,从日常生活的话语资源去进行批评。

在《论正当性》一书里,波尔坦斯基和泰弗诺区分六种正当性(justification),常见于日常围绕价值与合理决策的争论中。它们是:"家庭"价值、"名气"价值、"市场"价值、"产业"价值、"文明"价值和"激励"价值(基于"创造性特色")。他们摒弃社会空间先定的观点,不接受一种正当性比另一种正当性优先的观点。实际上,他们的方法论有力地承认日常生活里价值的多元化。他们摒弃一种形式的社会批评,将其与布尔迪厄挂钩,但实际上那种社会批评在20世纪70年代和80年代的社会学里很盛行。按照那种批评的诊断,权力是一种独特价值直接或间接强加的,这种价值适合权力的利益[8]。彼得·瓦格纳(Peter Wagner)指出,大体上,他们重新思考价值的生成和竞争,考察价值如何提供一个新的基础,将政治社群的演进置于社会进程的基础上[9]。对媒介研究而言,他们辨认的一种正当性引人注目,这就是"名气",他们理解的名气是"在公共舆论里的能见度"[10]。不过,他们没有提及媒介。

我们需要从这个多元主义的"价值"论吸取教益,以用于媒介社会学研究。首先,这一价值论路径是开放的,对价值如何嵌入日常生活持开放的态度,但它并不排除具体形式的封闭性。根据泰弗诺的解释,对正当性规范的实际需要的根据是,需要"在高度个人化的、局部的经验的基础上共享经验"。解决价值规范(value regimes)竞争的基础是,什么样的秩序有"最大的合法性"。他们把合法性译解为"公平",这是他们与经典政治理论重要联系的一部分,不过,正如泰弗诺所言,架构合法性的宗旨仍然是"社会对人的需求,人们要在均等和共同利益的基础上'分享'"[11]。在这里,系统性的相互依存至关重要。

所以我们问,媒介机构在提供共同的参照点、支持价值规范的合法性中发挥什么作用呢?在其新作《论批评》(De La Critique)里,波尔坦斯基给媒介制度的象征性权力提供了比较清楚的铺垫,但他的铺垫也是隐而不显的。如第一章所示,波尔坦斯基研究决定"现实"(reality)的权力,他那个版本的"现实"对实用的功能生效,而他所谓的"世界"(monde)的底层是多样的,实际上有部分的不确定性。他迈出了关键的一步,这一步对媒介社会学有潜在的助益。他认为,制度决定和证明"是什么"的角色和价值的底层不确定性构成辩证的关系:由于这样的底层不确定性,制度(国家、政党)就必须尽可能发挥决定"现实"的功能。他还探讨了这种阶段性发挥作用的机制,包括"价值检验"(tests of worth)和"现实检验"(tests of reality)机制[12]。稍后,在本书媒介仪式和"仿真"游戏的分析中,我们可以在他的基础上做一些发挥。

然而,对媒介机构具体的现实工作,波尔坦斯基和泰弗诺却没有予以解释,甚至就没有提及(波尔坦斯基把证明的权力留给了国家)[13]。我认为,这种解释不足的情况和当代社会价值确定性的不足(underdeterminacy)也有关系。媒介制度并没有提供凝聚共识的价值,解决确定性就显不足;更准确地说,它们不经意间为价值和现实提供了最有力而合理的验证。正如我们在第一章里所见,在媒介制度行使这种功能的环境里,媒介仅仅是许多制度行为者之一,它们是必要因素,并且在互相竞争中维持自己露面的共同空间(common space)。

为了展开发挥这个问题,我想回头看我的《媒介仪式批判》(Media Rituals: A Critical Approach)[14],同时在三方面对我的主张予以强化:① 进一步澄清,共同空间建立在价值多元论的设想上,而不是价值凝聚的基础上;② 进一步有效地阐述,在全球价值不确定性加快的时代,共同空间的理念适用于许多社会和媒介文化；③ 延伸共同空间的理念，以便理解象征性权力——"决定有什么"（波尔坦斯基语）的权力——集中化的效应，还要理解其他制度的权力，包括企业主和品牌制造商的权力[15]。

在这里，迪尔凯姆和马塞尔·莫斯（Marcel Mauss）提出的、波尔坦斯基和泰弗诺在多元主义价值社会学继续使用的范畴（category）概念，是至关重要的。范畴是一种关键机制，井然有序（常常"仪式化"）的实践使用并体现这些范畴，借以复制权力；范畴以特定的方式标记并分割世界。如果没有某种进入游戏的实践特征比如"范畴"，实践的多元性和权力的运行机制就无法联系起来，在媒介领域是如此，在其他任何领域也是如此。如果理解范畴的作用，我们就豁然顿悟，虽然这个世界无比复杂，但它仍然像是一个平平常常的世界。

注意，研究权力的这条路径不依靠陈旧、静态的社会秩序概念：相反，其焦点是开放的秩序形成机制（包括有关社会秩序的宣示）；尽管当代社会实际上存在价值多元，各种制度包括媒介还是在根据这种开放的机制运行，因为实际上社会秩序并未达到充分实现的境界。正如昂利·列斐伏尔清楚所示，两种观点没有矛盾，实际上还相互关联：一个观点摒弃总体社会体系的理念，另一个观点解构社会生活和公共生活里秩序井然的尝试（语录见本章之首）。

杰弗里·鲍克（Geoffrey Bowker）和苏珊·雷伊·斯塔尔（Susan Leigh Star）强调社会秩序里的分类研究，强调社会秩序的记录和结构；他们摒弃一种空疏的后现代主义，这种主义"不注意模拟实况的建设，也不注意基础结构里的实况，但支撑形象或事件的……正是这样的基础结构"[16]。鲍克和斯塔尔还挑战有些人的宣誓：在我们这样复杂的社会里，符号系统是难以为继的。实际上，有关复杂性的论述走的是另一条路子：当代社会的复杂性一定程度是建立在分类工作上。我们需要理解媒介机构在分类研究里的作用。这种分析框架可以用多种建构方式：用作媒介生产的民族志延伸，进入广阔的媒介世界；用作"信息权力"的分析；用作"文化图示"的理解，其合法性和社会结构不可分割[17]。范畴在很多层次上运行，从标签到物体的形貌，从卡通人物到品牌或徽标。一切范畴既是实物又是其中的结构内容，范畴有为社会提供秩序的表征作用。

第一节 媒介实践与社会秩序：一场重要的论战

作为背景，我们回眸一瞥第二章介绍的围绕实践理论的论辩。至少对莎茨基而言，研究实践的意义是摒弃通用社会秩序的理念。对他而言，有秩序分先后的习惯做法,别无其他。莎茨基的实践理论与媒介记述之间存在深层的紧张关系,那样的技术把媒介描绘为社会权力的制度和社会形式的创立者。使用媒介的一种做法是"建构现实";既然媒介内容再现世界,现实的建构就是媒介实践不可简约的一部分。在他看来,实践路径使我们能将建构现实视为所有人都必须从事的实践,这个过程有无限多样性、多元性,而且是不汇集的。按照这样的解说,实践理论挑战总体社会"秩序"的理念[18],除非把这样的秩序理解为局部解释的做法逐渐建构起来的。但无论莎茨基立场的诉求是多么抽象,我们的世界并不是抽象的;我们每个人的一举一动都在一个先已存在的世界里发生,这个世界是历史的产物,在历史过程中存在众多分享资源的斗争;这些资源里包括使解释固化为范畴的权力,范畴反过来又有助于实践的组织。作为个人生活的参照点,所谓"现实"的建构并不是无限多样的,却以令人注目的方式汇聚;媒介制度对那样的汇聚起到至关重要的作用[19]。

在此基础上,把握广阔的权力等级如何通过社会表征来运行,有一定困难,不仅对实践理论而言有困难。为了了解这样的困难,让我们回眸社会理论的历史。以彼得·伯格①和托马斯·卢克曼(Thomas Luckmann)一段话为例,这段社会建构主义的经典名言见《现实的社会建构》(*The Social Construction of Reality*):

> 日常生活表现为人们诠释的现实,他们觉得这是浑然一体的世界。我们社会学家把这个世界当作自己分析的对象……普通人不仅把日常生活的世界视为理所当然的现实……这个世界源自他们的思想和行为,他们视其为真实的现实。[20]

根据这个观点,日常世界是一个自我矫正的"整体",建立在其成员的"思想和行为"上。我们可能禁不住要更新并采纳他们两人的观点:媒介有助于日常生活和研究的信息输入,这样的信息输入整体上地拓宽了日常生活。但这可能引起两个问题。首先,如果设想日常生活是一个"整体",一个前提就越来越难以站住脚,因为社会组织的规模日益增大;第二,没有考虑到不平衡的权力关系,这样的权力关系潜藏在媒介底层,形塑着媒介内容的意义,而媒介内容是见仁见智的。

实践理论本身摒弃了社会建构主义的整体论,这是对的;但在莎茨基等人版本的实践理论里有一种怀疑态度:大规模的运行(如媒介权力)是否能提供有益的洞见,帮助我们理解实际情况下的无限多样性[21]。由此而滋生其他的问题。他们忽视了媒介机构为了维护权力的利益而修补世界的脆弱性和不稳定性。波

---

① 彼得·伯格(Peter Ludwig Berger,1929—),美国社会学家,主攻社会学、宗教社会学、神学,著书20余部,要者有:《与社会学同游:人文主义视角》《现实的社会建构:知识社会学论纲》《现代性、多元性和意义危机》《神圣的华盖:宗教社会学精要》《多种全球化:当代世界的文化多元性》等。

尔坦斯基指出一种危险：使日常的常识标准化，既忽略日常生活评价中的不稳定性，又忽略建构从言论到现实的权威所采用的制度性方略[22]。他们的实践理论还低估了媒介制度在建构世界框架里的积极作用，对这一理念嵌入日常解释和行为里的作用，他们的实践理论也估计不足。

我研究社会秩序的路径有独到之处。我坚持认为，尽管实际上存在着不可否认的多样性，媒介权力的研究在大型社会里还是有效的：关键是理解权力嵌入社会的多种方式，以及它如何在实践中得到有效的实施和配置。这里有一个环通向两篇经典的传播学论文。凯利①说，"现实是稀缺的资源。"获取这一资源（在大型社会里控制所谓"现实"建构的有效权力）是媒介权力之根本。柯兰②在一篇早期论文中为凯利作了历史方面的补充，他对现代传媒的社会整合功能和中世纪欧洲天主教的功能进行比较。他说，若要发挥作用，媒介权力就像宗教权力，必须以人们赞同的实践形式运行：媒介权力不仅要主导大众传播媒介，而且要主导柯兰所谓的"心灵生产机制"（专业文化、教育），要主导仪式权力或魔力[23]。

我们研究社会形式和权力里媒介角色的方法论与旧式的意识形态理论不同，那些理论专注于研究集中化讯息的自动化力量。我们需要对数字时代权力如何被复制的视域有更广阔的理解。媒介规定社会现实的角色是开放的：并非事先充分决定的。这个角色建基于权力嵌入日常实践的具体物理过程：这些过程总是有限度的、不完全的。有时，它们至少容许与之竞争规定性的世界构建方式。但关键在于，这种过程的产出具有"普遍化"的效应。换言之，它们对我们言说世界的通用话语的能力产生战略性的影响，这些影响嵌入进一步的实践有助于世界的组织[24]。理解媒介对社会运行的权力意味着：一方面要注意媒介话语在日常生活里普世化的力量，同时要承认日常生活里实际的评价和组织的多元性（不存在单一的"社会秩序"）。后现代主义把社会形式描绘为多种解释的游戏，"没有任何'中心协调'"，这样的后现代主义话语完全没有把握住媒介权力的复杂性[25]。研究这种复杂性的最佳切入点是仪式的概念。

第二节 作为仪式的媒介

仪式是通过形式进行的权力的实施[26]。简言之，媒介权力是使媒介坚韧的

---

① 詹姆斯·凯利（James Carey，1934—2006），美国新闻学家、传播学家，媒介环境学第二代代表人物，著有《伊尼斯与麦克卢汉》《作为文化的传播》等。
② 詹姆斯·柯兰（James Curran），英国传播学家，著作颇丰，要者有《不承担责任的权力》《媒介与社会》《媒介与权力》等。

权力意志自然化的社会形式。换言之,媒介权力就是媒介能助人接触社会共同现实的宣示,我们必须注意这样的现实。从局部范围看,这样的宣示就具有讽刺意义,就成问题了。不过,这仍然是电视真人秀(reality TV)的理念倚重的媒介效应。

一、背景与基本概念

20世纪90年代初,我第一本论及媒介的书讲受众研究的困境,说的是如何理解媒介效应。在随后的《媒介权力的地位》(*The Place of Media Power*)里,我在更广阔的范围内研究媒介过程的"吸引力";我拷问,媒介景观底层不平衡分布的媒介权力是如何变得自然的和可以接受的,那个过程是全社会范围内创造意义和信念的过程。我做了一些田野调查,数次造访肥皂剧《加冕街》(*Coronation Street*)的外景地;我融入了人类学的视角,用朝觐的心态去解释那些考察心得。接着,我写《媒介仪式批判》(*Media Rituals: A Critical Approach*)[27],考察一些特殊的时刻;在这样的时刻,媒介权力合法化和自然化的过程浓缩为社会形式,成为偏重媒介权威的仪式,而不是偏重宗教或政治权威的仪式。这条研究路径运用社会学和人类学理论去理解"社会修辞"(rhetorics of "the social"),媒介机构深刻地涉足其间。

媒介仪式的观念起步于对社会秩序符号角色的理解。不过,它与传统的功能主义背道而驰,被置于前景的不是"符号"的共同属性,而是符号权力里固有的竞争性质。布尔迪厄在《论符号权力》(*On Symbol Power*)一文里写道:

> 迪尔凯姆的长处之一是明确指出象征主义的……社会功能:这是地道的政治功能,不能简约为结构主义的传播功能。符号……使人能在社会世界的意义上达成共识,从根本上说,这一共识助推了社会秩序的再生产。[28]

在这里,布尔迪厄提出的是符号角色的政治化解读[29]。表面上,他在回归马克思主义把仪式解构为仅仅复制意识形态的讯息,但那不是他的意向。纯马克思主义的解读不能在深度上把握媒介在建构秩序里的作用。如果媒介仪式被解构为意识形态的载体(1989年前东欧的媒介即是如此),那么,媒介就不可能奏效,名流文化就不可能成立。

然而,媒介的仪式功能里有更深一层的东西在起作用。1982年,菲利普·艾略特(Philip Elliott)率先论"报刊仪式",开始探索这种深层机制,将"媒介"定义为:"有规则约束的象征性活动,涉及神秘观念,使参与者的注意力指向特定的思想感情,这是社会或群体领袖认为有特别意义的对象。"[30]马克思主义意识形态分析仍然压在这里,如千钧重担;在文章的末尾[31],作者似乎因这种还原主义的路径而感到不安。实际上,审视媒介仪式更基本的神秘性时,最好是考察其形式,无论其内容是什么。

媒介制度能用作仪式,其基础在于,在社会的集中化压力之下,有一个"真相"的核心——"自然"核心是应该珍视为"我们的"生活方式的核心、"我们的"价值的核心。这就是所谓"中心的神话",一方面,它可能被国家独霸(如纳粹德国)[32];另一方面,它也有一定的开放性,采用比较宽泛的定义,含有比较广的含义,媒介制度就常做这样的解读。"真相"核心的神话和"自然"核心的神话相联系,第一章已经提及:"媒介"与"中心"有优先关系,因为媒介是高度集中化的符号生产系统,其"自然"作用是表征"中心",或为"中心"提供框架:我把这种现象称为"媒介中心神话"[33]。在数字媒介时代,布尔迪厄所谓的"接入普世现象的手段"没有被取代,而是在继续起作用[34]。

这是社会"普世现象"底层冲突的视角,它使我们能定义媒介仪式。媒介仪式是浓缩的行为形式,媒介仪式以特别的强度作用于范畴的区分和边界,媒介仪式和"媒介中心神话"相联系[35]。

在《媒介仪式》里,我介绍了多种高级形式的媒介仪式:比如,脱口秀主持人横跨演播厅去向"世界"即在电视上揭开非常私密的真相[36];又比如,参加电视"真人秀"的人炫耀自己的某些"本色"。这些行为依托权威结构,一旦脱离其发生的框架就毫无意义,在"媒介"的空间里,它们的分量大于任何框架以外的东西。正如斯图尔特·胡佛(Stewart Hoover)所言,媒介仪式上演的地方是"人们设想的媒介所处的文化中心"[37]。

媒介仪式里上演的思想范畴使媒介权力"自然化"。这是些什么样的范畴呢?首先,最重要的基本范畴是以下差异的范畴:有些是与媒介相关的任何在场的事物、个人或地方,其余则是与媒介不相关的任何在场的事物、个人或地方。和迪尔凯姆区分"神圣"和"世俗"一样,这一区分横贯世间一切事物,任何物、任何人都可能处在媒介中,所以"名气"范畴带有任意性(根据迪尔凯姆的区分,任意性和普世实用性构成范畴差异)。在媒介"里"和不在媒介"里"的划分不是自然的划分,而是经过长期使用而建构才被视为"自然"的[38]。这一边界有时模糊不清,媒介生产者/媒介受众的边界就比较模糊;在另一个层次上,这一边界会重新划定,在《大众偶像》(Pop Idol)这样的互动媒介格式里,媒介生产者和媒介受众的边界就是重新划定的[39]。

从第一个范畴差异流溢出一些次生的差异。次生差异源于这样一个设想:在媒介里的东西比不在其中的东西地位高;次生差异的参照点是清楚的,比如,"直播"一词暗示,通过直播,我们与连接"我们的"潮流汇合,这种共享的现实有足够的重要性,有资格被作为优先的"现在"来表现[40]:它就获得了"直播"的地位,成为我们想象里直接与社会"现实"挂钩的东西。在谈论媒介表现的"现实"时,我们又做一个更加明显的、但仍然是被自然化的区分:围绕电视"真人秀"的辩论是一例,追求电视"真人秀"的"的确、地道"的"真实"情绪也是一例[41]。"实况"和"真实"这两种范畴不仅支撑仪式形式,而且支撑媒介话语建构社会现实框架的功能(使我们相信,我们通过媒介框架里看到的是我们的社会现实),而且给社会现实的内容命名[42]。

和一切组织范畴一样,和媒介相连的范畴在千差万别的情况下被复制,成为杰西·马丁-巴贝罗(Jesus Martin-Barbero)所谓的"行为的语法"[43]。这样的边界成为自动的、无须思索的区分:如此,你可能会对一位同事说,"给她打电话,她上过那个节目,它可能会使我们的节目别开生面……",你不会去想,你在复制"媒介人"和"普通人"的区分。在媒介仪式的特殊形式里,我们看见,这些区分已经内化在具体的行为形式中,这就检验了它们的运行机制,使其意义显得自然而然。但更重要的是广域的仪式化过程,借此,那些范畴就在日常生活中被复制,成为平平常常的东西了[44]。

进一步细说日常实践里的媒介仪式和仪式化之前,我们必须把媒介中心神话放进一个比较语境中。

二、比较视角里的媒介中心神话

过去无人怀疑,媒介机构是描绘世界的象征性权力和手段高度集中的受益者:这种权力过去表现在建筑形式里,现在依然如此,埃里克森(S. Ericson)、里戈特(K. Riegert)和阿克斯(P. Akers)论英国、俄国和中国建筑的文章对此做了研究,很有原创性[45]。但如果今天的数字媒介对这个出发点提出了挑战,那又如何呢?媒介资源在多元化,媒介机构的产品容纳了用户生成的内容;和广播时代相比,我们的注意力越来越指向了互联网的无限量空间。在势不可挡的信息洪流时代,象征性实践如何生成"意识形态系统"呢?又如何生成超越"狂野的信息洪流"呢[46]?媒介机构如何吸引足够的注意力、拥有足够的合法性,而继续成为媒介仪式的焦点呢?

这里关键的问题不是在于媒介仪式语词的流动性,比如"实况"一词在广播的参照点就在历史上移动,而且大多数媒介的语词都难以把握;关键问题在于媒介仪式语词在争夺注意力、争取合法性的过程中所起的作用。首先要注意,网上的媒介世界与仪式所需的注意力集中并不是不兼容的。肯·希利斯指出,在美国,互联网扮演社会核心的角色,虽然和电视相比其集中性比较分散;社交媒介(如推特)的同步性使新型的协调仪式涌现出来,迈克尔·杰克逊之类的名流去世时哀悼者同步化的祈祷就是一例[47]。第二,媒介意识并不要求,媒介的地位(作为观照社会和政治的优越视角)不受挑战;实际上,正如我们在第一章里所见,媒介的优越地位和媒体一如既往的经济活力,在维护媒介化中心(mediated centre)的斗争中,正遭遇风险。在数字时代,媒体(以及依靠媒体的其他制度)维护吸引力与合法性的斗争是实实在在的,而且在加剧之中,并要求生产方创造媒介仪式的新形式。此间涌现出来的"社会"途径的塑造靠的是媒介机构最重要的需求:在追求经济活力的过程中,维持自身通向社会的核心地位[48]。因此,媒介仪式在社交媒介的发声可能受娱乐逻辑的支配,就像政治叙事受娱乐逻辑的支配一样。

媒介中心神话这一观念遭遇的挑战之一是,它含有某种集中化的意思:媒体设施是国家驱动的现代化的载体,这种集中化与西方国家的经验相关,与其他地方的政治经济斗争却未必相关。媒介仪式的观念适用于中国、瑞典、荷兰、澳大利亚、美国和菲律宾,证明这个观念并不狭隘[49]。但我起初对媒介仪式的描绘无疑设想得太容易了,只把国家当作其参照点,对跨国的媒介仪式的认识不够。

马尔文·克雷蒂(Marwan Kraidy)近年对阿拉伯电视真人秀的研究提出了一些深刻的问题。克雷蒂不否认媒介仪式的存在,但他坚持认为,我们对媒介仪式意义的解读关键是要看,媒介机构和市场是什么样的关系,要看国家举措和宗教机构的关系,要看什么样的关系适用于具体的国家,适用于中东这样的跨国地区。在那本较早的书《媒介仪式》里,我对国家和现代性的叙述太聚焦于自由主义民主国家和新自由主义民主国家。克雷蒂证明,媒介仪式和媒介中心神话与关于现代化的愈演愈烈的争论是可以兼容的,这样的争论对阿拉伯国家几十年来维持的"现代性"叙述发起挑战[50]。与此同时,在中国这样的大国,维持一个"中心"、一个媒介中心是非常困难的,所以你必须寻找维持媒介仪式的条件,你找到可能是反中心(counter-culture)。这不会引向后现代的相对论,反而磨砺了我们对中国之类的国家里政治斗争的理解;在那里,工人阶级的抗议借助新媒介形式,公共事件丑闻浮现出来。在高度阶级分化的菲律宾,国内的媒介很贴近工人阶级消费者,这些人不太可能接触精英追逐的跨国媒体。黎巴嫩之类的失败国家里,反国家的行动者可能会培育自己的媒介"中心",比如黎巴嫩真主党创办了"灯塔"电视台[51]。注意,仪式观念不妨碍它从外向里去挑战一个社会中心,形成想象中的反中心信念[52]。

由此可见,摆脱媒介中心神话的观念(以及相关的媒介仪式观念)极为重要。我们要摆脱具体的媒介形貌的任何设想,不能受长期支配媒介研究的媒介形貌的羁绊;英国、西欧和北美的媒介形貌束缚我们太久了。那就是说,我们要理解媒介机构在其他许多地方将自己建构为社会中心的功能,它们成了接入大范围"中心"参照点,我们不能仅限于知道媒介与国家形成了密切关系的地方,英国、法国和日本的媒体与国家的关系就比较密切。在印度，真人秀节目竞争生成了"共同体"，它们非暴力的竞争激发了耐人寻味的吸引力；正如阿斯文·普纳桑贝克(Aswin Punathambekar)所示，这可能证明，在深刻的族群和政治紧张之后，可能会出现非暴力的竞争。媒介仪式在东欧可能也有相关的意义，传统国家教育理念和全球的娱乐文化的关系是有矛盾的[53]。

媒介中心神话意义重大，至少是因为国家仍然具有重大的意义[54]。国家框架的长效性和媒介等机构越来越不稳定的宣示互相纠缠，以调节社会秩序和政治秩序。与此同时，日常实践里国民忠诚和凝聚力的宣示，就成为克雷格·卡尔洪所谓的"制度合理性的前政治基础"。即使流动性很高的人也觉得，日常的习惯（含媒介习惯）能强加国家的框架，而且其有效性还令人吃惊[55]。但从中世纪城邦以来，媒介与制度权力的关系一直在许多层级上起作用[56]，所以我们不必对今天的复杂性感到吃惊。

第三节　媒介仪式的灵活性

人的基本仪式广为人知，标记生死娶嫁、加入群体、与超验的神灵交流的仪式都尽人皆知。这些课题与人渴望秩序的基本需求有关系。除非直接传输这种基本仪式，媒介并不行使这一基本的职能。所以我们要问，一种新仪式即媒介仪式何以能在历史的某一时间点上出现呢？脱口秀或真人秀怎么会成为仪式呢？

一、模式化行为

媒介的世俗性不会妨碍媒介生成仪式。几十年来，人类学已经接受了世俗仪式的存在[57]，新的世俗仪式在不断出现，比如，英国就有移民宣誓成为英国公民的世俗仪式。媒介能再现先已存在的婚礼、丧礼、升旗等仪式，这也不足为奇[58]。但媒介仪式的含义不止于此，有人宣称，某些复杂的媒介习惯具有仪式本身的转换力量，成为一种独特的仪式，其基础是媒介机构的独特性，以及我们与媒介关系的独特性。媒介仪式是形式化的和模式化的行为，与媒介相关，以独特的方式组织世界。

仪式首先是模式化行为(patterned action)。这一点清楚表现在人类学家罗伊·拉帕波特①经典的仪式定义中。他说，仪式"是形式化行为和言说的序列，或多或少维持不变，不会被表演者完全编码"[59]。这样的表述将其视为纯粹的话

---

① 罗伊·拉帕波特(Roy A. Rappaport, 1926—1997)，美国人类学家、美国人类学学会会长(1987—1989)，著有《仪式和宗教在人类演化里的作用》、《生态、语义和宗教》等。

语或表演,不提形式【60】,忽略了仪式通过形式在建构世界里的作用。启用仪式不容置疑的行为形式,我们就能解释媒介在广域的社会生产中潜在意义。

有人强调指出,媒介机构生成独特的仪式形式,其例证是,围绕广播电视的事件(皇家婚礼、1994年纳尔逊·曼德拉的就职典礼),媒介机构常能调动大量的受众;这是达杨和卡茨关于媒介事件的基本理念的基本原理【61】。此外,几十年来脱口秀和真人秀等大型的媒介形式也证明,媒介能生成独特的仪式形式。脱口秀证明,媒介能代表社会的道德权威,真人秀证明,媒介能行使目击者的功能;在这样的基础上,人们愿意敞开心扉,向大批观众袒露自己重要而痛苦的生活细节。与此同时,媒介机构坚持,自己的权力有合法性,其隐性宣示是,它们代表社会;通过媒介仪式的行为,它们的宣示以浓缩的形式得到了确认。

根据埃米尔·迪尔凯姆的解释,宗教是我们与社会关系的置换性表达。我的看法略有不同。一方面,我借用迪尔凯姆有关仪式形态的一些论述【62】;另一方面,我的仪式观不倚重他有关宗教及其与社会关系的论述。媒介机构号称是我们与社会关系的代理:一百年前《科利尔》杂志(*Collier's* magazine)的文字即为一例:"新闻是现代世界的神经。"【63】其中的一句话自吹为我们代言,把我们与社会联系起来:"新闻里有我们共同的东西。"这就是说,为行使这一宣示里的功能而产生的媒介仪式可以变化发展,也可以被置换、被更新,却不会失去其力量。

所谓模式的仪式基础是这样的意思:仪式千变万化,但只要基本形式不变,仪式就是可以辨认的。首先,请读者考虑电视节目里袒露心扉的仪式:30年后,英国和美国的脱口秀电视格式开始衰落,新格式的自我表露节目(如《流行偶像》[*Pop Idol*])方兴未艾。仪式的灵活性是媒介仿真格式的显著特色;仿真媒介的格式经历了多次修正,从最初追踪逃犯(德国、英国和美国)、早期撷取生活片段的"纪实肥皂剧"(英国的《航空港》[*Airport*]和《饭店》[*Hotel*])到"游戏纪实片"(《幸存者》[*Survivor*]、《老大哥》[*Big Brother*]、《我是名流》[*I'm a Celebrity*]、《让我离开这里》[*Get me out of here*]),再到教育片(《什么不能穿》[*What Not to Wear*]、《学徒》[*The Apprentice*])。最新潮的娱乐竞赛节目聚焦于"普通"参赛者(英国的《流行偶像》、《英国达人秀》[*Britain's Got Talent*];中东的《明星学院》(*Star Academy*);中国的《超级女声》)。内容穿越多种格式(官方网站和非官方网站、八卦杂志、短信更新、网络游戏、手机应用服务、脸谱网小组、优视网的仿拟),媒介仪式的灵活性提高而不是降低了。《英国达人秀》的网站说,"如果你不下载《英国达人秀》的手机版,你就失去《英国达人秀》热炒的乐趣。最近的英国电视剧《埃塞克斯是唯一的生活方式》(*The Only Way is Essex*)开始在"脸谱网上招募参与者"【64】。真媒介的形式之所以能扩张,因为其基础是一个信念:在某一层次,媒介试图找出并表现共享的"现实"。对迪尔凯姆而言,神圣的东西"有感染力"[65],因为它代表"社会";同理,仿真媒介生成的"真实"是灵活的,几乎足以用一切形式来体现。

仪式意义的晦涩是灵活性的另一个源头。仪式的运行既真实又戏谑,既纪实又虚构。游戏在仪式中的作用对理解当代仿真媒介至关重要,因为正如史蒂芬·康纳(Steven Connor)所言,"游戏的实质是,游戏涉及的事情既是又不是,既重要又不重要"。《老大哥》格式清楚显示游戏的成分,即为一例,它宣称能解释人互动的"现实",这一点已为心理学家所证实[66]。

媒介仪式的范畴不仅在具体仪式的边界里运行,它们还在日常仪式化习惯的广袤地域里被复制,我们继续在这一点上进行探索。

二、范畴的作用

范畴是一个稳定的标准,将一个语词与其反义的语词区别开来,如此,"神圣"和"世俗"有别(此乃迪尔凯姆的宗教仪式范畴);同理,在我的媒介仪式叙述中,"媒介"的人物/事物/世界有别于"普通"(或曰非媒介)的人物/事物/世界。范畴不是弱性或暂时性的差异标记:这个差异界定分明,足以表现为人体行为,也足以转移到人体行为上。如此,范畴差异能与人体的组织联系起来,能把迪尔凯姆的研究和朱迪思·勃特勒(Judith Butler)近年的性别和性行为研究联系起来[67]。围绕范畴差异组织的仪式行为是通过人体学习范畴差异的好办法,是学会"实际掌握"的好办法;布尔迪厄认为,"实际掌握"范畴差异是仪式实践固有之义[68]。这样学会的范畴差异,以及由此派生出的排序都被视之为自然:通过媒介行为的实施,使看似自然的行为得到确认而被视之为自然。

范畴的排序作用大大超越了莎茨基关于理解的排序作用,习俗是通过理解聚合的。范畴的作用不限于组织习俗;它们还确保,学习范畴的形式是强制性的、可重复的和有意义的。这并不否认,仪式有一定的散漫性和临场发挥性;但这样的自由度之所以可能,那是因为其背景有一个清楚的模式化形式。

宗教理论家凯瑟琳·贝尔(Catherine Bell)认为,"人体被赋予了仪式'感'",但人体仅仅是广域的仪式化过程的终端。完备的仪式给人这样的感觉:某些行为形式的地位较高,这样的感觉强化了广域的等级结构。仪式化的正规边界标记暗示事物的"较高"等级,"一个涵盖面更广的权威秩序位于眼前的情景之外",这样的秩序贯穿社会生活[69]。同样,媒介仪式(比较特殊的)时刻和进行区分、标记边界的媒介实践的广袤领地是连在一起的,同时又得到这一领地的支持,这一领地里嵌入了媒介的区分和边界,行为人的思想和言行自然而然地在这里发生。

试设想人们从非媒介"世界"进入媒介"世界"的场所,比如拍电影或其他媒介生产正在进行的地方;在这里,非媒介人期待邂逅媒介人物或事物,比如名流,或指望为媒介客串比如当群众演员。在这些情况下,人们的行为差异以浓缩的形式复制这样一个理念:媒介是社会"中心"的切入点,他们上镜的呼唤在此得到承认;看见名流时,他们或向后退,或向前拥;名流出场前,他们原地不动等待,看见名流进场时向前拥,以凸显他们跨越的边界[70]。如此,人们把范畴差异化为持久的组织空间:这个地方留给名流或贵宾,那个地方留给"普通人"。"媒介世界"的特殊性如今已成为理所当然的旅游品牌的基础:影视基地成了旅游目的地,比如电视连续剧和电影《指环王》(Lord of the Rings)的拍摄基地[71]。这也是完全成熟的媒介仪式(如我们进入电视演播厅去"向世人"讲述自己故事的时刻)所依靠的边界和范畴差异。

媒介仪式范畴有助于媒介实践的仪式化:媒介人或名流的地位特殊,他们在媒介里的现身使他们这个特殊范畴得到保障;"直播"的范畴标示被特别挑选出来同步播映的场景[72];"仿真"范畴指的是媒介机构以权威姿态选中、使之逼真的场景和人物。诸如此类的范畴存在于当代的媒介实践中,是卢克·波尔坦斯基所谓"决定是什么的领地"的组成部分。这些语词适合社会实践的广阔组织构架(我们的习惯做法以许多方式指向了媒介,第二章已做介绍)这就赋予仪式化的范畴特殊的力量。这些范畴因此而成为波尔坦斯基所谓"再现什么是集体的,或至少什么是与集体相关的……工具";结果,这些语词(实况、仿真、名流等)的参照点似乎涵盖了整个社会领域[73]。

媒介仪式的基本模式建立在这些范畴和词语上;反过来,这个基本模式又产生特别有效的应用方式,包括规则分明的游戏[74]。这是"游戏文档"的领域;通过媒介的"现实"表征以竞争的形式建构,规则分明。英国版的《学徒》即为一例(见文本框3.1)。

文本框 3.1　英国版《学徒》

《学徒》(英国版)之所以很受欢迎,那是因为它给人一个可以改进的希望:通过一连串极端人为设计的测试挑选参赛的人,测试由制片人和企业家艾伦·休格(Alan Sugar)评估。在人口众多的国家,这个节目向人们传授职场有用的生意经。其定位是娱乐节目,不是纪实片,这不应该使我们忘记,BBC担保这个节目逼真的宣示。BBC娱乐节目管控人简·勒什(Jane Lush)说,节目的宗旨是"把生意经送给那些从未想过适合他们创业的人"。

"对讲"制片公司的编辑部主任黛西·古德温(Daisy Goodwin)说:"这是真正有意义的第一个节目——显示在职场成功真正需要的素质。"由于这个节目赢得了大批受众,新工党政府给艾伦·休格封爵,授予他上院席位,聘他为政府顾问。

《学徒》不仅给胜者披上神圣的光环;通过该游戏的地位,它排除了一切可能对一些规则发起的挑战,使基于这些规则之上的价值(参赛者个人的进攻性、在艾伦·苏格尔爵士咄咄逼人言辞前岿然不动的能力)不会受到挑战:与游戏价值相左的价值得不到提倡,除非它们能调整游戏的整个结构。有时,在游戏的边缘,参赛者作出正面的评价,认为收视者看到的东西"正常":英国版《学徒》第二季播映后的讨论中,一位第一季的参赛者为第二季里那些咄咄逼人的问题辩护说,它们正好再现了"你将要工作的文化环境"(即波尔坦斯基所谓的"仿真考验":2011:103—110)。但节目本身从来就不必作正面的辩护,因为其规范从来就没有遭到任何参试者反对,而且是写进了游戏规程的。英国版《学徒》说明,仿真游戏是有效工具,仿佛能向我们展示一种现实,同时却遮蔽了其他现实,捍卫了被展示的现实,使之不受到挑战。仿真电视游戏的结果是窄化社会现实,使之适合新自由主义的职场(Couldry 2010:ch. 4;Hearn 2006;McCarthy 2007;Ouellette and Hay 2008;Boltanski and Chiapello 2005)。然而,仿真节目总是建立在仪式化权威之上,它们展示的现实带有媒介机构的权威。

欲知英国版《学徒》更详细的分析,见 Couldry and Littler (2011);欲知美国版《学徒》的分析,见 Hearn (2006:626—627)。

媒介仪式完成了,但媒介仪式的组织工作并未完结。媒介仪式(仪式本身及其理念)有助于组织其他习惯做法,用它们以权威姿态确定的表征和范畴使其他习惯做法扎根[75]。仪式习惯确定必须倚重的范畴和区别的新形式,并随即组织其他仪式习惯。这样的仪式习惯之间的关系未必能阐述得一清二楚,但它们的"载体"是参与者展示的动作,参与者进一步的动作(模仿、重述、重写)展示了他们体认到的知识。凭借媒介表演的典范角色将是第四章的重要主题。

让我们考虑当代媒介仪式化的两个维度:媒介事件和名流文化,借以完成这场讨论。这将使我们展现媒介仪式研究的最后一些主题,使我们再现一种宛若社会秩序的东西。

第四节 媒介事件的平常化

媒介事件吸纳媒介仪式及其变化中的地位,这是近20年来媒介仪式化动态关系的突出例子。达杨和卡茨最初的理论指认了媒介事件(直播的皇家婚礼、国葬、总统就职典礼、重大政治集会)里一个经常出现的形式:打乱计划中的广播节目,为媒介事件让路,使之成为全社会关注的"中心",并送达全民规模的受众[76]。达杨和卡茨让我们注意媒介报道中有时承担的风险(更大的赌注)。他们的"媒介事件"概念很快就成为自然而然的参照点。在此之前,他们所持的观点是经典的迪尔凯姆国家大礼的观点(希尔斯把1952年伊丽莎白二世登基的电视节目称为"全民共享的一幕")[77],但比迪尔凯姆的观点繁复细腻。实际上,达杨和卡茨认为,恰当地理解媒介事件及其机制使我们看到,一百年前迪尔凯姆所谓的大型现代社会里走向衰落的"机械团结"(mechanical solidarity),在电视时代复兴了,电视把全民调动起来共享"欢庆"的节目[78]。他们的描绘感染力强,切合实际,这一点已为5年以后的媒介事件所证实。1997年9月,他们的《媒介事件》(*Media Events: The Live Broadcasting of History*)问世5年以后,戴安娜王妃的葬礼在伦敦举行,向全球直播。

然而,后来的三种发展过程却挑战媒介事件的概念。第一个变化是,许多具有共同特征(节目表的中断、连续的直播、欲罢不能的收视习惯)的媒介事件节目重要性增加,但这些报道不再有整合的潜力。以色列作家塔马尔·利贝斯(Tamar Liebes)率先注意到这一变化,把这些报道称为"灾难马拉松"[79]。她举的例子是自杀式炸弹以后以色列电视台的报道:全频道、突然插播、开放式,这一报道使国家更加分裂,而不是团结。第二个变化是,政治行动者的行为方式变了,他们适应媒介事件的特征,创造了一种新型的象征性政治:最重要的例子是"9·11"事件,2001年9月11日,恐怖分子对曼哈顿的世界贸易中心和其他美国目标发起攻击[80]。自此,媒介事件的任何定义都需要考虑远离社会"中心"的、事前策划的事件。实际上,丹尼尔·达杨建议重新思考有争议的"恐怖主义"一词,以确认以媒介为辅助的策略,那样的策略正好利用了象征性潜力[81]。伊利胡·卡茨和塔马尔·利贝斯的结论是,灾难、战争和恐怖的垄断性报道取代了典礼事件的报道,最初启用的"媒介事件"概念是为了把握典礼事件的报道[82]。第三个变化是媒介景观里大范围的变化:原用来界定媒介事件,将其当作事件,当作全民受众的分割化的修辞用语如今已泛化为一般的语言,原初的媒介事件概念设想的就是全民受众[83]。

经过这样的事态发展,达扬和卡茨起初的理论在修辞上最大胆,在理论上却最成问题了。这个理论是新版的迪尔凯姆主张。迪尔凯姆认为,媒介事件的功能是整合国家,强化共同的民主价值。时移世易,达扬和卡茨不再那么站得住脚,与大背景的相关性也黯然失色了;广阔的社会现象是他们在新迪尔凯姆主义掩盖下确认的背景。结果,重新评估媒介事件的原初理论就势在必行,重新评估对该理论的批评(比如我的批评)也势在必行。我不接受该理论的新迪尔凯姆主义含义。如上所述,他们两人重新评估了媒介理论概念,将其限定在业已消亡广播时代的特征[84]。与此同时,我认为他们两人的新迪尔凯姆主义表述的批评[85]也要面对这样的拷问:批评所倚重的"媒介仪式"的后迪尔凯姆主义概念本身是否能经受住批评?在玩世不恭、平庸化和受众碎片化的冲击下,后迪尔凯姆主义的"媒介仪式"概念是否能稳住阵脚?媒介事件的式微是否也是"媒介仪式"式微的预兆?

在这里,我们触及媒介仪式概念特色的核心问题。如上所见,媒介仪式的定义并不涉及它是否能确保参与者对媒介机构的忠诚问题。比较准确地说,"媒介仪式"指认一种社会活动形式,利用其主要范畴去建立媒介和目标受众的关系,这个战略行动涉及媒介机构,调动受众和参与者。指认这样的战略行动并不等于主张,媒介仪式真的把社会结为一体了。相反,我的媒介仪式观是在批评功能主义中形成的,许多迪尔凯姆的追随者与功能主义结盟[86]。我强调,在表面上看,许多媒介的普世语言中存在政治竞争和不确定性。我 2003 年给媒介事件所下的定义反映了这一观点,我的定义是:媒介事件是"大型的、基于事件的、媒介聚焦的叙事,与媒介中心神话相关的宣示特别张扬"[87]。

恰当修正的媒介事件概念能在媒介风景里给我们定向导航,如此,成功的媒介事件会比较稀罕,但媒介与社会的特殊关系的重要性维持不变。安德利亚斯·荷普(Andreas Hepp)和我为全球媒介时代提出媒介事件的修正定义:"媒介事件是定位明确、密度高、中心聚焦、靠媒介传播的表演,聚焦于特定的主题核心,横跨不同的媒介产品,通达规范、多样的受众和参与者。"[88]所谓"中心聚焦的表演"指的是,聚焦于主题核心的传播行为,其意向是表明它和与媒介通达的社会"中心"的关系。这个分析路径并不假设,媒介仪式的表演一定是成功的,我们仅仅是说明一个具体的表演意向(复制能优先介入"媒介中心"的媒介机构)。实际上,尤其从历史视角来看,容许人们构拟的媒介中心神话破灭,有重要意义。布莱恩·拉金(Brian Larkin)对殖民地时期的尼日利亚所做的研究就证明了这一点,它仅仅依靠国家的广播和电影的神话破灭了[89]。

这个新定义符合数字媒介时代的实际情况。正如第一章所述,数字媒介时代争夺受众注意力的竞争更加激烈,媒介机构争夺合法性(象征价值)和生存(经济价值)的斗争日益明显。该定义讲述媒介生产的类型(电影和电视),由于成本上升,它们特别倚重"事件"的生成和权威的形式(如国家政治),这样的权威越来越倚重台面上的事件来激发和调动受众的忠诚[90]。我们的定义不用那么绝对化的调门去解读所谓媒介事件的"去魅",有别于达扬和卡茨最近的立场所容许的调门[91]。在政治领域,大型事件叙事可以说有增无减。比如,"让贫困成为历史"的叙事就如影随形,与2005年在苏格兰的格伦伊格尔斯召开的20国集团峰会相生相伴;各色人等参与了这场斗争。与此同时,远方的灾难还是靠大型媒介机构来报道,但用户生成的内容逐渐增多,专家在网站上发表议论,确立其优势地位,目击者交换信息和图像[92]。即使在多渠道、互联网饱和的环境里,达扬和卡茨在官方的媒介事件叙述里找到的那种虚拟语气的语言,仍然可以看到,不过,这种语言分散到非官方参与者的叙事里了。结果,如今的叙事既不同于过去媒介事件那种神圣恭敬的口吻,又不同于昔日描绘远方景观那种普遍的玩世不恭的态度[93]。请听2005年20国集团峰会抗议者是怎么说的,即时经过媒介的过滤,他们的口吻也前所未闻:"我们想要成为会议讯息的一部分";"我生平第一次感到骄傲。这会产生效果,难以置信……空前的大团结,爱丁堡前所未有的大团结";"我们要迫使政界做出认真的政策承诺,帮助世界上的穷人"。再看另一种语境。阿尼科·伊姆雷(Aniko Imre)向我们展示,在1989年以后的东欧和中欧,英国《流行偶像》格式的版本,以及欧洲电视网歌唱大赛(Eurovision Song Contest)的"事件"成了展示各国景观的场所,新民族认同和群体识别纷纷登台亮相,互相竞逐。天主教或印度教的宗教组织也利用媒介事件,用宗教戏剧和纪实片来支撑其权威和民族存在[94]。

媒介事件非但不会消逝,反而可能是长期存在的媒介形式。不过若要对这一形式进行解释,则必须跳出宏大的新迪尔凯姆主义的民族叙述或社会叙述。和居伊·德波①的主张相反,今天不存在单一的景观。然而,围绕中央财力和地方资源控制权的争夺是存在的,因为景观仍然是我们时代根本政治斗争的景观之一[95]。

第五节 名流文化

本章结尾用名流文化来说明媒介仪式和仪式化与广阔社会景观的关系。

自电影问世以来,名流始终是把焦点对准需求的关键方式之一。名气的生产

---

① 居伊·德波(Guy Debord,1931—1994),法国思想家、导演,情境主义代表人物,著有《景观社会》。

和表征可以追溯到早期现代性营销中。戴维·马歇尔(David Marshall)对"名流文化"生产的一面作了最明白的分析,还分析了名流文化与受众需求的关系[96]。在数字媒介时代,报业和电视业需要争夺新闻受众,竞争更趋激烈,资源更加减少,降低成本的诱惑加大,用花边故事(如名人八卦)来保证受众的高度关注自然就成为竞争的手段。但这种名流文化如何在广阔的日常生活中完成再生产呢?请想想名人杂志、源源不断的名人故事、名流在社交网站上汹涌澎湃的袒露、名流的推特博文等。今天的"名气文化"无孔不入,从最大规模的事件到情感投入的最私密的习惯,无不穿透名流文化[97]。我们如何理解这种文化呢?

名流文化不只是一个内敛意义的领域:它还是我们所作所为的东西,是组织我们言行的行动。在这里,仪式理论与斯拉沃伊·齐切克(Slavoj aiaek)的拉康主义意识形态理论有共同之处:意识形态是我们之所为而不是我们之所信[98]。名流文化常被当作基于信念汇集的"文化",但将其视为仪式习惯的汇集却更为妥当。马克斯·韦伯早就指出,"人格魅力平常化"在大型社会的权力强化中发挥作用[99]。众所周知,名人是"构建"的,但这不伤及名流和非名流的范畴差异,我们在实践中复制面对名流的态度时,就产生这样的差异。我们手捧名人杂志,链接一个网站或跳过一个网站,这些动作都构成我们的取向模式,这些模式构成类似社会排序的东西。卡琳·诺尔-塞蒂纳(Karin Knorr-Cetina)以诱人的笔调勾勒了一种"后社会秩序",其根据不是很肯定的社会身份分别,而是某些"展开中的短缺的结构"。无论我们喜欢用什么样的语词,我要说,名气是那些短缺的东西之一:名气是回应一种短缺,我们不断追求填补这一短缺,但永远不可能完全填补这一短缺[100]。

名流文化通过仪式化过程运行:以标记区分一个人为建构的群体("名人"或"媒介人")和另一个群体(普通人)。除了在名人身上的投入外,名人对媒介产业意义重大,因为名流浓缩了媒体对注意力的呼唤,并指向"我们"需要追随的共享的名气。名人突然进入我们的视野,我们禁不住掉头惊呼"啊,上帝"!此时,我们就演出了这种朦胧中共享的仪式化的范畴,第二章提及"哈利·波特"剧组选拔演员时的惊叹声即为一例。在数字媒介时代,这也意味着跟随这个范畴去浏览许多网站和平台,包括脸谱和推特等社交网站。

我们知道,大多数情况下,除了媒介里呈现的现象之外,名人也"普通",然而,我们的所作所为却颇有特色:在理发店等候时翻阅名人杂志,交换我们对名人的了解或目睹他们风采的情况,把他们用作购买衣服、上饭店的参照,儿童和青少年成名的欲望可见于最新的民调[101]。许多公立学校和公共场所的枪击案一波又一波,这股潜流令人不安[102]。名流文化不需要共同的信仰:这是一个开放的范畴;通过我们指出和不指出名流文化,我们在制度、个人和社会实践中复制名流。名流产业已有一百年的历史,但近年的实践使这个产业的竞争更加激烈,政治权力也试图从中受益[103]。"后台"故事的生产似乎能使人抢先了解媒介人"真正的"内幕,如此,"膨胀的"名流文化得到强化,名流的价值被不断复制[104]。名流文化最强烈的表现是狗仔队偷拍名人的穷追不舍:其专业逻辑并不掩饰名流范畴依靠的诀窍——把最普通的人当作最非凡的人来表现。以彼得·豪(Peter Howe)的《狗仔队》的一段话为例:"'就像我们一样',照片不能乏味……不能像我们的日常活动;我们的日常活动很乏味,同样的活动放在名流身上就富有魅力。你根本就不能期待超模卡梅隆·迪亚兹(Cameron Diaz)去金科快递公司,好莱坞影星珍妮弗·洛夫·休伊特(Jennifer Love Hewitt)也不可能自己去干洗店。"[105]

一般人目睹名流风采的意义不必是对其深层情感投入的满足;一个共享参照点的复制足矣!听别人说目睹名人故事时也能分辨那样的参照点,媒介文化里富有意义的叙事自然也成为那样的参照点。通过日常的行为(比如在追星八卦网站 Gawkerstalker 上传偷窥到的名人照),我们就把名人变成典范,这就是媒体需要的典范。名流文化经受仪式化的压力,复制日常生活中名流的边界[106],这是媒体日益增长的需要的另一面,因为媒体需要维护自己的社会中心地位。

由此可见,把"名流文化"视为民主化的力量很容易使人产生误解。30年前,乔治·特洛(George Trow)说明,"电视将围绕'电视即语境'的理念调整自己的结构,电视将接入这个语境"[107]。今天,我们只需将更加网络化的媒介"中心"来置换这句话里的"电视"一词。互联网上有许多平台,供人们自己造势博位,使人出名的范围拓宽了,比如凯文·罗斯(Kevin Rose)发明的掘客网和优视网就提供了造星的平台;同时,互联网的许多平台也拓宽了使人出名的地域,比如苏珊·波伊尔(Susan Boyle)就通过优视网上《英国达人秀》的点击率而国际知名。不过,这些创新手法并不挑战名流文化宽广的等级结构:相反,正如乔斯·冯·戴伊克(Jose van Dijk)所言,这些手法开辟了一个"多选择的市场",只不过是名流股市的派生物而已[108]。如果认为名流文化是外在于媒体的社会病的独特病症,同样会使人误解[109],因为那忽略了媒体、政治组织和其他机构的利己主义的角色,它们志在维护模式化的社会排序,而媒介中心神话需要倚重这样的社会排序。2011年3月,《老大哥》品牌的开发商恩迪摩尔(Endemol)收购名流八卦网站荷力莫里(Holy Moly)50%的股权时,那就不值得大惊小怪。

名流文化自有其模式和等级结构,因此这个具体的例子说明,媒介使用习惯如何有助于形成在众多的人口中的社会排序。然而,这种排序机制对广阔的社会组织产生什么后果?这个问题尚未解决。这是下一章研究的课题。

注释

[1] Calhoun (2005: 375), quoted Coleman and Ross (2010: 118).

[2] Lamont and Molnar (2002: 168).

[3] Lefebvre (1971: 71).

[4] Baudrillard (1981: 169, original emphasis).

[5] Baudrillard (1981: 169).

[6] Thévenot (2007b: 409).

[7] Thévenot (2007b: 410).

[8] See Boltanski (2011: ch. 2).

[9] Wagner (2008: 245 – 246.

[10] Thévenot (2007b: 410).

[11] Thévenot (2007b: 411 and 421 n. 3).

[12] On world/monde, see Boltanski (2011: 57) and in French (2009: 93); on "tests", see Boltanski (2011: 103 – 110).

[13] Boltanski (2011: 34).

[14] Couldry (2003a).

[15] Lash and Lury (2007).

[16] Bowker and Star (2000: 9 – 10; cf. 325).

[17] See respectively for these perspectives, Peterson (2003: 195), Braman (2009: 25 – 26), Sewell (1996), drawing on Giddens (1984).

[18] Wrong (1994).

[19] As indicated in ch. 1, my approach diverges sharply here from nonrepresentational theory (Thrift 2008).

[20] Berger and Luckmann (1967: 33, added emphasis).

[21] Compare also Hobart (2010).

[22] Boltanski (2011: 54 – 55, 59 – 60, 90).

[23] Carey (1989: 87); Curran (1982), reprinted in Curran (2002: especially 61, 58).

[24] Compare Bourdieu on the "permanent political struggle for the universalization of the means of access to the universal" (1998: 94).

[25] Vattimo (1992: 7), quoted Kraidy (2009: viii).

[26] Bloch (1989: 45).

[27] Couldry (2000a); Couldry (2003a).

[28] Bourdieu(1991: 166). Here, quite directly, Bourdieu strives to merge a Marxist and a Durkheimian perspective. For an interesting, but ultimately unconvincing, argument that this merger is impossible, see Garnham(1994).

[29] Compare Israeli anthropologist Don Handelman's work on "classification" as a means of controlling social order: Handelman(1998: xxxi).

[30] Elliott(1982: 147).

[31] Elliott(1982: 168-173).

[32] Kershaw(1987).

[33] For more detail, see Couldry(2003a: 45-46; 2006: 15-18).

[34] Bourdieu(2000).

[35] Compare Couldry(2003a: 29).

[36] Couldry(2003a: ch. 7), drawing on Foucault(1981: 61-62) and White(1992).

[37] Hoover(2006: 267).

[38] Couldry(2000a: 41).

[39] Ytreberg(2009, 2011).

[40] Feuer(1983), Bourdon(2000), White(2004), Turner(2010: 13). Compare Brunsdon and Morley(1978: 27) on "the myth of the 'nation now'".

[41] Couldry(2003a: chs 6, 7).

[42] Couldry(2000a: 42-44, 50-52). On "framing", compare Gitlin(1980: 6); on "naming", see Freire(1972), Melucci(1996).

[43] Martin-Barbero(2006: 286).

[44] Bell(1992, 1997).

[45] Ericson, Riegert and Akers(2010).

[46] Lash(2002: 1); compare Levy(1997: 98).

[47] Hillis(2009: 58); on rituals relating to Michael Jackson's death, see Sanderson and Cheong(2010).

[48] Turner(2010).

[49] Widestedt(2009); Reijnders, Rooijakkers and Zoonen(2007); Cui and Lee(2010); Ruddock(2007); Moore(2009); Ong(2011).

[50] Kraidy(2009, noting the topic of ritual at 208). Compare Lynch(2006: 96-97) for the explosive impact of talk shows such as Al-Jazeera's Platform in the

Middle East.

[51] On China generally, see Lee (2000), Zhao (2008a: 11), Sun (2002: ch. 7), and specifically for political actions Qiu (2009: 222 - 223) and (on controversial media events) Cao (2010), Qiang (2011) and Jiang (forthcoming); on the Philippines, see Ong (2011: ch. 5); on Lebanon, see Kraidy and Khalil (2009: 98).

[52] Rothenbuhler (1989).

[53] On UK and France respectively, see Mattelart (1994); Scannell and Cardiff (1991); on Japan, see Chapman (2005: 53) and Kasza (1993: 87); on India, see Punathambekar (2010); on Eastern Europe, see Imre (2009a: 6 - 7).

[54] Calhoun (2007); Turner (2009: 62).

[55] On the pre-political basis of the nation, see Calhoun (2007: 3) and Appadurai (1996: 157); on everyday habits of nationalism, see Edensor (2006: 541).

[56] Rantanen (2009: 32 - 33).

[57] Moore and Myerhoff (1977).

[58] Marvin and Ingle (1999).

[59] Rappaport (1999: 24). Compare communication scholar Eric Rothenbuhler's definition of ritual as "the voluntary performance of appropriately patterned behaviour to symbolically effect or participate in the serious life" (1998: 27).

[60] See Wuthnow (1989: 109) discussed in Couldry (2003a: 24 - 25).

[61] Dayan and Katz (1992).

[62] For more detail, see Couldry (2000a: 14 - 16; 2003a: 5 - 9), drawing on Durkheim (1995 [1912]).

[63] 21 January 1911, quoted Chapman (2005: 93). Compare McLuhan (2001 [1964]).

[64] On *Britain's Got Talent*, see http://talent.itv.com/2011/mobile, accessed 23 June 2011; on *The Only Way is Essex*, see Raeside (2011).

[65] Durkheim (1995 [1912]: 224).

[66] On ambiguity, see Bloch (1989: 130) and Connor (2005), quoted in Imre (2009a: 11); on *Big Brother's* ambiguity, see Couldry (2002).

[67] Compare Durkheim (1953) with Butler (1993).

[68] Bourdieu (1977: 87 - 95), discussed by Bell (1992: 107 - 108).

[69] Bell (1992: 98; 1997: 169).

【70】Couldry（2000a：111）.

【71】Reijnders（2011）, Peaslee（2010）, Couldry（2000a：Part 2）.

【72】Ruddock（2007：122）.

【73】Boltanski（2009：9, 34）（my translation at 34）.

【74】Lévi-Strauss developed a complex contrast between "games" and "rules" and their respectively "disjunctive" and "conjunctive" effects（1972：32 - 33）. Arguably, that distinction is subsumed in reality games such as *The Apprentice*. Thanks to Tom Malaby for pointing out this connection.

【75】Swidler（2001）.

【76】Dayan and Katz（1992：3 -7）.

【77】In Shils（1975：139）.

【78】Dayan and Katz（1992：viii）, compare Durkheim（1984 [1893]）.

【79】Liebes（1998）. For divisive media events, see also Mihelj（2008）.

【80】Liebes and Blondheim（2005）.

【81】Dayan（2006）.

【82】Katz and Liebes（2010）.

【83】Dayan（2010：28 - 29）; compare Katz and Liebes（2010：32）.

【84】Dayan（2010）; Katz and Liebes（2010）. Compare Katz（1996）.

【85】Couldry（2003a：ch. 4）.

【86】Shils（1975）.

【87】Couldry（2003a：67, added emphasis）.

【88】Hepp and Couldry（2009b：12）; Compare Zelizer（1993）.

【89】Larkin（2008：244 - 253）.

【90】On "political events", see, on the US state, Bimber（2003：103）, Kellner（2003）and Wolin（2008：Preview and ch. 1）; on the Chinese state, Sun and Zhao（2009）; and on the Israeli state, Handelman（2004）. On the importance of "events" in film reception, see Staiger（1992）.

【91】Compare Rothenbuhler（2010）on the revival, not decline, of media events.

【92】Hakala and Seeck（2009）.

【93】Edelman（1988）.

【94】G20 attender quotes from *Guardian*, 4 July 2005: for media strategies of protesters at this event, see McCurdy（2009）; for Eastern Europe, see Imre（2009a：ch. 4）; on the Catholic Church's use of a series on Mother Teresa, see Buonanno (2008: 49); on Hindu TV epics in India from the 1980s onwards, see Rajagopal (2001).

[95] Retort Collective (2005); Stallabrass (2006).

[96] Marshall (1997).

[97] Redmond (2006).

[98] Žižek (1989: 32); Dean (2010).

[99] Weber (1947: 364ff).

[100] Knorr-Cetina's argument (2001: 527 – 529) draws on Lacan's psychoanalytic formulation without depending on it. Jodi Dean uses Lacan more directly and goes further, arguing that celebrity is part of a wider logic of self-publicity that constitutes a machine for "subjectivation" based not on positive identification but on a more abstract structure of desire and drive: Dean (2002: especially 123 – 124). For a different approach to unlocking such paradoxes, see ch. 4.

[101] For the UK, see *Times Education Supplement*, 2 November 2006 and Kay (2011) referring to a Sky Television survey that I have not been able to identify; for the USA, see Pew Research Center (2007).

[102] Kellner (2008); Serazio (2010).

[103] For the benefits to political legitimacy of celebrities' role in providing an interface with the political world, see Ruddock (2007: 141) and Capino (2003: 167).

[104] Aslama (2009); Svec (2010); Mole (2004); Holmes (2004); Ruddock (2007: ch. 6).

[105] Howe (2004: 131). On paparazzi generally, see McNamara (2011).

[106] Bell (1992).

[107] Trow (1981: 51).

[108] On DIY-celebrity generally, see Bennett (2011: ch. 7); on celebrity's "options market", see van Dijck (2009: 53). There is a growing literature here: on YouTube, see Burgess and Green (2009: 23), Banet-Weiser (2011); on reality media, see Holmes (2004), Grindstaff (2009), Hearn (2006), Collins (2008); on micro-celebrity, Senft (2008: 25 – 26), Marwick and boyd (2010). On fame and inequality generally, see Holmes and Redmond (2006: 14).

[109] For example Clarke (2004: 3).

第四章 媒介对社会的隐性形塑功能

"叙述社会,社会再现自身……这是叙事系统的功能。"
——米利耶·博纳诺(Millie Buonanno)[1]

上一章试图描绘媒介与权力的关系,自下而上考察习惯尤其仪式化的习惯对构建社会形式的作用。我的构建根据波尔坦斯基和泰弗诺的精神,没有设想社会价值的一致性:关键的概念是"范畴",因为围绕范畴和范畴差异组织以后,范畴更能用来对权力进行解释。我借用媒介仪式和围绕媒介的仪式化实践过程运作的例子来探索。到上一章的结尾,我们从表面无限增生的实践过渡到对当代媒介一些关键社会形式的理解:仿真电视节目、媒介事件和名流"文化"。

在这一章里,我们探索诸如此类的社会形式在更广阔范围内对社会知识和社会生活组织的影响。正如第二章所示,效应问题是媒介研究最悠久、最难以对付的问题:前进的办法是避免说明,人们的信念改变是具体的媒介内容产生的结果。相反,我们感兴趣的是人们通常做什么,以及他们能做什么的具体条件。本章一个关键的概念是自然化(naturalization)。在许多方面,媒介并不是世界固有的"图像",而是排除另外的叙述,使之不可能成立的某些方面、范畴特征和"事实",正是它们排除了另外的叙述,并因其缺席而使自己嵌入世界日常的行为和理解中。如此,在媒介丰裕的社会里,媒介使社会知识更加厚重。我重申,本章的论述并非旨在取代而是为了补充媒介研究的政治经济路径:其焦点并非媒介生产或媒介经济,而是媒介表征社会的机制;借此机制,媒介的社会表征嵌入实践。毋庸赘言,我们只能介绍这个宏大课题的几个入口。

自然化不是媒介独有的属性:这是一切权力形式的效应,构成了鲜明的"是什么"(波尔坦斯基语)地图。两种结果由此而生。第一,如果"是什么"的媒介地图与其他强有力的地图(如宗教地图或国家资源地图)冲突,那些地图的去自然化就可能产生今年中东的仿真电视节目那样的结果。第二,如果"是什么"的媒介地图(比如英国和美国这种新自由主义的民主国家里的公司权力地图和政府地图)与其他地图相符,结果就是强化的自然化,或我们所谓的硬连线(hard-wiring);换言之,某些价值、区分和排他性嵌入了文化、社会和政治话语[2]。这样的硬连线把媒介外表的自由空间转化为"持久不平等"的领地[3]。

第一节 媒介权力的鲜明特征

这一节讲媒介权力[4]作为符号权力的形式,讲一些实质性的问题。但我们先说一说反对意见。其中之一是,媒介是为各种力量(经济、政治、军事、社会、文化、物理的力量)起中介作用的机构,各种各样的力量组成世界及其权力斗争。这个观点没有就媒介机构对权力的贡献作任何论述。让我们将其称为媒介对社会本体贡献的"经典观点":在基本层次上,媒介并不对社会本体作出任何贡献,仅仅是以各种力量的中介物发挥作用。从未有人就这个经典观点做过如此直截了当的表述,但唯有这样的设想能解释,为何直到20世纪80年代末甚至今天,大多数社会理论和普通社会学都缄口不提媒介。突出的例子有约翰·斯科特(John Scott)论权力的权威著作,它居然不提媒介[5]。与此同时,虽然与斯科特的角度不同,曼纽尔·卡斯特在他开创性的著作中也摒弃这一经典观点;20世纪90年代,他率先论述网络对当代社会和政治的贡献。他坚持认为,媒介没有这样的力量(比如不能决定政治的内容),比较准确地说,媒介构成一些节点,权力通过这些节点运行[6]。在一本新作里,他说媒体有时拥有强大的潜在力量,但像默多克新闻集团一样,它们在网络空间中发挥转换器的作用。卡斯特的著作坚持认为,数字媒介网络启动了一个新的权力时代,但在媒介内容如何影响社会生活中,它们多半都三缄其口[7]。

另一个反对实质性记述的意见来自相反的方向。它主张,媒介已经从根本上改变了本体论,和媒介判然有别的视角并不存在:结果,媒介机构权力的影响有何差异,我们是无法识别的。波德里亚对这一点所作的表述是"社会性的终结"。他写道,媒介"表面上生产更多的社会性,但其内在功能却是使社会关系和社会性中性化"[8]。在这个媒介饱和的世界上,"社会性不再是参照的空间"[9]。波德里亚率先考察仿真电视的兴起,讨论1971年美国的电视连续剧《家庭》(*The Family*)。他的结论宛若预言:"再也不必在楷模面前恭恭敬敬,也不必看着他们发呆。'你就是模式!'……'你就是新闻',你就是社会事件,社会事件就是你,你被事件所用,但你能发出自己的声音。"[10]

结果在他看来,电视不再是一种媒介:"电视化入生活,生活化入电视。"[11] 鉴于随后仿真电视剧的兴起,你可以把他这句话视为了不起的预言,或幸运言中的归纳。这样的叙事语境没有对媒介和社会生活的关系作具体的表述,因为社会生活里没有不被电视"代码"入侵的领地。姑不说他的分析是否符合少数几个西方国家之外的情况(我们稍后回来做比较),他的分析有一点十分怪异,读起来像理论的旧肌体对入侵者的发热反应:入侵者是媒介,理论机体是社会学(和哲学)。这种理论把社会视为真实的"整体"。如今我们已经意识到,在媒介和社会经验的随机站点的信息回馈路径的作用下,那一"整体"已经受到损害,"整体"这一概念再也不可能成立了。无论是何原因,在媒介对社会产生什么影响上,我们从波德里亚学不到什么东西。

无论如何,我们必须摒弃社会是一个整体的观点。我们要把焦点放在行为者网络理论倡导者约翰·劳(John Law)的观点上,这就是他所谓的"社会—技术排序的多元过程"。排序的方式"在社会生活的网络中表演和体现"[12]。约翰·劳没有考虑媒介,但我们没有理由不把他这个思想用于考察媒介的功能[13]。实际上,如果说当代社会正在经历权力性质与合法性的变革,媒介必然就是那种变革的关键部分。若要理解媒介的这种功能,我们就需要理解媒介权力的独特形式。

既然媒介涉及符号,所以我们的第一步就是了解符号的权力。"符号权力"(symbolic power)这个概念的阐述是相当不够的。一种阐述可见于约翰·汤普森的《媒介与现代性》(*The Media and Modernity*)。他借用马克斯·韦伯的思想,坚持认为,符号权力是与政治经济权力并行的一个维度。但他给符号权力下定义的用语却不太令人满意:他说,符号权力仅仅是"凭借符号形式的生产和传输来干预事件进程、影响他人行为并实际上创造事件的力量"[14]。这一定义把握住了一些社会机构(媒介、教会、教育机构)的功能,但没有捕捉住符号权力的某些集中形式可能在广阔范围内产生的影响[15]。

一切形式的权力以分散的方式运行,但符号权力比其他权力形式(如经济权力)对社会的影响面更宽广,因为社会符号资源的集中不仅影响我们的所为,而且影响我们描绘"正在发生"的事情的能力。强势的符号权力概念认为,符号权力的某些集中形式(如当代媒体从中受益的集中形式)异乎寻常地强大,它们决定着社会风景的全貌,相当于"构建现实"的权力[16]。符号权力的集中化既是事实,又是影响一切社会事实再现的因素。因此,误识的效应是符号权力不平衡分布固有的特征,而其他权力形式并不具有这种特征。唯有强势的符号权力概念承认,符号权力的不平衡分布对社会空间产生扭曲的效应。我认为,对媒介机构的理解需要这种强势的符号权力概念。

这种符号权力是布尔迪厄社会学的特征。波德里亚主张媒介驱动的社会内爆的广义理论,相对而言,布尔迪厄坚持认为,描绘"构建现实"的过程是可能的,认识这种构造在流通过程中的作用也是可能的。如果是这样,布尔迪厄所谓的

"构建现实"就不是我们栖居其中的整个现实的构建,而是排序方式所产生的构建;这些排序方式被持久和广泛地应用,就许多功能而言,他们足以被当作普遍适用的参照点。根据布尔迪厄这个观点,现实并不内爆,而是容许描绘和范畴的广泛流通,容许其他的概括和构建,并不会进行有效的对抗,也不会制造矛盾。结果,就许多功能而言,这一种"现实"始终如一、井然有序、不可挑战;然而其一致性建立在一连串的区分和排斥上,这样的区分和排斥多半是隐而不显的,连描绘它们的基本语言也付诸阙如。

在《宗教生活的基本形式》(*The Elementary Forms of Religious Life*)里,埃米尔·迪尔凯姆断言,宗教是社会自己交流的方式。我们暂且把他的宗教理论搁置一边,保留其核心理念:"社会对个人的刺激效应和提振精神的作用。"在第三章里,我们已经借用这一观点来描绘媒介仪式和媒介事件。有时,媒介就用这种"提振精神"的力量(如媒介事件里的力量)说话;更常见因而更重要的是,它们参照这种力量、用仪式语言说话,暗暗利用社会的参照点。迪尔凯姆对社会的兴趣超乎社会罕有的热情高涨的时刻,涵盖了"各种行为",借此,"社会对个人的感情提升了个人对自己的感情"[17]。他指出,一些社会支持的行为方式地位特殊,其特殊性来自它们的再现功能:

> 由于这些行为方式是在共同的实践中形成的,所以个人脑子里对这些行为方式的看法在其他人的脑子里共鸣,反之亦然。我们每个人译解它们的表现形式随之增强,个人意识里的私密状态的强度就望尘莫及……人们言说这些行为方式,社会借其言说来确定这些行为方式在我们生活中的存在;我们听他们说话时就是在聆听社会;全体社会人的声音的调门是个人的声音不可能拥有的。[18]

这是对形式、语言和范畴机制的重要洞见,其基础是媒介中心神话。稍早一些时候,有一些论者表达了迪尔凯姆这个观点。帕迪·斯卡内尔(Paddy Scannell)分析广播电视,达杨和卡茨记述媒介事件,视之为"共同的经验,团结社会成员,并使之与社会团结"[19]。不过,这两种记述都表现出有机功能主义的倾向。从更具怀疑倾向的视角看,我们可以跟随迪尔凯姆并相信,在日常生活中,我们不断面对这样一些时刻:呈现在我们面前的东西似乎"大于"我们小小的自我——这是社会纽带的代表,代表着把我们联系起来组成群体或社会的纽带。这些代表社会纽带的形式与代表社会现象的手段密不可分,存在于具体的社会环境中。毕竟,媒介产业复制的东西颇像迪尔凯姆与社会现象的邂逅;这些复制品回忆、再生并参照社会现象,那些参照点又在生活里流通。那些排序方式(约翰·劳)是双重意义上的悖论:首先,它们在媒介机构的具体过程中被复制,却声称拥有最广泛的适应性(它们的对象是"社会");第二,虽然它们是今天的复制品,却被投入普遍的流通过程中,超乎在具体的社群里完成的"社会化"旧模式[20]。面向社会的社会理论必须理解由此而产生的矛盾。这一点至关重要。

媒介产业在各种地域条件下演化,它们是社会表征的一般生产者。结果既不是不触及社会本体论(经典观点),也不是破坏作为参照点的社会现象(波德里亚的预言),亦不(像达杨和卡茨早期的新迪尔凯姆式观点那样)直接通过媒介生产重新构建社会。相反,其结果是,媒介过程里的一切权力效应和排除在外的东西被引进日常社会互动和社会形象的经验。在我们最深层的共同经验中,我们发现有一种东西在起作用——就像诗人威廉·布莱克①作品里隐约不见的小虫子。这就是媒介符号权力固有的分割性,也就是说,社会是两种人的分割:拥有媒介大量富集的表征性权力者和没有这种权力者的分割[21]。这日常的社会动因有重要意义。

第二节 媒介权力的隐性伤痕

围绕媒介机构的社会组织从符号权力的高度集中化里受益,这样的组织产生了日常生活核心里的一种短缺:由于生活在媒介呈现的世界之外而构成的短缺。这一表述的普适性需要更多的研究,需要研究许多国家和媒介文化的符号权力的运行机制和后果(这里一个关键的因素是,宗教机构在多大程度上对媒介的符号权力构成挑战,见第六章和第七章)。在以下几页里,我将集中研究一些社会的情况,在那里,媒体毋庸置疑成了社会生活表现的主导力量。

我无意否认,充满活力、民主自由的媒介是社会组织重要而基本的利好。发展经济学家阿马蒂亚·森②断言,自由媒体的社会从来就没有爆发过饥荒[22]。历史上,强大的公共媒体总是与积极的社会参与和教育目的相联系,比如,20世纪30年代的英国就与BBC相关。同理,历史上最可怕的种族灭绝总是在弱势媒体或国家主导的媒体的怂恿下爆发的:纳粹德国的弱势报业和国家控制的电台

---

① 威廉·布莱克(William Blake,1157—1825),英国诗人、版画家,前浪漫主义代表人物,讴歌自然,抒写理想与生活,风格独特,主要诗作有诗集《纯真之歌》、《经验之歌》等,对英国浪漫主义运动产生重大影响。

② 阿马蒂亚·森(Amartya Sen,1933—),印度经济学家、哲学家,1998年诺贝尔经济学奖得主,研究福利经济学,关注穷人,代表作有《技术选择》、《集体选择与社会福利》、《论经济不公平》、《就业、技术与发展》、《贫穷和饥荒》、《选择、福利和量度》、《资源、价值和发展》、《商品和能力》、《伦理学与经济学》、《生活标准》、《饥饿政治经济学》、《再论不平等》、《生活质量》、《以自由看待发展》、《理性与自由》、《身份与暴力》等。

煽动种族灭绝,政府赞助的迈尔斯·科林斯自由广播电视台(Radio Télévision Libre des Mille Collines)煽动卢旺达大屠杀①[23]。所幸者,种族灭绝不是常例。为了把握媒介在大多数当代社会里的影响,我们需要审视更加隐约、隐性的伤害;在特殊的历史条件下,即使成熟的"自由"媒体也可能和这样的伤害脱不了干系。自托克维尔②以来,社会思想家始终在注意与强大媒体相关的复杂的社会善恶平衡[24]。

早期的洞见

有一个观点颇为诱人:在有些社会里,媒介机构对日常生活至关重要,缺乏媒介资源简直就是缺乏基本的生活资源,如此,相关的伤害就不会隐而不显;缺少媒介资源显然就是缺少一种生活的根据。然而,这样的分析在有些语境中(见第五章政治的组织)固然重要,但她不能涵盖一种更为隐约的资源缺少的形式,即与媒介相关的资源的缺乏。有趣的是,早期电视时代的分析师在这一点上看得最清楚。在他早期论电视电影社会影响的历史书里,尼尔·加布勒(Neal Gabler)阐述"摄影机的神圣化功能"。他说,相比而言,"不进电影镜头,不被电影认可,那是这个娱乐之国最深刻的失败形式"[25]。在20世纪60年代的法国,有一位与昂利·列斐伏尔过从甚密的情景主义理论家与活跃人士叫拉乌尔·瓦内让(Raoul Vaneigem),他以辛辣的笔调写道:"令人异化的情景机制挥舞权力的大棒,使个人的私密生活被剥夺殆尽,可以说到了景观被剥夺的地步。"[26]

瓦内让的措辞隐约含有这样一层意思:媒介不止赋予一种新的威望形式。他认为,在媒介化社会里,日常生活由新近感知到的缺少来界定。日常生活纯粹由普通的东西来界定:"纯粹"参照景观里才有的"充分的"地位。

情景主义者理解的"景观"是日常展示的消费品,这些消费品通过媒介或其他方式展示,肯定资本主义的价值。与其相比,我用的是瓦内让的这样一个理念:日常生活用结构性的短缺来界定,我将其用于更宽泛的价值,这样的价值是当代媒介作为社会机构的合法性的根基:处在媒介"里"的内容的价值,而不是处在媒介之外的价值(见第三章)。由此观之,日常生活靠媒介报道的缺失来界定,本来适合报道却未被报道的东西就是生活必需的东西。我们需要略微修正瓦内让的宣示:日常生活里有多种评价方式。但那并不意味着忽视分量重的东西,不忽视从全民媒介消费的协调里派生出来的东西,即迪尔凯姆所谓的"共同生活中产生

---

① 卢旺达大屠杀,卢旺达内战期间,胡图族对图西族和胡图族温和派进行的大屠杀,从1994年4月6日至同年6月中旬,80万至100万人被屠杀。

② 托克维尔(Alexis de Tocqueville,1805—1859),法国作家、政治家,曾游历美国,所著《美国的民主》成为经典,该书分析了美国政府制度的优缺点。

的行为方式"[27]。稍后,我将回头说近年媒介大量孳生的后果。

贴近超验表演并成为其组成部分的欲望,并不新鲜,超验的表演代替社会生活[28]。不过,在当代世界,景观(以及媒介的呈现)深深嵌入日常生活,形成两个世界之间的范畴差异或缺口,这两个世界是媒介呈现的世界和日常生活流的世界。这个缺口始终需要去弥合,然而,由于它是永恒分割的世界的产物,它是永远不可能完全弥合的。这一缺口或缺失又能成为社会生活里生成新事物的力量。

我们在上一章里看到,卡琳·诺尔-塞蒂纳把媒介形象在当代社会里的角色描绘为"渐次展开的确实组成的结构"。我们不必追寻她借用拉康的心理分析就能意识到,她很好地捕捉住了社会生活中这一隐形伤害的开放性;凡是符号权力集中在媒介机构的社会里,都存在这样的伤害。与其说我们因为欲望而受损(虽然在媒体露面的欲望有时是很真实的),不如说是我们因为在媒体里露面的不足而受损:这是永远无法避免的短缺,除非我们能完全重新界定日常生活,即根据其他参考框架来界定生活。在这里,塞内特(Richard Sennett)和科布(J. Cobb)与我们的观点相若,他们对阶级隐性伤害的描述十分准确,他们描绘一种失落的感觉,需要了解(却永远无法得到满足)"上层"阶级的人拥有的东西。同理,媒体(或者说媒介生活和媒介取向的生活)诱发一种失落感,这是需要被纳入(却永远无法得到满足)媒介世界的感觉。重要的是,这样的失落感对不同社会群体的影响是不同的,因为它意味着要得到社会的认可,可惜许多原因说明,得到认可的地位是分布不均的[29]。

追寻这一失落感(空缺)有许多方式。其一是将围绕国家现代性定义的斗争置于前景中,那是巴西的方式,其强大的媒体(尤其巴西的环球电视台)给很多巴西人造成生活在现代性"边缘"的感觉。第二种方式会以印度为例指出,在这个贫富悬殊、电影业全球第二的国家里,电影观众会觉得,他们离宝莱坞描绘的世界很远,觉得自己"被电影世界关在门外了"。法国的公共媒体虽然强大,但社会生活的很多事情在主流媒体中不见踪影;瑞士杂志《周刊》(*L'Hebdo*)的主编开设的"邦迪博客"报道2005年法国的郊区暴乱时写了这样一句话:"我敢打赌,谁也不明白,法国媒体转发我们'邦迪博客'的新闻还不到10%,任何法国媒体都不会超过这个比例。"[30]

在英国,我15年前开始在田野调查中追寻新闻报道中这样的短缺。我研究人们讲述的他们与媒介世界的关系。一位讲述人叫黛比[31],二十五六岁,是印刷工。她告诉我,电视杂志《理查德和朱迪》(*Richard and Judy*)尤其其中的天气预告那一段在利物浦码头录制时,她刚好在那里。她说:"你心里想,不知道我能不能上电视……我喜欢看他们录制节目,心里想,哇,那是上电视!我站在那里……

啊,妈呀,快!快录天气预报!你知道,我就站在他们跟前。"黛比说:"不只是上电视,那是我去过的地方,真真实实的,我人就在那儿。"她的感觉和许多《加冕街》(Coronation Street)外景地参观者的感觉一样:媒体和平凡世界的鸿沟弥合了,至少短时间不存在了;《加冕街》是英国播映时间最久的肥皂剧,其外景地当时向公众开放,现在关闭了。另一些《加冕街》外景地的参观者表达了更直接在媒体上露面的欲望,比如一位二十五六岁的餐饮业工人彼得就说:

> 我向格拉纳达(电视公司)申请……当临时演员(《加冕街》)。但他们不录取我……我不会介意一个小镜头,进小店(剧情)买报什么的,接着就走出来,不用说话,不用做什么。只要上电视,露一次面,上节目就行,那是我当时的想法。

彼得后来上了一台脱口秀节目当观众。他用自己相应的变化来解释这场经历:"我完全变了,我过去沉默寡言,做梦也没有想去酒吧工作……我现在很开朗,逢人就说话。"这些媒体隐形伤害的痕迹符合帕特丽夏·普里斯特(Patricia Priest)的研究报告。她研究脱口秀参与者[32],给了我们一个有用的起点,从广义上去理解名流世界和仿真媒介的世界:它们不仅仅是媒体经济上必需的格式,而且是通过参与得到认可的社会形式。

我们有充分的理由认真对待媒介的隐性伤害。哲学家阿德丽亚娜·卡瓦雷罗(Adriana Cavarero)说,渴望讲故事是人的基本需求,不是因为我们有什么深层的本真要表达,而是因为每个人外在的意识都渴望到故事里去"寻找身份的认同"。在她看来,我们能讲述的自我仿佛是在外部现实里,我们通过与他人交换故事来完成自我的构建[33]。如此,媒介化社会里制度造成的隐性伤害使我们疏远主要的叙事机构(媒体),这种伤害不轻。历史上,每个大型社会里都有这样的隐性伤害,只是因为社会里讲故事的资源的不同形貌而各有不同,不过,这种伤害在媒介化的社会里很严重。

试图满足这一隐性短缺的需求时,人们常常与大型的制度机制发生冲突,因为它们常常拥有讲故事的集中化权力。一些上过电视的人的故事真令人扼腕。他们上电视展示自己以后,非但不满意,反而发现自己因为露面而受伤害。请看看仿真剧《荒岛余生》(Castaway)(BBC, 2000)一位参与者最近讲的故事。一群人被放到英国西北部外赫布里底群岛里一个荒岛上,为期一年。先不说那一年参与者的冲突,罗恩·柯普希(Ron Copsey)关注的重点是片子制作过程中的不公平待遇,以下这段话是他对另一个人遭遇的判断:

> 荒岛上的一幕在我的脑子里挥之不去。一个小孩子偷了我房间里的糖果,那位女摄像师硬要我接受访谈讲这件事情。我拒绝并解释说,如果这个

节目给他贴上小偷的标签,那是对他毁灭性的打击。她告诉我,签署《荒岛余生》的合同时,我们都同意,一切都可以拍摄进节目,她告诉我,"这是合同的规定。"她对那个小孩子的福祉的冷漠令我震惊。[34]

我们与媒介分割的关系产生短缺,试图解决这一短缺必然要付出代价。我们的整个生活与表征生活的工业流程接触,但这样的表征极其"不对称"[35]。与媒介接触时,人们遭遇到以前被遮掩的媒介机制的实质。在早期的田野调查中,我接触到生平第一次进新闻的示威者,我注意到这种突然去自然化过程[36]。今天,人们对出名和在媒体露面的渴望复杂得多,不限于追求被别人客观认可了。除非我们把握这种经过建构的短缺的实质,除非我们了解,这种短缺的基础是符号生产的制度化集中里固有的区隔,否则我们就不能理解,根据这种短缺而采取的行为就会使人遭遇新的伤害;而这样的伤害并不是隐性的,它们是在众目睽睽下不得不忍受的。

英国仿真媒介的一场革新是把人物对媒介报道的反应纳入节目。2011年的《埃塞克斯是唯一的生活方式》(第二季)即为一例。这一革新的灵感似乎来自媒体的反馈回路。2007年的《名流老大哥》里富有争议的明星杰德·古蒂就是在这样的反馈回路中产生的[37]。在文本框4.1里,我们详细考察杰德·古蒂这个案例。

文本框4.1 杰德·古蒂

媒介权力的隐性伤害起作用有一个生动的例子,那就是杰德·古蒂在媒体里的生活。她是《老大哥》(英国,2002)的竞逐者,节目未完即被驱逐,英国的小报极力丑化她(Holmes,2004)。

非但没退出媒体机器,古蒂更深地卷进去了。在手腕高明的经纪人的帮助下,她摇身一变成了大众心目中的名流,2007年1月进入了《名流老大哥》剧组。她在剧中出言不逊,用种族主义的言辞评价宝莱坞明星希尔帕·谢蒂(Shilpa Shetty),舆论哗然,成为国际丑闻;经过剪辑的视频上了优视网后,印度侨民掀起抗议风暴,迫使当时的英国财政大臣戈登·布朗(Gordon Brown)在印度的正式访问中不得不作出回应。古蒂被迫退出剧组。

这一公关灾难导致她的平装本自传退出市场,她踏上赴印度的"谢罪"之旅,试图恢复艰难打拼才赢得的名气。彼时,她自我表现的主要方式是仿真媒介,所以她在印度版的《老大哥》(大老板)里以真身表演,在此过程中,她不得不忍受被告知身患绝症的诊断,她27岁,患宫颈癌。那一刻,也许她只能沿着在公众面前的越来越频繁曝光的轨迹走下去,没有逃避的出路了。在致命疾病最后日子里,她不得不忍受频繁曝光,直至2009年4月的公开葬礼。两年前谴责她的英国政客戈登·布朗已登上首相宝座,并对她的去世表示哀悼。

试图满足媒介隐性伤害造成的对人们稀缺的需求,反而造成严重的伤害,杰德·古蒂的一生充分显示了这种伤害的残酷无情。古蒂付出的代价极其高昂,她在2006年自传的最后一页里说,"众目睽睽使我身体的一切无所遁形。"无疑,如此高昂的代价足以引起伦理问题:媒介在日常生活中扮演什么样的角色?我们在第八章回头再讲伦理问题。

如欲详细了解媒介的隐性伤害,参见 Goody(2006),Holmes(2004),Bennett(2011:4—5)。

80年前,瓦尔特·本雅明喟然叹曰,在即时信息饱和的世界里,个性化讲故事的人已荡然无存[38]。今天更突出的是自我叙事(self-narrativization),有时这使人遭遇符号暴力的风险[39],那是产业化的讲人生故事所固有的风险。试图成为故事,试图在由媒介生成的"空间"里生活,媒介叙事的参与者对自己最隐私的东西失去控制:媒介权力隐性伤害之下隐藏的抽象分割转化成了实实在在的直接和公开的痛苦。

然而,就是在这个过程中,流行文化的广阔领域被一种需求驱动:在媒介化的社会里,我们"普通"人的地位使我们缺少资源,对"满足"资源的需求随即产生。这种短缺与争取社会承认而形成的冲突互相交叠,只是形式略有不同,这是当代社会特有的冲突。广泛社会承认的分层化意味着,对媒介承认的渴望也是社会分层的。然而,通过仿真媒介,媒介的隐性伤害产生了"解决办法"(即阿克塞尔·霍奈特/Axel Honneth/所谓的"有组织的自我实现"的形式)[40],这样的解决办法和劳动市场上广泛的自我表现的压力交织在一起,与竞争性的个人主义的普遍增强互相交叉[41]。

第三节 数字媒介有民主化功能吗?

当然你可能问,在人人都能成为媒介生产者的时代,这一切都由于数字媒介的生产而改变了吗?实际上,仿真媒介的爆炸性增长难道没有改变媒介议程的内容吗?如果我们如今真的透过媒介透镜看自己,那又怎么样?15年前,英国的

"普通人"的意思无疑是没有媒介经验的人。1996年,我采访一位生平第一次参加抗议活动的名叫露易丝的女孩子。她说:"我们是普通人,没有媒介经验,没有抗议经验,什么经验也没有。"另一位抗议者雷切尔说:"电视令人激动,其他人和我一样激动。"如今一切都变了吗?有人认为,脸谱网是超真实的场所,年轻人在这里体会波德里亚所谓的"交流的狂喜"[42];还有人说,世界各地的仿真媒介不可逆转地改变了人们对媒介过程边界的理解。即使仿真媒介的某些格式(如红极一时《老大哥》格式已经在英国结束)露出了疲软的样子,世界各地仿真媒介的普遍增长并没有减弱的迹象[43]。在这样的情况下,对媒介隐性伤害的深层原因而言,仿真电视节目的长期后果是什么呢?

你可能会说,由于越来越多的人获得了在电视上倾诉自己的故事、表演自己的生活经验的机会,而电视仍然是首要的共享媒介,那么,对这些人而言,媒介的隐性伤害就会被治愈:至少对他们而言,电视将成为我们大家经历的一部分。但我们有很多理由表示质疑。从最基本的层次看,有一个人口规模的问题。在媒介规模比较大的国家里(英国有6 000万人),我并不认识任何上过仿真媒介的人,也没有任何朋友告诉我,他认识曾经上过这种节目的人。在其他国家,比如人口在500万以下的挪威,情况可能会有所不同。但除非造成隐性伤害的条件得到了满足,媒介权力的隐性伤害能得到满足吗?这要求每人至少在媒介里露面一次。在媒介里露面隐含的后果并不是一目了然的。让我再次引用黛比参加基尔罗伊(Kilroy)主持的白天脱口秀节目后的自述,她多半集中讲回家以后看电视录像的经验,录制现场的经验讲得并不多。看录像带时,她感到震惊:

> 我想,上帝啊,那是我。我上电视了。上帝啊,真奇怪(笑)……我记不清在那里了……在电视机上看录像和在录制现场的感觉完全不一样……或者说,那不像电视,倒像是有人在家里用摄像机拍的。你心里想,上帝啊,那是真的上电视吗?数以百万计的人看到了吗?不知道,我真的不得不从头到尾把这盘磁带在翻录一遍,因为它把我吓了一跳。

黛比难以将两种状况(上电视和在家)令人信服地联系起来,她开始怀疑录像带的真实性:那仅仅是一盘"家庭拍的录像"(媒介世界之外录制的)吗?媒介和普通世界的鸿沟是不容易填平的;这条鸿沟深深地嵌入根深蒂固的态度中,在社会的符号资源不平等的关系中盘根错节。这还没有考虑媒体中露面所产生的直接的负面经验,上文引述的《荒岛余生》的故事里就有这种伤害。

若要仿真媒介的发展逆转媒介的隐性伤害,那就需要发生重大的变革,让成千上万的"普通人"上电视。这是因为媒介的隐性伤害并不是任何个人的缺席造成的,而是媒介化社会的总体形貌造成的:其基础是,媒介生产的空间、时间和文化世界与媒介消费的世界常常是分割的。若要扭转这样的地理分层,那就需要媒介和社会全新的形貌;需要我们大多数人习惯成为公开流通信息的常规的资源,至少要认识身边这样成为公共资源的人;需要我们习惯用自己的名义讲故事,至少我们可以想象成为靠媒介影响的讲故事的人(通过我们进入的网站、我们积极参与的群体、我们能影响的网络)。甚至需要我们习惯偶尔享受来自媒介机构生产之外的娱乐。许多人认为,优视网上大量的业余视频就是这种革命的开端。但总体上看,在英国这样的社会里,没有迹象表明,这样的革命条件得到了普遍的满足。

若要考虑英国仿真媒介在过去20年里的主要格式,并且问人们是否已经习惯通过这种形式去自己讲故事,证据正好指向相反的方向。无论查看参与者的选拔、节目的剪辑过程、后续的解释,我们都发现,争议比比皆是。实际上,在过去的20年里,英国仿真媒介里稳定下来的角色都不是个人被授权紧跟时代角色,而是媒介控制或过滤的讲故事的角色。在英国,这种角色的例子有:

- 专业的主持人(如特里尼与苏珊娜[Trinny and Susannah])对节目作出判断,要求参与者接受安排;如果参与者要得到机会去完成建立在节目上的自我变革,他们就必须言听计从;
- 专业的评判人,比如剧组的心理师或营养师,他们在节目制作过程中拉开一定的距离,不直接参与互动;
- 专业的评论人,节目上映后评论,比如英国系列剧《学徒》主要的几集播映后的评论节目《学徒:你被解雇了》(The Apprentice: You're Fired!)。

相比而言,20世纪90年代初,BBC的"视频英国"(Video Nation)的确为个人讲故事创造的新的角色,但那毕竟是罕有的现象[44]。英国电视的特点是新形式的教育节目,它们把普通的表演作为范例向观众传播。这一举措不是媒体的民主化,在过去的20年间,"普通人"成了电视话语的对象,而不是其主体。稍后,我们将回头说这个过程与大背景里的新自由主义的交叉。与此同时,希望在仿真媒介里得到承认的需求似乎加强了,使阿尔伯托·梅卢奇(Alberto Melucci)的断言成为可能:"今天的主导力量是排除普通人参与命名权威的可能。"[45]

许多潮流似乎在挑战符号权力的集中化,但它们未能重构"普通人"与媒介的关系,对这些潮流持怀疑态度同样必要;在用户生成的内容、博客和众包里,它们未能重构普通人和媒介的关系[46]。这一切都是有趣的发展,但在普通人追随的媒介景观里,这样的生产究竟有多显著呢?既然符号资源只为少数人占有,除了政治动乱时期之外,这些有趣的发展能重构符号资源吗?克莱·舍基等作家宣告,当代讲故事话语的形貌完成了全新的重构,这固然令人兴奋[47],但如此重构的前提尚未有人明确地阐述,更说不上实现了。

第四节 媒介与公共话语的形塑

　　这一章的兴趣是媒介对社会的隐性形塑,开篇讲的是媒介权力如何使个人产生缺失的感觉,从而给仿真媒介推波助澜。我现在转向媒介在广阔社会生活中的影响。在这里,我的兴趣主要不是考察媒介直接挑战现存权威的明显冲突的例子,也不是考察媒介表现社会的方式如何与大多数人的日常经验抵牾。在不得人心的极权主义政权下,媒介的社会影响显然以冲突为基础,故不是隐蔽的。与此相似,在英国20世纪50年代和60年代的电视节目中,"日常现实"显然是从外在的角度构建的。彼时,《他人的家园》(Other People's Homes)的主持人霍华德·马歇尔(Howard Marshall)能够这样报道纽卡斯尔的贫民窟:"我们初来乍到一个陌生的地方时,我想,我们大多数人都会在脑子里勾勒我们将看到的景观……现在我知道,我的想象力匮乏,我无言。"[48]这种基于阶级的无知现在真难以想象,至少在英国是这样,但媒介对社会不太明显的或隐性的影响仍然是至关重要的。

　　有人泛泛地说,媒介是扭曲社会的镜子[49],但媒介的隐形影响也可能是正面的。以20世纪60年代以来的英国广播电视为例,它们逐渐完成了信息化,阶级的开放性也逐渐增加。广播电视是表现社会生活的普通的媒介,却是强大的工具,斯卡内尔率先研究广播时就做过这样的论述。他指出,只需靠平常的报道,广播就可以拓宽"只能言说的领域"[50],把人们的日常生活转化为社会参照点。这方面的例子有乔希·甘松(Josh Gamson)对美国脱口秀的描述和评论。他说,脱口秀使人注意性取向的小群体,使他们的生活"袒露在外"。还有人说,网络上的自我袒露形式也有类似的功能[51]。然而,正如甘松的研究结果所示,这样的袒露可能会付出高昂的代价:在性取向上证实总体的刻板印象和等级结构,把一些标准的表现形式悄悄塞给受众,但这些东西的影响即使不是完全负面的,至少是暧昧的。甘松的总体判断是,脱口秀性取向的小群体有正面的影响。但这是一个特殊和难以判断的例子。我们是否能就媒介对社会更普遍的隐性影响做出什么结论吗?

　　让我们把一些研究媒介的文献视为理所当然,媒介报道为公共话语生成一些常见议程或框架。就媒介表现社会及其边界而言,媒介机构在界定社会话语里"圈内人"和"圈外人"中起作用,也许在界定国际政治话语中同样起作用[52]。让我们承认(但暂不论),许多国家媒介生产中日益增加的投入产生了影响,进入媒介行业的阶级基础随之收窄[53]。这是因为,在这些具体的过程之下潜隐着长期的叙事压力,这是符号权力的不平均分配固有的压力;这些隐性压力有相当大的破坏性,在媒介的隐性伤害中,应该把它们单独提出来考虑。在数字时代,这样的压力非但没有消失,反而还在加重。

上文业已指出,仿真媒介里出现了媒介机构在日常生活方方面面所提供的教育权威:着装、新关系、婚姻、家庭布置、烹饪、育儿、个人保健、预防犯罪、再就业等,不胜枚举。这种新权威的最佳理解是媒介机构有意为之的结果,它们声称自己在某一领域拥有权威。但如上所述,大多数节目并不是雄心勃勃的大公司制作的而是由独立的小公司制作的,它们向大广播公司和网络出售特定制式的节目,借以维持生存。在国际层次上,情况就更加复杂。在电视领域,约瑟夫·斯特劳布哈尔(Joseph Straubhaar)所谓的"文化邻近性"起主要作用,影响着人们消费的媒介[54]。这样的"文化邻近性"常常在跨国家的电视市场中运行,这种市场建基于共同的语言或文化邻近性(阿拉伯世界、东亚),"文化都会"形塑着媒介流,和国家权威没有简单的关系[55]。虽然有以上种种复杂的情况,仿真媒介的教育权威还是有效的,原因有二:第一,媒介机构并非有意为之的效应有必备条件,它们既能购得低成本的节目,又能长期吸引大批受众的注意力[56]。第二,仿真媒介有"合法性",它们重新包装日常生活,使包装后的日常生活拥有媒介证明的"真实性",并将其置于媒介中心主义神话的语境中。

仿真媒介在经济上有效,在社会共鸣中成形(埃利亚斯语),如此,以日常生活为原材料的叙事格式应运而生。仿真媒介的格式不同于报纸的奇闻轶事栏目和答疑解惑栏目[57],因为参与者是面对大批受众表演的"普通人"。驱动仿真媒介教育权威的是对故事的关心,而不是有意为之的教育意向,那是一连串的宣示:从这种管理程序中,表现出这种技能的人,自然会产生那样的结果。应当承认,教育技能必须通过表演展示出来,这带来风险[58],但其权威性不会减少。媒体的利益是维持那台"仿真机器"的运转,媒体的利益决定,仿真情景出现的地方就是其教育权威畅行无阻的地方。结果,越来越多呈现给我们的"自然"(日常生活切片)的节目所采取的形式,其实都是事先决定的,是为实施那样的教育权威设计的:特定的判断机制,特定的自省,特定的自我转化形式。在人们的默许中,仿真媒介按照自己的形象来表现社会,限制了社会描摹的语言,构成了累积性的压力,使这样的压力接近于"确定性的权力"了[59]。

这个过程自然而然地压制了一些故事。比如,凡是日常生活不像竞争性的、结果容易解读的游戏(如《学徒》、《交换空间》),凡是剧情容易部分逆转的故事(如《换妻》),都会受到这个过程的压制。凡是表现媒体或其节目不知道或没有权威给予我们"如何生活"的故事,都会受到压制。表现社会现实容易判断的故事,引起强烈情感回应的故事,有机会清楚展现戏剧性转化和景观的故事,都在受鼓励之列[60]。结果是"情感主导"的表演(布伦达·韦伯研究美国和英国美妆美容节目时如是说),那不可能是社会中性的节目[61]。

然而我们不知道,在有些国家里,仿真媒介推出的模式和参照点是否在广阔的社会行为里扎了根,我将在本章末尾回头讲可能会扎根的机制。从大历史段来看,仿真媒介是一个相当新的形态。其长期命运取决于一个因素:这种仪式形式在多大程度上能治疗媒介权力造成的隐性伤害,从而在使人得到社会承认方面吸引人。

然而,越过仿真媒介改写社会的方式去考虑媒介产生的其他长期隐性伤害,会大有裨益。在这里,布鲁诺·拉图尔对网络和空间的隐性关系的解读(他对"现代性"破除偶像的描述),真使人获益匪浅[62]。一旦把媒介视为空间中展开的"技术网络",媒介与社会空间如何联系的功能主义解读就失去吸引力了。拉图尔写道:"技术网络散落在空间,只保有这些空间少许散落的元素,它们不是连接的线条,不是表面。它们包含一些表面,却不掩盖这些表面,它们延伸长远的距离,尽管如此,它们绝不是综合的、全局的或系统的。"拉图尔以同样的方式理解思想和信息,他说:"今天,理性与有线电视网的共同之处超过了与柏拉图理念的共同之处。"[63]拉图尔比喻的倾向性提醒我们,媒介首先有空间属性,涉及思想和形象的空间分布。人们过去的直觉是,媒介过分获取毗邻的故事资源,拉图尔的比方赋予这种直觉新的生命。媒介过分获取新闻资源或官方的政治资源,这一点早就广为人知[64],但一般地说,这一点并不被视为媒介话语固有的特征。然而令人遗憾的是,媒介生产的资源大大缩减了,其他形式的资源获取就至关重要了:媒体之外但毗邻媒体的机构行为人的公关行为,或者媒体本身提供的"资源"就至关重要[65]。我们检视嵌入新传播技术比如地理信息系统(GIS)的排他性的动态机制时,我们还可以对拉图尔的观点做一些延伸[66]。用拉图尔的话说,媒介至多不过是位于社会空间之上的网络,有一些锚泊点与社会空间联系,这些锚泊点的基础是符号权力的集中地。在这里,我们开始看到,媒介权力的隐性伤害超乎个人的缺失,包含社会如何被形塑的系统特征,使其他潜在的"社会现象""隐踪难觅、难以想象、难以表现"[67]。这一现象进入了当代媒介文化的若干方面。

一、名流现象与犯罪

第三章从仪式化的观点考虑名流现象。虽然名誉和羡慕是任何社会都有的特征,但名流现象不是自然现象[68]。民众关注与媒介运作过程关系密切的那些人时,名流现象的结果就由多种因素决定了。

曾有人将名流诊断为"伪人"(pseudo-people)[69]。这个观点没有看到,名流是大量受欢迎的解读的焦点,其共鸣来自真正地被社会承认的缺失,这正是媒介隐性伤害的一部分。因此,名流不能被斥为"一文不值"。名流是有血有肉的人,代表社会的主要层面,代表迪尔凯姆所谓"共同生活中形成的行为方式"[70]。不过,早先那些批评里的真理内核在于名流生产中那些排他性的特征,通俗文化里解释的丰富性不可能补偿那些品牌里的排他性。"名流麇集"的社会版本排挤了不同集体行为人或代表性行为人栖居的社会版本[71]:工会、社会运动、市民社会。政治经济在这里是关键因素:名流新闻的生产成本低,显然比向遥远的战场或政治运动派驻记者的生产成本低[72]。不同运动的运行机制迥然不同,但在今天变化的媒介环境里,它们强化了名流文化的"适当性"。这一切都不能否认,名流文化是一种工具,其中的玩家在社会政治冲突中为自己谋利(见第六章):不过,我们在这里感兴趣的是名流文化作为公共话语参照点的一般的落脚点。

另一个重要的例子是犯罪。美国刑事学家大卫·加兰德(David Garland)认为,英国和美国已成为"高犯罪率的社会";吊诡的是,其特征并非真的犯罪率高,而是感觉中的犯罪率高,原因是媒体报道给罪案的权重很高。由于罪案有现成的官方信息源,罪犯又容易攻破并承认有罪,而且罪案直接与道德教育挂钩,所以罪案就成了随手拈来的媒介故事。有些罪案是"标志性犯罪",所以它们就给媒介提供了"社会情况和社会秩序的指标"[73]。这个观点并不是说,媒介凭空捏造罪案或"建构"我们对犯罪的感觉;而是说,媒介挑选突出报道的罪案已成惯例,造成对犯罪的"制度化经验":通过媒介的报道,我们觉得犯罪"近在咫尺",无论它实际上离我们有多远。用加兰德的话说,美国的媒介

> 为我们提供经常的、日常的场所,让罪案激起的经验得以表现出来,让罪案激起的恐惧、气氛、怨恨和兴趣得以释放。这样的制度化使日常生活里的罪案显得很突出,使公众的回应适应……以报道罪案为特色的媒介,适应媒介长时期里确定的集体表征。[74]

政府和媒体、大众和个人的话语围绕"共识"啮合在一起,这种"共识"切断了与其相连的各种派别话语的基础。继后的"修饰效应"使社会景观里的事实和形态的类型固化,在美国、英国与荷兰都可以追溯到这个过程[75]。与此同时,在光鲜的表面之下,其他的故事(贫困、挣扎、去社会化的故事)却被藏匿起来,让人看不见。在这个问题里,我们看到司空见惯的社会现象景观化,而且我们眼前的东西经历了一个去选择的过程,这就是尼克·米尔佐夫(Nick Mirzoeff)所谓的"反景观"(anti-spectacle)逻辑[76]。任由媒介过程向自身回馈时,上述社会机体遭受的隐性伤害就从媒介机构的符号权力的累积中流淌出来。但我们不能脱离广阔的制度母体孤立地考虑这样的隐性伤害。美国、英国和其他地方媒体对罪案进行

浓墨重彩的多重描绘,这反映了国家借以惩罚穷人的攻势战略呢(洛伊奇·瓦昆特语),抑或是一种防御性战略呢?是不是在后现代时期,国家用媒体讲述的罪案来表现国家被削弱了的合法性呢(加兰德语)[77]?新自由主义的国家很可能既执行排他性的社会政策,又可能是依靠媒体"管理"日常事件的官僚机器,所以,隐匿在底层的动力机制是盘根错节、难分难解的。我们在本章末尾再讲新自由主义。

二、搜索引擎的功能

互联网的结构和规模呈现出更加深层的"伤害"问题,因为一切知识都可以通过搜索引擎隐蔽的做法去获取。在第二章里,我们介绍了任何人在探究世界里所起的作用。在这里,伤害问题更复杂,这是因为,如果互联网有效而无限的信息空间绝对平坦的话,搜索引擎依托的过滤机制是不能运行的:如果它接入网络空间,它就必须是不平坦的,否则它就不能生成引人注意的差异[78]。互联网的基本拓扑学(通过大量链接的枢纽和节点的累计而构建的倾向)包含了我们用搜索引擎能"看见"的内容[79]。谷歌的网页排序系统评估什么网页优先时,其依据是网页的链接数量;这种强化了"优先附加"的机制,使"流行"的网页更加受欢迎[80]。一些重要的隐性后果随即产生。因为搜索者往往花最少的时间和精力去求得满意的结果,而不是花相当多的时间去求得"最佳"的结果[81],因为信息量(以及对搜索引擎的依存度)以几何级数增长,搜索者越来越不太可能超越搜索第一页所得的条目[82]。结果,凡是嵌入谷歌(或其他搜索引擎)的算法"偏向"对信息空间的影响就越来越大,除非这些偏向得到了充分的揭露。

这对新闻产生深刻的影响,不仅许多新闻消费者依靠搜索引擎、网页和"简易聚合"(RSS)新闻服务以得到个人化的新闻[83],而且连新闻记者也用谷歌来发现并追踪新闻,以便使自己采写的内容检索起来容易。结果,正如搜索引擎权威学者亚历山大·哈拉维斯所言,有理由相信,大众媒介的逻辑和搜索引擎的动力学会互相强化,并不需要共谋或策划:"谷歌"越成为我们观照世界的"窗口",认清诸如此类的隐性结构力量的难度就越大,在实践中调整这些力量的难度就越大[84]。这对我们经验中的"世界"的地理平衡产生隐性的后果。这个世界越来越广袤,却以显著的方式预先就暗示着丛集的后果[85]。

接着爆发了关于搜索引擎政治和伦理的论争。根据近来对新旧媒介公开辩论的评估,"搜索引擎给既有的行为者和机构更多的空间,实际上起到了压制辩论的作用";互联网不是信息自由的空间,而是不同类型信息(受相互竞争的搜索引擎驱动)争夺注意力的市场,一切的不平等从这里汩汩流出[86]。法学家劳伦斯·莱西格走得更远,他甚至说,互联网与其说是"创新的结构",不如说是"控制的结构"。这种控制盖源于多种因素,计有:互联网基础结构依据的代码,iPhone 之类的硬件预先嵌入的使用限制,它们将专利软件和界面强加在用户头上。可以说,手机的"应用服务"代表着一个重要的领域;正如本书第二章所示,完美的经验世界被重构的方式有利于大公司玩家,玩家的手腕不会敞开让公众看[87]。

倘若上述理论家对互联网结构的批评是正确的,正如理查德·罗杰斯(Richard Rogers)所言,我们就需要下更大的工夫,研究网站和在线门户网站在内容挑选和表现方面的偏向。我们还需要后台信息政治(back-end information politics),揭示形塑隐蔽资源争夺战的力量,让资源从隐形变显形,在网上显身,供我们使用[88]。在这里,媒介研究的历史给我们似曾相识的感觉:20 世纪 70 年代和 80 年代对专业新闻源的多因素研究,如今被激进化,涵盖了任何人使用的信息源。一旦考虑营销人士(政治的或商业的)如何瞄准"资源信息"以影响我们的行为,对信息政治的需求自然就更加迫切了[89]。

第五节 小 结

在这一章里,我们直接讲媒介对社会世界本体的影响,大部分的篇幅考虑媒介影响个人的隐性伤害,以及具体媒介对媒介后果的影响。本章结尾讲网上"有什么"隐形扭曲,这是任何国家皆有的现象。本章的前半部留下了一个比较分析的问题,我想回头说这个问题。

在本章相当多的篇幅里,我将新自由主义的民主国家比如英国和美国置于前台。在这里,晚近的现代媒介偶生的社会教育学和现代国家里媒介聚焦的寻求合法性的努力相互结合,形成两个领域互相依存的强有力的共生关系。这个共生关系可能会支撑媒介中心神话,一直到可预见的未来。在这样的情况下,媒介向我们展现的世界在范围受限的政治里寻求"答案",反过来,政治依靠媒介去寻求"真实的"参照点;如此,这个社会世界的历史(及希望之源)在很大程度上就被简化为媒介所做的社会记述。德国社会理论家尼克拉斯·卢曼(Niklas Luhmann)用一个鲜明的暗喻来把握这样的变化。他说,媒介为社会提供特征值(eigenvalue)[90]。在量子力学里,"特征值"的数量"价值"是常数;无论发生什么变化,"特征值"嵌入的系统都维持不变。通过一套复杂的压力尤其仿真媒介的压力,有些社会就在默许中被固化在社会活动和社会事实的环境或"价值"中;由于本身的竞争和表演机制,媒介过程就围绕这样的环境或"价值"稳定下来。结果乃无心插柳,却具有意识形态的一切僵化性:社会偶生的意识形态固化下来。在许多国家的政治里,这一僵化性是否会成为新自由主义价值的一个隐蔽因素呢[91]?

无疑你会说,人们能独立思考,不一定接受媒介提议的东西!当然他们能独立思考,而且晚近的研究表明,在仿真媒介构建的"现实"面前,他们特别"精"[92]。不过,正如我上文强调指出,我们在这里关心的意识形态不是错误信仰或受误导信仰的意识形态。我们关心的是一种难以改变的东西:使表现社会的形式受局限的行为和生产模式,这些模式使日常生活可用的参照点的范围缩小了。

帕迪·斯卡内尔断言,20世纪中叶英国广播拓宽了"只能言说的领域";倘若这一论断仍然有效[93],它就能帮助我们把握一个相反的趋势,那就是"单纯言说的领域"的收缩,这就限制了我们对现实世界里有何存在物的期望值。如此,以荷兰为例,议论名流未必证明认同名流,直接模仿名流更说不上了,那只不过证明,某些类型的行为(而不是其他类型的行为)合法化、常态化了[94]。与此类似,英国和美国的美妆美容节目并不产生人们对身体的正面意识形态,但通过常态化的实践,这些节目使未经其转化的身体失去了"有效的自我"(valid self)的感觉[95]。在这些国家里,新的社会规范产生了,它们脱离了正式的社会身份,适合媒介生产的叙事需要。(围绕生产品质)的审美价值,以及基于社交网的推荐和评价,有可能会强化这种基于娱乐的规范,而不是挑战这些规范[96]。这些规范的一致性并不需要统一的社会体系来支撑,在一定程度上,其一致性已委派给了媒介产业自身的底层动态机制。结果就是一种新的社会本体论:用波尔坦斯基引人共鸣的话说,媒介设定的权力决定,"事情如何呈现出当前的样子"。

但这不是唯一变化的可能。在一些国家里,一批新的媒介机构正在兴起,也许,它们能破天荒有效地挑战政府和宗教精英(如沙特阿拉伯),这就给我们提供了一个截然不同的视角。马尔文·克雷蒂论及阿拉伯世界的仿真媒介时指出,"因为仿真电视节目宣称表现现实,所以《明星梦工厂》(*Star Academy*)就设定了一个标准的世界"[97],你以实际参与或将要参与的身份进入它投射的现实。如果跨区域媒介产业的媒介机制生成的标准与现有的世界地图(比如保守的宗教和政治意识形态)不吻合,由此而生的去自然化就会把娱乐转化为一个难以预测的社会创新领域。这就不排除一种可能性:这种媒介中稳定下来的规范就会产生长期的隐性伤害;这种伤害就不大可能与本章讲过的个人欲望和伤害的动力机制相矛盾。尽管如此,在冲突严重的中东等地,媒介形式开放的公共话语值得我们密切关注。

社会取向的媒介理论必须承认上述两种后果。类似的复杂性影响着媒介与政治的直接关系,这是下一章的主题。

注释

[1] Buonanno(2008:77).

[2] Jim Collins noted the overlay between film values and social values through the concept of "double referentiality"(Collins 1992).

[3] Tilly(1999).

[4] Compare Turner(2010:20-21) for a helpful discussion.

[5] Scott(2001).

[6] Castells(1996:312,317).

[7] An exception is Castells's adoption of "framing" theory but, as I note in ch. 5, he describes framing effects in a strangely *asocial* fashion.

[8] Baudrillard(1983a:66).

[9] Baudrillard(1983a:71).

[10] Baudrillard(1983b:53).

[11] Baudrillard(1983b:55).

[12] Law(1994:2,121).

[13] An ANT perspective has been applied to newsrooms and TV game shows:(Hemmingway 2007;Teurlings 2007). For ANT's relevance to media generally, see Couldry(2008b and c).

[14] Thompson(1995:17).

[15] Thompson recognizes this(1994:48 n.10), deliberately avoiding Bourdieu's concept of misrecognition.

[16] Bourdieu(1991:166). For power and entertainment, see Gray(2008).

[17] Durkheim(1995[1912]:213).

[18] Durkheim(1995[1912]:210, added emphasis).

[19] Scannell(1996);Dayan and Katz(1992:13).

[20] Berger and Luckmann(1967:83).

[21] An early insight of Baudrillard's(1981:169;original French edn 1969), ignored in his later work. For "The Sick Rose", see Blake's "Songs of Experience"(Blake 1976:140).

[22] Sen(1999).

[23] For the UK, see Scannell and Cardiff(1991);for Germany, see Ekstein(1975:310),Welch(1993);for Rwanda, see Kellow and Steeves(1998).

[24] Tocqueville(1864[1835-1840]:135;1961[1835-1840]:207).

［25］ Gabler（2000：185, added emphasis）. Compare Lazarsfeld and Merton（1969）.

［26］ Quoted in Blazwick（1989：37）. Compare Lefebvre（1971：86）.

［27］ Durkheim（1995［1912］：210）.

［28］ For historical accounts, see Altick（1978）, Greenhalgh（1988）, Briggs and Burke（2005：34-36）.

［29］ Sennett and Cobb（1972：25）. On recognition, see Honneth（2007）, Illouz（2003）; and Grindstaff（2009：84）on the class differences that shape desire for celebrity in the USA.

［30］ On Brazil, see Straubhaar（2007：235）; on India, see Rao（2007：73）; on France see Echchaibi（2009：21）, quoting Nordine Nabili.

［31］ All names are pseudonyms.

［32］ Priest（1995）.

［33］ Cavarero（2000：41, 88）; and compare Butler（2005）.

［34］ Copsey（2010）.

［35］ Teurlings（2007：269-270）. Compare Grindstaff（2009）.

［36］ Couldry（2000a：Part 3）.

［37］ Raeside（2011）.

［38］ Benjamin（1968）.

［39］ Bourdieu（1991：127）; Couldry（2003a：39-41）.

［40］ Honneth（2004）.

［41］ Honneth（2004）; Ehrenberg（1998）; Hearn（2006）.

［42］ Cabrera Paz（2009）.

［43］ The economic driver（reality media as cheap TV）that crowds out investment in more expensive TV entertainment formats affects all markets, even the richest（the USA）：Mandabach（2007）.

［44］ For discussion, see Dovey（2000：ch. 5）.

［45］ Melucci（1996：179）.

［46］ On user-generated content, see Wardle and Williams（2010）; on blogs, see discussion in ch. 5; on crowdsourcing, see Halliday（2010）. See ch. 2 on Twitter.

［47］ Shirky（2010）.

［48］ Quoted Scannell and Cardiff（1991：142-143）.

[49] Brewer (2004: 45); Marcos (2000). Compare, on the blurring of dream and reality in media, Boorstin (1961), Mattelart (2000: vii).

[50] Scannell (1991).

[51] Gamson (1998); on online self-exposure, see Hillis (2009: ch. 5).

[52] On framing, see Pan and Kosicki (1993), Cappella and Jamieson (1997) and note Bennett and Iyengar 2008's argument discussed in ch. 5 below that in political communication at least framing is breaking down; on agenda setting, see McCombs and Shaw (1993); on insiders and outsiders, Phillips and Nossek (2008: 250); Ericson, Baranek and Chan. (1991); Schlesinger and Tumber (1994), and note Sinha (2004: 12) on similar trends in international discourse.

[53] The Sutton Trust (2006).

[54] Straubhaar (2007).

[55] On national television and regional television markets, see especially Straubhaar (2007), and for a relevant general argument, Hafez (2007). On media capitals, see Curtin (2003).

[56] Turner (2010: 21).

[57] LeMaheu (1988: 23 – 25).

[58] Lunt (2009).

[59] Curran (2002: 165).

[60] Wood and Skeggs (2008).

[61] Weber (2009: 30). Compare Matt Stahl (2004: 221) on *American Idol*'s "tableaux of punishment and vengeance".

[62] Latour (1993). In earlier commentary (Couldry 2008b and c), I may have underestimated the potential of ANT's concepts to disrupt media's social rhetorics.

[63] Latour (1993: 117 – 118, 119).

[64] On news agencies, see Brooker-Gross (1983). More recently, see Boyd-Barrett and Rantanen (1998), Chang (1998), Paterson (2006), and for overview, Stöber (2006). On news sources generally, see Hall (1973), Hall et al. (1978).

[65] On political sources, see Davis (2010); on media's sourcing from other media, see Davies (2008).

[66] Adams(2009:89-90).

[67] Latour(1993:34). Compare Bernard Stiegler on media's consequences for "the referential milieu for psychic and collective individuation"(2009:41).

[68] Braudy(1986).

[69] Boorstin(1961); compare Bourdieu(1998).

[70] Durkheim(1995[1912]:210).

[71] Schickel(1986:ix,401).

[72] Davis(2010:129-130).

[73] Innes(2004:17).

[74] Garland(2001:158,added emphasis).

[75] Miller(2008:35) on the USA,discussed in Turner(2010:168-169); Innes(2004) on the UK; Costera Meijer(2011) on Holland.

[76] Mirzoeff(2005:16).

[77] Garland(2001:109-110); Wacquant(2009:299-303).

[78] Halavais(2009a:59-60).

[79] Barabasi(2003).

[80] Huberman(2001),discussed in Halavais(2009a:63-67).

[81] Halavais(2009a:69).

[82] Spink et al.(2002).

[83] Carlson(2007).

[84] Halavais(2009a:104,116). Compare Introna and Nissenbaum(2000), Vaidyanathan(2011:7,80).

[85] See the book by Bibliothèque Nationale chief Jean Jeanneney(2007),and compare Vaughan and Zhang(2007),Halavais(2000).

[86] Gerhards and Shäfer(2010:156); and on the internet as a "market of markets",see Introna and Nissenbaum(2000:177).

[87] See especially Lessig(2002:268). Compare Zittrain(2008:3) on "tethered appliances' and Gillespie(2011) and Powell(2011) on the power struggle behind phone "apps".

[88] Rogers(2004:4). For similar calls,see Lanier(2011).

[89] On news sources,see Hall(1980),compare recently Coleman and Ross(2010:ch.3); for the shaping of political news sources,see Howard(2006),Bennett and Iyengar(2008).

【90】Luhmann（1999：37）. Compare Bourdieu's（2005：137）better-known concept of social knowledge as "doxa".

【91】Couldry（2010：ch. 4）. See generally Turner（2010：25, 68）.

【92】Hill（2007）, Andrejevic（2008b：39）, Teurlings（2010）.

【93】Scannell（1988）.

【94】Duits and van Ronondt Vis（2009：35）.

【95】Weber（2009：14）. For make-over shows' longer history in both reality TV and the beauty pageant, see Banet-Weiser and Portwood-Stacer（2006）.

【96】Carpentier（2009）on audiences' rejection of user-generated video content because it looked "banal"; Halavais（2009b）on the biases of online recommendation.

【97】Kraidy（2009：359）.

第五章 网络化社会,网络化政治?

> 世界的新电子基础设施把地球变成了一个思想的大市场……所以,我们是一场名副其实的革命的见证人;权力真的正在走向人民。
>
> ——瓦尔特·李斯顿(Walter Wriston)[1]
>
> 互联网与人们政治上的社会化不太协调……互联网是一种毗连关系形式,是其他面对面关系和中介化渠道和过程的延伸,但仍然和这些渠道和过程整合在一起。
>
> ——詹姆斯·卡茨(James Katz)和罗纳德·赖斯(Ronald Rice)[2]
>
> 民主化是一个动态的过程,总是不完全的,永远存在逆转即去民主化的风险。
>
> ——查尔斯·蒂利(Charles Tilly)[3]

20世纪初至20世纪中叶的社会功能理论的一些基本设想如今已经过时。那些设想是:一个单一的社会系统,充分整合的社会价值,以民族国家为边界的社会过程。当代的社会理论挑战那些设想[4]。布鲁诺·拉图尔拷问将社会本身作为分析对象的思想,提出"社团社会学"(sociology of association)的概念[5]。相反,本书前四章显示,如果我们的出发点是对社会秩序尽可能少做预设,是明确指出价值的多元化,既不存在解释性的社会"中心",也不存在媒介过程的一致的"中心",那么,我们就能够解释当代媒介和社会生活的许多向心压力。在这个意义上,虽然我们的出发点不尽相同,虽然我们出发点的情况至少在一定程度上是跨越国界的,但我们还是能对早期社会描述的诸多方面予以修补。

然而,新媒介的崭新特征会产生什么样的转换潜能呢?倘若数字媒介含有新社会、新政治的独特原理,那又怎么办呢?许多论者就有这样的希望,因为Web 2.0的社会分布式性质给他们留下了深刻的印象。在过去的技术变革浪潮中,总是伴生着政治和社会联系的新形式,甚至激进政治的新形式。比如,对19世纪欧洲的工人阶级而言,希望寄托在政治小册子之上[6]。在过去的半个世纪中,互联网的描述被扭曲了,这就是文森特·莫斯可①所谓的"数字化崇拜"(digital sublime)[7]。然而,吹嘘也好,不吹嘘也好,我们都要承认,互联网是制度革新潜在的主要源头,因为数字传播的实践,和两个世纪前的报纸一样,构成了制度力量的资源[8]。2011年的阿拉伯之春使诸如此类的辩论特别引人注目。

数字媒介的形式和基础结构本身就可能是构建一种独特社会组织的手段,并不需要过去200年间被视之为理所当然的社会组织的中心——这样的可能性给人以政治上的激励。但我们一开始就要记住两点。首先,政府、媒体、公司甚至许多公民社会要素都有各自的既得利益,它们要避免这种重大的重组(这是第一章就提出的权力问题)。其次,媒介特征基础上的政治和文化变革预测,往往倚重相当浅描的社会过程。多谢拉图尔告诉我们,这不是因为"社会"并不存在,而是因为对数字化社会生活的"结构"的记述[9],以及对政治参与的社会生活资源的记述,尚待开发。我们在本章后半部将会看到,许多因素暗示,数字媒介对民主政治的意义,人们的评价并不那么乐观。在很大程度上,这取决于讨论之中的对象是世界哪一个地区、哪一个制度母体和文化语境。弄清这些因素有助于我们明白,汇丰银行的金融家沃尔特·李斯顿的技术自由主义宣示(本章开篇第一条语录)(万维网发明之前的宣示),为何至今不能实现,为什么第二条和第三条语录的谨慎态度是必要的。

民主应该如何起作用?围绕这个问题有许多理论,如自由主义的、共和主义的、审慎的和精英的理论。在这个问题上,我并不倚重某一个特别的立场。我最多从一个前提出发:民主化是好事,为此目的,正如谢尔登·沃林(Sheldon Wolin)所言,"民主的理念建立在文化基础上,文化鼓励人们共同努力……文化是一种手段,它关怀世界的某一部分,关怀其生活形式"[10]。

第一节 缺失的社会要素

由于其网络属性,互联网为政治联系、动员和行为产生了新的可能性。萨拉·本蒂维纳(Sara Bentivegna)把互联网的民主潜能归纳为"互动性"、"共存"(copresence)、"非居间化"(disintermediation),认为它降低成本、高速运行、缺少疆界[11]。今天,我们可以和不认识、看不见的人举行政治会晤,从事政治组织,这些活动速度很快,跨越地方、地区甚至国家的疆界。有人认为,这是一种新的更多会

---

① 文森特·莫斯可(Vincent Mosco),加拿大传播学家、传播学批判学派代表人物,著有《传播政治经济学》、《数字化崇拜》等。

商性、较少正式形式的政治[12]。当然,质疑的人也有。无论是哪一种观点,新的政治社会化机制都是值得研究的。

三个人对这种不断增加的复杂性进行记述,他们坚称,媒介在社会和政治文化里的作用正在发生根本的变化。亨利·詹金斯描绘的"融合文化"颇有影响,尤查·本科勒的《网络的财富》(*The Wealth of Networks*)亦有影响,曼纽尔·卡斯特的《传播的权力》(*Communication Power*)在他的三卷本《信息时代》的基础上又有发明[13]。

亨利·詹金斯从今天媒介产业的关键参照点出发(实际上有助于澄清这个参照点),这个参照点就是"融合"。他说:"媒介跨越多种平台流动,多种媒介产业合作,媒介受众漂移;为了寻求各种娱乐体验,他们几乎无处不去。"[14]他感兴趣的不是媒介传输系统的基本变革,而是使用中的"关联协议"电脑变化[15]。詹金斯的记述建基于媒介应用的文化,颇为有用,正是我们第二章里所谓的"与媒介相关的实践"。媒介界面的互操作性如今成了理所当然的能力,比如,传照片、视频、链接、歌曲或文本的能力已司空见惯。这样的互操作性改变了媒介内容流通的浓密度,加强了社会互动的媒介饱和度。在数字媒介时代,媒介富集的、社会合作的新形式容易形成。正如詹金斯所示,媒介产业总是关注维持受众的忠诚和注意,非常热衷于那种新形式形成的过程:在线受众的参与不仅容易追踪,而且成了不可或缺的产业资源。一种"融合文化"随即产生:积极参与的热心人在紧邻媒介产业的生产和营销界面生成意义。在詹金斯的《融合文化》里,这样生动的例子俯拾即是,比如网络上出现的仿真电视剧《幸存者》情节的"抢掠者"。

詹金斯讲述的这个故事对媒介产业意义重大;而且很符合更加情绪化的、个人化的营销受众原理[16],几乎已经成为一种新的正统,至少在媒介和文化研究里是正统。但对拓宽理解社会和政治,它又有什么意义呢?詹金斯用一个比方来说明如何理解融合文化:"如今,检视早期拓荒人和居民的经验,我们就可以得到观照融合文化的最佳窗口。"[17]无疑,早期互联网用户提供的窗口正是詹金斯想要突出的实践类型。但为什么假定,这也是观照大范围融合文化的最佳窗口呢?原因不在于这些"早期用户"是人口统计学上的特殊类型:詹金斯承认,他们的组成是"不成比例的白人、男性、中产人士,有大学学历"[18]。原因也不在于作为"粉丝"的他们更广泛地使用媒介。"粉丝"研究显示,就任何媒介对象而言,都存在参与和情感投入广谱的范围,我们每个人分布在不同的地方,我们的位置取决于我们瞄准的对象[19]。然而,詹金斯坚称,他描绘的粉丝体现了某种典型的文化特质:这是一种"新认知文化",因其他社会纽带的瓦解而日益重要;是一种知识生产的"更民主的方式",有助于更"参与性的权力形式";一种"创新思想"的新方式[20]。

他这些宣示有何依据？也许，詹金斯关于这些"融合文化"的例证为何重要的最大胆的言论是，它们显示，作为受众的我们正在学习的融合技能（选举、流通、评论、游说等）；他宣称，我们正在将这些技能用于"更加'严肃'的目的，正在改变宗教、教育、法律、政治、广告甚至军事行动的方式"[21]。但这可能是自明之理，在线的一切社会合作的可能性人人都能利用，娱乐、政治组织和其他合作的可能性都能利用。这也可能是有关政治领域的过分夸张：他有什么证据支持这番大话呢？他当作融合文化分析的大多数例子可以被描绘为消费者政治。无疑，消费者政治是政治行动的主要形式，今天如此，现代史上一直如此[22]。但这并没有对消费者政治与其他政治形式的关系做出任何说明，比如，对消费者政治和劳工权利的纷争、政治代表性、社会经济资源的配置有何关系，詹金斯并没有予以说明。粉丝抗议与那类政治的相关性必须分别予以证明。他所举的霍华德·迪恩（Howard Dean）参与总统选举的例子没有实质意义；他说，2004年迪恩短命的竞选是文化干扰型行动主义的例子。此外，他那"融合文化"观念只以美国的实践为范式，而且只选取了美国生活一个特殊的切片。阿尼科·伊姆雷问道，在诸如东欧这样的国家里，有所谓融合文化存在吗？在那里，粉丝的实践多半是舶来品，人们一般对美国文化形式投以怀疑的目光[23]。对界定数字时代所用的单一的"融合文化"比方，至少要抱比较审慎的态度。

尤查·本科勒对互联网规制和政策提出重要的干预建议，他的观点建基于更一般的权力论述：在数字时代，各地文化生产的经济学都发生了基本的变化。在《网络的财富》里，他写道：

> 很高的资本成本是搜集、加工和传播信息、知识和文化的前提，高成本已经广泛分布在社会里。高成本的入口闸不再是大型组织的汇聚之地，这些组织曾经是信息环境的主宰。相反，信息和文化生产的新型模式正在涌现。这些模式极端地去中心化，不但以合作共享模式为基础，而且以简单的协同共存为基础，在如何生产意义上，它们正开始承担越来越重要的角色。[24]

本科勒阐明，产业媒介生产的经济集中固然在逆转，却仅仅是部分的逆转；非市场形式的"共享"固然在生成另类的信息基础结构，但信息的基础结构至多不过与基于市场的媒介结构并驾齐驱而已。然而，本科勒憧憬的全新的社会叙事模式并不会因此而黯然失色；实际上他说，"我们有机会改变我们创造和交换信息、知识和文化的方式"[25]。安德鲁·查德维克（Andrew Chadwick）问道，这是一个初露端倪的变革，它表示人们有机会促进更大的政治进程吗[26]？的确，有潜在的可能性，但我们同时需要承认，本科勒的分析有局限性。

首先,在挑战信息生产的传统经济学里,本科勒提出了一些重要的设想。一个明显的设想是,"在计算机网络里感知环境、加工环境、传播新信息产品的机械手段的成本……大大降低了。"这不是本科勒故事的结尾,因为他的设想中还有一个重要的资本形式:人的传播能力。如果我们看具体的场所,这种能力还是稀缺的;不过,互联网的分布式能力克服了场所能力的稀缺;有了互联网,通过本科勒所谓的文化行为的"颗粒间隙",生产和分配任务就可以分解为模块[27]。然而,从另一个尺度看,新闻生产的急剧变革显示,资本正在从电视新闻演播室和报社新闻编辑室里退出来[28]。实际上,本科勒经济分析的实用性取决于一个条件:我们讨论的是哪一种"感知环境的机械手段"。本科勒说的是"计算机网络",这说明,他心中所想的主要是信息环境基础结构里的经济储蓄,他详细列举的例子就是证明[29]。但人们想要和需要的实在的信息包(如国外消息或经济消息)的"感知"成本也降低了吗?看来并不明显。由此可见,本科勒论述的实用性取决于一个隐性的设想:人们的需求正在从半个世纪里典型的供给类型转向其他的供给类型,正在转向其他供给类型产生的后果。但这样的需求变迁并没有得到证明。试想想政治新闻:新媒介与政治信息的关系需求面和供给面同样重要,我们对需求这一面的研究少得多[30]。我们不知道,需求是否正在用供给变化产生的新媒介资源来重新定向。克莱·舍基指出,政治变革或社会变革需要的绝不只是技术机会,还包含新型媒介生产的动机以及相关的文化需求。否则,互联网上正在形成的数据分享习惯就不可能产生真正的"公共价值和公民价值"[31]。

其次,本科勒的描述并没有详细分析人们使用新媒介风景的情况。例子之一是他对互联网结构的讨论:他只用网站链接的文献[32],至于这些网站与使用(或不使用)这些网站的用户有何关系,他却只字不提。作为司法和政策改革的刺激因素,他提出的愿景是事情可能会怎么样,而不是事情现在如何。然而,对分析技术变革如何影响日常的文化和政治,理解媒介使用的实际"地貌"是至关重要的。

从第二个问题自然流出了第三个问题。既然他不描绘媒介使用的实际情况,他自然不会描绘基于媒介使用、围绕媒介使用的广阔的社会实践和社会组织。他可以说,互联网个人用户的日常语境并不像我们设想的那样重要。他举了两个例子说明"网络化公共领域"[33]。第一个例子描绘网上的竞选造势。辛克莱广播公司厚颜无耻的政治决定引起公愤。在 2004 年总统选举前一个月,它决定播放攻击克里的纪录片《窃取的荣耀》(*Stolen Honour*)。愤怒的人们动员起来,劝说广告商撤销广告,使辛克莱广播公司的广告收益立即受损,其股价惨遭打击,最后它不得不撤销这个节目。第一个例子描绘 2002—2003 年反对迪堡电子公司的运动。那是紧随 2000 年极富争议的总统选举之后的运动。该公司制造美国选举用的选票计算机。抗议者常常是学生,他们组建网络,成功保护了泄露的或发现的文档,这些不区分的数据对抗迪堡公司的司法威胁,使该公司撤走加利福尼亚州的选票计算机。本科勒用这两个例子说,"网络拓扑学使人的立场迅速形成,经过过滤和整合,抗议者的立场迅速崛起。网络拓扑学促成了公共领域的要素,而不是损害了这些要素"[34]。

本科勒的"网络拓扑学"说的是:计算机技能的普及,"分析共同关怀的小群体"在网上的迅速出现和协调,以及在此基础上的后援动员。本科勒列举有力的例证,说明政治抗议的基础结构业已变化:新基础结构对"社会生产习俗"的支援为短期、突发的政治行动创造了足够的语境;在选举期间,当民主程序的合法性受到危害时,这样的语境尤其容易形成[35]。无疑,正如皮埃尔·罗桑瓦隆(Pierre Rosanvallon)所言,在过去的数十年间,反民主(counter-democracy)的库容大增,对抗和拒斥的政治增加:可以说,网络大众正在成为威廉·达顿(William Dutton)所谓的"权力的第五界"(fifth estate),正在产生压力,促成新型的政治责任[36]。但积极的政治行动(政策的推动、提倡和贯彻)的新工程生成和维持的社会语境又会发生什么样的变化呢?我们需要更多地了解这类积极的社会形式和政治形式,它们使积极的政治行动成为可能,并具有意义。

这就把我们引入曼纽尔·卡斯特对传播和社会理论的研究。简言之,他的《传播的权力》论述的是,在过去的数十年间,社会和政治组织业已大变,变化来自两个方向:① 网络的兴起决定资源的分布,提供社会组织的结构,使人们跨越国界联系起来;② 意义在网络里构建,因为权力总是需要合法化和文化变革。无疑,第一个因素至关重要,但第一个因素和第二个因素的关系是什么呢?他的书规避了简单的乐观主义或简单的悲观主义,实为正确之举。网络权力削弱国家权力,使控制主要网络节点的人拥有重大的影响力,手握从一个节点到另一个节点的语境转换和资源转换的人比如鲁珀特·默多克,尤其拥有重大的影响力。然而,政治对抗本身形成巨大的网络,能迅速动员起来打断日常政治,甚至能推翻政府。在文化领域,权力绝不可能是绝对的,因为文化总是向多种解释和再解释开放的。然而,掌控网络的权力能大大影响传递给一般民众的讯息,影响问题的构建,导致稀奇古怪的误解。例子有:21世纪初每个人普遍相信,萨达姆·侯赛因在"9·11"攻击中插了一脚。卡斯特对网络社会的叙事很有用;按照他的描绘,空间流动(媒介网络的意义流动,金融等网络中的资源流动)扰乱了国家政治,使"传播的权力和代议制的权力出现系统的脱节"[37]。他对媒介网络和金融网络在全球范围内融合的分析尤其给人启示。

卡斯特并不宣称,他提出了全面的权力理论,他只集中讲政治权力[38],几乎没有花时间讲不同种类权力的标准区分。相反,他提出了更激进的理论:第二等级的权力理论,第二等级的权力是支撑社会的权力空间,处在全球第二等级权力的范围内。在乌布利希·贝克解构作为权力容器的民族社会的基础上,卡斯特试图从外部"确认权力(地方的、国家的、全球的权力)的社会空间网络……以描绘社会的形貌"。卡斯特提出著名的"网络社会"的概念,这是跨越国家边界的"围绕数字传播网络(但并非由其决定)建构的社会结构";他宣称,"全球网络""建构一切社会"[39]。他摒弃一个观念:社会"建基于共享价值"而不是"关系权力"。他认为,"关系权力"建基于"胁迫能力和传播资源",进而给社会结构引进一个文化成分。他这样的分析与本书第三章和第四章有充分的兼容性[40]。本书其余章节也不能被解读为是对他这种网络概念的排斥[41]。

这种描绘展现出令人称奇的平衡,同时也产生了重大的不确定性。第一个不确定性是,驾驭网络的权力和网络之内的权力究竟如何转换为超乎网络流的其他形式的权力呢?反过来,逆向的转换又如何实现呢?卡斯特坚称,"掌握权力的人决定什么有价值",价值是在网络中生成的;同时,个人有能力对网络中流通的意义进行解读、使用和"重新编程"。他对新闻如何影响人的记述注意到了日常语境的作用,并证明了人们只注意"明显与自己的生活和经验相关的课题……的新闻";但有一个问题却没有解决,在解释社会化政治进程时,语境和网络相比,分量较轻;显然,日常行为的语境不可能简约为网络的运行,也不能简约为人们在网络里的定位[42]。

第二个不确定性是,全球传播网络传播国家政治进程里不能传递的价值(可考虑2009年失败的伊朗革命),同时,需要什么样的语境和资源才能在时间上支撑政治动能呢[43]?为什么2008年动员起来支持奥巴马竞选总统的短期"实践共同体"不能维持下去,在他任期的前两年里支持他那些"政战"呢[44]?

第三个是更基本的不确定性。社会究竟是如何靠传播网络"构形"的呢?即使需要网络作为运行的手段,经济权力、军事权力和司法权威都是不能简约为网络运作的。如果像卡斯特所言,国家的暴力垄断维持其"决定性",国家就必然是超乎"维持其他一切非传播权力网络正常运行的默认的网络"。

除此之外,还有一些关键的平衡问题。如何衡量大众自传播(在线社交网、博客等)对约束力量的抗争呢?这些局限因素可能会妨碍有些人,使之永远不可能积极上网,使之选择非政治语境的取向[45]。乔迪·迪恩(Jodi Dean)指出,在日常生活中,这样的传播被纳入了公司的框架;即使我们认为迪恩的概括太悲观,形塑政治动因的深层等级系统(含阶级和性别)也是必须考虑的因素[46]。我们有什么根据认为,诸如此类的等级结构不再形塑人们对自己行为重要性的判断呢?

卡斯特所举的网络政治的例子(奥巴马2008年的总统竞选、数十年全球环境政治的发展)绕开经济里的日常权力斗争(工作权利、对公司权威的挑战)。在有些国家,劳工在推动民主中发挥了重大的作用;在美国,人们心目中新政治文化的载体(年轻人)却最不可能是劳工或政治群体的成员。在这样的情况下,新网络政治里的辩论对劳工行动主义的忽视实在是耐人寻味[47]。我们需要更深入地洞悉,非政治(经济、司法、社会)的权力形式如何形塑个人政治行为的机会。

"网络社会"这个混杂概念里隐含的"社会"概念仍然有一点玄妙。卡斯特试图启用一个新词"social"。他说:"网络化社会的技术变革和组织变革是否提供了物质和文化的基础,使网络化的自我管理的、无政府主义的乌托邦成为一种社会实践呢?"[48]

但这句话隐含的意义并不明朗:横向的网络等于卡斯特所谓的社会吗?如果两者等值,究竟什么使横向的网络成为够格的社会实践呢?这样的网络如何与我们接触的其他比较浅描的社会语境产生关联呢?卡斯特还说,"人们如何看待他们生活之下的制度……这决定着谁行使权力、如何行使权力"[49]。不过,他举例详细说明我们如何重新诠释权力(基于全球变暖的政治发展)时,那光鲜的语词却有点古怪:"我们必须对我们的传播环境里的网络重新编程,借以给我们的脑子重新编程。"[50]在这里,他完全绕开了"社会"(包括媒介内容被诠释和应用的社会语境),于是,社会网络和个人认知过程全都塌陷而为一个单词:"编程"。卡斯特并非没有察觉,在他这些言论里,"社会"莫名其妙地化为泡影了。实际上,他在稍早的著作里坚称,在网络社会里,"人、场所与活动都失去了结构意义"[51]。卡斯特将政治诠释简约为"网络"和"自我"的冲突,在某些方面,在高度个人化的寻求意义的时代里,这有一定的道理,因为在碎片化受众和在线消费追踪的时代里,政治信息也是以个人为目标的[52]。然而,在维持个人行为的长期语境这个课题上,他的理论思辨显然欠火候:个人不能单靠自己理解这些概念。实际上,安德鲁·巴里(Andrew Barry)指出,社会上网络的比方"没有给网络包含和形成的裂隙、碎片和缺口……赋予什么意义"[53]。一整套社会学概念(动因、社会语境、阶级、身份、价值)似乎消失得无影无踪,经过一番蒸馏,成了平淡无味的赛博暗喻了[54]。

社会形象里的这种缩减效应是以上三位论者共同的特点,也是其他论者的主张[55]。我们看到,克里斯塔基斯(N. Christakis)和福勒(J. Fowler)(两人均为医学界人士,同时又是论述连通性的通俗作家)依靠对社会生活的浅描,更多依靠的是生物学和社会学知识,这不足为奇。令人注目的是哈特(M. Hardt)和内格里(T. Negri),他们批评资本主义,备受欢迎;同时又摒弃"统一的社会机体"的概念,启用了一个新的社会概念,但又没有对其特征做任何界定:"我们在后现代社会里体验的是一种社会肌肤,而不是一个生命实体,这是普通的、活的肌肤……众多人组成的肌肤是一种纯粹的潜能、尚未成形的生命力,在这个意义上,它就是社会存在的要素,常常以生命的充实为目标。"[56] 这段话里的缺失比卡斯特更严重,它缺乏对具体资源和行为语境的感觉,缺乏对持续的政治动员所必需的历史机会结构的感觉,简言之,就是缺乏"社会制度"[57]。尽管人们围绕传播技术寄予了如此之多的改天换地的希望,但正是这些社会制度确保了传播技术的终极结果:强化现有的网络。移动电话和在线网络的早期证据已经指向这个方向[58]。吉斯·汉普顿(Keith Hampton)及其同事猜想,今天强化的网络可能会是这样的信息流:它"仍然像传统乡村生活那种压迫性的、内向的结构"[59]。

宣传互联网的大话和社会过程的浅描结合起来,产生了埃夫琴尼·莫罗佐夫(Evgeny Morozov)所谓的"网络幻觉"[60]。这妨碍我们理解,互联网如何对民主化所需要的制度结构作出了什么贡献。如果没有更多的社会学理论支持,"网络"一词就有空洞化的危险[61]。在这里,吸收另一位理论家的思想不无裨益。已故的查尔斯·蒂利将民主定义为:"国家的行为符合公民需求的程度。"他指认了民主化出现的三个宏观条件:

(1) 受信赖的网络被整合进公共政治;
(2) 公共政治与类别不平等绝缘;
(3) 主要的非国家权力中心脱离公共政治的自主性受到压缩[62]。

这里暂且只说第一条,第二、三条稍后再说。蒂利重点不是说,我们需要更多的信赖,而是更加委婉地说,受信赖的网络需要整合进大范围的社会组织,尤其整合进公共政治的讨价还价过程。这样的整合不要求人民更信赖统治者(常常是相反的要求!),而是让人们"珍视的企业"承担民主政治进程里固有的风险。他们需要更信赖的过程,接受"互相约束性商榷"的过程,接受基于过程之上的判断结构[63]。反过来,正如皮埃尔·罗桑瓦隆所言,人民需要一个"合法、显性的总体结构",政治行为生于其间,还需要一个公共空间,共同的问题可以在这里想象和讨论[64]。这是一个关键的链环,与之相连的是符号实践的问题,以及政体表现方式的问题。

第二节　数字媒介、政治与社会转型

我们不妨回顾大卫·伊斯顿(David Easton)关于政治的经典定义,他将政治视为"商品、服务和价值的权威分配"[65]。这个定义太狭隘,因为它没有考虑围绕什么是权威而展开的诸多竞争的可能性,也没有考虑需要什么商品来分配。这样的竞争不是抽象的"元政治",而是实实在在的政治。除了这一点修正之外,伊斯顿的定义是一个好的起点,足以让我们考虑数字时代的政治条件。为什么? 因为它指认了我们必须随时牢记的清晰的一维:权威。政治合法性是继之而起的问题。

权威与评价相关。法国社会学家波尔坦斯基和泰弗诺坚称,社会不再由共同的价值整成一体。如果我们以他们的论述为出发点[66],那么,任何变革性政治都有一个先决条件:日常生活里某些或一切重要的评价方法必须变化。形塑政治前提条件的第三个维度是构架(framing),即"世界"的建设,这是政治活动里建构和转化的世界[67]。媒介是构成这些政治语境维度的关键要素。卡斯特论述的力量在于,它承认所有这三个方面;然而他的网络社会理论几乎不涉及权威、评价和构架之根的社会领域[68]。如果我们更认真地审视媒介在这个基础的社会层次上所起的作用,我们对数字时代的政治和社会的论述又会是什么样子呢?

在短短的一章里,我不能给诸如此类的问题提出圆满的答案,但如果浏览论数字媒介和政治的大量文献,我们就可以辨认一些关键的社会因素,将其融入更充分的理论表述,厘清数字媒介改变政治的方式。我在第五章的论述以前四章为基础,并有所发明:第二章讲了与媒介相关的习惯复合体,第三、四章讲了媒介在表征社会世界方面的作用。在这里,我先讲政治里的"谁":什么人或什么物可以算是政治的动因? 然后我讲政治里的"什么":什么物能以多种方式成为政治的动因,即审议、行为、决策的作用。最后我讲政治里的"为什么":什么样的大语境或框架使某些政治行为人/行为成为可能或不可能? 此外,我们还要提防,变化中的"谁、什么和为什么"等政治要素有副作用。这些副作用可能会形塑时代的政治变革,正如布鲁斯·宾伯所言,在我们这个时代里,民主本身"的信息越来越丰裕,传播越来越密集"[69]。

一、政治的两个要素:谁和什么

政治参与者的集合总是比主流政治制度及其代表人物的官方清单大得多。对未被授予说话权威的人而言,暴力或非暴力一直是政治行动的一种方式。与国家的合法暴力(马克斯·韦伯语)相比,这种暴力处在合法政治的边缘:它常常不被赋予政治的名义,而是被称为"恐怖主义"。关于新数字政治的论述首先关注的不是暴力的政治。相反,它们集中宣称,数字时代造就了新型的合法政治行为,这就是被承认的政治话语行为人发出的新的声音。

本科勒所谓的互联网的拓扑学使新型的合法政治行为人成为可能。首先是网络行为人:他们是政治协调的分布式行为人,跨越空间把许多个人、群体和立场联系起来,不需要一个物质实体的总部,也不需要受束缚的社会成员身份。到20世纪90年代,由于非政府组织的在线网络的崛起,以及墨西哥查帕蒂斯塔民族解放军的造反,网络行为人越来越凸显出来。1999年西雅图的世界贸易组织峰会遭遇的抗议风暴以后,一个全新的网络化政治组织的传统出现了[70]。互联网创造了条件,使非正式的政治行为人能够组织和构建网络共同体,挑战国家政治的边界。设计精致的运动网站比如英国的反垄断网站(Tescopoly.org)可以命名一个挑战的地盘,为地方的运动提供网络资源,为维持将来的动员和缓冲器行动提供一个参照点。如此,它们拓展政治行为的容量和规模,使日常的政治行为成为可能;在此过程中,政治行为人的范围也得到拓展。国家范围内的政治行为人迅速发展,以英国的母亲游说网(Mumsnet)为例,该团体从一个小组很快成为一个兴趣相同的共同体[71]。

为什么会这样迅速发展? 首先,远距离匿名行为的可能性减少了怕报复或尴尬的行为障碍。一般地说,互联网是"网中之网",使联网行动者容易互相联系,以构成更大的网络。互联网上的欢乐也至关重要,非正式的连接很容易实现,不涉及彼此的差异;面对面交流时,这些差异倒可能成为区隔人的疆界[72]。劳伦·朗曼(Lauren Langman)宣称,互联网需要我们全盘重新思考"政治动员"的性质。我们不再可能知道,一个政治动因会以什么形态出现:网络化的可能性太多了[73]。法学界人士贝丝·诺维克(Beth Noveck)作出了最激进的推断:政府应该在司法上和政治上承认,网络化的群体是负责人的实体,能对政治决策作出贡献。2011年,冰岛政府在网上征求对新宪法的意见,这也许是诺维克建议的第一次实际应用,虽然这个国家只有32万人[74]。

其次,出现了新型的个体政治行为人:不仅有人格魅力的政党领袖或罢工领袖、授权对主流政治发表评论的人(记者)、沉默的党员或示威者可以突然获得政治行为人的地位,而且没有任何政治权威的个人由于网上当选也能一举获得这样的地位了。

博客是一种令人注目的现象,超越了政治"评论"(本书第二章用语)的范围,但其具体含义尚难确定。个体博客人是真正的政治新声音吗? 有些人无疑是这样的:比如,2007年,中国厦门市民上传图片和文本抗议议定开建的化工厂;2011年一、二月埃及起义期间,警察打死的哈立德·萨伊德(Khaled Said)是一位博主,也可能并非巧合。但许多博主是旧式的政治精英,其声音储存在印刷品里,而不是在政治密室里回荡[75]。

国际比较使分析的复杂性大增。在韩国,2005年的博主逾1 500万,与之相关但有独立的公民新闻社群"我的新闻"网站(OhMyNews)似乎真能代表广大的民众；他们自动员的能力在最后一刻逆转了总统竞选的选情。在中国，2009年年底活跃的博主据报多达1.4亿。尹海青（译音）指出，中国博客世界与主流意识形态维持一种游戏的关系，但这种幽默和评论在政治上对威权主义的政府构成挑战。在伊朗的威权主义制度下，活跃的个人和群体博客世界具有相当重大的政治意义，他们显然在与主流政治抗争。美国和英国的比较复杂。2009年，18—29岁的博客人减少了15%；与此同时，在碎片化的美国政治空间里，抱团的博客人划定地盘、捍卫一点点获得的新地盘；他们的言论常常超乎正式的政党或组织，如果被主流媒体引用，他们就能把政治频谱拽向以利于自己的位置；在这样的情况下，政界人士（如萨拉·佩林）可能暂时放弃官方的地位，回归博客、脸谱等网页上的个人。在英国更集中化、竞争较弱的政界，重要的政治博客人比如圭多·福克斯（Guido Fawkes）和伊恩·戴尔（Ian Dale），在一定意义上是评论人的数字翻新而已，他们总是在政治影响的边缘徘徊；不过，当他们的博文经常被主流媒体采用时，他们就拥有了权威（圭多·福克斯2010年对外交大臣威廉·黑格的揭发即为一例）[76]。看起来，这更像是对主流新闻的强化，而不是与之抗衡的反逻辑[77]。

考虑广域的互联网时，我们看到，个体政治行为人里等级化的压力是很大的。个人的网络能见度不是偶然的结果，那取决于被搜索引擎采用（优先顺序以链接次数为基础），取决于网络用户的推荐[78]，或取决于被嵌入系统比如手机应用系统推荐的次数。前两种与旧式的巩固政治权力的方式差不多，推荐的博客来自主流媒体的行为人时，尤其类似旧式的方式[79]。被大肆渲染的推特的民主潜力也有耐人寻味的集中化趋势：互联网生态研究项目（Web Ecology Project）发现，2009年伊朗革命期间的推特博主中，59%的人只发过一篇博文，顶尖的10%推特用户却发出65%的博文[80]。

然而，我们必须承认潜在政治行为人的成长。以英国为例，有一些博客和微博客写制度生活，他们对政治辩论的贡献尚未得到承认，但只要有合适的政治语境，他们就能从阴影中冒出来：原本被禁止公开自己工作情况的医生、教师、警察、妇女、军官、法官、医药公司的雇员在微博里发声，冒出来了[81]。这个潜在的个人政治领域是新现象，只有在互联网的网络科技中才能出现。跨边境协调的政治行为（维基解密）可能会扰乱旧的规矩：信息和贸易流往往是紧紧捆绑在一起的[82]。新的政治行为产生广泛的政治影响，但这些后果未必是好的[83]。这个结果是政治行为的一个新的储备。

我们承认，政治行为的频谱在"信息丰裕"的时代拓宽了，产生了布鲁斯·宾伯所谓的"后官僚主义政治形式"。但识别新的政治行为人还不够：我们还需要了解他们的行为如何铆接起来的条件，借此，他们的行为形成长长的"行为链"，并被承认为政治里的"什么"要素的构造成分。政党之外的主流的政治博客就成为常规的媒体信息源,于是,他们就成为政治"行为链"的一部分;不过,大多数博客人不可能获得这样的地位。无疑,新的网络在全球政治中有一定的能见度,但它们有多大的持久效果呢?公民议政常常和权力的实践脱离;同时,网上露面要走出精英的小圈子,并转化为现实生活里的在场与合法性,那是有困难的。因此,马修·海因德曼对博客作了冷静的评估。他说,博客是"新精英媒介",在民主国家里,博客的作用是难以否定的。我们应该记住,许多小规模的民主"亚行动主义"缺乏桥梁,难以和连接到"正式制度领域的……决策机制"[84]。

然而,原则上,分散的公众很容易在网上联系起来,如此,围绕具体问题或政治危机的"公众的公众"就应运而生[85]。我们看看几个例子。在过去的十年里,欧洲、北美等地的反全球化网络是显性的政治行为体,而不是隐性的政治行为体。但它们的行动在多大程度上影响了主流的政治议程呢?或者说对市民的政治理解产生了多大的影响呢?暂不论与主流议程贴近的网络行动体(非政府组织),可以说,在过去的20年间,虽然政治行为人的范围扩大了,但西方的政治议程几乎没有变化:实际上,在过去这个时期,新自由主义的政策议程大体上维持不变[86]。原因的解析可能就在于上文确认的三个维度:权威、评估、构架。虽然政治行为人的队伍扩大了,但政治变革还需要这三个维度。政治权威的分布要变;权威的变化必须植根于评价方法的组合变化;评价方法的变化又取决于一个条件:界定社会关怀和政治需求的空间是如何构建的[87]。这就需要跨越性别、年纪、族群和阶级的结盟。正如近期一项印度尼西亚的政治研究所示,这还需要维持政治行动体露面的物理空间。完成诸如此类的变化颇为困难,即使资源雄厚政治行动体要产生广泛的影响也有困难。杰弗里·朱里斯(Jeffrey Juris)对反全球化运动的研究非常出色,他揭示了这些新政治行动体遭遇的种种挫折。新的政治行动体可能在网上出现,美国的茶党运动即为一例。但它只有67 000名党员(2010),却有两个关键的优势:① 它的造势和美国社会的主流评价方法(亲上市场、反国家、亲地方行动)一致,而不是对抗;② 它得到富裕大公司的支持[88]。

茶党这个例子把一个重要问题推向前台。推进政治行动基本资源转化、增大政治行动体名录的力量同时又是一切政治机构(含既有政治行动体)受益的力量。信息丰裕对机构性政治行为人的意义十分复杂。安德鲁·查德维克(Andrew Chadwick)指出,"互联网……给政治精英提供了许多机会,他们维护自己权力地位的方式即得到强化,又更见多样了"[89]。但机构也必须假设,凡是和它们打交道的人(雇员、顾客、承包人)都能写博客,所以泄露容易(按发送键就可以把邮件发出去),而且多数人有写博客或泄露信息的动机。结果,媒介机构热衷于控制新的新闻资源,急于寻找新的方式来转移摇摆受众的注意力,但它们却产生了新漏洞【90】。乍一看,机构性漏洞似乎有益于民主:揭示既定的机构权威,增加论争性政治的范围。但请注意,同样的机构性漏洞影响着政治机构本身,国家及其机构都受到影响。英国有总部错误的泄露(充满机密的笔记本遗失),美国有阿布格里监狱的虐囚照的泄露。对依靠国家资源的某些机构(如警方)而言,这样的信息在公共领域流传泄露或许有好处。机构漏洞的增加可能会产生个体政治行为人的新形式,我们重申,这样的后果总是需要参照其他的动态机制的具体分析。正如兰斯·本内特(Lance Bennett)及其同事所示,以阿布格里监狱的虐囚照为例,美国报界的运行以准战争状态为立足点,它们给虐囚照设定的框架是"虐待",而不是"动刑",借此将其后果"中性化"了【91】。

无论如何,个人的政治扰乱行为给我们透露的长远的民主化信息几近于零。创建新的政治机构的概率有多大呢?使这种机构拥有足够的权威去改变评价方法和挑战政治空间的框架,有多大的概率呢?我想说,概率是很小的。即使根基很深政治机构也难以"维持跨事件和问题的运行"【92】。相比而言,创建新的政治机构并使之拥有足够的权威去维持基金政治行动的计划,那不是困难得多吗?在政治丑闻已如家常便饭的时代,所有的政治权威都更加不稳定了,创建政治权威新形式的尝试的不稳定性加倍了。

总之,网上合作性的社交内容和政治内容的生产,显然有新的机会【93】。实际上,尤尔根·哈贝马斯①所谓的"公共领域"的边界和动力机制业已改变:过去向机构查询,过程缓慢;如今是快速的信息反馈回路,多节点之间的信息流动速度惊人,用中国话说就是"风风火火"【94】。转换性政治行为的可能性静悄悄地向短期扰乱性干预倾斜,偏离长期积极的规划。

二、变化中的政治参与条件(政治的"为什么")

太多的政治论述集中讲制度,忽视了个人层次,即市民的政治取向和技能。这个层次对理解人们是否有理由参与政治,至为关键。制度政治的动因日益脆弱,对尚未参与政治的市民而言,这样的变化产生了一些隐性的影响。兰斯·本内特(Lance Bennett)介绍了新近所做年轻人的"公民网上生活"研究,并指出,我们要承认,"政治参与的路径"范围广阔。但我们还要指出,政治参与在"赋权或去权语境里"的深层根基:"大多数年轻人不相信,跟踪和学习各种问题能转化为

---

① 哈贝马斯(Jürgen Habermas,1929—),德国社会学家、哲学家,当代西方马克思主义主要代表人物之一,著有《公共领域的结构转型》、《抗议运动和高校改革》、《知识和人类旨趣》、《交往行动理论》、《事实与价值》、《包容他者》、《现代性的哲学话语》、《后形而上学思想》等。

决策的能力。"在这样的语境下,虽然最近有意参加选举的人数略有上升,但认为下一次大选中会去投票的50岁以下的英国人还不到50%。显然,如果年轻人"不相信"自己的意见"会被人倾听","互动式"网络对他们的参与感几乎就没有什么助推作用[95]。政治社会化的前途和政治参与或不参与之间的缺口,事关重大。数字媒介未必会改变这一局面。同时,传统媒介的重要性常常超乎人们所料。在2010年的英国大选中,电视辩论普遍被认为是使人意见变化的事件,不过,社交网站上的评论放大了电视辩论的效应,至少对年轻选民和新选民有这样的影响[96]。

我们先说政治参与的"供给"面。暂不谈任何设想:今天的信息界面的互动性本身就是参与,因为我们在这里关心的不仅有"转换性"互动,而且有合作之举的真实可能性[97]。我们不妨回顾皮埃尔·罗桑瓦隆观点:今天的政治含有越来越多地刺激人参与各种形式的"反政治"——"人们以看门狗、否决权拥有者和评判者"的姿态参与政治;另一方面,参与"普通民主"形式的刺激的人越来越少,就是说,赞同明显的政治目标的持久的政治行为逐渐减少了。这里的问题不仅是,消极的联合比积极的联合容易组成[98]。罗桑瓦隆担心的变化是,自下而上构建政治可能性景观的刺激和反刺激因素的平衡正在转变:虽然他没有特别强调这一转变,但媒介正是促成和放大这一转变的动因。媒介协助负面行为聚集力量,引人注意,对制度行为人施加极大的压力。至于正面的政治行为,媒介使建设性的政治(含既有的和新颖的)因素失去平衡,对常规的"政治"领域构成挑战,将其描绘为危险的或暴力的,切短了新评价方法能建构的时间尺度。数字媒介风景加剧了这样的不平衡。

我们转向政治参与的"供给"面。今天,在什么情况下,基础结构里的刺激因素才能把个人行为转化为持久的政治行为呢?大多数情况下,决定性因素是大型行为体,它们对媒介生产和传播的网络施加影响,主导着世界大事的建构[99]。大众自我传播依靠的资源所产生的越来越多的推销性资源群都掌握着大公司等大型行为体的手中[100],于是,评判个人政治行为的风景就受到影响。任何个人话语的刺激因素大大增加,媒介消费的超饱和环境随即产生,个人不太可能从这一环境里挑选注意和参与的主题。20年前达尼洛·佐罗(Danilo Zolo)就指出,各种形式的注意都使人的受益增加,这就意味着,对特别的政治课题的注意就有所减少;自然,对政治的被动注意减少,主动注意就更加少了。不错,如我们大家不看电视,我们就有更多时间去跟踪网上熙熙攘攘的政治传播,但在信息和意见流无穷多的时代里,这样的"认知盈余"足够吗?在后官僚主义政治的时代里,传统的忠诚和"利益本位的政治附属关系"不再那么重要,短期"事件本位"的忠诚更加重要了。与此同时,制度变化使旧的公民责任模式不再稳定,造成了日常生活中社会化公民两个维度的鲜明鸿沟,对年轻人尤其如此[101]。

至于人们实际使用数字媒介的情况,遵循证据而不是媒介的宣传尤其重要。帕布洛·波切考斯基对阿根廷新闻生产和受众对于旧内容的宏富研究显示,大多数新受众不读博客或网上评论,最多不过扫描这些主页上的标题,不点击网页提供的新闻链接[102]。与此同时,虽然丹麦的互联网很普及,政治效能高,但是参与网上政治评论的人很少,用社交网站谈政治的人也很少[103]。上网本身不足以说明什么问题。正如马修·普赖尔(Matthew Prior)在美国的研究指出,"看娱乐节目多新闻节目少,接入有线电视和互联网的人,对选举的情况知之较少,投票的可能性也较小,不如其他群体的人"[104]。部分原因是,美国没有正规的"公民环境",没有建设性政治行为的有意义的语境(茶党的负面政治是一个吊诡的反证);另一个原因是,跳过政治知识、直接点击网上娱乐轻而易举[105]。

任何转换性政治策略都试图协调话语和行为的新形式,而这些新形式的作用是转换日常生活的结构;这样的策略还必然挑战得到媒介提升的、浸透日常行为的要求。请考虑工作场所事无巨细的监管手段;与监管联系的能力可以和组织雇员工作生活的预想性叙事("对象"、"任务"、"个人目标")联系起来。监管饱和的工作环境的要求转换成了互相监管的社交、休闲和消费的环境[106]。这样的监管将复制压力,产生八卦、"泄露"、揭秘和丑闻。互相监视始终是社会生活的一部分。然而,数字媒介支持的互相监视越来越接轨机构监视的快速、广泛和连续不断的监视。与此同时,正如波尔坦斯基和卡佩洛所言,网络生活增强的流动性压缩了社会资源,集体借以建设和维持的可供选择的价值资源就减少了[107]。马克思通过"经济生活的沉闷压制"看到了转换性政治所受的约束[108],如今,这样的约束获得了一个社会文化维度:我们不妨称之为"媒介饱和生活的沉闷压制"。

于是,一方面,潜在政治行为的可能性比前数字时代获得了更多更好的资源。这一变化不依靠个人掌握新技术,所以它超越了富国的圈子。如今,网站、手机、社交网和推特对政治行为的影响遍及全世界:上一个十年从菲律宾到伊朗,这一个从突尼斯到英国的"英国反避税运动"(UK Uncut)[109]。然而另一方面,由于相互关联的原因,积极政治和新政治制度建设的长期战略却受到更大的束缚。今天放大了媒介环境里大量的"噪声"填满了新闻周期的缺口,这和旧媒介环境无异[110]。更微妙的是,妨碍人们冒积极政治(劝说他人改变生活方式)风险的互相监督和社会评判,得到加强了。网络化更有效地截断了"沉默的螺旋",反政治都不顺从的螺旋不能再转了[111]。这就构成了双重的运动,一是"反民主"的高涨,一是对"普通民主"约束的强化;在可预见的未来,这个双重运动可能会形塑政治革新[112]。在这个背景下,如果主流新闻的参与性越来越强,那又意味着什么呢[113]?

上述分析对民主化有何意义呢?让我们回到蒂利的民主化三条件。在数字时代,他的第三个条件——"主要的非国家权力中心脱离公共政治的自主性受到压缩"的地位有所上升了。所有的机构都有了更大的通透性,对媒介的细察和丑闻抱开放的态度,于是,任何制度权力中心都难以和公共政治隔绝了。诚然,某些网络(如罪犯的网络)能隔绝,它们只能靠不公开来实现隔绝。蒂利的第二个条件——"公共政治向任何社会类别的参与者开放"并不明晰,因为它取决于不平等的程度:主流的评价方法在多大程度上强化了类别的不平等。在有些地方,比如严重限制妇女参政的地方,媒介景观可能会提供机会,让人挑战旧的评价方法[114]。在另一些地方,比如第四章提及的地方,平衡可能指向了另一极。蒂利的第一个条件——"受信赖的网络整合进公共政治"在数字时代不太可能得到提升,这是因为政治信息饱和度的增加意味着,信赖支持必须实施磋商的机构的理由减少了,人们不再信赖这种磋商机制的理由增多了。与此同时,更多的政治决策层次脱离了民主程序存在的空间[115]。

新的民主化潜能至多是模糊的、不完全的;相反,数字媒介去民主化的潜能(弱化现存民主国家的制度基础)多种多样,连续不断。此外还可以考虑主流媒体遭遇的继续不断的压力,其趋势是政治立场窄化,政治经济学早就注意到这个趋势[116]。我们要谨防这样一种态度:赞扬"传播本身是一种技术事实……其固有特征是善"[117];同时又不要忘记,传播形式本身不足以建设和维持全新形式的公共政治。

第三节 公共政治的新路径

但新的民主化潜能很大程度上取决于你的立场。至少"新政治"所受的约束应该和希望同时考虑。没有希望,政治就一文不值。菲利普·霍华德勾勒了凄凉的一景:"虚弱的政体"(thin polity),断言"巨量的信息供给只有极少一部分由公民分享了"。这一景观在美国(和英国)发人深省[118],对政治动员特殊的等待阿拉伯世界却未必适用;由于其人口结构,长期的新殖民主义、威权主义和贫困化加剧,阿拉伯世界的情况有所不同。实际上,这一景观也不适用于中国;在这里,庞大而年轻的网民队伍日益增加,用数字平台协调行动[119]。只有大家共享急需的感觉时,持续的政治动员和变革才能出现;只有在大家觉得,已有和必需资源的差别很大时,协调行动才是必要的。不过,在这个时代,全球经济和社会危机在加重,联合国粮农组织警告,食品短缺的动乱在增加[120],政治动员和变革的需求也许正在出现。地方政治化的压力常常会在全球媒体的舞台上演出。

数字媒介为公共媒介和公共政治提供新的基础结构。这就是杰里米·吉尔伯特(Jeremy Gilbert)所谓的"另类的媒介基础设施"[121],民主化的媒介"基础设施"想什么样子呢?我们看到,尤查·本科勒指认的特征有:妨碍非机构文化生产的主要的经济(和实践)障碍被消除了,但对信息需求的动态机制,他却言之甚少。当政治需求存在时,对信息、协调、解决问题和动员短信需求产生时,与媒介相关的实践中可能会出现新的新闻和动员的资源,还可能会出现一种新型的媒介使用者,他们需要取自社会公共资源的评论和信息,这是远远超越媒介机构的公共资源[122]。这种新型的媒介使用者可能会成为媒介基础设施的一部分,他们凭借的是对其他使用者的要求,以及"搜索赋能"、"展示"、"归档"(第二章)的行为:展示抵抗的形象,或首尔2011年市长选举时的投票活动;交换不公正的故事;集体建设抗议活动的工具箱和共同使用的媒介文档;交流跨国界的共同斗争经验[123]。2011年阿拉伯之春的革命(含成功的和中断的)可供我们研究其可能性和局限性。无疑,社交网站生成了流行政治的新形象,开辟了一个新的历史阶段,展示了技术在政治形式中隐含的意义;如此,瓦尔特·本雅明(Walter Benjamin)的现代性政治文化视野就得以延伸了,他认为,这种政治文化的基础是"消遣状态"中的感知[124]。也许,这些平台甚至偶尔产生反媒介中心神话,抗衡现存的国家/媒介关系。"脸谱青年"的概念里就含有这样的意思,许多流行话语和新闻话语认为,这就是阿拉伯之春的关键因素。推特网上有一帧照片,一位阿拉伯人手举的牌子上用阿拉伯文写着:"谢谢你,埃及的YouTube青年。坚定立场,我们不会离开。"也许,这就是民主化的可能性,但社交网在阿拉伯起义里的作用大概是被夸大了[125]。

只要受众共享同样的社交网工具,哪怕在多元的社会里,这些发展动态都会激励社会动员吗?在一定程度上会的,这样的转化型公共领域已经在实现之中,但其实现方式与现有政治机构的回应方式格格不入[126]。在2011年的金融危机中,西班牙和希腊的社会运动呼应阿拉伯之春的诉求。但这里的关键因素是需求,从绝望中生发出来的政治需求。至于这样的压力是否会在英国出现,我们还得拭目以待:2011年8月的动乱也许是一个早期的预警信号。需求是政治参与的主要驱动力[127]。媒介的基础设施,无论其动态活力如何,本身都不会产生政治需求。媒介和政治的社会学必须承认,许多惰性的力量通常(在特殊需求之外)使变革难以发生。新"话语共同体"(罗伯特·乌希瑙[Robert Wuthnow]语)可能会出现,而且能维持,数字媒介将在这个过程中发挥作用;但这个作用只能通过多重相交的压力和机会实现。"网络社会"理论并不辨识社会互动的浓密语境,长期的话语团体则需要这样的语境。目前很难预测,互联网对长期的国际政治有何影响[128]。

由此可见,至关重要的是明确区分四种情况:① 大众政治新形式的出现(见诸2011年初的阿拉伯世界);② 精英政治情况的长期变革(武装力量对阿拉伯政权的力量和忠诚度是变数);③ 全新政治进程的出现;④ 最好是走向更大的民主化。对阿拉伯之春的早期解读往往模糊了第一种和第三种情况,忽略了第二种和第四种情况[129]。

我在本章开头问:什么社会观念在理解数字媒介对新政治的影响中至关重要?不是局限于民族国家边界的观念,因为政治变革所需的许多资源是跨越许多国家的信息或社会资本。也不是面对面接触优先的观念:这是不可能的,因为许多面对面接触在网上上演、传递、解读或绕开了,而且,网络还激发全新的社会想象[130]。我们需要理解的社会现象必须"密实"到足以记录人们日常众多资源(基本物质需求,以及争夺空间、时间和被承认的需求)的压力[131]。那些争夺不能被简约为地区之间的网络流,因为它们只能浓缩为地方语境里的需求和不平等。在那些地方语境里,进一步的不平等又被浓缩;拉图尔认为,"地方"把许多层次上起作用的资源纳入囊中,却不能勾销政治资源里的不平等,不同群体享有的资源是不一样的。从这些层层叠叠的不平等挑战中,政治机构真实的可能性浮现出来。规模在政治里仍有意义;数字的或非数字的媒介机构对规模的生产至关重要,在形塑政治机构可能性中仍然是关键的要素。

在这一章里,我们再次聚焦研究数字媒介平台的政治影响的一般问题,研究数字媒介对特定政治机构可能产生的影响。如此,我们揭示了大量互相竞争的动力机制,发现了一个核心的矛盾:一方面,政治竞争和怀疑的刺激因素在增加;另一方面,对积极政治建设的约束也在增加。在以下的几章里,我们将解释其他令人不安的悖论。

注释

【1】Wriston(1992:176).

【2】Katz and Rice(2002:150).

【3】Tilly(2007:xi).

【4】E. g. Martuccelli(2005),Urry(2000 and 2007),Sassen(2006),Layder(2005).

【5】Latour(2005).

[6] Marvin (1987) on electricity and the telephone; Douglas (1987: 23) on hopes that radio would bring world peace. On the pamphlet, see Thompson (1963: 805).

[7] Mosco (2004).

[8] Chadwick (2006: 3).

[9] Martuccelli (2005: 46 – 49).

[10] Wolin (2008: 288); compare Tilly (2007: 59).

[11] Bentivegna (2002: 54 – 56). Compare Coleman and Blumler (2009: 12 – 13), Bennett (2003).

[12] Clark and van Slyke (2010); Coleman (2005); Mutz (2008).

[13] Jenkins (2006); Benkler (2006); Castells (1996, 1997, 1998, 2009).

[14] Jenkins (2006: 2).

[15] Jenkins (2006: 13 – 14).

[16] Arvidsson (2011).

[17] Jenkins (2006: 23, added emphasis).

[18] Jenkins (2006: 23).

[19] Abercrombie and Longhurst (1998); Harrington and Bielby (1995).

[20] Jenkins (2006: 27, 29, 4); Jenkins (2006: 235), discussing Pierre Levy (1997).

[21] Jenkins (2006: 4).

[22] Littler (2008), Micheletti (2010), Mukherjee and Banet-Weiser (forthcoming).

[23] Imre (2009a: 10).

[24] Benkler (2006: 32 – 33).

[25] Benkler (2006: 121, 23); Benkler (2006: 473, cf. 162 – 165).

[26] Chadwick (forthcoming).

[27] Benkler (2006: 52, 105 – 106).

[28] Fenton (2009).

[29] Benkler (2006: chs 2 and 3).

[30] Delli Carpini (2000).

[31] Shirky (2010: 157 – 159, 175).

[32] Benkler (2006: ch. 6).

[33] Benkler (2006: 219 – 234).

[34] Benkler (2006: 246).

【35】Benkler（2006：210，246，237，219）.

【36】Rosanvallon（2008）；Dutton（2009）.

【37】Castells（2009：298）.

【38】Castells（2009：5）.

【39】Castells（2009：18）；Castells（2009：24，53）.

【40】Castells（2009：13－15）. These arguments are broadly similar to the arguments against functionalism and for a cultural supplement to political economy in chs 1 and 3 above.

【41】On which, see Monge, Heiss and Margolin（2008）.

【42】Castells（2009：28，42，126）；Castells（2009：205）. There is an underlying ambiguity over what constitutes a node within a network（Hepp 2008）.

【43】Compare McDonald（2006：218）on the lack of attention to time in network theory generally.

【44】See generally Castells（2009：364－412，406）on "communities of practice", quoting Wenger（1998）.

【45】Castells（2009：417，427）；Castells（2009：196）.

【46】Dean（2002，2010）；and on broader constraints, see Pateman（1970）, Croteau（1995）, LeBlanc（1999）.

【47】On labour activism in China, see Zhao（2008b：310－315）, Qiu（2009：193－195）; on the general neglect of labour activism, see Lovink and Rossiter（2011）; on US youth, see Rainie, Purcell and Smith（2011）.

【48】Castells（2009：346，added emphasis）.

【49】Castells（2009：417，added emphasis）.

【50】Castells（2009：339）.

【51】Castells（1996：477）.

【52】On the net versus the self, see Castells（1996：3）. On individualization, see Touraine（2007）and Barry Wellman's often-quoted phrase that "the person has become the portal"（Wellman 2000）; on online consumer tracking, see Bennett and Manheim（2006）, Howard（2006）, Turow（2007）, Bennett and Iyengar（2008）.

【53】Barry（2001：15）. Compare ch. 4 above and Mejias（2010）.

【54】Compare Martuccelli（2005：81－82）on how in Castells the notion of flow replaces any substantive account of social life.

[55] See Wagner (2008: 244 – 245) for deeper historical roots of political theory's neglect of the social; and Calhoun (2007: 8) for the neglect of solidarity in contemporary accounts of the post-national.

[56] Hardt and Negri (2005: 191, added emphasis). Compare Christakis and Fowler (2010).

[57] Turner (2005: 136).

[58] Matei and Ball-Rokeach (2003); Gergen (2002); Ling and Donner (2009); Livingstone (2009a: 95); Choi (2006).

[59] Hampton, Lee and Ja Her (forthcoming).

[60] Morozov (2011: xvii).

[61] Lovink and Rossiter (2011).

[62] Tilly (2007: 13, 23).

[63] Tilly (2007: 74).

[64] On "totality", see Rosanvallon (2008: 308); on the "public", see Dayan (2001: 746).

[65] Easton (1965), quoted Delli Carpini and Keater (1996: 12).

[66] Boltanski and Thévenot (2006); Thévenot (2007b); see also Touraine (2007).

[67] Boltanski (2009).

[68] Compare Postill (2008) on "network society" theory's failure to address the complexity of everyday sociality.

[69] Bimber (2003: 9).

[70] Keck and Sikkink (1998); Castells (1996); Lievrouw (2011: ch. 6, esp. 168 – 171). More generally on distributed agents, see Bach and Stark (2005: 45) and on new possibilities of political agency, see Sassen (2006: 374 – 375), Bennett (2003: 15), Lievrouw (2011: ch. 6), Baym (2010: ch. 4).

[71] On Tescopoly. org, see Couldry (2009b). On Mumsnet, see Coleman and Blumler (2009: 127 – 134), Chadwick (forthcoming). In a recent survey, a majority of US citizens thought the internet has facilitated group communication and impact on society at large, but there was little support for the idea that the internet has made it easier to *create* groups: Rainie, Purcell and Smith (2011: 12 – 13).

[72] On the reduction of embarrassment, see Chadwick (2006: 202); on the

"network of networks" see Terranova (2004: 41), Lievrouw (2011: 9); on conviviality, see Lim and Kann (2008).

[73] Langman (2005: 45).

[74] Noveck (2009); *Guardian*, 10 June 2011.

[75] Qiu (2009: 193-194) on Chinese factory workers and Qiang (2011: 202) on Xiamen protests; *Guardian*, 25 June 2010 on Khaled Said; for sceptical views on blogging as politics, see Meikle (2009: ch. 4), Matheson (2004), Singer (2005).

[76] Yoo (2009: 221) on South Korea; Allan (2006: 129-134) on 9/11 blogs; Haiqing (2007) and Qiang (2011) on Chinese blogs; Khiabany and Sreberny (2009: 204, 206) on Iran; Lenhart et al. (2010) and Harsin (2010) on US bloggers; Davis (2009) on the UK. More generally on international comparison, see Goggin and McLelland (2009), Russell and Echchaibi (2009).

[77] Lowrey and Latta (2008).

[78] Compare ch. 4, and see especially Hindman (2009), Gerhards and Schäfer (2010).

[79] For the interrelation between the strategies of political actors and media actors in influencing what issues and debates are easily "visible" online, see Rogers (2004).

[80] http://webecologyproject.org, quoted Sambrook (2010: 92).

[81] Couldry (2009b).

[82] Briggs and Burke (2005: 19). As Rantanen notes, political actors are also now less dependent on national *supplies* of news (Rantanen 2009: 41).

[83] Benkler (2011).

[84] Bimber (2003: 21); Latour (2007) on "chains"; Noveck (2009: 37), Eliasoph (1998) on civic talk; Hindman (2009: 102) on blogs as elite media; Bakardjeva (2009: especially 103) on subactivism.

[85] Bohman (2004: 152).

[86] Leys (2001), Crouch (2000).

[87] Boltanski (2009).

[88] Lim and Padawangi (2008) on Indonesia; Juris (2008); Chinni (2010) and Monbiot (2010) on the Tea Party.

[89] Chadwick（2006：202）. Compare Bimber（2003：99－108）, Hindman（2009：139）, Braman（2009：315）.

[90] On the history of gossip in media, see Thompson（1997）and the pioneering insights of Gabriel Tarde（1969［1922］）.

[91] Bennett, Johnson and Livingston（2008）. On the circulation of the Abu Ghraib images, see Anden-Papadopoulos（2009）and Russell（2011：16－18）.

[92] Bimber（2003：107）.

[93] Leadbeater（2007）; Chadwick（forthcoming）.

[94] Habermas（1989 and 1996）. On *huo* or "information cascade", see Qiang（2011）.

[95] Rosenau（1990：10）on the neglect of the individual perspective on politics; Bennett（2008：3, 5, 19）, compare Livingstone（2009a：137）and Earl and Schussman（2008：89）; on UK propensity to vote and disengagement, see Hansard（2011：66）and compare Leighton（2011：23－24）; Livingstone（2007：180）and Manovich（2001：55）on the limits of interactivity.

[96] Coleman（2011）.

[97] Xenos and Foot（2008：65－67）. Compare Manovich（2008）on "closed" versus "open" interactivity.

[98] Rosanvallon（2008）.

[99] Castells（2009：chs 2 and 4）.

[100] Hindman（2009：139）.

[101] Zolo（1992）and Thomas（2004）on attention; Shirky（2010）on cognitive surplus; Bimber（2003：103）on event-based loyalties; Bennett（2008：11－14）on decline of the "dutiful citizen model".

[102] Boczkowski（2010：164）; Linaa Jensen（2011：Table 4）. Compare Bolton（2006）who notes that only 1% of Australians access alternative news providers.

[103] 4% and 10% respectively（Linaa Jensen 2011）. On the "perceived worthwhileness" of keeping up with the news in Denmark, see Schrøder and Larsen（2009）.

[104] Prior（2002：145, added emphasis）. On the general pull of entertainment, see Dahlgren（2009：125）, Morley（1999）, Turner（2010）.

[105] Papacharissi（2010：110）and Dean（2010）on the lack of a civic

environment; on the ease of "clicking past", see Prior (2002: 145) and Starr (2009: 8); on the general pull of entertainment, see Dahlgren (2009: 125), Morley (1999), Turner (2010).

[106] Andrejevic (2008a).

[107] Boltanski and Chiapello (2005).

[108] Marx (1973).

[109] Castells et al. (2007) on mobile media and politics generally; http://webecology.com on Iran, last accessed 25 June 2011; Beaumont (2011) on the Arab world; www.ukuncut.org.uk, last accessed 18 November 2011.

[110] Sambrook (2010: 93).

[111] Noelle-Neumann (1974).

[112] For this contrast, see Rosanvallon (2008). For other negative or cautious assessments of how new media affect politics, see Papacharissi (2010), Dahlgren (2009: 200), Davis (2010: 113); Howard (2006: 186); Heikkila et al. (2010).

[113] And maybe it isn't becoming more participatory! For positive views, see Clark and van Slyke (2010) and Russell (2011). For sceptical views, see Gans (2003: ch. 5), Wardle and Williams (2010), Ornebring (2008), Anderson (2010). Ofcom (2010, in 2007 – 2011: 271) report that, apart from photosharing and social networking, all other forms of usergenerated content excited "relatively low levels of interest" among UK internet users.

[114] See Kraidy (2009) on reality TV in the Middle East.

[115] Fraser (2007).

[116] Curran and Seaton (2007), Bagdikian (2004), Baker (2002). For a useful overview of "ownership and control in the new media", see Press and Williams (2011: ch. 2).

[117] Ross (1991: 35), quoted Hassan (2003: 134).

[118] Howard (2006: 186). Compare, on the USA, Wolin (2008: ch. 13) and, on the UK, Davis (2010) and Marquand (2004).

[119] Anderson (2011) on the Arab world; Qiang (2011) on China.

[120] *Guardian*, "UN Warns of food riots in developing world as drought pushes up prices", 28 May 2011.

[121] Gilbert (2008: 96). On the new logic of "public media", see Aufderheide and

Clark (2009: 1). For fascinating reflections on the digital media infrastructure's potential for engaging young people in civic action, see Rheingold (2008).

[122] Leadbeater (2007); Tapscott and Williams (2008).

[123] Idle and Nunns (2011); *Korea Times*, 26 October 2011, www. koreatimes. co. kr/www/news/nation/2011/10/117_97371. html.

[124] Benjamin (1968: 240).

[125] Previously found at http://twitpic. com/3whvv3g, last accessed 15 May 2011. Thanks to my Arabic-speaking colleague Kay Dickinson for discussion of this image and its embedded text. For balanced assessments of the role of SNS in the Arab spring, see Beaumont (2011), Zuckerman (2011).

[126] Fraser (2007) and Bohman (2007) for contrasting views of the transnational public sphere.

[127] Pattie, Seyd and Whiteley (2004).

[128] Bremner (2010).

[129] McDonald (2011); Hardt and Negri (2011).

[130] Marcos (2000).

[131] Geertz (1971).

第六章 媒介与资本和权威的转化

如果万物都有中介的调节,如果就像索尼亚·利文斯通所言,媒介在"重塑关系里的作用不仅涵盖媒介组织及其公众,而且涵盖一切社会组织——政府、商务组织、家庭、教会等"[1],这对社会的形貌产生什么影响呢?媒介/社会的关系不能用线性的形貌去构想。媒介对社会不产生分离的效应:这是因为"媒介"本身仅仅指向一大团互相联系、互相交叠的过程,其中的许多过程仰仗或渗透着媒介。我所说的"社会的空间"(space of the social)首先不是地理空间,而是社会组织潜隐的可能性。和前面的三章(第三至五章)一样,国别差异将很快浮现出来。

这里关键的概念是"场"的概念。在20世纪60年代和70年代论"场"的著作里,皮埃尔·布尔迪厄提出了社会空间和价值的多元理论。波尔坦斯基对他的价值和社会权力提出批评(见第一章),但这不是放弃布尔迪厄社会分析的理由;布尔迪厄认为,社会含有许多或多或少分离的争夺"资本"资源的竞技场。在学术生涯的早期,他用马克思主义语言界定"资本":"资本"是"累积的劳动,代理人或代理人群体私人占有或排他性地占有劳动时,他们就能占有具体化的或活生生的劳动形式的社会能量"[2]。在后期的布尔迪厄著作里,"资本"成了更有弹性的概念,涵盖一系列可能的资源。他超越马克思,区分若干基本类型(经济、社会、文化、符号)的资本,这些基本类型在各个领域都起作用[3]。我们可以借用布尔迪厄的"场"概念和"资本"概念,研究媒介过程如何对社会资源和大型的组织形式产生影响。

考虑媒介在具体场域里的作用,我们就可以开始理解马克·费西曼(Mark Fishman)略嫌夸大的宣称:"世界是为新闻记者组织的官僚机构。"[4]我们还可以更好地理解全球媒介格式(比如《流行偶像》和英国的《杰米的校餐配方》)里权力关系的意义。

第一节 关于媒介化的辩论

历史地看,有两个术语曾被用来指媒介对社会组织的一般的影响:"媒介化"

(mediatization)和"中介化"(mediation)。它们各有不同的历史,反映的是媒介研究的国别传统。一般地说,"媒介化"普遍用于德国和斯堪的纳维亚语国家,"中介化"普遍用于英语和西班牙语国家。不过,mediatization 悄悄地进入西班牙语,如此,una persona mediatizada(个人媒介化)就相当于英语的 media-savvy(媒体悟性)[5]。然而,在国际化的场域里,语言的便利性必须是全球层次考虑的因素[6]。因为除了上述的意义(媒介展示的行为到货币和运输等在社会里的中介作用)外,mediation 还有许多其他的意思,所以媒介社会学里统一使用一个意义更鲜明的术语的好处是一目了然的。为此,mediatization 顺应这一时代需要而浮现出来[7]。我在本书里采用 mediatization。这使我们回到第三章提及的围绕媒介一般影响的辩论。这场辩论和波德里亚有关;有趣的是,波德里亚本人曾率先使用 mediatization[8]。

真正的辩论不是术语之争,而是解释之争,我们在这里瞄准的就是解释。大体上有两点是意见一致的:① 媒介影响延伸到"社会和社会生活的一切领域"[9];② 由于这样的普遍性,新型的因果复杂性出现了,我们正在努力阐明的正是这样的复杂性。努特·伦德比(Knut Lundby)指出,mediatization 和 mediation 这两个词的探索一开始就有相当大的交叠[10]。罗杰·希尔维斯通主张用 mediation,他对媒介社会影响的基本复杂性做了这样的小结:"传播过程改变社会文化环境,这一环境既支持传播过程,又支持传播参与者的关系,个人的和机构的参与者与环境的关系,以及他们彼此的关系。"[11]重要的是我们如何把握这样的复杂性。希尔维斯通认为,复杂性最好是理解为开放的对话,难以进一步系统化;许多其他的学者(实际上现在是大多数)坚持论述更加具体的情况,阐述复杂性如何起作用,如何影响社会组织的方式。正是在更加具体的层次上,困难开始冒出来。

一种理解媒介在社会里的作用及其对社会的影响,并使这一理解系统化的方式是:媒介推广的是媒介运行所需的格式。这一方法论的先驱是戴维·阿什德(David Altheide)和罗伯特·斯诺(Robert Snow)。20世纪70年代后期和80年代初[12],他们提出一种新的方法去研究媒介权力。他们认为,媒介权力不仅来自制度资源,而且来自人与媒介的相互关系。他们把媒介视为新的"集体意识";在采用贯穿日常生活的"媒介逻辑"中,他们发现了"集体意识"日益增长的机制,他们写道:"媒介力量大,因为人们采用了一种媒介逻辑。"他们的媒介逻辑概念不是建基于系统的社会模式的证据,而是自己的宣示:"我们生活中的主要媒介对形式和逻辑的作用和影响",通过"媒介格式和视角向其他生活领域的渗透"产生的影响[13]。他们对媒介格式的强调与较早的经验社会学形成鲜明的对比:与欧文·

戈夫曼①"框架"(frame)的概念以及乔治·西梅尔②的社会形式概念都形成对比。戈夫曼认为,我们通过"框架"在世上定向;西梅尔认为,社会形式是社会关系之下潜隐的常恒模式[14]。阿什德和斯诺心里想到的是相当任意性的嫁接:媒介格式与具体语境和社会行为形式的嫁接。

我们在第三、四章里说明,媒介进行的"现实"建构通过社会发挥作用;它们在实践中嵌入具体的组织范畴,这个过程需要到多个领域里去追寻。相比而言,阿什德和斯诺强调,"中介化"(他们的用语)的效应已然发生,而且很普遍[15]。他们模糊了若干不同的"逻辑":① 可以用于具体目的的实际的媒介表征格式;② 媒介权威和重要性的广义的评估;③ "何为真实"的变化中的定义;④ 对媒介真实性的渴望[16]。他们对社会本体里社会变革的诊断依据何在?这个问题尚不清楚。

如果我们用单一的"媒介逻辑"来解释媒介的社会效应,那就会冒出一些问题。① 一切媒介都有一种逻辑吗?一切媒介的逻辑都相同吗?如果媒介的逻辑各不相同,把不同逻辑纽结成一个"总体逻辑"(由于媒介层出不穷,这个问题更加尖锐了)的共同逻辑是什么呢?② 媒介随时间变化(目前在急变),它们获得了一种全新的媒介逻辑吗?是不是有一种常衡不变的逻辑呢?③ 即使我们像阿什德和斯诺那样,把我们的媒介逻辑观念与媒介格式联系起来,并且证明,媒介格式在日常生活中普遍存在,那是不是对媒介的社会影响有了足够的把握呢?

在近年的著作里,这些问题依然存在,其中的一个观念是,一切媒介都有一个共同的媒介逻辑;透过其单一性,它聚焦于一个广义的"媒介化"过程。如此,领头的媒介化理论家斯蒂伊·赫亚瓦(Stij Hjarvard)曾经[17]将媒介化定义为"一种过程,此间,社会越来越受制于或倚重媒介及其逻辑"[18]。然而,像媒介化理论家那样用单一的媒介理论来解释媒介化的广泛影响,那是很困难的。再者,我们看到,不同的媒介理论家把不同类型的过程捆绑在一起放在"媒介化"的名目之下时,种种不确定性就会冒出来。有人的"媒介化"主要指"格式",有人的"媒介化"指的是"最终形塑和建构媒介内容的整个过程"(所指显然更宽泛?),还有人指的是两种新因素:人的才能的延伸,社会生活的结构性组织[19]。

---

① 欧文·戈夫曼(Erving Goffman,1922—1982),美国社会学家,在社会互动、邂逅、聚集、小群体和异常行为研究方面有突出贡献,代表作有《避难所》、《邂逅》、《公共场所行为》、《污记》、《互动仪式》、《框架分析》、《交谈方式》和《日常生活中的自我表征》等。

② 乔治·西梅尔(Georg Simmel,1858—1918),又译齐奥尔格·齐美尔,德国社会学家、哲学家,代表作有《历史哲学问题》、《道德科学引论:伦理学基本概念的批判》、《货币哲学》、《宗教》、《社会学:关于社会交往形式的探讨》、《社会学的根本问题:个人与社会》、《交际社会学》、《时尚的哲学》。

还有一个涉及很多进路的更加深刻的问题：对如何理解社会本体，它们都缺乏具体的表述。我们在什么基础上相信，社会世界(social world)很容易受到媒介材料的转化，或直接受到媒介材料的转化呢？我们要不要想象，整个社会空间都是社会逻辑的猎物，而社会逻辑无所不在、攻无不克，不会发生适应性改变呢？诸如此类的宣示与若干社会学方法论是根本相左的。仅举三种社会学方法论为例：皮埃尔·布尔迪厄的场域论认为，社会空间不是单一的，而是分化为许多互相竞争的场域；波尔坦斯基和泰弗诺坚称，社会的价值多元；诺伯特·埃利亚斯对社会秩序的描绘是在互相依存的复杂问题的解决方法中构建的[20]。由此可见，由于多种原因，认为众多媒介中生成的单一逻辑天衣无缝地贯穿整个社会空间，将媒介化和这个单一的逻辑画等号，那是有问题的。

如何规避这个问题？弗里德里希·克罗兹提出了最清晰的解答。他并不把媒介化当作一个具体的过程，而是将其视为"一个元过程(meta-process)，它立足于传播的调整中，而传播又是人民构建社会和世界的基本实践"。克罗兹所关心的不是一种"逻辑"是否从媒介迁移到了其他的社会过程，他更加关心的是"与媒介相关的传播实践"。他把媒介化与看成是一种结构变化，与全球化和个人化有相似之处：就是说，媒介与社会生活的一切领域越来越密切相关，于是，"长远看来，媒介与日常生活/社会和文化总体上的社会建设的关系越来越密切"[21]。根据他的方法论，媒介化容纳了横跨不同场域的各种过程。他表明，媒介化是一个大屋顶概念，不能和在具体层次上起作用的任何单一的逻辑画等号，事实上，他这个概念向许多诸如此类的逻辑开放(如果"逻辑"是恰当字眼的话)。根据这样的解释，媒介化与场域论完全可以兼容；场域论注意具体场域里的"逻辑"或运行机制。几年前，我把 mediation(中介化)一词用来表达媒介对社会秩序的影响，含义相近[22]。

在这个意义上，媒介化指向媒介时代的社会里业已改变的维度。借用媒介化这一概念，我们确认，在所有社会过程中，媒介是一个不能再简约的维度。媒介化是可以追溯到中世纪之前呢？是否最好理解为现代现象呢？这个问题可以存而不论[23]。更重要的是如何探寻媒介化在不同社会过程里的运行机制。我们可以用过程去探索这一运行机制。比如，伊丽莎白·伯德就考察了诸如婚礼这样的非媒介仪式。她发现，其中填充的媒介内容和媒介脚本越来越多，其框架建构也越来越倚重媒介内容和媒介脚本[24]。事实上，因为场域论使我们进一步思考媒介对社会组织广泛的影响，所以我准备透过这一棱镜来审视媒介化。

第二节 媒介、资本与权威

让我们重申一开始就提出的问题:媒介对社会空间的一般影响是什么呢?不过,我们从布尔迪厄的场域论的出发点来看这个问题。他认为,如果不首先把社会过程与具体的实践场域联系起来,我们就不能分析社会过程,在具体的场域里,具体的资本形式至关重要。他的场域论很精致,是对现代性里的分化过程的回应;场域论还是一个灵活的回应,因为他承认,场域是新近出现的现象;除非有助于我们把握什么样的人做事情的秩序,否则就不能用这个概念。场域论用于实践的最著名的例子和非媒介的场域有关:文化生产的场域,尤其文学、艺术和政治的场域[25]。

在过去的十年间,论新闻场域的著作出现了[26],论新闻场域与其他场域比如医学和经济学关系的著作出现了[27];最新的著作论网络出版新场域里符号资本竞争的作用[28]。场域论的主张者可能想忽视有关媒介化的辩论,其根据是,该辩论寻找的是对"媒介权力"的理解,而"媒介权力"是找不到的。只有在社会整体的层次上才能找到"媒介权力";在媒介场域的具体运行中,在媒介场域和其他场域的关系中,"媒介权力"是找不到的。不过,这样的冷漠态度于事无补。

一、场域论和媒介的普遍影响

提出场域论之前,布尔迪厄已完成他的符号权力论述。符号制度跨越社会空间产生信仰,对此他颇感兴趣。但他关心的是教会,而不是媒介。在一篇早期论文里,他说,有些符号权力非常集中,成为社会景观的主导力量;结果,这样的集中化现象就看似自然而然,并被人误读,其深层的任意性就难以看见了。如此,符号权力就从纯局域的权力(构建一条论述、创作一件艺术品的权力)变成了广域的权力,这就是布尔迪厄所谓的"建构社会现实的权力"[29]。根据这个强势的定义(比较第三章),符号权力使认知力量和社会力量这两个关键的范畴获得了正当性,符号权力的定义就被置于"场域结构中,信念就是在场域里生产和复制的"[30]。20年后,布尔迪厄在论述电视的符号权重时回忆他对符号权力的论述;在他的场域论里,电视的符号权重似乎没有锚泊之地。请看看他在《论电视和新闻》(*On Television and Journalism*)里说的一段话:"一事物导致另一事物,最终导向电视;电视号称记录现实,却创造了现实。我们越来越逼近一个临界点;在这里,社会首先是被电视描绘的,而且在一定意义上是被电视规定的[31]。"这是经典的迪尔凯姆式的观点,在阿什德和斯诺的著作里,他这个观点不会显得格格不入。

在布尔迪厄场域论的追随者的著作里,我们可以看到类似的冲动,他们也渴望理解媒介对社会空间的普遍影响。帕特里克·尚帕涅(Patrick Champagne)分析了媒介对当代政治场域的冲击。他说,新闻场域和政治场域的关系非常密切,以至于他将两者的关系称为"新闻—政治场域"或"空间"。他断言,这个关系以破坏性的方式改变了政治的定义。借助一种"循环逻辑"(circular logic),新闻记者和政界人士对一种公共舆论进行"回应",其实,这一种公共舆论在很大程度上是他们自己建构的。他们设计民调问题,报告问卷调查的结果,影响记者的政治报道[32]。稍后,我将回头说与"逻辑"相关的理念。现在我们要问,为什么一个场域里行为人的表征对另一个场域里的行为人的思想和行为产生相当大的影响呢?这就是所谓的"跨场域效应"(cross-field effects)问题[33]。

在这里,尚帕涅引入"媒介资本"(media capital)的概念,意在把握人们影响新闻事件的能力[34]。我们可以从两个方面去理解这个概念的意思。①他是说,媒介资本是一种新的资本形式,就像经济资本一样,适用于任何领域(但他本人从来没有说过这样的话);②我们不妨把他的话放进场域论的基本设想中,但这有困难。这是因为我们可以问:媒介资本从何而来、如何使用?是用在媒介场域里吗?是用在主体最活跃的其他场域(政治、医药、学术)里吗?也许,"新闻—政治场域"这个混杂的术语的要害是,诸如此类的问题无关紧要。然而,如果我们用这一拷问来解释一切非媒介的场域,解释其与媒介的关系,结果就会把所有的场域融合为单一的"新闻-政治场域",或者会产生一整套与之类似的场域(医药、政治场域等),而每一个类似的场域都有自己版本的媒介资本。从这两个方面去理解尚帕涅的概念,场域论模型对具体场域的动力学区分都产生损害了。如今,许多场域的运行都倚重与媒介相关的资本形式;这个观点对澄清他的意思至为重要,也是可行的。现在的问题是如何使这一洞见符合常规的场域论。一个潜在的办法是借用布尔迪厄后期论国家的模式[35]。

二、媒介元资本和流行偶像

布尔迪厄继承并拓展了韦伯的国家观念。他认为,国家不仅合法地垄断了物理暴力,而且垄断了符号暴力[36]。国家对其余社会空间实施的是什么权力呢?

国家在给司法地位和教育地位等概念下社会定义中享有优先的权力,布尔迪厄对此感兴趣[37]。国家在这方面的影响不仅在一个场域里起作用,而且通过"权力场"(field of power)在一切场域里起作用[38]。布尔迪厄论"权力场"时语焉不详[39]。实际上,"权力场"是超乎具体场域之上的空间;具体的场域在彼此的关系中争夺影响力。国家正是它们争夺影响力时的参照点。所以,它们争夺影响力的空间最好不要被理解为布尔迪厄常态意义上"场域"。比较准确地说,这是一个一般的空间;在这里,国家对一切具体场域的关系施加影响,从而对社会空间本身的运行产生影响。国家是"角斗场,其赌注是为各种游戏(场域)制定规则,尤其为那些游戏的再生产制定规则"。更准确地说,国家影响着各种竞逐的资本的"兑换率",它们在具体的场域(如经济资本、文化资本的场域)里竞争[40]。也许,国家的影响还包括具体场域里对"符号资本"(symbolic capital)的影响[41]。最重要的是,国家的这一权力不是来自任何具体场域的运作,而是强加于其上的权力。

倘若媒介机构对具体场域里的资本产生类似的影响,那又会是什么样的影响呢?那会是一种"元资本"(meta-capital)形式;借助"元资本",媒介对其他权力形式施加影响。"元资本"只在宏观制度层面运行(所谓宏观制度层面就是元过程的层面,或者克罗兹所谓的"媒介化")。"元资本"和具体场域里与媒介相关的资本虽然有关系,却与之截然不同。其理念是:整个媒介场的"元资本"越大,具体场域里与媒介相关的资本就越显著[42]。让我再次重申,这并不暗示一种简单的"媒介建构主义"(constructivism),而是一种现实主义,这是基于物质建构过程的现实主义,它有助于建构围绕"媒介中心神话"的社会。实际上,媒介元资本理论使我们更准确地解释,在广阔而高度分化的社会空间里,媒介中心神话是如何设置和维持的。

媒介元资本这个概念还有助于我们廓清布尔迪厄关于媒介的很有趣的洞见。他论及电视对学术场域有增无减的压力[43]。他明确指出经济维度的压力(电视观众越多,卖出的书就越多),却又暗示:电视还施加间接的压力,它扭曲学术界至关重要的符号资本,造成一群新的学人,他们的符号资本在一定程度上取决于在电视上亮相的多少。为什么只假设媒介元资本在一个领域的变化呢?实际的情况正好相反,这一变化在所有的生产场域都在发生,所以我们需要一个大屋顶的概念来把握其普遍的影响:"元资本"。如此,我们就能解释媒介对其他社会生活方面的影响,包括那些非场域聚焦(field-focused)的方面,比如第三章和第四章里介绍的一般的媒介领域和文化消费的方面[44]。

媒介元资本的概念和布尔迪厄的一个基本观点十分吻合:只有靠代理人在具体的场域里以具体的形式,资本才能实现。大厨做厨艺的系列电视节目,赢得了符号资本,但他在这个领域的符号资本未必能转换为另一个场域比如学术场域的符号资本。这是因为厨艺符号资本的特征未必会得到学术场域媒介的重视。不过,这并不意味着,跨场域的媒介工作的重要性就会逊色;这也不排除一种可能性:一个场域里基于媒介的符号资本在某些情况下能兑换成另一个场域的符号资本。近年,一位著名园艺师艾伦·蒂施马奇(Alan Titchmarsh)在英国电视上成名,21世纪初,他的小说就很流行。有些媒介领域(仿真电视节目比如《学徒》、《龙穴》)成了公关公司、政界人士、商界人士携手合作、共谋发展的场所[45]。当媒体高强度表现一个生活领域(如园艺、烹饪),它们就改变了该领域的内在机制,拓宽了媒介元资本横贯社会各领域的范围。实际上,假以时日,这正是媒介机构受益的重要途径,符号权力的名副其实的集中化使之受益。

在这里,场域论/媒介化的原理与本书第三章分析的媒介仪式更一般的影响合流。我认为,媒介元资本超越了对资本的直接影响,包含了比较间接的影响;间接影响的作用是:在理解影响重大的社会表征和范畴中,媒介拥有合法性[46]。

我们用国际上广泛采用的《流行偶像》/《美国偶像》格式为例来做一点探索。既是考虑其在社会领域的影响——暂时集中考察英国和美国的版本,探索涉及的也不只是人们模仿《流行偶像》的格式及其节奏和日常生活的风格(阿什德和斯诺所谓的"媒介逻辑"研究方法)。首先,我们不妨考察,在西蒙·考威尔(Simon Cowell)的节目(《X-元素》里、《美国偶像》和《英国达人秀》的评判)里,权威是如何以其雄厚的资本为基础构建的;考威尔是全球电视业里片酬最高的艺人之一;在全球媒体和创意产业里,这些节目的资本很雄厚[47]。第二,我们的探索不能止步于此。电视节目评判演唱才能的念头出自媒体日益增长的元资本;也就是说,在许多具体的竞争领域,在何为符号资本这个问题上,媒介机构的影响力日益增长。第三,和媒介元资本的概念一致的是,围绕这种节目格式的辅助的和正当性的文化源自媒介表征和范畴;这些表征和范畴一般在社会空间里流动,既在具体的竞争场域之内,也在这些场域之外,它们成为日常欲望、论点、论据(波尔坦斯基和泰弗诺用语)的参照点。媒介机构赋予流行音乐这种场域神圣的价值,用《美国偶像》这样的仪式格式使之自然而然。但这一切探索里的因果机制不是格式本身,而是格式确立的赋予和确认权威和范畴资格的机制。这个机制的确立部分取决于艺人的媒介资本,部分取决于媒介元资本的一般的分类过程和总体的动力。

这个例子对我们理解媒介化有何意义呢?它说明,以流行音乐产业为例,如果它和广域的媒介生产的相互依存度高,媒介化几乎就以严格的、近乎"逻辑"的方式起作用[48]。在流行音乐之外的许多场域里,它们和媒介场域的相互依存不那么直接,于是更加微妙的相互影响形式就有可能。在下文里,我们将要探索政治、教育、宗教和艺术场域里相互影响的多种微妙形式。

如果把媒介化和场域论结合起来,就会创造国际比较研究的新机会。比较媒介化在不同国家的运行机制时,我们就要考虑机构和场域组织里重大的国际差异[49]。如果只比较媒介格式适应不同国家的情况,那是不够的。这是媒介化比较研究的初级阶段,许多比较大的问题尚未解决:比如,在什么情况下,媒介对越来越多的场域产生影响,使与媒介相关的资本转化并跨越社会空间,从而产生威望和资本的新形式(名副其实的"媒介资本")呢[50]?无疑,通过媒介元资本在政治场域里的运作,由于政客对国家实施的行政影响,国家(以及国家内生成政策的具体场域)受制于媒介的元资本。但我们要问,这对不同国家的政治权威有什么深层的含义呢?

有些著名的例子说明,政治权威与基于媒介的威望实现了融合(从著名的罗纳德·里根算起)。至于这是不是普遍的趋势,是不是局部场域相互依存的具体结果,那倒不清楚。这就导出了一个更加基本的不确定性:经济(商务)、政治(国家)和符号(媒介)对权力场(也许它们都应该被称为元资本)的影响如何互相渗透呢[51]?它们的互相渗透是通过无结构的竞争、等级制的竞争吗[52]?虽然这个较大的问题尚未解决,但有些有趣的可能性倒是出现了,我们不妨考虑媒介化在不同场域里的运行机制。

第三节 媒介和政治、教育、宗教及艺术的场域

"在现代文明体制里,名流(无论何种)是撬动任何东西的杠杆。"威尔基·柯林斯(Wilkie Collins)的《月亮宝石》(The Moonstone)里如是说,他是19世纪英国小说家,《月亮宝石》是最早的罪案小说之一[53]。这句话富有洞见,预料到名流在数百年的权力关系中扮演的非常重要的角色,同时还把握住了这种权力通过影响起作用的方式。不过,即使名气与威望的相关性是相当普遍的,但影响的"杠杆"在具体的场域里起作用。如果我们把科林斯的洞见译解为上一节里的语言,名流就是赢得了大量媒介资本的人,他们获益的方式是在媒体上亮相。当然,靠这种媒介资本获得的影响力是有限的,约束其影响力的机制是媒介资本本身的流通性,其流通性在具体的案例中会遭遇到困难。如此,2009年年底,高尔夫球手泰格·伍兹(Tiger Woods)的婚外情败露以后,他的名气受到重挫,不仅他的媒介资本锐减(有一阵子,他避免在媒体上露面),而且他在具体场域里广义的符号资本也难以为继。于是,长期经营伍兹的安德森广告公司也解除了与他的合作关系;体育界担心,不能再用他的形象来推进高球进入奥林匹克的宣传了[54]。

丑闻是公共生活里的流行病,这不是因为人们的议论更多,而是(和第五章比较)因为公共人物的名气倚重符号(未必和具体的媒介相关)资本;换句话说,其名气依靠的是媒体对公共人物的正面评述[55],依靠的是期望媒体正面报道所产生的杠杆作用。同时,在一定程度上,这也是因为媒介元资本穿越社会空间达到的范围日益拓宽了。

第六章 媒介与资本和权威的转化

现在我们考察这些机制在具体场域里的情况。这将会确认,媒介化很难说有单一的媒介本位的逻辑,同时它又表现出有趣的差异。

一、政治的媒介化

德国政治学家托马斯·迈尔(Thomas Meyer)用"媒介民主"来把握这样一种情况:"媒介在政治进程中获得了决定性的角色,尤其在形塑公共舆论、进行政治决策中发挥决定性的作用。"[56]政治的媒介化是研究者精耕细作的领域。可以说,这是所谓"媒介逻辑"起作用的最明显的例子:这是政治决策、政策执行和公共审议日常运行的领域[57]。历史学家埃里克·霍布斯鲍姆(Eric Hobsbawm)阐明这一悖论,话锋犀利:"20世纪行将结束,事态明显,在政治进程中,媒介的重要性胜过政党和选举制度,其地位还可能会维持下去……然而……媒介绝不是民主治理的手段。"[58]倘若当代政治中有"媒介逻辑"存在,它就必须涵盖许多内容:政治和新闻的时间周期[59],媒介机构对何为政治新闻和政策的影响;广而言之,何为政治的建构就是政治本体论。

为求清晰,我对"媒介逻辑"作了这样的限制:只涵盖媒介的产出成为政治行为首要目的的多种方式[60]。这样的用法似乎能把握媒介在当代政治中必然拥有的力量,以及一切层次的政治行为者必然拥有的力量,从后任总统到地方非政府组织的政治挑战者都拥有的力量,他们试图在政党体制之外经营自己的影响。理查德·罗杰斯研究荷兰非政府组织的运作情况并指出,尽管他们倾向激进,但对他们而言,"商务报纸对他们的报道就证明了他们的价值";用波尔坦斯基和泰弗诺的话说,媒介处在当代"正当逻辑"的核心[61]。但这并不是说,"媒介逻辑"的结果简单明了:倘若所有的政治行为人都受这一逻辑驱使,那么,任何大型的政治战略都会不稳定,都可能因为受其他行为人相似战略的干扰而中断。场域论在政治范畴的运作也不简单。如果我们接受"媒介资本"(我喜欢说"与媒介相关的资本")的概念,很明显,通过在媒体上曝光的质量,虽然媒介资本的工具性使用和资源有多种形式,政客最终还是能在政界捞到好处[62]。

我们不妨暂时驻足拷问:媒介和政治的关系为什么如此紧密?这个问题值得一问。原因可追溯到传播的本质。如果媒介化是传播修正的过程[63],显而易见的是,政治的媒介化就涉及政治行为人主要传播手段的转换。在中世纪,信息的稀缺、现代媒介的缺乏意味着,统治者的主要信息工作就要指向未知的东西。但在20世纪初,韦伯指出现代传播与政治决策加速的关系,其隐含的结果是官僚结构。蒂莫西·库克(Timothy Cook)研究20世纪后期的美国政治,解释媒介对政治的饱和渗透:"政府的每个部门都急于获取资源,在新闻媒体上消耗的资源比40年前多。"[64]在21世纪初,统治者、政府和政客都必须应对四面八方汹涌而来的信息和事件,都不得不应对特殊的挑战:不能只做信息消费者,还要对事件作出回应。这就对官僚机制、政治权威、机构的记忆构成巨大的挑战,对政界人士反思、应对自己事务的能力提出挑战[65]。

我们不妨再次回忆大卫·伊斯顿的政治定义:政治是"商品、服务和价值的权威分配"。由此可见,政治非常倚重影响大群受众的变化中所用的远程传播手段。平民的注意力稀缺,首先必须靠媒介来争夺。政客维护自己权威的斗争和大范围争夺媒介中心神话的竞争难分难解。表面上,更为开放的政治就在眼前,参与的人更多,参政者在政治的建构中有利害关系;通过媒介争夺政治能见度的竞争更宽广、更开放,在一定程度上必然更民主,然而仔细一看,情况并非如此简单。

首先,和此前的印刷媒介时代一样,数字媒介时代[66]对政治权威产生了重大的影响。媒体报道的故事和新闻素材几乎可以来自任何地方,其范围宽广得多,绝不只是一个官方的政治源头清单,比如,新闻的源头不限于专业评论者或一般媒体人的博客和推特。通过简单的重复,任何故事都可能增加权威性:任何互联网用户转发一次,都可能有助于其权威性。杰森·哈森(Jayson Harsin)所谓的"谣言炸弹"(rumor bombs)是政治风景里的一大特色,它们迫使资深的政治行为人做出反应,从而获得更大的正当性[67]。同时,非官方的评论人(如美国日益增多的极右翼评论者)通过经常"提供信息"或"支持"特定类型的故事,借这样的角色获取新的媒介资本。但如上所述,媒介元资本的运行机制不仅涉及个人的权威,而且涉及媒介的广义表征。既然故事能来自任何地方,媒介机构生成故事(并抬高自己媒介资本)的能力就随之增加。由于新闻生产的空间扩大,媒介元资本就随之增大;所谓媒介元资本是媒介对政治、社会和文化论辩的语汇和参照点的影响力[68]。媒介越来越多地报道,政客如何成功或未能影响媒体对他们的报道(所谓倾向性报道),于是这种通胀型循环就完成了[69]。

于是,数字媒介就拓宽了政治演出的舞台[70]。不过,潜在新闻源头的扩张——在继之而起的加速的新闻周期内的扩张——赋予政治行为人管理新闻的能力更优先的地位。这就是政治场域里媒介元资本增加的第二层主要的意思。媒介战略的必要性,以及顺从"媒介逻辑"的需要,都影响政治行为人,从传统政党的行为人到抗议群体再到人道主义的非政府组织都受到影响,一无例外[71]。就影响新闻生产的相对权力而言,政治行为人都有分化。贾斯特斯·邬特马克(Justus Uitermark)和艾米-简·基伦(Amy-Jane Gielen)研究围绕阿姆斯特丹一座新清真寺的争论,他们的报告富有启迪意义[72]。地方新清真寺代言人(贫穷移民聚居区)的媒介资本和地方政府代言人的媒介资本有天壤之别。这个研究报告证据丰富,显示媒介资本运行机制,直至最底层政治。其背景是,2005年11月西奥·梵高(Theo Van Gogh)被害以后,大多数的荷兰人和少数的穆斯林移民的关系非常紧张。一年后,地方政府主席意识到,媒体对这场清真寺之争的报道影响到全国受众(主要指白人)。他说:

> 你可能以为,"这只是一个邻里的事情"……但其影响所及表现在各个层次的现象里:家庭、街道、教育、卫生、城市、世界——这一切都汇聚到一个小型社区了。因此,如果你想要加入那场游戏,你就得使用媒体……媒体想要一个故事,而你有一个故事。我们大家提供了那个故事。[73]

他又说,结果使"地方政府必然采取外向的姿态"[74]。用邬特马克和基伦的话说,所有地方行为人的策略"的指引或驱动力都是媒体对自己的实际的或预期的报道"[75]。于是,使往昔媒体纷争紧张局势挥之不去的,就不仅仅是集体的记忆了。过去全国性媒体报道的事件继续成为媒体人的参照点:只要和这些参照点相关,任何新的地方性事件都会卷入潜在的政治场,原因只有一个,那就是它与过去的参照点有关。这就使地方政府主席之类的政治行为人获得一些优势,他们能有效地利用自己与全国媒体记叙者潜在的关系。这还赋予执政者一个治理的新工具,因为媒体提供的"证据"揭示政治行为人拙劣的表现,而政府的职能正是管理和惩处不佳的表现。我们稍后将其用来分析英国的教育。此刻我们要指出,同样重要的是,正如苗棣(译音)所述,在中国这种市场导向的国家,中央政府可以把中央电视台"焦点访谈"这样的节目当作工具,借以廓清地方政治中的模糊问题,并使之得以规制[76]。不过,最近的一份荷兰研究显示,通过参与式新闻,唱反调的声音能进行回击[77]。更普遍的情况是在媒体记述中坐拥"自动式"资本的人比如名流,他们在地方新闻报道中享有特权:例子有呼吁人道主义的名人和名流牵引的外交[78]。有人指出,正是这种一般的媒体"人物"(而不是专业的决策者)最有机会联系受众,他们能与对政治进程不满的受众建立联系[79]。

媒介对政治场域风险资本的影响日益增长,其第三种结果是,景观在政治组织处于更加核心的地位。这一趋势和第二章介绍的"展示"做法有关系。景观在政治里的作用古已有之,但由于媒介运行日益成为获取和维持政治权威的专属场域,景观在政治里的作用日益显著。同理,政治和社会生活受到反景观(counter-spectacle)策略的损害:令人扼腕的例子有轰动性的校园杀戮,杀手是孤独的学生,他们杀人是为了引起媒体的关注。丹尼尔·达杨提出恐怖事件的新定义:"没有某种形式的媒体宣传就不可能存在的表现性事件",这种行为有象征意义,"对这种行为的分量和律动,媒体的作用是不可或缺的"。我们不能仅用媒体标准格式的普及来解释制造景观的暴力,因为暴力的媒体景观常常使人大跌眼镜,常打乱媒体的日程,而不是模仿媒体的格式[80]。一个更加广域的媒介化过程在这里起作用。

政治场域里有没有媒介逻辑呢?这里有三种可能性。第一种可能性是,政治参与者共享的行为评价标准产生正面的媒体报道,通过这样的报道,政治价值的空间被重新塑造——我们不妨说是扁平化了。这就提出了一个要求,所有政治行为人的举止都要指向一种结果:让人能在主流媒体里进行正面的"解读"。主流媒体不能正面解读的举措是难以追随的,甚至是难以提出的。许多国家的新自由主义政治和这种政治价值的扁平化有关系,和政治的娱乐价值的日益突出有关系(第四章),和政治参与总体上受约束有关系(第五章)。第二种可能的媒介逻辑是,政治行为人的政治能量很大程度上围绕其回应的问题会合,围绕其试图控制媒介输入和输出的问题会合[81]。克里斯托弗·福斯特(Christopher Foster)记述他在托尼·布莱尔和约翰·梅杰(John Major)麾下工作的经历,十分生动:"我们不再有……足够的时间或能力对自己、议会和公众解释我们正试图做什么,因而没有相当的把握说,什么是适用的、行得通的举措。"[82]这不是价值问题,很大程度上是今日政界人士日常行事的变化。这样的实际变化有一种逻辑似的属性,因为它们超乎个人能反思和改变的可能。第三种可能的媒介逻辑是,政治与媒介中心神话不断竞争,难以避免纠缠不清。大型政治行为体必须维持对公民注意力的控制;同理,公司广告人和媒体公司也要控制公民的注意力。这就把各种政治机构与媒介场域的实际需要拴在一起了。

在实际价值和行为逻辑的层次上,政治是媒介影响强大的场域,我们辨识了媒介影响的多种形式。如果把这一切描绘为单一的媒介逻辑,那就会使人误解;如果期望政治场域产生一个线性的结果,更会使人误解。在复杂竞争的领域,如此线性的结果是不可能的。

二、教育、宗教及艺术的媒介化

媒介化以及媒介元资本的拓展如何在政治场域外运行?从这个视角来看,对教育、宗教和艺术领域的审视还不够多,这样的思考尚有一定的猜度性。但它们将显示媒介元资本能给人启迪的范围。

教育是布尔迪厄20世纪70年代聚焦的一个领域,是他的观念广泛应用的一个领域。我们不会期望,媒介对教育的影响与其对政治的影响一样直接。教育的主要目的不是与全国的民众交流,不像政治那样代表民众,所以教育基本的交流实践不依靠大众媒介或远程媒介。从表面判断,我们没有理由指望,基本的"教育逻辑"将要和"媒介逻辑"会合,"教育逻辑"不会像政治逻辑那样与"媒介逻辑"会合。然而,20世纪90年代和21世纪初,在大范围的新自由主义压力下,有些政府试图向市场逻辑过渡,用市场逻辑来刺激和管理学校;英国和澳大利亚就曾这样做。如此,教育政策成为教育社会学家的切入点,他们把教育视为研究媒介影响的一个场域。早期的研究指出,媒介压力在形塑政府的基本政策中起作用,同时形塑着学校、教师与政府政策辩论的冲突空间[83]。新自由主义的市场化信条背后的跨国压力要求,对布尔迪厄场论以及媒介化的解读使市场化信条超越其原初的国别背景[84]。如上所见,政策过渡还产生了"跨场域效应"的问题;这是场域论难以应对的问题,但如果我们要理解新自由主义之类的政策的宏观结构,这就是一个核心问题[85]。我们要问,媒介与教育的关系可以被视为"跨场域效应"的关系吗?是媒介元资本概念能阐明的关系吗[86]?

我们要厘清媒介对教育产生的若干类型的影响。姑不论教育实践中的表现格式比如PPT演示文件的作用;它们不可能向我们透露任何独特的信息,不会告诉我们教育里的权力是如何组织的,因为这些格式也遍及商界(它们可以被视为商业逻辑在教育界的推广,而不是媒介逻辑在教育里的应用)。另一个可能性是考察信息技术和数据管理系统在学校管理中的作用,这种研究正在德国展开[87];但那会把我们带进广阔的制度管理问题。至于媒介机构与教育界的关系,更切中肯綮的理解是媒介和教育的界面,因为政府利用新闻报道来拟定、推进和监管教育政策,上文也已提及教育社会学家在这方面的研究。

这样的媒介效应不涉及媒介逻辑对教育的重要性。相反,主流媒体成了一种空间或论坛,政府借以评判和激励教育界人士,并邀请媒体评判政府的表现(通过指标的实施),鼓励媒体报道典型的案例供人评判,这是目标和考核方法揭示的典型。反过来,教育界人士可以回应政府或媒体对其表现的品牌;回应的办法只能是让自己的实践进一步全盘接受继续不断的媒介检查。结果就在英国这样的国家产生高度政治化和媒介化的教育界[88],在这里,两种交叉的媒介元资本形塑和约束教育界人士的行为。在事关教育界未来的激烈的政治斗争中,国家的媒介元资本是教育政策(成功的标准和指标,广域的目标)的制定者,媒体的媒介元资本是"事实"的仲裁者。借用上文提及的荷兰地方官员的话说,政府和教育界人士都要"面向外部世界"。这是否是教育之福倒是极富争议的问题,然而毫无疑问,这需要把媒介压力和媒介元资本嵌入教育的日常实践,远不止是教学活动中采用信息技术的问题。

还有一个权威问题。围绕教育的权威问题,教育和媒介合流。学校和媒介都行使教育功能,只是方式不同而已。实际上,流行媒介的"文化教学法"是根基颇深的研究领域[89]。尤为有趣的是,媒介名流用媒介来提倡如何办学。2004年,第四频道高调推出一档节目《杰米的校餐配方》,挑战英国公办学校的校餐质量。节目显示,小预算如何保证更富营养的午餐。这一节目/运动产生政治冲击,这个仿真电视节目格式旨在为英国的学校提供一个不同的"现实",并主张按照其标准实施。媒介直接参与教学的这个例子针对的是教育工作者、行政人员、预算制定者,它说明,学校依靠的符号权威是可以挑战的,源自名流文化的媒介元资本可以向学校依靠的符号权威发起挑战。

这些主题在宗教里如何展开呢?越来越多的人把媒介视为影响宗教的力量,其作用不仅是形塑宗教表现的方式,而且形塑今天被视为"宗教"的习俗和信仰[90]。宗教机构和媒介机构都利用一种非常通用的符号权力来表现世界[91]。许多学者声称,20世纪的媒介已成为"新宗教",其原因就在这里;当然这难免失之过简[92]。原则上,我们能看到,宗教能描绘世界,能给一些重要的权威一丝神圣的色彩并成为与国家和媒体并驾齐驱的独特的元资本;不过这样的可行性有国别差异。在有些国家比如伊朗、菲律宾甚至美国,宗教机构很强大、很权威,这样的判断有道理。在有些国家和地区,宗教权威和国家的宪法是直接冲突的。但即使在伊朗,宗教机构也越来越依靠媒体来表现它们的行为和目的;在媒介曝光的丑闻面前,宗教机构也越来越容易脆弱。另一方面,由于天主教遍及全球的权力,所以它既容易受到媒介揭露的丑闻的伤害,又能在教皇2010年访问英国前后控制媒体的议程。

宗教机构能利用媒体来引起人们对宗教仪式的注意,提高人们在这方面的觉悟;许多文献对此作了详细的描绘,这方面的文献从媒体储存的符号权力里源源不断地流淌出来[93]。尚不清楚的是,宗教场域的威望是否与媒介资本交叉,媒介资本是否自然而然放大宗教威望[94]。有一些情况表明,有人格魅力的宗教领袖的符号资本既包含媒介威力,又包含精神气质;美国的电视布道人毕利·格雷厄姆(Billy Graham)、贝尼·希姆(Benny Himm)是这样的,伊斯兰布道人尤苏夫·盖尔达维(Yusuf Al-Qaradawi)、谢里夫·乌斯曼·海德拉(Cherif Ousmane Haidara)、丹尼尔·哈林(Daniel Hallin)也是这样的。实际上,营造个人的媒介渠道或流通的顺畅是营造另类宗教权威的至关重要的工具。博客日益成为公开沉思自己宗教心性的通用工具[95]。事实上,宗教和娱乐共用许多媒介正是改变宗教话语的一个关键因素[96]。结果,如今宗教权威的源头常有一些争议,或被误判[97]。下文即将回头从广义的角度说权威问题:我们将为谢里夫·乌斯曼·海德拉领导的北非穆斯林的伊斯兰后卫运动(Ansar Dine Movement)提供更广阔的背景,见文本框6.1。

文本框6.1 马里的伊斯兰后卫运动

中非洲(原文如此)马里的伊斯兰后卫运动充分说明媒介在当代宗教变革里的重要作用,也说明媒介化嵌入广阔的过程是多么复杂。这里的描绘依靠人类学家多萝西娅·舒尔兹(Dorothea Schulz)的分析。

伊斯兰后卫运动的领袖是有人格魅力的谢里夫·乌斯曼·海德拉。该运动的阿拉伯语名称是 Ansar al-Din(意为伊斯兰支持者),其马里南部的通用语翻译是 Ansar Dine。运动兴起于20世纪80年代中期,起初吸引城市下中层阶级,稍后吸收了农村支持者。其增长的大语境是,托马里·杜尔(Toumani Toure)上校1991年政变上台任总统,以及随后的经济自由化和多党制民主。舒尔兹认为,伊斯兰后卫运动不是全球政治伊斯兰的另一个版本,她坚称,我们要将其置于马里社会复杂的权力场里去考察。

伊斯兰后卫运动清楚表明媒介在拓展宗教传播及其场域边界里的关键作用,这里所谓的媒介不是数字媒介,而是指小媒介(Small Media),即盒式录音机和录像机及广播电台对小媒介节目的播放(Srebemy-Mohammadi and Mohammadi [1994], *Small Media*, *Big Revolution*)。海德拉出生于一个小教派的家庭;他为施展自己的影响而拼搏,但被伊斯兰理事会拒之门外。他利用媒体布道,十分重要,赢得的拥趸者超过了伊斯兰理事会,2000年终于被该理事会接纳。

但正如舒尔兹所示,伊斯兰后卫运动还显示了扩张的力量。就此而言,两个关键的语境因素是:马里这个国家的社会权威有两个关键的弱项(比较 Mbembe 2001 论"后殖民"),有权势和威望的宗教世家少,因为它在20世纪20年代的殖民地时期才归化伊斯兰。海德拉的吸引力多半在于他是公认的"道德看门狗"(Schulz 2006:137),他是特别有效的宗教诠释家。他刻意避免议论政治,只从道德的立场予以批评。此外,他通过伊斯兰后卫运动提供国家不再承担的社会服务。由此可见,该运动不仅显示媒介化进程,而且显示大范围权力场的斗争,互相竞争的宗教权威和媒体权威进入弱势国家留下的空间。至于这是否就是社会领域里实际的民主化进程,舒尔兹认为是颇有争议的(Schulz 2006:144—146)。

相比而言,视觉艺术是一个竞争性的场域,虽然有些艺术家有时漂移到宗教或政治场域,声称拥有准宗教或准政治的权威,但其焦点是高度专门化的(Joseph Beuys, Marina Abramovic)。在艺术实践的价值、参照点和基本目的上,甚至是否存在外在参照上,艺术界都没有达成一致意见,所以我们没有内在的理由说,艺术场域应该和媒介有任何具体的关系。艺术固然是传播行为,但毫无疑问,艺术成为大众传播行为或远程传播行为的内在需求是不存在的。

然而,在有些情况下,艺术贴近媒体,20世纪90年代的"英国青年艺术家"(Young British Artists)就是这样的。这是一个有趣的例子,至少说明,对这个大场域里的某些成员而言,媒体曝光度和媒介资本极为重要,比如,在翠西·艾敏(Tracy Emin)的艺术实践中,她在媒体上的亮相和艺术实践融为一体了[98]。

这一现象如何解释?肯定不能说,这是由于媒体参照点(如广告)浸透了艺术世界[99],因为这样的渗透并不是艺术场域里的普遍效应。媒体冲击艺术实践时,它们依靠的是某些艺术家所依靠的符号资本。在艺术场域里,由于其开放和不受规制的多样性,媒介资本可能在部分场域里有重要意义,却不能成为整个场域里的宰制力量。即使对"英国青年艺术家"里的某些成员而言,事实上即使对纽约不同辈分的艺术家安迪·瓦霍尔(Andy Warhol)和杰夫·昆斯(Jeff Koons)而言,艺术逻辑和狭义的媒介逻辑似乎有交叉。经济压力和政府压力有时刺激他们的创作,使之满足某些建基于媒介的期望。但没有理由解释说,这是在艺术场域里普遍起作用的媒介逻辑。

三、权威和机构容易渗透的空隙

媒介对社会组织产生诸多影响,影响之一是权威在数字时代里的转化。对当代制度的强健力而言,权威的转化具有广泛的含义,所以值得单独说一说。

布鲁斯·宾伯的精彩分析(见第五章)说明,信息数字化及其产生的信息丰裕改变了制度权力的基本条件,尤其(但并非专门)使政治场域的情况为之一变。信息数字化不仅使制度精英享有的信息资源剧增,它还使各种行为人获取库存信息和媒介的情况为之一变,还促进了精英圈子之外的横向传播[100]。这使机构组织受益[101],同时又使其付出代价;由于非精英饱和的信息传播,尤其他们借助媒体的信息传播,机构就容易受到伤害。结果,面对漏洞、破坏和简单的信息交易,一切机构权威都显得脆弱:新信息流使机构存在更多容易渗透的空隙(porosity)。主要的行为人可能是拥有政策议程的非政府组织、唱对台戏的机构,也可能是热衷于利用媒体上亮相来达到自己目的的个人[102]。美军士兵发布的伊拉克阿布格里监狱的虐囚照令美国人难堪,这就是个人为达到自己目的而利用媒体的例子。

在虐囚照后续的变化中,机构变脆弱,权威不稳固[103]。不过,权威问题最好是在参照具体场域里详细的动力关系中去理解。在政治场域里,媒体的报道难免饱和,所以如前所述,个人的政治权威越来越仰仗媒介资本,越来越依靠个人在媒体上亮相时的表现。事情出错时,如此高度个人化的权威容易招惹丑闻;即使万事如意时,个人的权威也不太倚重地位或合法性,而是更倚重他们基于媒介的表现【104】。由此而产生的政策建设或大型政治组织的困难,我们在第五章里已作介绍【105】。

媒体跨界流动的后果在宗教里尤其深刻,因为基于文本的独特的权威常处于核心的地位。在数字时代,数字文本是流动的,有互动性,其传播远远超过有限的社区范围。正如海迪·坎贝尔(Heidi Campbell)所言,神学的诠释和评注成了"公共的活动",在网上向各色各样的人开放;宗教话语在媒体里的流通是任何机构都难以控制的【106】。被排除在宗教权威之外的新群体常常能利用媒体尤其是互联网,从而参与对宗教的诠释,这是有史以来的新现象。多萝西娅·舒尔兹描绘马里的穆斯林妇女团体利用地方电台或盒式录音机的情况,她们传播另类的穆斯林反思,挑战形塑伊斯兰教里性别不平等的权威【107】。

结果,许多人看到宗教权威的性质已有变化【108】,不过,这一变化不能简单地归之为媒介化效应。在伊斯兰教里,许多因素机缘巧合共同起作用,包括识字率的提高,以及围绕现代性的性质和方向的扩大化的争论。许多变化很复杂,而且很重要,不能化解为一个单一的媒介逻辑。无论如何,正如彼得·曼达维尔(Peter Mandaville)所示,相对而言,伊斯兰的权威结构一直是去中心化的【109】。另一方面,宗教场域正在发生的变化早有先例,在数字时代之前很久,欧洲基督教的宗教改革就和机印书有关系了【110】。

第四节　小　　结

我们在本章里看到,灵活而批判地借用布尔迪厄的场域论,不时辅之以其他的方法论,我们就能更详细地把握这样的理念:当代社会是"媒介化"社会。在研究最深入的政治场域里,政治场域和媒介场域的相互依存度很高,媒介逻辑似乎已经成为政治实践里某些内在的特征。在其他场域里,某种渐进和多样的变化正在展开,因具体问题比如权威而异,这些场域正在成为激烈争夺的场所。在具体情况下,媒介化的一般概念必须译解为比较具体的分析:在具体场所里,资本、权威和权力如何被媒介元资本转化。如此,一个广域的悖论浮现出来:由于越来越多的社会竞争的场域向媒介可见度的动态关系开放,由于这些场域里一定意义上的"民主化",媒介权力有增无减。我们将在第八章考察由此而生的媒介的责任赤字。

对媒介权力及其运行机制有了比较详细的了解以后,我们更有理由去进行国际比较了。长远看来,比较研究能揭示媒介资本在不同地域和不同场域里的局限【111】。但目前看来,唯有相对简单的比较形式是可行的。在下一章里,我将用比较的视角探索世界各地的各种媒介文化。

注释

［1］ Livingstone（2009a：x）compare Livingstone（2009b）.

［2］ Bourdieu（1983：241）. Bolin（2011：135）questions whether Bourdieu's use of Marx on capital is accurate.

［3］ Bourdieu and Wacquant（1992：98）.

［4］ Fishman（1980：51）, quoted Meikle（2009：29）.

［5］ Thanks to Klaus Zilles for this insight.

［6］ Compare Livingstone（2009a：ix）.

［7］ Lundby（2009a）brings together the latest debates; another term used has been "mediazation"（Thompson 1995：49）. "Mediatization" has increasingly become an automatic claim in wider sociology（Lash and Lury 2007：9；Urry 2007：9）without explicit theorization. For a subtle discussion of "mediatization" and culturesee Fornäs（1995：210 – 221）.

［8］ Discussed in Lundby（2009b：10）, quoting the original French 1976 edition of Baudrillard（1993）.

［9］ Mazzoleni（2008）.

［10］ Lundby（2009b）.

［11］ Silverstone（2005：189）.

［12］ Altheide and Snow（1979）；Snow（1983）；Altheide（1985）.

［13］ Snow（1983：11）；Altheide and Snow（1979：237）；Altheide（1985：9）.

［14］ Altheide（1985：13 – 14）.

［15］ Altheide and Snow（1979：1260）；Altheide（1985：35 – 66）.

［16］ Snow（1983：151 – 152）.

［17］ By 2011, howeverthis was not his position：see Hjarvard（2011）.

［18］ Hjarvard（2009：160）. Compare Hjarvard（2006：5）and Andrea Schrott's（2009：47）definition of "mediatization … as a social process of mediainduced social change that functions by a specific mechanism … the institutionalization of media logic in social spheres".

［19］ See respectively Mazzoleni（2008）quoted Lundby（2009b：8）and Schulz（2006：90）.

［20］ Bourdieu（1993）；Boltanski and Thévenot（2006）；Elias（1994）.

[21] Krotz (2009: 26, 27, 24).
[22] Couldry (2008a). Hepp (2009a: 149) reads my earlier argument on media meta-capital (Couldry 2003b) asin effectan argument about mediatization in Krotz's sense.
[23] Contrast Krotz (2009) and Hjarvard (2011).
[24] Bird (2010: 91-96).
[25] Bourdieu (1993 and 1996b); Champagne (1990).
[26] Bourdieu (1998); Marlière (1998); Benson and Neveu (2005).
[27] Champagne and Marchetti (2005); Duval (2005).
[28] O'Neil (2009: 63).
[29] Bourdieu (1990: 166).
[30] Bourdieu (1977: 88).
[31] Bourdieu (1998: 22); French version is Bourdieu (1996c: 21).
[32] Champagne (1990: 261 and 277; 264; 39). For a broadly similar position, see Champagne and Marchetti (2005: 43).
[33] LingardRawolle and Taylor (2005).
[34] Champagne (1990: 237, 239, 243).
[35] For a fuller if much earlier version of what followssee Couldry (2003b).
[36] Bourdieu (1996a); Weber (1947).
[37] Bourdieu (1996a: 40-45; 1990: 239-241).
[38] Bourdieu (1990: 229).
[39] Bolin (2009: 352-353).
[40] SeerespectivelyBourdieu in Wacquant (1993: 42, added emphasis); Bourdieu (1996a: 265); Bourdieu in Wacquant (1993: 23).
[41] The concept of "symbolic capital" in Bourdieu generally means any type of capital (economicculturaland so on) that happens to be legitimated or prestigious in a particular field. For exampleBourdieu (1986: 132, 133; 1990: 230).
[42] Champagne argues something similarbut without using the term "meta-capital" (Champagne 2005: 54).
[43] Bourdieu (1998).
[44] See Lahire (1999) for the argument that much of everyday life is *not* embedded in particular fields of competition.
[45] Boyle and Kelly (2010).

【46】 This is consistent with how Bourdieu himself uses the term "meta-capital" in relation to the state.

【47】 Bennett (2011: 130).

【48】 Compare Strömback and Esser (2009: 213 – 214).

【49】 Compare Hallin and Mancini's comparative theory of media systems (2004).

【50】 See Champagne (1990: 237243), Couldry (2003b).

【51】 Compare Hallin (2005).

【52】 Compare Bolin (2011: ch. 2; 2009). Bolin's approach to the difficulties raised by Bourdieu's concept of field of power is more focused on explaining the dynamics of media production.

【53】 Collins (1994 [1868]: 434).

【54】 Reported BBC Radio 4 *Today* programme, 12 December 2009.

【55】 Thompson (2001).

【56】 Meyer (2003: xv).

【57】 For key worksee Mazzoleni and Schulz (1999) Benson (2006) Davis (2007), Riegert (2007) Strömback and Esser (2009), Thompson (2001) Fairclough (2000).

【58】 Hobsbawm (1995: 581 – 582).

【59】 Cook (2005).

【60】 On which see Meyrowitz (1985: ch. 6).

【61】 Rogers (2004: 173).

【62】 Davis and Seymour (2010).

【63】 Krotz (2009: 25).

【64】 On medieval erasee Braudel (1975: 372 – 373), Bloch (1962: 62); on the early twentieth centurysee Weber in Gerth and Mills (1991: 215); on the late twentieth century USAsee Cook (2005: 122).

【65】 See respectively Foster (2005), Cook (2005: 113, 137) Braman (2009: 319) Davis (2010: 65 – 66).

【66】 Briggs and Burke (2005: 18 – 19).

【67】 Harsin (2010).

【68】 Compare note 46 above and the relevant main text discussion.

【69】 Coleman and Blumler (2009: 58).

【70】 Contrast Meyer (2003: 91) on the narrow confines of the televisual public sphere in the twentieth century.

【71】Cottle and Nolan (2007) on humanitarian NGOs.

【72】Uitermark and Gielen (2010).

【73】Jaap van Gilsquoted Uitermark and Gielen (2010: 1331).

【74】Uitermark and Gielen (2010: 1331).

【75】Uitermark and Gielen (2010: 1340).

【76】Miao (2011: 109).

【77】Costera Meijer (2011).

【78】Chouliaraki (forthcoming); Cooper (2008).

【79】Ruddock (2007: 141) on Boris JohnsonMP (currently Mayor of London).

【80】On spectacle in politicssee generally Boorstin (1961) Debord (1983) andfor its recent intensificationKellner (2003; 2009); on school killingsee Serazio (2010) Kellner (2008); on the links between "terrorism" and spectaclesee Dayan (2006: 1519my translation).

【81】Cook (2005).

【82】Foster (2005: 1-2).

【83】See respectively Gewirtz, Dickson and Power (2004) and Blackmore and Thorpe (2003) on Education Action Zones in the UK and the implementation of "self-managing schools" in the Australian state of Victoria.

【84】LingardRawolle and Taylor (2005) on education.

【85】LingardRawolle and Taylor (2005: 769); compare Rawolle and Lingard (2008).

【86】Rawolle (2010).

【87】BreiterSchulz and Welling (2011).

【88】Educational powers in Scotland and Wales are largely separate from those in England.

【89】Giroux (2000).

【90】Hoover (2006); Hjarvard (2006).

【91】Meyer (2006: 307-308).

【92】E. g. Goethals (1997).

【93】Hepp and Krönert (2009) on Catholic World Youth Day. Compare generally Dayan and Katz (1992).

【94】Lundby (2006) discusses the election of the Bishop of Oslo from this perspective.

【95】On televangelistssee Hoover (1988) Thomas (2008); on Islamic preacherssee

Kraidy and Khalil (2009: 73); on Ansar Dinesee Schulz (2006); on religious bloggingsee CheongHalavais and Kwon (2008).

[96] Meyer and Moors (2006: 19); de Witte (2009: 13) quoted in Asamoah-Gyadu (2009: 165).

[97] Thomas (2008: 95).

[98] Stallabrass (2000).

[99] Here I disagree with Lash and Lury's account of the YBA (2007).

[100] Bimber (2003: 91).

[101] Latham and Sassen (2005: 16).

[102] Thompson (2005: 31) andmore generallyBoyer (2010: 253).

[103] Bimber 2003; compare Turner (2007b: 117).

[104] Howard (2006: 193).

[105] On the religious textsee Ess (2010: 15); on commentarysee Stolow (2006) Mandaville (2003) Campbell (2010: 154); on the resulting issues for institutional controlsee Meyer and Moors (2006: 11).

[106] Howard (2009: 138).

[107] Schulz (2006: 140).

[108] Turner (2007b); Meyer and Moors (2006: 8); Hoover and Kaneva (2009: 8).

[109] Mandaville (2007: 102).

[110] Wuthnow (1989).

[111] Thanks to Sigurd Allern for making this point to me.

第七章　媒介文化：一个正在展开的世界

"我们作比较研究时还不是很清楚究竟在寻求什么。"
——丹尼尔·哈林(Daniel Hallin)和保罗·曼奇尼(Paolo Mancini)[1]

　　媒介实践的一个宏大世界正在展开,媒介社会学家需要予以把握。我们看世界的视角遭遇的障碍是,英语媒介研究和理论高踞霸主的地位;迄今为止,美国和英国的媒介生产和消费在研究议程中占有不恰当的突出地位。其他地方研究资料的丰富与厚重使这一地位显得荒诞,然而全球出版业的动态还在继续强化这一荒诞的现象。亚洲学者约翰·埃尔尼(John Erni)和蔡秀琼(Siew Keng Chua)呼吁在研究工作中"渴望语境"(longing for context)[2],换言之,观照媒介、社会与权力时不要囿于美国和英国的透镜,那仅仅是观照三者关系的偶然的透镜。这样的渴望是难以遏制的。

　　把握这一"新"的——实际上一直存在,只是没有注意——媒介实践的世界时,我们需要变换思维方式[3]。用势利的眼光、从特权的观点看问题,那是难以把握这一世界的[4]。那样的假设会重犯老的错误。这是一个媒介发展的开放空间,没有森严的壁垒,却有超越过去的媒介研究承认的多样性。正如人类学家丹尼尔·米勒所示,许多人论述脸谱网的口吻使人觉得,那是美国特有的现象,但"今天,它是一个全球性的网站,70%以上的用户生活在美国之外"[5]。

　　把握这一多样性可能意味着承认,全新的社会理论来自地球的南方[6]。我们要摒弃这样的设想:媒介发展的驱力自然来自西方。迪潘加·辛哈(Dipankar Sinha)称其为"另一种原教旨主义",说它是"自然"基于西方的"技术权威的胜利"的一种预设,和现代性放之四海而皆准的宣称有关系[7]。然而事实是,现代媒介在任何地方都没有天然的"中心",所以正如布莱恩·拉金所示,至关重要的是,"提出这样一个问题:如果一种媒介理论起源于尼日利亚而不是欧洲或美国,它会是什么样子?"这样的姿态才能赶上其他领域比如经济史里发生的哥本哈根革命[8]。媒介机构与现代性的关系重要(第一章),同时我们又必须承认今天通过数字媒介技术正在构建之中的多种现代性[9]。不过,积累更多搜集自许多地方的媒介记述还不足以说明问题,除非我们把握日常各种实实在在的媒介实践。

认真的比较媒介研究要解决的问题是一个观念问题,这就是本章破题所用的哈林和曼奇尼的引语提出的问题。我们到哪里去寻求问题的澄清呢?无疑不能从迪维亚·麦克米林(Divya McMillin)所谓"错误的能力感"去寻求,那样的说法使西方学者从自己身处的一隅去概括全世界的情况[10]。但倘若我们的目标仍然是跨边界的知识[11],我们就需要明确表述社会、媒介和权力重要的相互关系。即使是常识性的表述,这也意味着提出一些宽泛的比较框架。

一个重要的比较框架涉及机构的基础结构,多样的所谓"媒介"赖以在这里发生。在《媒介体制比较》(*Comparing Media Systems*)里[12],哈林和曼奇尼对国家、市场和媒介关系进行分析;那是迈向构建比较框架这个目标的重大的一步,肯定超越了过去论不同国家"新闻业"的西方中心文献[13]。他们"极其谨慎"地提出了"三个媒介体制模式":

> 英国、爱尔兰和北美的自由主义模式(Liberal model)的特征是,市场机制和商业媒体占相当主导的地位;在北欧,由于商业媒体在历史上并存,媒体就试图组织社会团体和政治团体,民主的组合主义模式(Democratic Corporatist Model)应运而生,如此,国家的角色相对活跃但法律上受限;在南欧,媒体整合为政党政治形成两极化的多元模式(Polarized Pluralist Model),商业媒体历史上比较弱,国家的角色比较强。[14]

哈林和曼奇尼的模式给人启示,但需要一些调整。如果这一模式要适用于伊朗、尼日利亚和菲律宾这样的国家,宗教机构与国家和媒体的关系都需要我们注意;即使要在美国有效,这一模式也要考虑宗教机构与国家和媒体的关系,因为在过去的 30 年里,反世俗的媒体运动兴起,且有自己的媒介基础设施。把哈林和曼奇尼的分析放到不同国家里场域间关系的演化里去考察,那会大有裨益(比较第六章)。此外,他们还承认[15],他们的模式必须经过验证,对西方外的情况而言,还有必要对这一模式进行调整。

然而,无论哈林和曼奇尼的模式如何扩张和细化,它毕竟是站在政治经济学的立场构想的理论。如果我们把媒介理论的金字塔尖的指向进行调整,我们就不能指望它能回答国际比较遭遇的问题(请回忆第一章提出的问题)。若要比较日常生活里媒介角色的结构[16],比较具体媒介习惯的文化意义,将这一角色和文化意义放进权力、社会组织和地缘政治的语境里去进行比较,我们该如何着手呢?最简单的路径似乎是问,在各具特色的媒介机构和媒介体制里,媒介在不同地区的"感觉"如何?但风险在于,我们复制围绕想当然的国别"媒介文化"的想象中的国家疆界,从而使系统和差异组合的更加复杂的复合体变得模糊不清。另一种操作方式(比较贴近媒介理论)是审视不同国家技术引进不同的轨迹。正如高金(G. Goggin)和约翰·麦克莱兰(M. McLelland)所示,日本人日常上网主要是用移动设备,而不是台式电脑,东亚开始用照相手机的时间比其他地区早得多[17]。

另一条研究路径是本书选择的社会取向的媒介理论,据此,我们能在国家疆界内外建构多种媒介文化的概念。复数的媒介文化盖源于人们用媒介所做的事情。我们不要被有延展性的媒介实践(生产、消费、分配和解释)弄得晕头转向,让我们的研究锚泊在复数的"媒介文化"(media cultures)里,那会更有裨益。我将证明,决定复数的"媒介文化"形式的是各种深层的人的需求的动态关系。正如与媒介相关的生活形式在很大程度上是由需求决定一样(见第二章),媒介文化也是由需求决定的。因为媒介研究历史上多半是国别研究,我的例子大多数是参照个别国家的,这实在是难以避免,但下文将清楚显示,我的比较框架并不是建基于国别差异的。人的需求类型有时在国界内形成,有时又跨越国界,正是人的需求压力生成了传播的需求[18],各具特色的媒介文化由此而生。

因此,对普遍的传播需求类型无处不以类似的方式得到解决,我不感兴趣;普遍的传播需求类型有对新闻的信息需求,对音乐、意象的基本需求,对代际文化传承的需求。诸如此类的基本需求生成各具特色的媒介文化;在各种压力(革命时期,长期文化排挤的环境)下,各具特色的媒介文化得到进一步强化。我们的重点不是追踪媒介使用的细小变异,而是把握全球范围内媒介文化的总体广谱,以及形塑多样性的动力机制。毋庸赘言,再也没有比这种多样而宽泛的"理论"了。如果下文读起来像是由他者营造的风景的巡礼,那正是我的意图。这是色彩丰富的比较风景,我们正是要按照这样的风景来给媒介研究重新定向。

第一节 何为媒介文化?

我使用的比较单位是"媒介文化"[19],而不是媒介体制,因为如上所示,媒介体制是植根于政治经济分析,偏重的是资源和制度如何组织和布局。媒介体制分析的重要性将维持不变,但本书关注的与之不同,我们关心的是我们的媒介经验,我们使用媒介的生活方式。为此目的,自然的比较单位是"文化",其特定的意义不是有边界的或空间疆界的文化,而是共建意义的日常习惯的任何方式。正如莎茨基所示,个体习惯的运行方式是"结伴"(见第二章);同理,大群习惯的运行方式也是"结伴"。迄今为止,"媒介文化"这一概念被用于两种情况:一是非理论化的描绘性的短语,借以捕捉媒介的使用在"感觉上"的国别差异,比如美国与法国或日本的使用方式就有差异;二是用来把握对具体时间及地点的媒介产品的流动和风格所作的解释性概括[20]。我在这里所用的"媒介文化"有所不同,我指的是意义建构习惯(sense-making practices)的集合,其主要的意义资源是媒介。辨识一种媒介文化的唯一标准是,文化成员会识别其特色,其"结伴"的方式。我所说的"意义建构"(meaning making)不是说,媒介文化是理解媒介的专属或首要方式。相反,我的意思是,媒介文化是理解世界的方式,而世界的运行主要是通过或依靠媒介的。

在一定意义上,多种媒介文化的形成可以归因于人的各种需求,需求形塑了我们与世界互动的方式以及我们作用于世界的方式。使用"媒介文化"一语旨在支持规避"媒介中心主义"的国际比较形式。但媒介文化不是边界清晰的"刚性"现象,而是模糊的对象,能用维特根斯坦所谓的"家族相似性"来识别(见第二章)。结果,穷尽无遗地绘制世界媒介文化的地图就是不可能的;相反,我们的要点是认清形塑无穷多样媒介文化的重要差异。

从好莱坞兴起时,媒介文化一直是"跨地域的",其基础是源自许多地方和源头的物质(媒介)的流动和转换。数字媒介时代使这一趋势急剧变化,因为其基础是无穷大的连续空间(万维网),这一空间能接收来自任何地方的信息输入,并能将信息输出到任何地方去。我们将跨地域的流动视之为理所当然,风靡世界的《哈利·波特》(*Harry Potter*)小说就是最近的例证之一。正如岩渊功一(Koichi Iwabuchi)所示,"脱离全球化语境去想象局部地区的文化创造,那是不可能的";但正如克雷蒂和墨菲(P. Murphy)所示,如果假设"地域性的当代表达"总是特色彰显,那同样是无济于事的[21]。

由此可见,思考媒介文化的出发点就是让·尼德温·彼得斯(Jan Nederveen Pieterse)理解文化所作的"跨地域"和"地域"的分别。文化竞争的现代形式通常都纳入了国际比较的框架,无论其基础是多么囿于局部的范围。仅以宗教(从基督教到伊斯兰教)看待性的方式为例。弗洛伊德1929年写《文明及其不满者》(*Civilization and its Discontents*)时,他可以假设,性表达和压抑的政治问题业已在国家边境内解决。如今,由于全球旅游和文化流动,这样的解决不再可能:一个地方的性文化必然接触来自其他地方的媒介流,那是反映不同性习俗的媒介流[22]。

如果考虑文化因其或多或少向跨地域的输入开放而有所不同,事情就更加复杂了。这不是"全球主义"的问题,实际上情况正好相反。对英国北部中产阶级白人的研究表明,尽管他们因工作和休闲经常出国,尽管这给他们经常接触世界主义思想的机会,但这未必会使他们对国外的媒介和文化产生兴趣[23]。然而,中东地区日常的电视经验使人们接触到马尔文·克雷蒂所谓的"充满活力的阿拉伯跨国媒介风景";另一方面,如果你生活在尼日利亚南部,形塑你的电影库房的就是跨国的阿拉伯伊斯兰文化、宝莱坞电影的印度文化参照点和美国好莱坞电影[24]!口味和归属因素本身就深受阶级分层的影响,这些因素使流动性和媒介化的关系更加复杂[25]。

如此看来,我们如何才能把握使媒介文化彼此不同的根源呢?过去人们假设,这和媒介文化与封闭在国家范围内的地域相关,比如与泰国的新闻文化相关;如今,这样的假设再也不可能成立了。这并不是否认,国家的地域范围常常是区分媒介文化的重要因素,因为在有些情况下,媒介基础结构的许多方面(从语言到监察机构)仍然受制于领地的局限。也不是宣称,文化忠诚更自然地倾向于"世界主义"或超乎民族特性;那会忽略民族经久不衰的作用,民族是历史上绵延不断的团结的结构[26]。相反,这是要规避研究媒介文化时可能出现的一种方式:设想文化与任何具体的地域比如国家、地区或村落有一种"天然的"关系。

围绕媒介文化的辩论有一个先例,那就是功能主义者对国家和所谓"国家级媒体"的记述,我们在第二章里业已提及。正如菲利普·施莱辛格(Philip Schlesinger)所言,他们没有认识到,"各种层次文化和身份的矛盾日益明显,而且倾向于分离国家和民族的关系"[27]。值得记住的是,19世纪和20世纪初西方的经典社会理论已经在努力超越方法论的民族主义[28]。如今,尽管媒介文化的某些特征仍然有地方性,但其内容原则上均来自任何地方,而且能被发送到任何地方;因此,媒介文化的地域性定义的内在结构是混乱的。最好是用非形式化的语汇来描绘媒介文化,将其视为跨地域过程的内容深化,即通过媒介的意义建构,这样的意义建构过程或多或少有地域特征。位于一个地方,借助并通过媒介来建构,这些特征仍然重要,但媒介文化的意义业已根本变化,因此,我们媒介研究的描绘性语言需要反映这一变化[29]。

如果媒介文化是媒介流中可以识别的内容丰富而密集的流体(其分布可能是民族的,却不必是民族的)。什么前提使媒介文化内容"浓稠"(thicken)?换言之,什么使之获得足够的密度,从而使媒介内容和习惯与其语境形成稳定的关系呢[30]?显然不是因为媒介文化与"自产"内容有什么"内在"关系,也不是因为它和假设的民族"文化"有何内在关系。在伊朗,有一个特别活跃而论争的博客圈,其形成原因就在于宗教学者社群的分割。即使曾经地域性很强的媒介文化事实上也是分割的,比如英国20世纪80年代以前的前数字广播文化就是分割的。其原因是,在高度分层化的社会里,同样的媒介提供的内容突出不同的成分[31]。近年发布的媒介文化的记述比如埃及、墨西哥和中国的记述就各不相同,但它们都凸显出深刻的分割,尽管它们曾经被认为是统一的媒介文化[32]。

于是我们要问,产生媒介文化多样性的原因究竟是什么呢?第三章已考虑过一种可能性:当各种力量在"集中化"的过程中投入时,"密集性"(density)随之兴起[33]。也就是说,有人就声称,媒介业已成为社会的核心机构。审视多样性的另一种方式是考察社会经济的变数。正如哈林德拉纳斯(R. Harindranath)所言,在印度和英国,教育程度比较高的电视受众颇为相同,其共同之处超过了他们和本国文化水平低的电视受众的相同之处[34]。但这未必有助于我们理解媒介的使用如何形成一种独特的生活方式,即不同的群体能识别其独特性的生活方式。分辨媒介文化独特性的另一种思路是:考虑其要素如何通过文化成员的感觉稳固下来,使他们感觉到这些元素在日常生活中很重要。人们如何从跨地域的媒介流里挑选素材,并判断这些素材与自己的相关性和重要性,这有什么决定因素呢?媒介对不同的群体和不同的圈子里的人的意义各不相同,这有什么各不相同的原因呢?这把我们引入人的深层需求的问题。

第二节 从需求视角看媒介文化

在极度不平等的世界上,即苏珊·巴克-莫尔斯(Susan Buck-Morss)所谓的"极端多样性"的世界上[35],唯有人的需求有足够强劲的力量提供一个指引比较的参照点。有趣的是,这就是经济学家阿马蒂亚·森的出发点,他试图以不同的方式去思考全球经济发展问题,这也是在跨国层次上思考媒介文化的一个独特的出发点。该出发点隐隐约约已见于论媒介实践的第二章。

人的需求没有界定性的清单,我们从物质需求转向文化需求和社会需求时,尤其没有这样铁定的清单。在第八章里,我们将在哲学语境中再论这个问题。我们现在假设媒介基础结构给基本的信息供给作出了普遍的贡献,先考虑具体的媒介文化明显能满足的需求类型。

我们暂时提出这样一个需求清单:经济需求,族属需求,政治需求,被承认的需求(与族属需求和政治需求相关,但有区别),信仰需求,社会需求,休闲需求。"需求"必须是广义的,其含义不包括个体需求的普适的心理学模式;而是一个更开放人的需求的频谱,这是我们考虑人的"能力"时浮现出来的频谱,用阿马蒂亚·森的话说,这是人的能力嵌入文化时浮现出来的频谱[36]。孤立考虑个人需求于事无补,考虑共同经验物质压力和历史条件更有助益。与之类似,写博客的历史学家卡罗琳·米勒(Carolyn Miller)和道恩·谢泼德(Dawn Shepherd)用了"对象化的社会需求"这一术语,借以理解在媒介形式迅速变化的时代里,媒介生产和媒介消费是如何形成的[37]。

需求是交叉叠加的,特色鲜明的媒介文化要应对多种需求,并从这种交叉中获得力量;同理,个人可能属于不止一种媒介文化。媒介文化或多或少有一些彼此渗透的孔隙,互相渗透的程度取决于它们理解媒介和世界的共同方式。要点不是一劳永逸地描绘人的需求的地图,而是面向我们希望找到的媒介文化的多样化类型,从而获得可能证明有用的比较媒介文化的多种维度。

让我们看看,这个粗线条的模板能在多大程度上使我们思考看似无限多样的媒介文化。我们的想法不是一种需求界定一种媒介文化的全貌(事物为何要如此简单呢?),我们只是想,这种需求可能是首要的参照点,特定的人群借以进行媒介的选择和衡量。毋庸赘言,这个参照点不排除其他参照点,而是补充其他参照点,比如媒介文化的历史记述或猜度性记述。

一、经济需求

形塑媒介文化的因素可能是基本的经济需求,比如就业和其他经济机会,因为这些需求产生信息和传播的特色需求。在经济利益分配很不平等的地方,比如在远距离迁徙才能挣钱果腹的地方,和经济生存相关的需求就可能压倒其他的需求比如社交或休闲的需求。有时,经济需求很尖锐,因而根本就不可能生成独特的媒介文化,因为它们使媒介消费和生存挣扎毫无关系。这是绵延不绝的全球数字鸿沟的一部分(见第二章)。以巴西农村为例,贫穷和匮乏的基础设施甚至使大多数人与广播电视无缘[38]。根据一项最新的民调,人们评估贫困是最紧迫的全球问题[39]。经济需求的冲击可能更微妙;在有些地方,不平等现象迫使人们大多数时候甚至一直背井离乡去找工作,这就形成了对信息和传播技术的特殊需求。

迄今为止,对流动人口媒介消费的大多数研究都强调媒介在维持族属和文化关系中的作用(见第二节)。不过,这低估了贫困即基本经济需求在人口流动中的作用;无论在美国和墨西哥的边界上,或西蒙(A. Simone)所谓的非洲大陆这架移民机器中,贫困都是人口流动中最重要的因素。在媒介研究中,境内移民与媒介相关的需求在相当程度上被忽视了。然而,正如杰里米·汤斯托尔(Jeremy Tunstall)所示,"最大的人口流动是在人口庞大的国家里",而不是跨越国境的流动[40]。中国境内的流动人口多达14 700万。邱林川最近的研究显示,中国劳工阶级在使用数字媒介;这对媒介产业热衷的造势活动构成挑战,对很多媒介研究也提出挑战,那些研究都热衷于"高端"信息技术及其应用的消费[41]。有人认为,有一个"信息富人"和"信息穷人"的简单的一分为二的数字鸿沟;邱的研究也使他们的设想遭遇到复杂的问题。

一旦我们的研究取向对准经济需求如何决定基本交流需求的问题,情况就显而易见：互联网和手机不再是奢侈品。根据邱的解释，互联网和手机对中国境内的流动劳工和其他工人尤其重要。他解释说，对失业工人、退休人员和低收入的18 900万15岁至24岁的年轻人而言，这些东西特别重要。他们面对一整套严重的经济挑战：他们千里迢迢从农村迁移到"城中村"，或为谋求家庭境遇的改善，或为找一份工（1978年至2006年，四分之一的中国劳动人口脱离农业）；许多国有企业私有化引起的失业代价（1990年至2004年，6 300万的工人脱离了国有企业和集体企业）；20世纪90年代住房商业化所引起的住房补贴的代价；与医疗服务私有化和飙升的学费有关的高涨的生活成本和压力[42]。结果，"变化中的城市条件……产生具体的实实在在的日常生存需求……就业、育儿和医疗等不可或缺的需求"[43]。其他中国学者也确认，这种情况的标记是相对的政治孤立，以及确实对"老家"亲友的深度依靠[44]。

这种复杂情况产生了他们对信息传播技术的特殊需求，他们需要更多的广播媒介（邱的研究显示，打工者的感觉是，传统媒体对他们不关心）[45]，而是需要手机，至少是以预付款形式消费的手机，以及短信和互联网聊天服务，他们需要和工作或亲友网保持即时联系的服务。特殊的媒介文化证据是，手机上的文字广告和销售业务近年的增长迅速[46]。与此同时，集体空间（网吧）里上网的服务（实用和娱乐）也有了；聊天（QQ）而不是电子邮件成了直接交流的手段（大多数打工者没有电子邮箱，即使经常上网一年以后也没有电子邮箱）[47]。邱让我们洞悉经济需求决定的集体型的互联网文化。许多国家里也有类似的现象。在埃及，只有0.5%的人用宽带；在斯里兰卡，直到21世纪初，广播电台（与互联网接通）和大多数人（未上网）的联系仍然是至关重要的[48]。

只有追溯到劳动过程本身的情况，才能够理解决定中国工人使用手机的这种媒介文化，及其独特的经济因素。邱指出厂家越来越多地用手机来监察工人，雇主追踪工人收发的手机短信；有些情况下，工人用博客之类的新媒介吸引媒体注意他们反对跨国公司雇主的罢工行动。在信息技术制造业和信息技术服务业里，中国低收入的就业人数有很大的增长。对许多中国工人而言，信息传播技术既是他们工作的环境，也是他们闲暇生活的环境。这是"与工作有关的信息"、"娱乐"和"上网"等诸多需求形塑的媒介文化，如果首先用娱乐棱镜去透视这种媒介习惯，那就会扭曲文化的形貌[49]。

邱的研究方法并非媒介研究的全新方法。自20世纪80年代起，有一些受众研究的焦点就是，为何媒介消费基本上是由消费者在劳动分工里的地位决定的，这里的地位包括家庭里劳动分工不平等的地位[50]。实际上，至少对大多数人而言，闲暇的形式多半是劳动分工允许的形式，这一思想可以追溯到马克思[51]。此外,关于媒介使用包括计算机辅助通讯的使用,可以说在很大程度上是由阶级地位决定的,阶级的教育机会尤其影响媒介的使用[52]。然而,邱的研究最突出的特点是,它强调的是对媒介的需求,其源头是,劳工市场的组织日益倚重信息传播技术。

在世界各地日益加剧的经济不稳定的时候,研究形塑媒介文化的经济需求的取向乃至关重要之举。马蒂亚诺和米勒最近对菲律宾工人的研究加上了跨国移民的视角。经济需求驱使大批菲律宾妇女向西方迁徙,她们的交流需求首先是由维持母亲远程养家的责任决定的,她们使用多种交流平台比如脸谱网、Skype网络电话、网聊和电子邮件。我们重申,深层的经济需求及其对独特的传播需求的影响使我们注意到媒介文化鲜明的形貌。

二、族属需求

对有些迁徙者而言,尤其那些移居他乡已经成为少数文化族群的人而言,维持与家乡人的联系、肯定自己的族属和文化共同性的需求更加突出,在形塑媒介文化中族属需求比经济需求更重要。所谓族属需求产生对富有特色的媒介内容的需求,对获取远方故土内容的流通过程的需求。许多人研究了离乡背井者独特的媒介文化。正如丹尼尔·达杨所示,他们的媒介使用可能是"想象的共同体"(imagined community)最纯粹的例子,因为离散者的共同体只能通过媒介想象的共同体,而不是面对面的共同体[53]。

大量的研究集中在移民对故土新闻和娱乐的需求,身处异乡、语言不通、媒介难觅加重了这样的需求。早期的研究集中在身处欧洲的移民对卫星电视的使用,这是他们观看"祖国正在发生的事情"的媒体[54]。然而,族属需求很难说是直接影响的因素,许多研究报告技术第一代移民和第二代移民的差异,第一代移民喜欢看他们出生国的电视[55]。最近对移民的研究发现,和远方家人、朋友及远方文化相关的媒介的多样化,影响着他们的媒介使用如何平衡:在哪里使用媒介和如何使用媒介成了"地位建构"(plce-making)的手段。过去,家庭是族属需求如何形塑媒介文化的主要场所。比如,根据玛丽·吉利斯皮(Marie Gillespie)的记述,20世纪80年代,她在伦敦西区的家里就看宝莱坞的电影和南亚的宗教视频。如今,那个场所有可能是网吧,或任何能用手机或笔记本上网打电话的地方了[56]。社交网成为离散者保持联系的手段日益重要。阿尼科·伊姆雷例证了这样的重要性,她对匈牙利社交网 www.iwiw.hu. 的描绘栩栩如生[57]。上网手机已司空见惯,在移动的路途上,海量的信息就在掌握之中。在这个意义上,正如我们在第五章里所见,考虑经济抗议和政治抗议的新形式的传染性时,"本地人"觉得,跨国的参照点似乎比本国的媒体更贴近,被排挤的群体尤其更贴近国外的媒体。这就使两种对互联网的普遍宣示混淆不清：①互联网导致文化差异的衰减，②互联网只不过是个人使用的有局限的"颗粒状空间"（granular space），而不是多层次的复杂的互动空间[58]。

族群媒介文化对互联网的使用，可以从两个截然不同的方向着手。在一个方向上，互联网使族群日益重视区分自己的媒介生产，为族群提供低成本的机会去生产自己富有特色的材料，并将其归档让公众使用。拉丁美洲的原住民（如智利的马普切人和智鲁岛的媒介）很有趣的案例显示，他们使用远离商业媒体或国家主流媒体的另类的媒介，以灌输自我身份认知和潜在的政治力量。中国的孙婉宁说，这种媒介生产的可能性和大范围政治声音的缺失存在紧张关系。哥伦比亚文化理论家杰西·马丁-巴贝罗为这样的发展提供了一个更宽泛的理由。他说，"遗产的数字化使我们的遗产能在本地和世界范围内都享有能见度"，媒介生产提供"一种新的方式，使我们的文化进入世界"。诸如此类的可能性在有严重族群冲突历史的地方尤其重要，前南斯拉夫就是这样的地区。但另类媒介领域里对受众研究的忽视意味着这样一个结果：媒介消费对文化的含义仍然是不明朗的[59]。

在另一个方向上，由于跨边界的媒介流日益复杂，族群拥有独特媒介文化的设想越来越成问题。阿克索（A. Aksoy）和罗宾斯（K. Robins）对伦敦土耳其移民的经典研究说明，他们的媒介使用即使不是世界主义的，至少也是超越民族的。在这样的情况下，他们的多重归属感通过媒介而得以维持。收听故乡广播的结果也许不是复制一个简单的、无冲突的民族归属，原因是这样一个事实：土耳其移民在伦敦或柏林看卫星电视新闻时，他们不"在家"（在土耳其），因为那些节目是针对土耳其本土观众的。实际上，阿克索和罗宾斯怀疑，这种消费的驱力是"族群性"；相反他们说，"看土耳其电视的欲望完全是社会需求"[60]。就这样，"族属"需求可以放进多重"社群视野"的更广阔视角；在这里，不同群体的媒介在使用中得到发展[61]。我们很快回头讲媒介文化的社会需求。

三、政治需求

说政治需求形塑媒介文化，这似乎有一点奇怪，因为人们毕竟不是政府叫他们看电视才看电视，然而，由于大型的政治结构在若干方面没有解决大的政治战略，或没有满足人们对政治承认的需求，这就给媒介消费和媒介生产的特色形式留下了余地。我说"政治需求"是促成媒介文化多样性的一个因素，就是这个意思。

首先的一个问题是国家和其他大型政治行为体的战略问题，这涉及媒介产业在国家建设里的作用。政治战略罕有直接成功者，这固然是事实，但如果我们巡视广阔的政治社会语境，就能够看到，在过去媒介比较稀缺的时代（比如20世纪

30年代和60年代之间的英国),的确出现了国别特色鲜明的媒介【62】。在21世纪初,由于政府被迫向国际媒介市场开放,这种集中化的战略更容易被接纳;不过,在特殊情况下,这也可能产生颇具特色的媒介文化,比如和民族主义十分兼容的媒介文化【63】。至少在前不久,正如里拉·阿布-卢格霍德(Lila Abu-Lughod)的埃及研究所言,民族媒体和"政治社会工程"的"联手"【64】,形塑了媒介景观,而且还拥有形塑媒介文化的潜力。但我们要非常谨慎,不夸大政治战略决定新型媒介内容的意向或决定性,在媒介生产外包给互相竞争的小公司时,尤其要谨慎以对。但正如第四章所示,如果忽略新自由主义政权(美国、英国)的主导地位和一种新电视格式的兴起那种神奇的匹配关系,那同样是错误的;这种表现社会"现实"的电视格式聚焦于自我转化的个人的竞争。

我们还可以从另一个方向考虑政治需求,即民众的需求。国家的文化战略引起抗拒;在威权主义政权下,媒介可能是暗中挑战当局的显著场所。在这里,马尔文·克雷蒂最近对泛阿拉伯真人秀的研究开辟了新天地;在马克·林奇(Marc Lynch)论电视脱口秀的基础上,他开辟一个新的阿拉伯公共领域【65】。媒介文化在中东能想办法绕开严厉的审查以及官方对公共领域的严密控制,对录像机作用的早期研究中,媒介文化绕开审查和控制的作用就已经广为人知,录像机曾经在阿拉伯世界风靡一时【66】。克雷蒂把研讨范围从基础技术拓宽到媒介形式,他探索"真实"的宣示和媒介仪式在大环境下的显著特色;当时的大环境是,现代性的道德的和政治的必需条件是火药味很重的问题,激烈的民族竞争回荡在大范围的论战中。克雷蒂对真人秀在中东的独特地位作了简要的介绍,令人信服。

> 真人秀长期吸引大批观众,把每一期节目的结果建立在观众票选的基础上,如此,不仅观众参与在富有争议的节目中得到了保障,而且观众就从目击者变成了仪式参与者,另类的社会和政治视野就得到了合法性。在这种变化之中的社会语境中,年轻人就在监管很严的熟悉空间或社交空间之外的交流中循环利用真人秀节目的参与性仪式,或者将其用于休闲、消费和行动主义的活动中……真人秀展示的个人变化的希望在阿拉伯世界产生了一些共鸣。【67】

我们在第二章里业已看到,克雷蒂的研究改变了我们理解媒介仪式的框架;他向我们展示,在某种情况下,一种媒介中心的"真实"能成为一种联盟的焦点,即使这一联盟不稳定,它也能对抗国家或根深蒂固的政治权力的解读。正如克雷蒂所言,"真人秀让人细察'真实'的观念,使阿拉伯世界的现实的能见度提高"【68】。这并没有使媒介中心神话失去效应,相反它使我们看清在不同的制度条件下媒介中心神话的政治显豁性和争议性。

我们考虑世界各地媒介文化的多样性时,克雷蒂的研究生动说明,政治需求有时以一种方式对新的媒介文化提出要求:阿拉伯世界大批受众在真人秀里的深度介入,以及基于短信的投票选举在这里的重要意义。这还指明更大范围的许多案例;在这里,在政治变革或不确定的时期,表现"真实"的宣示能在庞大的人口中产生共鸣;这里所谓"真实"是有别于官方承认的真实。一个案例是东欧;在这里,《流行偶像》版本的格式使少数族群和性取向的少数族发出声音,并以其特有的方式强化了新的民族主义[69]。其他例子不胜枚举:中国人改写《流行偶像》的《超级女声》,改写《幸存者》的《逃出鬼门关》;马来西亚人对英国《名人堂》(*Fame Academy*)的改编;东南亚国家对《老大哥》的改编,这里的许多处于不同发展阶段和紧张状态的民族社会共存。真人秀格式有可能为有关"社会幻想"的广泛争论敞开大门,许多论者一开始就指出这种潜在的可能性;这就提供了与英美真人秀更封闭的教育形式对应的格式。这和媒介革新如何处理长期根深蒂固的政治赤字有关系:试想想20世纪初政治电影在革命的墨西哥是如何兴起的,近年尼日利亚北部的流行电影又是如何兴起的[70]。

有关政治需求可能形塑媒介文化的第三种非常独特的视角是小型的反体制行为体的视角:它们亟需政治上构建组织,有时这就会产生政治形塑的文化,比如,围绕反全球化和反资本主义运动之类的去地域化的社会运动,就会产生政治形塑的文化。在这里,媒介文化研究的含义不那么明确。另类政治运动通过媒体寻找新的表达形式,这有相当长的历史了。近期特色鲜明的例子有独立媒体运动和伊斯兰原教旨主义网站,跨地域的网络对这些运动的出现和扩散起到了至关重要的作用[71]。我们对于这些革新相关的广义的媒介文化知之甚少,因为对另类媒体或激进媒体还缺乏受众研究[72]。实际上,一些最新的研究显示,政治行动分子可能会抱定反对的态度,这使他们与主流的媒介文化拉开距离[73]。然而,作为与主流媒介文化共同生活或反对主流媒介文化的冲突方式,这些政治文化值得进一步探索。

至于对新闻的需求呢?我在本章开宗明义说,对新闻的基本需求不是区分不同媒介文化的压力,因为人人需要新闻;实际上,对新闻的基本需求是围绕媒介不公的论争的出发点(见第八章)[74]。不同地方的研究与新闻的联系无疑有不同的方式。比如,来自斯堪的纳维亚的研究显示,人们在追随新闻时有强烈的责任感,那是历史上文化水平高的地区[75]。来自丹麦和芬兰的最新研究显示,即使多样化的新闻机构正在取代黄金时段的新闻节目或晨报,使之不再是人们跟踪新闻的排他性渠道,但强烈的责任感传统绵延至今。在文化水平参差不齐的印度,人类学家乌尔苏拉·劳(Ursula Rao)发现,相当多的非专业人士参与地方新闻的生产。根据他的报告,在卢克瑙,"几乎我遇见的每个人都号称是记者"。地方"通讯员"网络维持着广义的新闻文化,他们搜集地方新闻并将其转发给地方报纸。在许多国家里,互联网的在线社交网络和"储备"产生了一种新型的"新闻消费",其基础是个人日常进行的新闻转发,尤其是在威权主义严格控制新闻流动的背景下,这种新闻消费更甚。中国发展中的"公民动员"网络文化就是一个重要的例子[76]。

然而,这些变化多样的对新闻的需求总是处在大的使用新闻的模式框架中,而这些模式并不是根本不同的。只有在政治需求的强大压力下,对新闻的需求才会产生特色彰显的媒介文化;如此说来,社交网站上的交换仪式(照片、文本、视频)会得到强化。想想最近的阿拉伯之春,其间出现了一种新的新闻生产/消费动态关系,至少是存在一时的动态关系。在急剧的政治变革中,集体的新闻生产传递成为一种社会需求和政治需求暂时融合的媒介文化。

四、被承认的需求

被承认(recognition)的需求有别于政治需求,这两种需求常常交叉,但在大型社会里,被承认的需求是被社会认可和道德认可的大范围需求,因为在这样的社会里,角色和地位常常是不确定或矛盾的。阿克塞尔·霍奈特是研究被承认需求的领头理论家,他在三个层次上分析承认的观念:第一是基本的个人关爱层次;第二是受人尊敬的层次,个人应是负责任的道德主体;第三是受社会尊敬的层次,就是说,"个人的能力对社会具有建设性的价值"[77]。就其为个人和群体提供好的自我认可和他人认可的手段而言,媒介文化至少对第二和第三层次的承认的观念至关重要。

被承认的需求与媒介的生产和消费都有关系。大多数媒介文化产生"生活表现和生活经验的沟壑",BBC一位主持人和想要讲述听众的故事与听众交流时,发现了这样的沟壑[78]。如果一些群体觉得,他们没有被自己消费的媒体的认可或再现,他们被广泛承认的需求就会越积越多[79]。广泛的"自我表现的渴望"就会加强一些媒介形式,比如,如果把阿拉伯社会的真人秀置于阿拉伯世界和美国冲突的背景中去考察,就可以看出这种媒介形式为何得到强化[80]。在当前的英国,拯救地方报纸和电台的战斗正在进行。正如南伯明翰社区电台台长所言,这种地方媒体"使社区发出声音"[81]。然而,由于媒介机构的资源高度集中,被承认的时候难得一见,即使被报道了,结果也可能正好相反;主流媒体对社区的报道也可能带有偏见,这反而加重了人们被媒体误报的感觉。在记述法国南部里昂的工人阶级居住区的书里,帕特里克·尚帕涅披露了这样的感觉[82]。被承认的解决办法更容易在媒介生产中得以实现。

另类媒体和社区媒体的文献日益增多,提供了许多新兴媒介文化的例子。用族属需求和政治需求来解释,我们也可以理解这些媒介文化。不过,最好是把它们理解为获得社会基本认可的呼唤,因为社会里媒介机会的分配非常不公平。生活在"截然不同的两个世界"——周围街区的世界和媒体表现的世界——里的感觉,迫使人们努力创建贴近自己现实的媒体[83]。在社会认可不公平的情况下创建媒体而实现的转化可能有深刻的意义。南非开普敦的布须电台种族隔离时的听众是黑人,1994年以后的听众是混合型的。其台长赞恩·易卜拉欣(Zane Ibrahim)对这样的变化感慨地说:"我们的使命之一是去除广播的神秘色彩。有很长一段时间,你听别人说话,现在你和我们一起说……如今,从4岁的幼儿开始,我妈就对他们说,这是你们的广播,广播频道属于人民。"[84]

新建的媒介生产机构会促成政治力量和公民力量的感觉;国家被狭隘的族群统治时少数族群没有这样的感觉。在这里,胡安·萨拉查(Juan Salazar)对智利原住民马普切人媒体的记述很有价值[85]。参与媒介生产能培养人集体行动的感觉,正如印度安德拉邦德干发展社(DDS)电台的一位积极分子所述:

> 以前,我们只关心我们自己的问题,不关心他人的问题。如今我们从事集体的工作……我们想要帮助其他村子里的妇女,也希望她们帮助我们。电台开办之前,我们做了许多好事,但社会不知道。如今,人人都知道我们的活动了。[86]

一位研究津巴布韦参与性视频的人也发表了类似的感想:"参与者意识到,他们能有所作为,能说出心里话,知道他们边界之外的人能听见他们说话。"[87]在经过激烈内战的恢复期的拉丁美洲,在这种特殊的情况下,创办媒体产生的互相承认也许会开启更广阔的发展进程,暴力记忆创伤可能会在这个进程中治愈[88]。

有人说,互联网跨边境的灵活性使其成为"原住民声音的首要出口",凭借互联网,他们能建成"一个既是全球和又是地区的社区"[89]。在线文化生产的低门槛开辟了令人惊叹的可能性。圣保罗是世界上排名第十的最富裕的城市,但极端的不平等也是其标记。在该市最贫穷和最危险的贫民窟之一恰保,有两兄弟建了一个网站,以表现"恰保好的一面",为当地新闻和对话提供论坛,展示当地的音乐和文学[90]。人们深深感觉到这种集体生产的冲击力。一位撰稿人说:存在一百年后,"这个贫民窟在创造历史,在赢得生存空间,在社会上发出自己的声音"[91]。种族隔离严重的法国南部也提供了类似的博客;瑞士杂志《周刊》(*L'Hebdo*)这一主流媒体开办了"邦迪博客"(Bondy Blog),这有助于维护一种被承认的新文化[92]。

2004年,阿南达·米特拉(Ananda Mitra)已经把握了这种媒介文化的意蕴。

他说:"互联网提供一个虚拟的论坛,即使在真实世界里他们被剥夺了'在场'的机会,不同的社群和团体都能在互联网上生产自己的'在场';如此,互联网使流行文化为之一变。"[93] 然而在今天,"虚拟"一词不再有多大的意思,因为许多人把这一表现场所当作真实世界的一部分。无论是在真实地方的或网络的社群里,深深嵌入社群的媒介生产,都非常丰富,都是一个"'理解'世界和我们在世界里的位置的'过程'"。这是三位研究澳大利亚原住民社区媒体的专家作出的判断[94]。在驱动特色媒介文化中,被承认的需求在起作用,对这一作用的理解才刚刚开始。这使我们过渡到人们需要被承认的关键的领域:宗教。

五、信仰需求

如果把有关信仰和仪式习惯的交流当作基本需求,那么不同信仰的社群(未必总是受领土局限的,比如全球化新时代的运动)可能就和各具特色的媒介文化有关系。正如达雅·屠苏(Daya Thussu)所示,在国际化的媒介研究中,宗教必须整合进我们的分析框架,而不是被当作事后的补充。实际上,如果我们把宗教当作基本的"实践"("建构世界的活动",必然与权力纠缠),那么,宗教媒介文化从一开始就是宗教的核心要素[95]。

宗教媒介文化曾经是被边缘化的媒介研究和媒介社会学领域,部分原因是如今业已过时的默认的世俗主义[96]。但在过去的30年里,美国基督教右翼提供了一个重要的例证,其运动具有鲜明的媒介文化特色,其产出的信息有独特的电视福音布道活动[97]。宗教媒介的跨国贸易成为全球媒介流的重要组成部分[98]。与此同时,我们了解到最近几十年里媒介在维持其他宗教方面的作用:小型录音机在非洲穆斯林布道中发挥了作用,在20世纪70年代伊朗革命前夜的政治危机中也发挥了作用;印度人把收看电视版的宗教典籍当作仪式化的宗教;在中东地区每年斋月中,广播文化别具一格[99]。

然而直到最近,媒介文化对宗教的意义才开始广为人知。一个切入点是研究宗教媒介使用者对主流媒体所进行的反思。斯图尔特·胡佛率先对美国基督教媒介文化展开研究[100]。近年世界各地都涌现出这样的洞见,海迪·坎贝尔对科舍网(Koshernet)犹太教批判性网络文化的研究即为一例[101]。诸如此类的对媒介的元反思(meta-reflections)也许是宗教嵌入媒介文化的必然后果。这些反思常常带批判性,旨在限制或收窄数字媒介文化的使用。但正如丹尼尔·米勒在研究特立尼达脸谱网用户时所示,有相反的例子说明,有些宗教组织认为,数字媒介特别适合宗教宣传,它们围绕数字媒介重塑自己的宗教实践。另一个切入点是信徒的视角,他们将媒介主流当作走向市场分化的驱力。中东的例子有:萨曼约卢电视(Samanyolu TV)成了土耳其温和的伊斯兰葛兰运动(Gulen movement)的代理;

阿尔马纳尔电视台(al-Manar)成了黎巴嫩真主党(Hezbollah)的代理。从这些宗教媒介生产形式涌现出一种特色鲜明的视野,显示媒介机构能做什么,这种媒介视野更接近公民社会行动主义,而不是广播。莱曼(D. Lehmann)和赛布齐纳(B. Siebzehner)论述犹太教的忏悔运动(Judaic T'shuvah movement),其广播频道"慈善之声"(Voice of Charity)的自我表现更像是"家庭",而不是广播台,广播的内容充满社交和公民社会工作。乔纳森·翁(Jonathan Ong)认为,菲律宾社会的国家势力弱小,天主教的慈善教义强大,其国家电视台有一种独特的逻辑,几乎成了穷人需要时的社交中心[102]。

诸如此类的现象和研究提出了令人神往却尚待求解的问题:这类宗教媒介的消费者在多大程度上将自己的媒介文化与主流文化区别开来?正如斯图尔特·胡佛所暗示的那样,这一点边界是否被夸大了?宗教媒介文化真的完全被密封起来,和主流媒介娱乐的消费隔绝了呢[103]?换言之,信徒对主流媒介内容或技术的元反思是否仅限于宗教媒介的消费者呢?抑或可以这样看,它们只说明人们对媒介价值的一套更广阔、未经探索的元反思呢?只说明日常文化里媒介饱和的后果呢[104]?如果是这样,理解媒介文化就成了一种重要的方式,有助于我们丰富对广谱媒介文化总体上的理解。

六、社会需求

可以说,社会需求形塑媒介文化。在这里,人们的一般社会接触需求,或与同侪(工作同事或同龄人)交往的特殊需求,都形塑着特色形式的媒介生产或消费。媒介文化常常大到足以促成和鼓励不同人群之间的交流,有时却又造成激烈的代际冲突,因为不同年龄段的群体可能需要特殊的交流地盘。今天基于手机的青年文化很令人感兴趣,但对它的理解必须总是与地域的动态关系挂钩。比如在阿拉伯地区,35%的人不到15岁,平均年龄是22岁,因此,在社会和文化迅速变革的时代,年轻人能接触的独特的媒介频道就成为亟需的资源。艾斯·阿尔干(Ece Algan)提供了一个相关的例子:在土耳其东南部乡间,妇女出门受到限制;在容许她们出门的社会机制中,当地的青年音乐电台扮演了主角[105]。在有些地方,性取向是公共空间里严厉管束的对象,网上社群在年龄段和性行为这些路径上也扮演着类似的角色。玛丽·格雷(Mary Gray)率先研究美国乡间年轻人使用互联网的情况,就显示了同龄人交往的需求[106]。较少戏剧性的现象是,快速变革的媒介资源把不同辈分的人区别开来,他们使用技术的熟练程度不同,如此,以年龄区隔的媒介文化就可能浮现出来。然而,正如达纳·波伊德对美国青少年的生动研究所示,表面的"技术语境"不能和深层的动力条件区隔开来:"互联网的特点是,它容许青少年在没有规制的空间里活动,而这些空间就位于由成人定规矩的物理空间比如家园和学校中。"【107】毋庸赘言,社会需求与政治需求、族属需求和被承认的需求的纠缠在一起,难以分离,尽管如此,我们还是需要单独研究社会需求。

一个重要的视角是社会需求对媒介文化的贡献。高桥利惠对日本媒介受众的研究就是一例。他探索日本人一对反差很大的概念在数字媒介时代里是如何体现的。这对概念是:"圈内"(uchi)和"圈外"(soto)。"圈内"主要由家人互惠界定,一个相应的日本特色是,工作环境中也有类似的互惠关系【108】。据高桥所示,"圈内"的概念是,"家人积极强化彼此的联系和亲密关系,以维护稳定和安全感";他的研究显示,当家人围绕电视机聚集时,前数字时代典型的"圈内"景观也许不可能再实现了。即使家人坐在电视机前,他们也可能做不同的事情(打电话、发短信、在笔记本上冲浪等)。同时,传统媒介维持的"圈内"存在时,新形式的"圈内"也可能会出现:比如在网上看昔日同窗的照片,在社群网站上构建新的局域网络。一些新形式的"圈内"显然是跨地域的,比如,无论幼儿园老师和家长的粉丝网,抑或留学生靠电子媒介与朋友维持的社交网络,都是跨地域的【109】。最近,高桥又探讨了社交网站上形成和维持的多重"圈内",尤其日本最大的社交平台 Mixi 上出现的这种新现象【110】。

高桥的研究显示,在日本社会交往独特形式的语境下,媒介文化能采取非常特殊的形式。韩国非常活跃的"网吧"文化也产生了类似的洞见,这里所谓"网吧"不像其他国家那样的物质实体的"网吧",而是指因网上共同的活动或热情所结成的群体;据 2006 年的一份调查所示,韩国大约 80% 的互联网用户参与了这样的群体活动【111】。实际上,互联网显然有形成社交网络的潜力,且正在形成以社交为基础的媒介文化,即使在高度个人化的国家比如英国,这样的媒介文化正在以网络链接、视频、音乐等为基础形成;但对于这种机制如何形成的,我们还知之甚少。

然而,重要的是,记住社会需求本身正在受到大范围经济动态的深刻影响。我们在本章里已经看到中国工人阶级的社交网络;不过,邱率先研究以后,我们从经济需求的视角作了研究。由于失业率高涨和许多就业场所的倒闭,我们大概能通过数字媒介看到新形式"圈内"背后的因素【112】。许多国家的住房成本飙升,迫使许多年轻人学校毕业后住在父母家里,造成居住空间不独立却维持社会独立的特别需求。罗莎莉娅·维诺克(Rosalia Winocur)研究了墨西哥年轻人的媒介文化,我们可以从中看到社会需求底层经济压力的视角。年轻人经济独立的能力下降,他们需要在家庭的空间里找到个人自主的新形式。和老一辈的情况一样,媒介文化是年轻人寻求自主的重要工具,不过年轻人的情况更加复杂;他们谋求"调节或协调不同的兴趣……在不离家的情况下满足自己的兴趣、社会和文化喜好"。经济压力、社会需求和媒介费用的交叉使维诺克获得一个重要的洞见：媒介文化是如何"浓稠"的。

> 刺激社会和传播领域里变化的并非数字的汇集本身,而是数字汇集的可能性如何被丰富的想象力转化为年轻人日常生活里丰富多样的社会文化条件……数字汇集的维持不是靠其技术框架,而是靠其组织起来的意义汇集。[113]

正如波伊德所示,这样的数字意义汇集产生"公共领域的去中心化",这些公共领域非常特殊,常常有别于正式的公共领域[114]。所以,这里产生的独特媒介文化不是技术本身,而是新传播技术与底层的社会需求的交叉,这就再次确认了罗杰·希尔维斯通的洞见：媒介技术总是表现出双重性,既是实践的界面,也是意义的载体[115]。

对年轻人但并非仅限于对年轻人而言,社交网的出现是媒介技术发展最富有戏剧性的新例证之一,不过,社交网是在主页和博客长期发展的基础上形成的[116]。尚不清楚的是,在不同的人口中,和不同的国家里,是否正在出现富有特色的社交网文化[117]。这方面的数据稀缺,我们希望,宗教、政治和社会经济因素在这里同样重要,就像它们形塑了真人秀电视节目的特色文化一样。我们应该谨慎看待社交网的全球发展,不要将其视为单一的、自我表现普适的"文化"[118]。更加重要的是紧紧把握各种需求的紧密关系,正是这一点相互关系形塑了媒介文化的多样性,有时又形塑了媒介文化的同一性。

七、休闲需求

我现在才讲休闲需求是否形塑各具特色的媒介文化的问题,你可能会感到吃惊。但我们一直在探索并寻求发现形塑媒介文化的各种因素,这些因素需要使用媒介的不同方式,以及组织媒介实践的不同方式。当然,实际使用媒介的口味是无穷无尽的(从动作片到历史频道,从自然纪录片到滚动更新的新闻,从音乐电视到名人杂志),但口味的多样性未必意味着媒介消费组织的多样性,未必意味着媒介生产组织的千变万化。然而,有些闲暇需求和欲望有足够的力量和特色,它们需要用不同的方式组织各种事情：专业的体育社群,狩猎文化,粉丝网络。无疑,互联网使这种媒介文化的规模为之一变：使粉丝可以跨越国境交换知识、激情和技能；互联网提供平台,让数以十万计的、年龄不确定、国籍不明的人在一起以"实况直播"的方式玩游戏[119]。

我刻意把休闲需求放在最后来考虑,因为它说明,在不聚焦于休闲的情况下,描绘媒介文化的地图是多么重要。在全球范围内,闲暇时间和度过闲暇时间的财力的分配是很不公平的。迪维亚·麦克米林提醒我们,在地球南方,"电视机仍然是奢侈品,即使有电视机,电视仍然是日常仪式的次要成分。"用他洪亮的语词,可以说,不给休闲需求突出的地位,非但不会扭曲我们的媒介文化视角,反而是"让媒介各得其所"的最佳方式[120]。结果不是贬低我们对媒介文化的感觉,反而能使之更加丰富。

实际上,广义的需求视角使我们能用独特的眼光来看待诠释性研究,人们重视有关媒介的诠释研究。近年有一项很优秀的受众研究,可惜它在广域的媒介研究中并非那么广为人知,因为它研究的是电影受众。在这项研究中,马丁·巴克(Martin Barker)和凯特·布鲁克斯(Kate Brooks)探索观众看电影《德拉德法官》(*Judge Dredd*)时给解释性辩论的权重[121]。受访者未必是影迷,但他们都喜欢交换对电影的解释。实际上,需求的视角还能显示影迷研究的其他方面,尤其能显示影迷是如何开辟演员表演、剧作者水平和观众参与的集体领地的[122]。

第三节　小　　结

在这一章里,我们提出了一个深层因素的模型,我们预料,这可能是形塑媒介文化开放式多样性的模型。我们的要点不是吹嘘掌握了整个尚在展开的领地,说掌握是假的;相反,我们要掌握媒介文化差异颇大的类型。我们必须要有名副其实的国际化媒介研究的意识。

媒介研究的取向必须是广义的、集体确定的需求,这样的需求产生了特色鲜明的媒介文化。这样的动态关系不限于媒介产品和媒介界面的市场流通;政治表达或政治上被承认的需求同样重要,同样需要国际比较。我意识到,有一个问题尚待解答:我们旅行到了一个地方(从英国到美国,从瑞典到伊朗,从阿根廷到中国),体会到另一种"媒介体制"的产品时,常常觉得它和我们习惯的体制不同。比如,我们可以问,名流文化如何不同?什么造就了英国特色鲜明的名流文化?试图回答这样的问题时,我们将回到不同的社会形式,而这些社会形式仍然嵌入通常争夺"媒介中心"的国家权力斗争中(见第三章)。不过,这些内容上的差异还需要个人和群体去体会和挑选。它们还必须嵌入日常的生活模式里,这些模式的驱力是底层的需求,这些需求不仅包括对媒介的需求,而且包括我们生活所需的广义的资源。这些正是下一站将要探索的动态关系。

在最后一章里,我们考虑这种比较视角对媒介生活里的伦理问题和正义有何含义。

注释

[1] Hallin and Mancini(2004:17).

[2] Erni and Chua(2005:9).

[3] For eloquent calls for that internationalization, see Curran and Park(2000), Thussu(2009), Wang(2011), Goggin and McLelland(2009).

[4] See Connell(2007:59-60) for a trenchant analysis of similar problems in globalization theory; compare Harindranath(2003:155).

[5] Miller(2011:x).

[6] Connell(2007).

[7] Sinha(2004); see Appadurai(1996:1) on modernity and "universality".

[8] On Nigeria, see Larkin(2008:253); for the Copernican revolution elsewhere, see Pomeranz(2000), and much earlier in anthropology, Goody(1976).

[9] Kraidy(2010:xvi, 210-211).

[10] McMillin(2007:9).

[11] As it must be: see Connell(2007:226-227).

[12] Hallin and Mancini(2004).

[13] Siebert, Peterson and Schramm(1956).

[14] Hallin and Mancini(2004:10-11).

[15] Hallin and Mancini(2004:xiv, 1).

[16] Silverstone(1999:2); Martuccelli(2005:46-49).

[17] Goggin and McLelland(2009:9-10).

[18] On communication need, see Herring(2008:72). As Nick Stevenson(1999:33) notes, "the politics of communication needs have long been neglected."

[19] In this section, I draw on the joint work Andreas Hepp and I have developed (Hepp and Couldry 2009a; Couldry and Hepp forthcoming). Many thanks to Andreas for agreeing to my publishing this development of our work here.

[20] Kellner(1995); Stevenson(2002).

[21] Iwabuchi(2007:78), compare Kraidy(2005); Kraidy and Murphy(2008:340). According to Bloomsbury, the last English language instalment of the Harry Potter saga (*Harry Potter and the Deathly Hallows*) sold as many copies overseas as in the UK: quoted *Guardian*, 19 September 2007.

[22] Nederveen Pieterse(1995); Freud(1991[1927]).

[23] Savage, Bagnall and Longhurst(2005).

第七章 媒介文化：一个正在展开的世界

【24】Kraidy (2010: 27, added emphasis); Larkin (2008: 201).

【25】On taste and belonging, see Jansson (2009: 259); on class, see Straubhaar (2007: 243-244).

【26】Calhoun (2007); Skey (2011).

【27】Schlesinger (2000:100), discussing Deutsch (1966).

【28】Chernilo. (2007).

【29】On "thickening", see Löfgren (2001); on the origins of the idea of "translocal" media cultures, see Hepp (2008) and compare Morley (2000).

【30】Compare Winocur (2009: 184).

【31】Khiabany and Sreberny (2009: 211); compare Hannerz (1992) on culture as based in "non-sharing".

【32】Abu-Lughod (2005); Garcia Canclini (1995); Qiu (2009). For the metaphor of "fissures", see Garcia Canclini (1995: 63), discussed in Connell (2007: 161); and compare Rodriguez (2001).

【33】Hepp and Couldry (2009a: 12).

【34】Harindranath (2003).

【35】Buck-Morss (2003: 93).

【36】Maslow (1943) on the psychological model; Sen (1992: 109-112; 1999: 147-148, 153-154). Since we are only concerned here to suggest a new way of thinking about the open-ended *diversity* of the media culture spectrum, no formal definition of "needs" is necessary. But the difference here from earlier communications research that correlated types of media use with individual psychological needs, for example, Uses and Gratifications research, should be clear: for criticisms of that earlier approach, see Morley (1992: 52-56), Elliott (1974).

【37】Miller and Shepherd (2008); compare Schrøder and Kobbernagel (2010: 116n,1).

【38】Straubhaar (2007: 128).

【39】BBC Global News (2011).

【40】Simone (2006: 143); Tunstall (2008: 355).

【41】Qiu (2009: 4).

【42】Qiu (2009: 12, 91, 89, 10, 14).

【43】Qiu (2009: 10).

【44】Mallee（2000）；Lee（2000）.

【45】Qiu（2009：14，169）.

【46】Qiu（2009：68，70-71）. According to Qiu, China has 360 million users of prepaid mobile phone facilities（2009：74-75）.

【47】Qiu（2009：99）.

【48】On Egypt, see Sakr 2009：173-174；on Sri Lanka and India, see Slater and Tacchi（2004）；Tacchi（2008）. Compare earlier work on "working-class cosmopolitanisms", Werbner（1999）.

【49】Qiu（2009：188-191，193-194，233）.

【50】Morley（1986）；Lembo（2000）；Modleski（1986）.

【51】Lodziak（1987：135）. For the origins of this approach, see Kracauer（1995：325）.

【52】Livingstone（2002）；Livingstone and Bovill（2001）；Livingstone and Bober（2004）.

【53】Dayan（1998）, commenting on Anderson（1983）.

【54】Hargreaves and Mahdjouh（1997）on Maghreb migrants in France, compare Moores（1993）on South Asian and Naficy（2001）on Iranian migrants.

【55】Gillespie（1995）；Hargreaves and Mahdjouh（1997）；Mainsah（2009）on Cameroonian migrants in Norway.

【56】For recent accounts, see Moores and Metykova（2009）, Imre（2009b）, Hepp（2009b）. Compare Gillespie（1995）.

【57】Imre（2009b）.

【58】For these two positions, see Rifkin（2001）and Serres（2001）.

【59】Sun（2002：134）；Martin-Barbero（2009：154，155）. On Chile, see Rodriguez（2003）, Salazar（2010）；on the former Yugoslavia, Gavrilovic（2009）. For the neglect of audience research for alternative media, see Downing（2003a）.

【60】Aksoy and Robins（2003：95，101）.

【61】Hepp, Bozdag and Suna（forthcoming）.

【62】For the early part of that history, see Scannell and Cardiff（1991）.

【63】Volcic（2009）.

【64】Abu-Lughod（2005：10）.

【65】Lynch（2006）.

[66] Boyd, Straubhaar and Lent (1989: ch. 3).

[67] Kraidy (2010: 208, added emphasis).

[68] Kraidy (2010: 198).

[69] Imre (2009a: 123 – 129).

[70] Cui and Lee (2010) and Miao (2011: 100 – 102) on *Super Girl*, and Fung (2009) on *I Shouldn't Be Alive*; Maliki (2008), discussed in Turner (2010: 58 – 63) on Malaysia; Jacobs (2007) on southern Africa's *Big Brother*; Martin-Barbero (1993: 163 – 165) on Mexico; Larkin (2008) on Nigeria. Taylor (2004) develops the concept of "social imaginary".

[71] On anti-globalization movements, see Juris (2008), della Porta, Kriesi and Rucht (1999), Bailey, Cammaerts and Carpentier (2008). On Indymedia, see Allan (2006: ch. 7), Atton (2004: ch. 2), Bennett (2003), Downing (2003b), Kidd (2003), Skinner et al. (2010). On Islamic fundamentalist sites, see Khatib (2010). See generally on radical media Downing (2001) and, on translocal networking, see especially Skinner et al. (2010: 192).

[72] An exception is Rauch (2007).

[73] McCurdy (2009); Gerbaudo (2010). See, generally, Melucci (1996) on the option of withdrawing from media culture as a form of resistance.

[74] See Garnham (1999b), developing Sen's capabilities approach for the case of media, and Zimmermann (2006) for useful discussion of the relation of Sen's approach to qualitative sociology. And see my discussion of Bernard Williams's work in ch. 8 below.

[75] Hagen (1994). Compare Hallin and Mancini (2004: 146 – 147) for a historic perspective on newspaper reading in Scandinavia.

[76] Schrøder and Kobbernagel (2010) on Denmark; Heikkila et al. (2010) on Finland; Rao (2010: 104; quotation at 110) on India; Spitulnik Vidali (2010) on news referral as a practice; Xiao (2011: 219) on "citizen mobilization" in China.

[77] Honneth (2007: 138 – 139).

[78] Rose (2000: 181) of the BBC Community Programmes Unit, quoted in Kidd (2010: 298 – 299).

[79] Compare Qiu (2009: 169).

[80] Kraidy (2010: 195).

[81] Goldsmiths Leverhulme Media Research Centre (2010: 34).

[82] Champagne (1999).

[83] Barker-Plummer and Kidd (2010).

[84] Quoted Bosch (2010: 79, added emphasis). Compare, on the earlier history of Bush radio, Browne (2005: 135 – 137).

[85] Salazar (2010).

[86] Quoted Pavarala and Malik (2010: 108).

[87] Matewa (2010: 126).

[88] Rodriguez (2011) on Colombia; Rocha (2007).

[89] Alia (2003: 48) on the Aboriginal People's TV Network in North America.

[90] Sá (2007).

[91] Quoted Sá (2007: 130).

[92] Echchaibi (2009).

[93] Mitra 2004: 492, quoted by Sá (2007: 127).

[94] Meadows et al. (2010: 178).

[95] Thussu (2009: 23 – 24); on religion as practice, see Morgan (2008: 8), quoting Talal Asad. For general perspectives on religious needs and media, see Knoblauch (2008), Hoover and Lundby (1997), Meyer and Moors (2006), Sumiala-Seppänen, Lundby and Salokangas (2006).

[96] Berger (2005).

[97] Hoover (1988).

[98] Lundby and Dayan (1999); Thomas (2008: 45).

[99] On the use of the cassette, see Hirschkind (2006) on Egypt, Schulz (2006) on Mali, Sreberny-Mohammadi and Mohammadi (1994) on Iran. See Mankekar (1999: 202), Rajagopal (2001), Mitra (1993) on Hindu mythical serials; Kraidy and Khalil (2009) on Ramadan TV in the Middle East.

[100] Hoover, Schofield Clark and Alters (2004); Hoover (2006: ch. 5).

[101] Campbell (2010: 120).

[102] Miller (2011: 89 – 91) on the Elijah Muslims in Trinidad; Campbell (2010: 103) on Samanyola TV; Kraidy and Khalil (2009) on al-Manar; Lehmann and Siebzehner (2006) on Kol HaChesed; Ong (2011: chs 5 and 7) on the Philippines.

[103] Hoover (2006: 272 – 273; 2008: 41).

[104] Compare Seiter (1999).

[105] Pasquier (2005) on youth media and peer cultures; Castells et al. (2007) on youth and mobile media; Algan (2005) on Turkey; Arab statistics taken from Kraidy and Khalil (2009: 57).

[106] Gray (2009).

[107] boyd (2008: 136).

[108] Takahashi (2010a: 80).

[109] Takahashi (2010a: 96 – 98, 129 – 131, 137 – 139).

[110] Takahashi (2010b).

[111] Yoo (2009: 219).

[112] Takahashi (2010a: 60 – 61; 122 – 124).

[113] Quotations respectively from Winocur (2009: 181, 184).

[114] boyd (2008: 136).

[115] Silverstone (1994).

[116] Chandler (1998); Hodkinson (2007); Livingstone (2008).

[117] For one interesting study on a Turkish confession site itiraf.com, see Ogan and Cagiltay (2006).

[118] I therefore disagree with Jose Cabrera Paz's claim that "what unites us with an ever more common logic ... and in this we do become irreducibly global — is the logic to make of our lives an interactive spectace to see and be seen in the techno-networks" (Cabrera Paz 2009: 138).

[119] Klinger (2006: 233) on film fans; Condry (2009) on fansubbing; and online fandom generally, see Jenkins (2006), Helleksen and Busse (2006), Booth (2010). For "massively-many" online games (so-called MMPORG), see the proceedings of the Digital Games Research Association, www.digra.org, last accessed 25 August 2011.

[120] McMillin (2007: 156, 192).

[121] Barker and Brooks (1998).

[122] The pioneers here were Bacon-Smith (1992) and Jenkins (1992). For more recent work, see Hills (2002), Gray, Sandvoss and Harrington (2007). For the particular importance of interpretative work in media culture, see Harris (1998: 43, 45).

第八章　媒介伦理,媒介正义

"《世界新闻报》从事的是让他人负责的工作。如果它只顾自己,那就是它的失败。"

——鲁珀特·默多克[1]

"技术重塑我们情感生活的风景,但它为我们提供的生活是我们想要的生活吗?"

——谢丽·塔克尔[2]

我们与媒介共生,生活在媒介中。在世界的大多数地方,无论多么贫困,媒介都是日常实践的一部分,都是政治建构的一部分,也是广义的权力组织的一部分。尽管未来十年媒介发展有那么多的不确定性,我们与当代媒介形貌的关系还是形塑我们栖居的社会世界的一个因素,也是形塑我们可能得到社会认可的一个因素。这是我们在前几章里探索的范围。在这一章里,我们必须阐明我们媒介生活里的规范性含义,这样的规范无疑是存在的。正如约翰·达勒姆·彼得斯所言,"我们必须跟上这个世界,因为在某种复杂的意义上,我们要以负责任的态度在这个世界上行事,我们只能在当下行动。"[3]所以我们要问:我们如何与媒介共生呢?在我们组织集体生活中,媒介应该扮演什么角色呢?简言之,媒介伦理或媒介正义概念能成立吗?

本书始终抵制这样一个观念:迄今高度集中的符号资源格局即所谓的"媒介""就在那里",不会逆转,也不容批评。在这一章里,我将首次阐明一种规范的视野,借以评估我们现有的媒介并想象一点不同的东西。那就需要调动超越媒介的比较框架:什么样的生活是好生活,值得过呢?什么是公正,什么又是不公正呢?本章破题的两句引语把握住了两个方面:显示现有新闻业的制度和商业条件下正在出现的危机,也显示了我们个人数字媒介生活里的危机。这两个方面没有简单的关系,本章多集中讲第一个方面,第二个方面则次之。但两个方面合在一起则显示人们广泛共有的感觉:必须找到用媒介做事的新方式。这种感觉是哲学家保罗·利科①所谓的"拘束的情景"(limit situation):正是在这些"拘束的情景"之外,有望产生新的伦理思维领域[4]。利科所举的例子是医学伦理和法律伦理在历史上出现的时间点。那么,我们回顾20世纪初时,是否要将其视为媒介和传播伦理的实际需求出现的时间点呢?要不要将其视为一个新的永久性领域出现的时间点呢?

我们不能不考虑,全球范围内人的互动之所以实际、显性、可以想象,那是因为媒介技术的作用。媒介是历史成就,媒介改变了人类一切行为出发点的条件,正如千百年的技术发展及其环境影响改变了地球,使我们别无选择只能这样生活一样。但如果这个意义上的媒介是我们"第二自然"(约翰·麦克道威尔语)的一部分[5]——这正是人类生活的事实——是任何伦理思考的出发点。那么,媒介并不决定我们媒介生活的具体方式,也不决定媒介资源的配置。事实上,媒介促成的全球空间对伦理提出新的挑战,改变了我们必须思考伦理的规模。我们对媒介伦理的需求类似汉斯·乔纳斯两百年前的论断[6],他说,我们逐渐认识到,无计划的全球环境破坏(尚待解决)的"拘束的情景"使环境伦理不可或缺。与数字媒介时代相关的多重不确定性需要我们思考媒介生活的规范性含义,在某些方面,这是首次的严肃思考。在汉斯·乔纳斯的基础上,齐格蒙·鲍曼(Zygmunt Bauman)对这一挑战的表达很到位:"我们似乎需要一种全新的伦理。这是我们计量辽远时空距离的尺度,我们在这个时空范围内行动,并对其产生影响;我们并不了解它,也无意造就它。"[7]在这一章里,我接受这一挑战。

斯坦利·卡维尔(Stanley Cavell)说,"不要用哲学理论去批评我们的生活,要在生活与其必要条件的冲突中去继续我们的批评。"伦理的终极目的不是用繁复的哲学论辩给自己设陷阱,而是回归形塑我们生活的必要条件[8]。从终极目的看,本章的论述——实际上全书的论述——是讲究实用的。伦理是由人的需求形塑的,包括在一切尺度上在全球范围内减少冲突的需求;形塑伦理的其他的需求有:自由、信赖、合作和互相承认的需求。因为我希望对不预设一致意见的对话尽绵薄之力,在政治、道德或宗教原理上都不预设前提,所以我构建一个规范的视野,以期围绕媒介进行慎重的思考。我避免依靠任何特殊的民主模式或民主价值的模式。我的论述甚至针对并非一望而知的民主的社会成员,也针对无社会身份的人,这正是因为媒介对有效的民主条件和前提都有潜在的贡献作用。实事求是

---

① 保罗·利科(Paul Ricoeur,1913—2005),法国哲学家、解释学家之一,著有《意志哲学》、《历史与真理》、《活的隐喻》、《批判与信念》、《自我与他人》、《记忆、历史、遗忘》、《时间与叙事》、《利科的反思诠释学》等都有中文译本等。

是追求一切人类组织有效形式的价值,无论它是否沿着民主的路子组织。换言之,如果没有寻求真相的实践(媒介是最重要的实践),人的合作和个人能力的实现都是不可能的。对自称民主社会的美国和英国等而言,我的论述可能是尖锐的,但无论多么尖锐,其含义是,正如谢尔登·沃林所言,"说民主竟然能欺骗自己,这似乎有一点吊诡。"[9]

我们对媒介和传播体制伦理的需求很紧迫,越来越多的人认识到这一点,认同"数字革命"的论者也不例外[10]。本章旨在对这场方兴未艾的论辩出一份力。在"总结"部分,我明示本章论述中若隐若现的底层的价值观;这些价值观和民主实践的广阔视野有关,我对这些价值观作了表述,但我的表述并不依靠民主思考必须如何组织的任何模式。我把本章规范性视野的这些要素推迟到总结里去讲,那是我刻意为之。

第一节 尚待开辟的路径

所谓全球范围意味着,这是一个道德分歧、多样,不可简约的空间[11]。媒介并不简约或解决这样的分歧。相反,媒介使分歧进入视野。所以我们的第一个问题是,虽然媒介使我们看见道德分歧,但我们如何通过媒介过上内容充实的共同生活呢? 布鲁诺·拉图尔清楚地表述了这一挑战:"政治舞台上出现了一整套全新的问题:'我们能共同生活吗?''在我们互相矛盾的宣示、利益和激情没有消除的情况下,有没有一种我们大家共存的一种方式呢?'……'什么生活应该同时在场呢?'"[12]

既然媒介影响我们如何"同时在场",对我们共同生活质量的一种规范性视野就至关重要。那种视角的构想就必须是全球范围的,否则它就没有价值。在论述"媒介城邦"(mediapolis)时,罗杰·希尔维斯通肯定了这一点[13]。但这并不意味着把一种规范框架强加于其余世界,只是意味着,我们随时注意潜在的全球范围,那是媒介起作用并使我们大家能起作用的范围。既然媒介伦理不能通过立法来排除全球道德问题上缺乏一致意见的事实,它就应该承认道德的多样性,从最小规范性的前提出发。这就是为什么我提出媒介的规范性视野时,不用普世的价值或义务,而是借此探索某些可行的条件;在这样的条件下,虽然我们的分歧十分明显,但借助媒介,我们能好好地共同生活。我们需要的与其说是有关道德实践的明白规则,不如说是一个共同的思维框架;虽然我们有分歧,但这个框架能生成一些共享的规范和价值[14]。

这对我们的理论选择有重要含义。粗略、宽泛地说,我们在方法论上有两种选择:一是人口统计学的路径(英语"morality"的词根是希腊语的 deont-,意为"应该"),一是伦理学的路径(英语"ethics"的词根是希腊语的"ethik",意为"生活方式")[15]。一个去本体论的路径是问:我在这种情境下应该如何行事?换言之,按照理性的要求,我在这种情境下应该如何行事?但伦理路径的问题更宽泛:"什么样的人生是最美好的人生?"在此基础上进一步问:"什么样的人是最美好的人?"但这两种选择的区分是被夸大了[16],两者的焦点有时会交叠。对于何为最美好类型的生活,经过深思熟虑而达成的观点自然会产生行为举止的原则,会规定什么样的行为要追求,什么样的行为要规避(常简约为"能做"和"不能做"的行为准则)。同理,正如保罗·利科所示,"应该"问题(道德准则)依靠一个何为"善"(人们目标指向的事物)的前提[17]。不过,这两种传统的侧重点有差异,这正是竞争性的、国家情境中至关重要的问题,是媒介研究规范框架必须解决的问题。

我的重点不太侧重康德道德哲学的传统,他的首要关怀是任何情况下理性要求我做什么,我将重点放在更加宽泛的亚里士多德的伦理传统,晚近发扬这一传统的哲学家有约翰·麦克道威尔、贝尔纳·威廉斯(Bernard Williams)、萨比娜·拉维邦德(Sabina Lovibond);这一传统问的是:什么是美好的人生。我研究媒介正义的路径也会倚重亚里士多德的伦理传统,但沿着当代的另一条通道:阿马蒂亚·森近年对正义的论述以及阿克塞尔·霍奈特的承认理论[18]。

我做这一选择的理由源自这两种传统的具体目的和参照点。康德身处欧洲启蒙运动巅峰,他关心的是发现善良意志——任何体现形式的善良意志——首肯的道德原理,只要它不自我矛盾。因此,康德非常强调"普世"原理,他的表述是:"除非我能按照自己的意志行事,除非我的准则能成为普世的准则,否则我绝不应该行事。"在任何规范框架中,普世性都至关重要,毕竟,任何规范都试图确定我们大家行事的准则,而不是针对他人、自己规避的指南。不过,康德的目的很具体:找到绝对普遍性的规律,任何情况下对"善良意志"都有强制性的规律。同时,康德还寻求用最少的原理构建规范框架,但他选择排除的观点很极端。首先,《道德形而上学基础》(Groundwork of the Metaphysic of Morals)开宗明义的第一句话省去考虑多种"善良",却坚称:"除了善良意志,任何不加局限的东西都是不可能被认为是善良的……思考世界上的任何东西也是不可能的。"其次,他考虑与规定行为准则相关的问题时,排除了日常生活中的实际情况,而我们则可能认为,这些情况在形塑对我们有意义的规范。他说:"我在世界进程中缺乏经验,不能应对一切世界上发生的一切事情,所以我只问自己一个问题:你愿意让你的准则成为普世的规律吗?"[19]相比而言,伦理学的出发点是考虑什么样的生活是人生可能而美好的生活。新亚里士多德伦理学不以普世规律作为自己的参照点,也不以实践中抽象出来的"善良意志"为参照点,而是以生活类型为参照点——真实的、充分嵌入世事的生活——总体上对人而言美好的生活。

在全球村时代,亚里士多德路径对我们为媒介构拟规范框架有若干好处。首先,它甚至不试图明示我们绝对应该做什么,这就排除了存在分歧的区域(如对上帝或人类的责任)——我们知道有分歧,不仅是因为,即使"理性"一词在不同的宗教和世俗传统的定义都不一样[20]。其次,亚里士多德路径规避宣称,它预先就能判明,人在具体的情况下应该做什么,相反,它谋求说明我们期待什么样性向(或美德)的人总体上能生活美好,并对我们共同的美好生活有所贡献。在亚里士多德路径中,具体情况下应该的举动要由个人的审慎来决定,这样的人表现出"实用智慧"的美德;面对复杂的情况时,他们能权衡不同德行的竞争。考虑当代媒介实践众多而矛盾的复杂性时,这个出发点似乎有用处。第三,上文并未点破却已暗示,亚里士多德路径不太关注抽象"意志"的属性,因为这样的"意志"徘徊在日常生活的细节之上,亚里士多德路径关心的是,实际的人在具体的环境中做什么:直言之,它关心实践。这个方法论与本书始终对实践的强调十分吻合,与驱动实践的底层需求吻合。然而从康德传统中,我们也获益良多,因为这个传统不仅强调实践,而且考虑美德;从康德对善良意志可能带来危害的反思中,我们尤其获益匪浅;如有矛盾,善良意志要规避这样的危害。我表述关爱美德时,吸收了奥诺拉·奥尼尔(Onora O'Neill)社会美德的概念,以及蕾切尔·科恩-阿马格(Rafael Cohen-Almagor)对媒介危害的分析[21]。

本章的论述还涉及其他选择,这也是需要说明的。你将发现,下文的讨论中不提哈贝马斯,有些读者可能会感到吃惊。这里有两个反差较大的原因。第一,哈贝马斯论公共领域和公共话语规范时,其基础是他对某些超越性原理生成力的信念;他认为,这类原理在一切人类话语中是隐而不显的[22]。如此,他就把康德的"规律"概念延伸到理性话语内在的第二层级的规律。然而,由于这种原理的超越性,我既怀疑它们有效,又怀疑它们能生成具体的道德原理或伦理原理。第二,我们在这里探讨的是任何人用媒介时的性向,也就是他和媒介的关系。我们并不直接关心媒介在民主体制中是如何组织的。由于类似的原因,我不会研究那些吸引人的论辩:市场是否为民主体制里组织媒介生产和分配提供了最佳的宏观结构[23]。无论如何(disposition),鉴于上文解释的原因,我避免倚重具体的民主观念,也避免依靠民主体制如何运行的观念。这是因为,在今天全球对话的时代里,民主的价值不能被视为理所当然。不过,我们业已指出,哈贝马斯的公共领域依然有用,依然是考虑媒介与现存的或新兴的民主制度互动中的一个取向点(见第五章)。你在本章也找不到伊曼努尔·列维纳斯①的介绍,因为我们没有篇幅展开介绍他的研究成果。他坚称,道德的唯一基础是业已存在对"他者"的承诺。我认为这也是对康德道德原理研究的回应,同样是绝对的观念,而康德的原理则是普世的规律。我再次重申,伦理学传统有不同的出发点[24]。最后我要说,我将任何具体的道德价值作为我的出发点,包括世界主义的价值或基督教人文主义的价值[25],因为我想看看,以最大限度的规范内容为出发点,我们究竟能走多远。

由此可见,本章的出发点与其说是价值,不如说是事实。首要的事实是,媒介组织、媒介基础结构以及个人和群体所作所为与媒介的关系现在是日常生活基本模板的一部分。这就在我们的媒介实践中提出了伦理的问题,现代媒介问世之前不可能提出的问题。媒介是人的经验中重要的伦理实践。我们阐述的媒介伦理是由两个因素形塑的:一是媒介能满足人的独特需求,一是媒介能造出的独特危害,也就是人对信息的需求,以及不被承认或缺乏被承认的危害。第二个事实是,媒介资源的形貌可能不给个人和群体施展"能力"所需的资源。正如阿马蒂亚·森所言[26],尤为重要者,人需要在有关自己境遇的变化中参与活动、发表意见,需要表现自己和自己的生活[27]。综观全书,对实践的分析至关重要。

从长远的观点看问题,任何媒介伦理和传播伦理都必须和大范围的人生伦理联系在一起。我暂且将其隐入新亚里士多德主义"人生绚丽"(human flourishing)的观念(在人生境遇中过上美好的生活)中,这个观念支撑着我吸收的哲学视角。无论用伦理的棱镜看,还是用正义的棱镜看,媒介都是细枝末节。围绕媒介伦理和媒介正义的伦理争论处在边缘;相反,媒介生产的运行压力和基础结构压力楔入日常生活的本质。之所以不能忽视伦理问题,其原因就在这里。媒介伦理和媒介正义的研究位于媒介社会学的边缘,它们指向变化中的世界景观,在数字时代,社会生活的"本质"在这个景观中建构。

媒介伦理初探

我把所有的媒介打包合并论述,研究所谓的"媒介(复数的 media)伦理",有三个原因。第一,不存在单一媒介独特的伦理,因为所有的媒介叙事都是互文性的(intertextual)、跨媒介的(trans medial)——一定程度上一直如此,在数字时代尤其如此[28]。第二,媒介伦理比新闻伦理宽泛,在一定程度上,新闻伦理业已典章化了,由机构授权讲故事的人(新闻记者)。这类规章至关重要,且含有伦理内

---

① 伊曼努尔·列维纳斯(Emmanuel Levinas,1906—1995),法国哲学家、现象学家,著有《从存在到存在者》、《和胡塞尔、海德格尔一起发现存在》、《整体与无限论外在性》、《别样于存在或超越本质》、《伦理与无限》等。

容,但它们是从具体的机构环境中冒出来的。相反,我想探索的是,我们能在多大程度上建设一种跨越以前媒介的通用伦理,至少在一定程度上独立于新闻业所处的机构语境。这是广域的媒介伦理,它将考虑媒介作为人类实践对任何人提出的广域的问题,媒介机构内外的人都会遇到的问题。这种媒介伦理考虑的是媒介对人的生活的潜在贡献。第三个原因是,我们需要有别于普通传播伦理的媒介伦理。人们对传播伦理的需求与日俱增,自有其道理[29];而且,我将讨论的媒介伦理和宽泛的传播伦理的交叠是不容否认的。然而,我们所谓的"媒体"(传播资源在机构里的集中)提出的伦理问题依然存在,我们深深嵌入这些机构里的期望以及我们和这些媒体的互动仍然存在。如今,我们在这些平台上接收媒介、建构一些跨界的媒介,我们在这些平台上发表议论,向朋友展现自己的生活,但媒介伦理问题并不会因此而消失。

由此而产生的顺理成章的结果是,本章将吸收广泛的理论资源,横跨新闻业的一些语言和实践。这和新闻业的内在路径刚好相反,新闻业的伦理是新闻记者在自己的业务范围内找准则。新闻学学者芭比·泽利扎提出这种内在的研究路径,颇有说服力[30]。她追溯了新闻业内部的规范性敏感意识是如何出现的,至少研究了美国的新闻伦理是如何成为一个研究场域的。实质上,她的论述是,新闻学的思想从一开始就是哲学思想,新闻实践里嵌入的伦理从一开始就应该带有哲学的价值。自19世纪末以来,就北美新闻业的某些方面而言,这个观点也许讲得通,但我不相信这适用于英国新闻文化,尤其不适合英国的小报。实际上,在经济行为合理化和市场强大压力下,如果要拯救新闻文化的伦理潜能,我们就不必从内部去观察新闻文化,而是需要从外部去观察之。

亚里士多德德性伦理(virtue ethics)优先考虑的"善"不是抽象意义的善(即理性人的"善"),而是对血肉之躯的人的善,体现在我们实践里的善。从以下沃伦·奎因(Warren Quinn)的一段话中,我们清楚感觉到,新亚里士多德伦理是如何用一般的词语来表达的:

在特定情况下,你努力确定,在你如何行事、以何目标行事的过程中,何为善、孰为恶。这些问题指向更大的问题:什么样的生活是最好的生活?什么样的人是最好的人?这种非精心思考的实际想法中预设了"好"和"最好"的意思,这是非常普遍的含义。[31]

伦理学建基于这样一个思想:在何为美好生活的问题上,我们能在一些一般问题上达成一致意见,而不必首先问一个更加直接的问题:我在某某情况下应该如何行事。

一切道德思考和伦理思考都涉及一些概括(这就是为什么我们围绕这些概括

进行辩论),但在德性伦理提出的问题中,有一种具体的概括很有价值,对我们规范性地思考以大型机构为重点的实践比如媒体的实践颇为有用。我们可以简明地重新表述这些问题,将其归结为一个苏格拉底问题:我应该如何生活?正如贝尔纳·威廉斯所言,这是一个能向任何人提出的开放问题:

> 苏格拉底的问题是任何人的问题……当它以苏格拉底的方式摆在我的面前、邀请我反思时,它就是反思的一部分,因为它构成我反思的一部分知识,它是可以向任何人提出的问题……很自然,它通向了另一个问题"人应该如何生活?"这似乎是在问,我们以这种方式生活而不是以那种方式生活的理由。它似乎是在问美好生活即正确生活的条件。[32]

这个亚里士多德(实际上是苏格拉底)学说考虑道德问题的出发点是,寻找对人的生活中共同境遇的共识,并在由此而生的围绕美好生活的某些属性方面达成共识。实际上,如果人生的一个基本条件是,人并非孤立生活,而是与他人一道生活,那么,任何实用的美好生活都有一些要素(对你和我都好的事物)是汇集的。至于"我们之中的任何人应该如何生活?"这个问题的要点是一种设想:有一些共同的条件构成了一切人人生的框架,无论人们的道德信念和宗教信仰是什么;我们能在识别这些条件(包括我们所谓的"人性"条件)中达成共识。这并不是说,有关那些条件的所有观点都是同样可以接受的。今天,没有人会接受以下的亚里士多德人性观:人性有等级结构,希腊人"天然"优于妇女、非希腊人和奴隶! 但这并不排除达成某种共识:在今天截然不同的历史条件下,至少能在某些相同的情况下达成某种共识,并足以使我们达成进一步的共识:什么是我们大家美好生活的要素。在这个意义上,有关伦理问题的思考是一种实践,它超越任何固化的人性观。实际上我们可以说,正如约翰·麦克道威尔所示,人反思和改变生活条件的能力就是人性的一个方面,即所谓"第二自然"。换言之,"对我们而言,我们参与历史是自然的,但历史却不只是自然的"[33]。倘如此,媒介以及我们对媒介生活的反思也是人生境遇的一部分,而人生境遇又不仅仅是自然的。

"我应该在这种情境中如何行事?"正如上文所示,新亚里士多德方法论对这个问题作了界定性的回答,那是在实践中有关正确性向或"美德"的判断。新亚里士多德伦理学的指针是非常实际的洞见:正确的行为是不能事前识别的,无法从具体语境里常常相互竞争的需求中抽象出来。这就是麦克道威尔所谓的"不可编码性"(non-codifiability)原理:实践伦理产生的回答范围不能事先具体化,也不能事先就予以编码[34]。伦理学能事先作出的回答是对另一个层次问题的回答:什么是一般情况下人的美好生活?在实际需要的情况下,什么是美好生活的一般条件?从长远观点看问题,什么是美好生活所必需的性向类型?新亚里士多德传统关注的不是行为，而是行为的恒稳的性向。媒介伦理的基本问题自然而然就流淌出来了：在与媒介的关系上，我们该如何行事以便为生活尽力？细究之，在个人生活和众人生活的意义上，我们该如何在一切层次上包括在全球层次上行事？从这里出发，德性伦理关注一切规范性问题的路径，办法是通过对恒稳性向（"美德"）的研究；这就是研究我们共同生活所需的性向，包括我们与媒介关系所需的性向。应该承认，在如何解释亚里士多德方面存在着争议：他用有助于我们共同生活的语言来阐明了"美德"呢？抑或是说，他只不过吸收了一些常见的思想，仅仅谈及人们应该如何共同行事呢？[35]无论是哪一种情况，新亚里士多德方法论都是在和日常实践密切相关的过程中发展的。新亚里士多德德性伦理的参照点是，美德性向对"人生绚丽"的贡献；所谓"人生绚丽"就是：在个人生活和共同生活中过上美好的生活。

然而，人的很多活动并不是空泛的，而是组织成具体的实践类型的。根据阿里斯代尔·麦金泰尔（Alisdair MacIntyre）的定义，"实践"是人的活动内聚而复杂的形式，其内在的"善"涉及鲜明的优秀标准；如果达到了这样的标准，内在的"善"就能拓展我们人生绚丽和优秀的可能性[36]。无疑，媒介是这种哲学意义上的实践。在这个时代，我们使用媒介的所作所为对于绚丽的人生至关重要；我们倚重通过媒介完成的大量的信息交换。数字时代的媒介伦理和我们大家息息相关，而不仅仅是与媒体专业人士相关。实际上，正如当前的维基解密官司所示，与媒介和信息生产相关的专业人士队伍在不断扩大[37]。在数字媒介环境里，人人都有伦理责任，这是必然的，因为有了电脑、手机和数字照相机后，我们大家都能在媒介流中输入信息[38]。

在此，我们可以更加准确地将媒介伦理的出发点表述为：对良好的媒介实践而言，什么样的德性或恒稳性向可能会作出贡献？换言之，我们说有助于共同生活的绚丽人生时，什么样的德性或恒稳性向能作出贡献[39]？

第二节　媒介实践美德

我认为，至少有三种美德，是想要从事媒介实践的任何人必须表现出来的美德。它们是：准确（accuracy）、诚信（sincerity）与谨慎（care）。

一、准确与诚信

前两种与媒介相关的美德从贝尔纳·威廉斯的《真理与真相》（*Truth and Truthfulness*，2002）自然流泻而出。他不直接关心媒介，而是识别基本的"真实的美德"或"诚实"[40]。威廉斯论点的微妙之处在于，他坚称，对一切人的社会生活而言,准确与诚信的重要性都是不可转让的。这并不意味着,所谓准确与诚信不受历史语境的影响。实际上他详细解释说,忽视累积性文化语境的、抽象的伦理记述都一无是处[41]。但他又说,假装的关心说真话并不足以说明人的诚实,如果有人假装诚实,我们就失去相信他们的稳固基础。所以,只有说真话成为稳定之举,被定为个人美德(即我们依靠的性向或倾向,因为我们将其视为有德者的特征),集体的美好生活才有可能。

准确的重要性一望而知,提及准确似乎是多此一举。当然,我们想要新闻记者和其他任何人公开传递准确的信息,这是对专业记者的要求。不过正如威廉斯所示,若要表现准确的美德,侥幸做到的准确是不够的。真相通常是复杂、多面的,因而是难以达到的。所以准确的美德需要人做出努力,并运用必要的资源,以保证传播的信息尽可能准确。实际上,倘若准确性容易达到,它就不至于很重要而成为美德了;它需要威廉斯所谓的调查性投入(investigative investment),我们要知道他人也准备做这样的投入。调查性投入颇有助益,我们可以予以发挥,将其用于媒介研究。我们需要人们表现出准确的美德,公共流通的信息尤其需要准确。如果人们不能普遍表现出这一美德,如果我们不得不假设远方的公共信息普遍是虚假的,我们就缺乏互动的共同基础,人的生活和社会就会更加困难。在历史上的一些黑暗时期,人的生活不得不在类似黑暗的基础上运行[42]。我们又强调指出,那不是我们愿意选择的事态。威廉斯对准确性的论述不是建立在讲真话的绝对义务上(康德相信讲真话的义务),也不是建立在界定绝对真理的能力上,而是建立在真理的谱系上;他借此解释,如果我们不能假设,我们重视的人谋求的目标是真相,人类社会根本就不可能发展。他说:"每一个社会都需要这种普遍的性向,还需要这种性向不限于单纯功能的价值。"[43]

我们要问,在媒介语境中,调查性投入意味着什么呢?一个基本事实是,媒介机构参与了真相领域的活动:它们声称为每个人报道"正在发生什么事情"。媒介机构求得准确性绝对不是简单的事情:这需要投入资源,需要维护这样一种内部文化:这是求得准确性所必需的精力和反思。如果当前的媒介机构未体现这样的调查性投入,那就有问题。一切规模的社会组织都需要其媒介机构维护必要的条件,以便使媒体里工作的人以及为媒体工作的人都是具备美德的人。否则,媒介机构就不太可能为集体的美好生活作出贡献。稍后我们将进一步予以阐述。

准确指的是求得具体言论中的真相所必须做到的事情;如果是这样,诚信(sincerity)就是"说我们相信的事情"的性向[44]。诚信的性向指的是一切背景检查和反思,以确保自己说的话不仅准确,而且符合自己相信的世间的其他事情。这是更复杂的考验,因为这是在自己广阔的实践里对真相的承诺。诚信关乎如何维护信赖(trust)的更大可能性。正如威廉斯所言,信赖"是写手合作的必要条件"。因为我们不能每时每刻重复我们相信是真实的一切东西,所以我们所说的大部分内容都留给了隐而不发的意蕴。但亦如威廉斯跟随保罗·格莱斯(Paul Grice)所言,"会话里蕴含"的信赖是"有效语言交流"的必要条件;除非隐而不发的意蕴是能依靠的,否则人的互动就会失败[45]。

我们重申,机构生成的媒介自有特色。没有人像依靠与亲友密谈那样去依靠报纸新闻或电视新闻。然而,我们还是经常依靠媒介传播特有的一些意蕴,这是因为如果没有这些隐含的意义,和媒介的交流就毫无意义、不得要领。一个隐含的意义是,媒介内容是蒙求真相(受准确美德的指引)的产物,另一个含义是,媒介容纳的言论不和其他事情(未指涉的事情)矛盾,因为发表那些言论的人(由于其诚信)相信,这些事情是真实的。实际上,我们知道,在许多国家里,对有些媒介的信任水平是很低的,但媒介消费的水平却很高,对媒介的实际依赖也相当高,因而就产生了这样的争议:什么时候的媒介的产出是造假的,换言之,媒介的目标不是真相,或者不符合媒介生产者的信念[46]。同样的问题还可以从权力的视角提出来。正如贝尔纳·威廉斯吸收普里莫·列维(Primo Levi)的思想时所作的发挥:"诱使另一人接受一些信念,却不顾其正误,那是基本的权力行使;明知其错而故意诱人接受,那是基本的权力行使。"[47]

与之类似,不维持准确和诚信的必要条件,虽然不那么直接,也是媒介机构对受众行使的负面权力。那是在不负责任的情况下才有效的权力,我们看不见它有效运行。更糟糕的是,新闻自由的捍卫者过分倚重对两种事实的混淆:个人有权享受的言论或传播自由是一回事,为维护个人自由而赋予媒体公司的制度特许是另一回事[48]。

晚近的媒介实践研究揭示了令人震惊的差距,各国新闻工作者的工作条件差距很大,伦理行为可能实施的条件也差别很大。姑不论良好的新闻伦理和威权主义政权的要求直接冲突的例子[49],让我们集中考察民主国家,一般认为,这里政府和报界的关系运转顺当。

尼克·戴维斯(Nick Davies)广泛研究了大报记者、通讯社雇员和自由撰稿人的访谈,他断言,英国记者"身处的工作结构肯定妨碍他们发现真相"。研究结果与数字媒介走向的乐观主义意见相左,乐观者认为,数字媒介的走向是更多的民主和互利共生,更少的精英主义,更多的观察门而不是把守门,以及遍布世界的被授权的生产者。问题不是记者的价值观变了,因为"对记者而言,决定性的价值始终是诚实——讲真话"。问题是:记者的工作条件不是诚信价值始终可靠的办事依据。戴维斯将他的诊断和基于互联网的新闻时代的全球趋势联系起来;此刻,外地的新闻被重复利用,与本地的新闻合成不得体的"搅拌新闻"(churnalism),引起"采集信息、讲述真实故事的作风在全球范围的崩溃"。新闻生产的指令是:在最短的时间内让新闻上头条,在加速运行的多平台环境里争取轰动新闻的最大化;这就迫使记者更多地依靠其他记者的新闻源。类似的关切在过去的十年里给公共新闻运动加油打气。在2011年英国小报的窃听丑闻中,这样的压力使媒体采取了尤其严重的自断生路的形式,被迫关闭的《世界新闻报》的报名就令人恶心。[50]

然而,这不仅仅是英国或美国的故事,更不仅仅是邪恶新闻帝国的故事;而是关于新闻生产环境震撼撕裂的大故事。帕布洛·波切考斯基研究阿根廷的网络新闻,他以冷峻的调子表现这样一个悖论:我们面对的是,"新闻数量令人惊叹地增长,内容的多样性却令人困惑地减少了"。前不久,德国新闻编辑室的一项民族志研究更加生动传神,文中引用一位记者的话。这位记者觉得,他与新闻的关系正在被"空心化";他的时间"被用来筛选、分类和挑选堆积如山的信息",他"没有时间思考"。这就造成一个受制于人的他律环境,把新闻记者与他们想要从事的实践切断;如果抱怨冷漠、不谙事务的老板对新闻制作的投入太少,显然是太简单化了。记者用于伦理思考的时间和资源之所以受到影响,还有一个因素:所有的社会行为人都拼命吸引记者的注意力,从而影响了新闻生产周期:这是非媒体人自我推销的一面,第六章业已考虑。内容管理系统意在阻挡非专业人士的新闻流,其结果只能是,记者与刺激他伦理思考的人力资源的距离反而加大了:新闻素材,就像给他发来电子邮件的人一样,都是需要管理的"玩意儿"。这些系统的压力来自数字时代的许多方面:媒体的竞争加剧,因为它们要吸引受众;符号生产分散,远远超过了新闻编辑室的围墙;采集新闻的资源减少。数字时代的新闻编辑室信息爆满,破坏了伦理思考的条件。然而,自由新闻业原本的宗旨是实事求是的取向。就这个问题,道德哲学家奥诺拉·奥尼尔作了这样的表述:"任何情况下",新闻业都没有"散布混乱、模糊事实的权利"[51]。

在这里,媒介伦理成了一种实用的工具。这是因为,除了简单地重复新闻记者必须"客观"的座右铭外,媒介研究的德性伦理路径需要我们考虑实际情况:在什么样的情况下,准确与诚信的美德才可能达到或达不到。因为新亚里士多德方法论以实践为准绳,而不是以规则为依据,所以它以开放的态度考虑实践的复杂性;在这一点上,它胜过其他的媒介伦理方法论。媒介伦理行为的条件使公共文化里的信赖之根不至于受损,对共同美好生活的实现具有重大的意义。

二、谨慎的美德

我们都关心别人是否相信我们说的话,但传播里所关心的问题并不限于我们的言论所产生的直接后果。当我们说的话流传时,我们需要关心随后产生的结果;对媒介而言,这是一个尖锐的问题。从这里开始,我们考虑第三种和媒介相关的美德;在跨国语境里研究这个问题时,人们常常借助"好客"(hospitality)的概念。我则主张,最好是用更加宽泛的谨慎(care)的概念,这是在许多层次上更容易实施的美德,从全球范围到局部地区都可以实施。而且,如果我们用"好客"这种领地型暗喻来建构这一美德,其品质反而模糊不清了。

媒介对集体美好生活的贡献不限于准确信息的流通,准确还符合新闻记者更加普遍的信念。我们在第四章和第七章业已看到,媒介还需要被视为社会生活中生成互相承认的手段。媒介维持一个使人彼此观看的空间。如果没有一定程度互相承认、受人尊敬的道德行为人,我们共同生活持续下去的机会就不多,因为这个问题已经成为全球范围的尖锐问题。在高调反思"媒介城邦"时,罗杰·希尔维斯通是想突出这个问题。他表述这种互相承认的实践时所用的语词是"好客"并称其为"媒介城邦的第一美德"【52】。他接着说,"好客"是记者的责任,而且实际上在全球化的世界上是我们大家的责任:这是倾听他人的责任;我们觉得有权说话并让人听我们说话,随之产生的就是倾听他人的责任。在他的表述里,始终存在"伦理的"和"去本体的"张力,但其原创性或胆略并不因此而减少。然而,在接下来的论述中,我的取向是强调性向,而不是责任。

我们在多大程度上信守希尔维斯通对好客的表述?正如奥诺拉·奥尼尔论"远方的陌生人"时所示【53】,早期的"好客"观(反映在康德的论述里)是对远方陌生人的责任,严格来说是"暂时的":对登门或进入领地造访的陌生人不敌视并提供食物的基本义务。这个"好客"观念的基础是,陌生人在家里逗留有时间限制,在庭院周围逗留有空间限制。这给媒介分析带来一些困难。罗杰·希尔维斯通想在《媒介与道德》(*Media and Morality*)里说,全球性媒介有责任对一切受众表现出"好客",受众有责任对一切媒介持开放的态度。这个比方暗示:媒介是我们的"家园",无论"我们"是谁;我们的媒介家园必须持续不断地开放。然而,"好客"的暗喻足以表达希尔维斯通心里想要表达的互相接触的、持久的责任吗?实际上,由于媒介有领地的含义,媒介"家园"的暗喻有帮助吗【54】?如此,"我们"和我们的记者组成的社群受到边界的约束。但如果不是这样呢?如果我们面对一个普遍的挑战,由此产生的媒介"好客"会引起什么样的关切呢?任何两个人关心我们所需要的媒介时,我们都面对一个普遍的挑战:媒介有流动性,人与媒介的邂逅却不可预测。

在这里,另一条路径可能更富有成效。这就是基于阿克塞尔·霍奈特承认理论的路径(我们在第四章已有接触)。他演绎黑格尔的主体间性,认为人生的主体间性可能会造成道德伤害:我们对人说话的方式、彼此待人的方式可能会损害"个人的操守"(personal integrity)【55】。如此,对霍奈特而言,任何"善"的观念必须包含那种道德伤害的缺失,同样,任何"公正"的观念必须不仅涵盖物质的善,而且涵盖被承认的机会。为媒介研究对这些洞见再加工的桥梁是保罗·利科对"语言的好客"(linguistic hospitality)的论述。他关心对语言内部和语言间研究极为重要的所谓"翻译特质"(translation ethos)。对利科而言,"语言的好客"不纯是文字美德,而且是气象万千世界广大伦理的基础。"语言的好客"是根本的伦理性向,意在确保,我们说话写作时,要和别人的演说保持公正的距离。利科所谓"公正的距离"很近似希尔维斯通所谓的"恰当的距离",不过,这个概念里完全剥掉了领地的暗喻。对利科而言,每当个人相遇时,无论其领地距离多大,"语言的好客"都是适用的:无论我是否在你的家园里相会,或你在我的家园里相会,或我们在中立的领地里相会,"语言的好客"都是适用的。这样的表述有助于把握媒介的功能:在表现世界时,媒介引述别人的语言(即叙述),或为其代言。利科相信,对多样性的承认总是必要的;这样的承认不是建基于领地的好客之举,而是我们身体移动或说话移动时所需要的能力,这和领地的大小没有关系【56】。

这意味着,任何使用媒介的人都应该注意其传播对传播流通接受者的冲击:在使用者生成内容和观者提供形象的时代,这一点极为重要。如果完全省略"语言的好客"里的"好客"二字,也许我们更能看清问题。利科讨论"关心"(solicitude),我们不妨直截了当地说"谨慎"(care)【57】。我们要小心应对我们的传播流通产生的效果,如果这一姿态不错的话,它不是源自"家园"(含有排他性)的领地观念,而是源自我们共同经验里的相互关联(connectedness),源自媒介化世界里的共同结构(fabric),这样的连通性使我们大家容易受到伤害。连通性赋予媒介重要的地位,媒介的表现总是有造成伤害的潜力。在许多道德问题和优先问题上,我们可能会有重大的分歧,但我们无论如何也有一点共识:无论喜欢与否,我们栖居的世界是由一个基于媒介的结构联系起来的,其必然结果是,我们可能会在符号实践中彼此伤害。基于媒介的连通性造成利科所谓的"受限处境"(limit situation),一套新的伦理问题由此而生。正如我们在使用共同的语言机制时需要谨慎一样,我们需要他人使用媒介时也表现出谨慎的倾向,因为我们能通过媒介彼此伤害,随着时间的流逝,我们就可能损害集体生活和公共生活的结构。

第三种媒介美德是我所谓的谨慎,它源自全球联为一体的迫切需求。凡是把形象和文本输入媒介流的人都必须小心谨慎,如果不小心,世界的危险就会加重,意见相左的利益群体及民族之间富有成效的对话就更加困难。2005年丹麦的卡通事件引起的争议就是这种危险的早期预警【58】。谨慎的媒介美德和女性主义的关爱伦理有相似之处[59]。后者关注的是对个人的关爱,和我们与媒介的远距离关系似乎相距甚远。然而,如果涉及的问题是具体的、媒介造成的大型的传播空间,那么,维护这一空间的关怀、对由此而生的关系的关怀就和女性主义的关爱有相似之处了。这一媒介的关怀伦理不是对电视屏幕上出现的"任何人"的关怀(那种关怀最好是理解为人道主义版的关怀,和媒介没有具体的关系)。罗杰·希尔维斯通认为,观众看同一节目也可能产生相互的责任,这样的说法实际上言过其实。相反,我们在这里考虑的关心是对共同的传播空间产生的结果(我们用媒介说话或展示产生的结果)的关心;对个人的关心则是由于粗心使用媒介可能会伤害他人的关切。奥诺拉·奥尼尔试图破解伦理学方法论和去本体论的方法论的人为的鸿沟,她的论述和我们有相似之处;探讨"社会美德"时,她对维护人为鸿沟的行为作了这样的描绘:"维护个人生活和社会结构都依靠的自然环境和人为环境所采取的行为"[60]。

此外,与媒介相关的谨慎美德还影响着数字媒介开辟的连通性和表征所产生的空间(如社交网站),我们刚开始感觉到其影响方式。在社交网之类的空间里,公共生活和私人生活的边界是游走不定的[61]。谨慎美德还适合于复合的传播空间;每当传统媒介撷取日常生活的片段、将其转化为公开的故事,并让人人使用或滥用时,复合的传播空间随即兴起。也许,最近出现的用户生成内容的机会使我们更清楚地意识到复合的传播空间,各种媒介都用自己的故事在这里插足:人人都有故事要讲,但媒体旗号下流通的事件版本拥有特别大的力量,因为它们几乎同步进入很多受众的意识里。我们需要媒介故事的撰稿人和沿用这些故事的人(常常就是我们自己)态度谨慎,他们在传送这些故事时要小心谨慎。

与媒介相关的谨慎美德可能和其他媒介美德(如准确和诚信)产生冲突。试想(并不难想象)这样的情景:一张小报用大字标题高叫,外籍工人或避难者在当地现身带来了危险或不公。我们假设,记者已作了相关的核对,其报道事实准确,故事可信。而且,被人问及时,记者会说,故事内容符合他们与读者都真诚相信的真实情况。然而,难道我们不想要求记者具备另一种性向即谨慎吗?难道我们不想要他们考虑他们报道的故事流通以后的后果吗?如果他们的报道就以这样的形式、语言和偏重点流传,它们对外籍工人或避难者与他人互动的空间会产生什么样的影响呢?长期、频繁的这类报道对我们大家的互动会产生什么样的影响呢?如果只是说媒体人有义务不造成康德所谓的损害,问题未必会得到解决[62],因为如果从其他视角看,我们又可以合理地说,记者有责任把困难的事实揭示出来。实际上,帕特丽夏·斯派尔(Patricia Spyer)对印度尼西亚的一种现象作了分析:记者同意在种族关系紧张的时候,避免披露族群身份;但避免披露族群信息也可能引起普遍的恐惧[63]。不过,如果把这些问题视为媒介实践里多种美德的冲突,那么假以时间,通过一种"超级"美德,即亚里士多德所谓的谨慎或实用理性,这样问题还是可以得到解决的[64]。

新亚里士多德方法论的媒介伦理的取向是,识别人们使用媒介的多种性向。我们没有理由假设,凭借那些性向生活就可能生成什么锦囊妙计;相反,媒介德性伦理也许是好办法,有助于揭示我们大家使用媒介时可能遭遇的矛盾。

第三节 媒 介 不 公

伦理不能彻底涵盖适用于媒介的一切规范框架。还有一个正义问题,这个问题适用于一切社会里的一切媒介(无论社会民主与否),还适用于世界各国人民的关系。基于媒介基础结构的符号资源配置是否公正,媒介运行的方式是否合理,对于这个问题,我们能说什么呢?对这些困难的话题,我们能说什么呢[65]?

很长一段时间,我一直犹豫要不要写媒介正义(inedia justice),应用既存的正义模式(美国哲学家约翰·罗尔斯的模式)来研究媒介所需的大量工作令我望而却步。另一个犹豫的原因是,我怀疑罗尔斯模式的可行性;换言之,我怀疑构建一个完全的、理论上强制性的框架是可行的,我怀疑借此判断我们有关正义的本能、来判定何为正义是否可行。最后一个犹豫的原因是缺乏引导,不知道如何着手去思考媒介正义。看一看标准的媒介教科书,你就会发现,找不到多少有关媒介正义的思考。

然而,在很长一段时间里,媒介研究的某些领域里却有一个隐隐约约的动机,那就是对媒介正义的关心,至少是对媒介不公的关心。另类媒介(亦名"激进媒介"、"公民媒介"、"社群媒介")研究的传统与日俱增,媒介人努力从主流媒体之外的立场发声。早期的粉丝研究指出,粉丝混战的目的是推进自己基于大众媒介文本的文化创新,使之得到媒介产业的承认。这一切努力的驱力是一种不公平的感觉:符号资源集中在大型媒介机构的手里,它们不太尊重受众的原创性(所幸的是,粉丝和产业的关系已经远离20世纪80年代和90年代那种僵持不下的局面)。在此期间,在一种非常独特的方式中,出于对世纪之交的数字沟的担忧,联合国在2003年和2005年召开了两届信息社会世界峰会(World Summits on the Information Society),其宗旨是:"构建一个包容性强的信息社会"。这两届会议的结果仍在观察之中。信息社会世界峰会的官方公报没有提及正义,该运动的基础更偏重长远权利的话语,焦点则是"传播的权利"。有些基于美国的组织却明明白白地把媒介正义推向前台。组织"媒介正义"提倡"媒介控制、存取和结构的新视野";"媒介正义中心"(Center for Media Justice)的表述更泼辣:将"媒介作为重构我们的故事"。这些原创性组织所用"媒介正义"一语有两种意思:一是总体上和其他正义问题(种族权利和经济权利,或更广泛的社会正义)密切相关的媒介战略(亦如 www.reclaimthemedia.org 的宗旨);一是在本地贯彻"信息社会世界峰会"的实用原理。无论是哪一种意思,这些运动都把焦点放在美国[66]。

媒介推进社会正义运动的作用意义重大,这一点不容置疑。我们获得洞见,对妨碍报道社会正义问题的力量有所了解后,我们就可以赞同罗伯特·麦克切斯尼(Robert McChesney)的意见了。他说,"媒介改革和社会正义研究是互相联系的"。然而,诸如此类的论辩面对媒介正义却止步不前;除非点破有何错误,除非指出媒介资源的分配有何不公、为何不公,否则媒介正义的方法论就无法形成。美国一个社群媒介运动指向这场大范围的论辩,十分有趣;这个"媒介正义基金"(Media Justice Fund)发起的运动活跃在 21 世纪第一个十年的中期,它简称有必要对"媒介和传播技术的控制进行公平合理的再分配"。这已经接近于一个重要的观点:在数字时代,媒介和传播资源的公正分配是广泛正义的要素,而不仅仅是走向正义的工具手段。尽管如此,正如苏·卡利·詹森(Sue Curry Jansen)所言,正义(或非正义)的哲学理论和媒介伦理的联系尚未建立起来[67]。

一、媒介不公的研究路径

什么哲学资源适合分析媒介提出的正义问题呢?考察这个问题的人凤毛麟角,如上所述,罗杰·希尔维斯通探讨了"好客"的美德。然而,当他吸收罗尔斯论述正义原理的方法论时,结果却是令人失望的"说话的权利和聆听的责任"。"说话的权利"已经写入了联合国 1948 年的人权宣言(UN Universal Declaration of Human Rights)第十九条里,包括"用任何媒介寻求、接收和传递信息和思想的权利,不受边界阻碍"。按照目前的情况,"聆听的责任"似乎太空泛。谁承担责任?在什么条件下?在什么假设资源的基础上?为什么目的?希尔维斯通说,这些原理"要求……创建全球范围的一套机构,其运行足以担保媒介化传播的基本自由,没有这样的自由,'媒介城邦'就没有公平正义"[68]。这是一个大胆的结论。但没有解决问题时,应该创建什么类型和规模的机构呢?换言之,什么是有资源的人自己说话和他们的代理人说话的恰当平衡呢? 21 世纪初的两次信息社会世界峰会提出了这个问题,却没有找到终极的解决办法[69]。媒介正义问题显然是困难的,不容易说清楚。

如何界定所谓"媒介正义"的问题和如何看待民主的困难纠缠在一起,尤其和代议制民主和直选民主的关系纠缠不清。民主政治和当代大众媒介纠缠在一起,其基础是说话和控制言语流的机会极其不平衡的分配。少数人经常说话(通常他们有一个附属的团队,其功能是尽量控制他们的言论是如何表现的、如何被接受的),相反,多数人一般是听他们说话。这公正吗?那取决于我们如何评估以下三种情况的分量:非精英人士说话(似乎有人听到他们说话)的时候;他们根本不说话的时候;中间人(记者、议员、非政府组织)代表他们发声的时候。从澳洲传出了饶有趣味的研究成果,其灵感部分来自澳洲白人和原住民就传播权利所进行的长期的谈判。其研究方法是把聆听的问题推到前台,拷问社会结构的有效性和公正性,首先拷问民主言论浮现出来的社会结构[70]。比如,彭妮·奥唐内尔(Penny O'Donnell)呼吁媒介资源的重新分配,借以重新分配说话和聆听的机会,但正如她所示,这又产生了我们赋予传播技能地位的困难问题[71]。由此可见,即使我们赋予正义问题实质内容,困难问题依然存在。

在和媒介的关系中,正义和非正义处在什么位置呢?罗尔斯的正义论要求我们首先提出一个审议程序的充实的模式;按照阿马蒂亚·森的归纳,这个模式可能产生"一套完美的机构……这套机构决定圆满正义社会的基础结构"。但正如森所示,我们可能不得不遥遥无期地等待那个模式的完善,遑论建设体现这一模式的机构!相反,他偏离罗尔斯那最大化的方法论,从实用的角度说,把具体的非正义实例推向前台,我们就能开始填补正义的概念空间:这个研究正义的方法论的指针不是"超验的制度主义",而是"聚焦于正义实现的比较"。对他而言,比较的任务是:①识别具体的、需要纠正的不公平现象,因为它们剥夺了有些群体充分发挥自己才能的机会;②识别具体的制度手段,以纠正不公平现象[72]。

阿马蒂亚·森认为,政治声音是人类发展的要素之一。自由媒介是正义的基本元素:推进信息流动,挑战精英,有助于识别对穷人和边缘人安全所受的威胁,为新文化的发展提供论坛[73]。在基本层次上,任何政体里自由媒介的存在都是人类发展的积木块之一,所以自由媒介的缺失是不公平现象,其矫正剂就是创造自由媒介,这一点和阿马蒂亚·森长期提倡的媒介战饥荒的作用相吻合[74]。然而,这个基本的观点并不能协助我们判断,自由媒介机构到位以后,是否还存在更加具体的不公平形式。阿马蒂亚·森是经济学家,他认真看待媒介对经济社会发展的作用,这很难得,但他并不宣称自己是媒介理论家。在这里,他似乎忽略自由媒介和自由传播的作用。他写道,"自由媒介的缺失、对人民传播能力的压制产生的结果是,直接削弱生活的质量",进而对媒介公平推波助澜[75]。但正如许多当代的媒介记述暗示,即使正规的自由媒介机构存在,媒介领域里的不公平也是可能存在的。在阿马蒂亚·森研究不公平现象的务实方法论的基础上,我们如何才能阐明媒介不公的重要类型呢?

说话是人的基本能力之一[76],所以,任何媒介不公的记述都不能完全忽视一个要点：媒介资源的配置对这一能力的认识是否已经到位。另一方面，如果人人同时抢着说话，谁也不会受益；以此类推，如果人人声称自己在每一种媒介里有发言权并要人聆听，那就毫无意义；换一种说法，正如坦亚·得雷赫（Tanja Dreher）所示，"人人都需要聆听人人说话"是一种天真的原理，它不会使人受益良多[77]。所以，我们需要思考一个问题：什么才是机会分配的合理平衡？一种分配是以自己的名义说话并被人听见的机会，另一种分配是由别人或机构代理我们表达问题、陈述不公的机会——哪一种才是机会分配的合理平衡呢？试想一例：旅居英国的中国广播记者欣然（译音）的经验。她主持的节目在当地影响很大。她以匿名的形式讲述受尽屈辱的妇女的故事。如果用自己的名义说话，那就可能意味着痛苦、羞辱和死亡。显然，我们不能断言，"为他人说话"的每一例都不公平，因为那不是本人发出的声音；我们也不能走另一个极端说，代表性媒介机构的存在足以解决一切有关媒介正义的问题。

在这里，里昂·梅修（Leon Mayhew）的《新共和》（*The New Public*）有助于弥合这两种极端立场的分歧。该书考察修辞标记（rhetorical tokens）在大型民主制度下的作用。换言之，它研究政党、非政府组织和政府为某些局势、某些人代言所使用的媒介。在任何大于小村落的社会里，那种类型的代言都是难以避免的，但重要的是，这种言语标记（speech tokens）在面对面情景中是可以得到弥补的。在面对面的情景中，说话人有可能会遭遇直接的挑战，有人可能会挑战他们的言论、说话的意义及其后果；另一方面，挑战的效用也受到监控[78]。

那么，介乎个人声音和机构行为之间的机构（含媒介）的公平或不公平，我们要如何思考才严谨呢？大众自我传播的蓬勃发展难以替代我们对这个问题深入思考[79]；所谓大众自我传播，指的是个人和群体有能力直接"广播"自己的声音，不必经过媒介机构的守门人。大众自我传播之所以不能替代我们缜密思考媒介公平或不公平这个深刻的问题，那是因为大众自我传播不能阻止大众媒介的流通，也不能影响大众媒介不偏不倚表征社会世界的程度。正如第五章所示，大众自我传播难以在互联网上获得足够的能见度，所以它们未必能超乎短暂的自我满足。然而，由于阿马蒂亚·森证明，我们无须构建有关媒介正义的宏大理论，所以，我们就可以推出媒介不公的更加实用、需要矫正的清单了。

二、媒介不公的类型

一个人受伤害后找不到有效的办法让公众知道他的委屈，或没有办法矫正伤害——这就是第一种媒介不公，其源头是一个基本事实：媒介能伤害人，正如个人的言语能伤害他人一样[80]。凡是拥有大型媒介机构的社会无不流行这样的媒介不公，因为除了超级富豪能利用的诽谤法之外，挑战媒介言论的机制尚未形成。

作为一个学术和实用课题,这种媒介不公被大大忽略了;对此,媒介研究要承担一部分责任。正如让·图灵斯(Jan Teurlings)所示,"令人奇怪的是,电视观众并不被认为需要权利";第四章提及的电视权力关系极端的不对称现象干脆被认为是'正常的',这一点也非常怪异[81]。

在媒介机构或媒介门类的产出中,如果可界定的群体没有得到恰当的承认,而媒体却自封为这些群体的代表(一个频道、一张报纸、一个网站声称代表一个特定的组织,这样的情况和研究媒介不公没有关系),第二种媒介不公由此而生。回头看霍奈特的承认理论,真正重要的是具体层次上的道德承认和社会承认。我们可以列举许多例子来说明这第二种媒介不公:在有些国家(如智利)的媒体里,原住民踪迹难觅,即使露面也非常有限;有些国家(如澳大利亚)的媒体对残疾人的描写很不恰当[82];有些国家(如英国)的主流媒体不为外籍劳工代言。实际上可以说,整个"全球宣传"的领域仍然建立在排他性的基础上[83]。若要问什么是对媒介不公的充足的制度性矫正,大难题就兀然冒出:这些群体获法律许可而且实际上能生产自己的媒介并将其投入流通环节,就够了吗?这是否忽略了要害问题——他们仍然难得在送达大多数人的主流媒体里露面呢?如果是这样,什么样的制度机制可以创建起来并直接挑战主流媒体的言论呢?用里昂·梅修的话说,如何创建制度机制去"兑现"民众对主流媒体的信赖呢?既然直接挑战这种强大的媒介机构以便让社会听见自己的声音是非常困难的,我们是否需要使阶级行动合法的法制结构,以实现主流媒体的"兑现"机制呢?在有些国家里,前进的路是有的,但我们有理由断言,没有任何国家的解决办法是很先进的。任何解决办法都需要有足够的弹性,去处理媒介文化著作里表征和承认的复杂性;与此同时,我们还要承认,"可见性"(含社会可见性和媒介可见性)是社会描写和当代权力的关键范畴[84]。

与第二种媒介不公相关的另一个问题是,我们能想象全球范围的媒介不公就像罗杰·希尔维斯通一笔带过的"媒介正义"所暗示的那种不公平吗?这是因为人们基于媒介的世界感知是多元的,而且这样的多元性比本章开头所述的道德视角的多元性是更为基本的事实。若有任何群体或国家说,因为并不是全球范围的每一种媒介都承认它,所以它就扬言那是不公平——那岂不是很荒唐?但那并不是说,许多具体的不公平例子是难以想象的,是不能吁求矫正的。你可以用实在的论述来反驳这样的呼吁:最有效的矫正形式是创建唱对台戏的媒介(如半岛电视台);但那并不意味着就不存在那样的不公平。不过迄今为止,我们尚不能勾勒,第二种全球范围的媒介不公的矫正剂像什么样子。

个人或群体想直接发声,但由于缺乏表达的媒介而受阻,此时,第三种潜在的媒介不公就会发生。一切媒介系统都是在符号资源的不平均配置过程中建立的，这就是詹姆斯·波曼（James Bohman）所谓的民主话语里的"劳动分工"。但除非个人的能力由于这样的不平均而直接受到削弱，否则资源的不平均并非就等于不公平。除非依靠媒介的能见度是人类生活固有的属性，否则没有机会通过媒介说话并不会自动产生不公平。然而，如果个人或群体发现，在媒介里的能见度对发挥自己的其他才能是必要条件，而自己在媒介里露面的机会却被剥夺了，比较实在的不公平就会发生。在第三种媒介不公中，政治发言权是最明显的例子。马修·海因德曼令人信服地指出，数字时代内容生产者的范围拓宽了，但互联网固有的不平均和等级性并没有得到抵消，这个网络空间里的"接入"和基本的搜索能力的分布仍然是极不均衡的[85]。

潜在的话语公共空间被关闭时，第四种媒介不公就可能发生。此时，处于不利地位不是具体的个人，而是任何需要公开寻求资源或被承认的个人、群体或运动。这和劳伦斯·莱西格论网络"公地"（commons）的主张有关系，但也适用于传统媒介总体的空间。在这里，一些形式的行动主义（维基解密、瑞典的私家海滩运动）对嵌入现存网络平台的信息不对称提出挑战[86]。在这里，媒介不公通过另一条路径把我们和大范围的政治权力和民主功能联系起来了[87]。

第四节 总结：围绕我们需求的不动点……

我们探索了媒介伦理原理，其背景是人们能过上美好生活的条件。我们又探讨了一些类型的媒介不公，其参照是广义的人的能力。通常，我们美好生活的记述的参照点是新亚里士多德伦理和价值的研究路径。这种研究路径的优势在于，它们能避免依赖内容实在的道德原理，而那是众说纷纭、莫衷一是的原理；依据这样的路径，我们集中阐明人生的实际情况，假以时间，我们能在这方面达成一致意见。换句话说，新亚里士多德伦理学的取向是人的实践的基本情况。这种最简约的方法论有助于廓清媒介使用者的倾向性——无论其所在的是什么样的国家，无论其宗教来世论或政治来世论是什么。

不过，我想更具体说明推动我撰写这本书的价值，本书旨在理解当代媒介如何形塑我们的世界。这些价值必然富有争议，但如果要说清楚最后这一章和其余各章的关系，我就必须阐明这些价值。之所以把这一关系推迟到最后一章来讲，目的是要看看，在不依靠具体价值的情况下，我们能达成多少共识。不过，从一开始（本书开篇的维特根斯坦引语），这些价值就支撑着本书观照媒介、社会和世界的视角取向，其焦点是我们作为人的需求。我对美好媒介生活的论述里浮现出什么样的理念呢？我们当前的媒介生活方式的矛盾产生什么样的伦理困难呢？

第一章检视媒介及其未来的不确定性。本书的主要论点始于第二章,我们探索媒介实践,探索形塑媒介实践的基本需求如社群、互动、协调、信赖和自由的需求,在个人的层次上、个人与他人以及群体的层次上探索媒介实践是如何形成的。在第三章里,我们探索媒介在社会形式(如仪式)生产中的作用,其背景是一切人对稳定和秩序的需求;在这里,大型机构(国家、公司、媒体)控制资源和权威的驱力与个人和群体被承认的需求产生冲突。在第四章里,我们具体考察个人、群体和社会被伤害的可能性,媒介机构运行的赤字或失衡可能会造成伤害：在第四章里,媒介不公的问题首次浮出水面。

然而,如果只从个人和群体的视角考虑媒介与社会组织的关系,那是不够的。我们还必须审视这里产生的系统性问题。所以,在第五章里,我们考虑媒介对大型社会组织和政治组织隐含的命题,又考虑数字媒介原则上能促成的社会行为和政治行为的大尺度延伸。有人看见走向更大民主化的转移,同时,我们却发现很大的不稳定性：各种规模的社会行为者利用扩大了的行动范围,它们的争斗导致的民主既可能增加,也可能减少。无疑,如果没有自由媒介,民主就不可能；但其自然结果未必是,"更多的媒介"就意味着"更多的民主"；更加精细的社会研究势在必行。一连串的问题接踵而至：传播空间的密度,传播空间由某些制度力量主导的内在趋势,媒介饱和文化对这种主导力量的持续挑战所受到的内在约束。

第五章开始澄清数字媒介时代的一个典型特征,简言之就是：如果没有媒介,我们再也不可能找到共同生活的方式,再也不可能在任何领域里共同生活；不过,我们尚不知道如何借用媒介生活得很好。用哈贝马斯所谓"生活世界"(lifeworld)和"系统"(system)略嫌过时的二分术语说,"生活世界"的每一个层次无不充满"系统",包括所谓媒介系统,但系统不是我们能生活其间的"地方",系统有强烈的功能决定性,这意味着,系统空间(system space)本身与可以忍受的生活是不可兼容的。本书第四章所述杰德·古蒂的生平就是这一矛盾的预兆。如此,充满媒介的社会空间,加上媒介携带的系统的指令和要求,这就造成了我们生活质量中的一些基本问题。

诸如此类的矛盾在社会秩序的资源里也出现了。在第六章里,我们考虑了媒介化在一些领域产生的后果；这些领域生成了权威、权力、资本和个人被认可的名望,人们为诸如此类的东西而展开争夺。我们越是渴望在跨越一切领域的媒介里露面,而我们面对的却是不负责任的权力形式(即媒介符号权力),我们社会行为的一切领域就越脆弱。

在第七章里,我们用国际化的参照系去考虑各种媒介文化,我们对媒介文化的理解被置入多重历史轨迹的语境,我们在形塑人类生活的全套需求里去理解媒介文化。

最后,我们在本章考虑我们生活中的媒介伦理、媒介正义和媒介不公。

在这本书里,我们考虑了媒介生活的多种方式,还考虑了索妮娅·利文斯通所谓的"万物媒介化"过程中出现的各种系统的矛盾。什么价值使我们能区分好坏的后果呢?在最后这章里,我们考虑了一些基本的价值,比如协同、合作、无伤害的好处——这些价值生成谨慎和诚信的美德。但在讨论媒介不公时,内容更充实的一些价值比如"承认"出现了。个人和群体都需要被承认为道德和社会的主体。这和我在其他地方描绘过的"发言权"这个基本价值有关系[88]。承认某人能对社会进程有所贡献时,我们就在承认他的诸多能力,比如参与思考生活如何组织的能力。媒介的重要作用在于承认社会空间,而且正如艾娃·伊卢兹(Eva Illouz)的率先探索所示,媒介还提供施展才能的空间[89]。反过来,被承认以后,我们每个人都需要一点行动自由,以便施展我们被承认的能力:没有实际自由度的承认是空洞无物的承认。然而,除非背靠不同程度的实际的和本体的安全感,否则有意义的自愿行为是不会形成的;安全感是媒体和其他制度的稳定性所发挥的作用。

媒介(含媒介机构及其产出)都具有这样一种功能:维护人们彼此承认的直接条件和潜在条件(请注意,我一直避免用"媒介对具体民主形式的贡献"来表述这一功能)。为了维护人们彼此的承认,媒介必须为人们的参与和批评开放,必须以诚信和谨慎的实践使人信赖;否则,它们就不可能提供媒介与人互相承认的基础。实际的媒介机构可能有很多形式,它们未必能达到这些标准。媒介政治经济研究的悠久传统显示,我们没有理由相信,由于媒介在市场上自由竞争,它们自然就能对广义的美德作出贡献。有趣的是,虽然著名哲学家贝尔纳·威廉斯没有媒介研究的背景,但他坚决摒弃那个司空见惯的理念:媒介机构(如报纸)的竞争性自由本身就足以保证,其产品能对文化自由和政治自由作出贡献——这是"思想市场"的古典自由主义原理的假设。威廉斯认为,市场体制可能使绝对的暴政难以为继,然而,"在维护总体上反对暴政的态度和机构的复合体上,市场体制的表现却比较逊色"[90]。由此可见,我们珍惜市场的自由及其对实现自由的贡献,但这并不是说,市场自由就胜过组织媒介的其他价值。媒介归根结底是社会机构。市场力量给新闻业的伦理实践造成很大的困难,克服这些困难的办法只能是:利用需要社会贯彻的规范原理——超越狭隘市场自由的原理。

除非我们在媒介实践应该达成的外在目上求得一致意见,否则我们就不能澄清,我们(个人、集体、机构)如何与媒介和谐相处,如何通过媒介很好地在一起生活。长期以来,关于我们所需媒介的讨论始终被两种极端的意见主导:媒介是市场机构,专注于竞争;媒介是民族的,专注于维护社会秩序。媒介机构仍然维持许多既有的权力,但越来越多的个人和群体在通过媒介和跨越媒介运行。反过来,个人和群体的互动,互相监督的新型伦理和社会问题,日益深入我们日常的工作、认同和交往;我们的生活轨迹留存在社交网站,留存在我们购买和观看任何物品的地方[91]。我们的媒介生活来自四面八方的深刻意蕴,造成了系统的矛盾和拘束的情景,需要我们构建媒介的伦理视角。让我们重温德国诗人雷纳·玛丽亚·里尔克(Rainer Maria Rilke)在数字媒介时代之前很久就写下的先知般的诗句:"这里的任何地方/无不窥视着你/你的生活必须改变。"[92]

展开来说,伦理视角必须包括我们凭借数字界面所进行的一切交流[93],但正如我在本章所言,我们忽视了独特的伦理问题,使自己身处险境;造成这些问题的是媒介机构及其广泛流布的媒介内容(如新闻)。毕竟,我们邂逅世界上不同的政治和道德的思维方式主要还是通过主流媒体这个渠道。若要地球上的生灵不至于坠入永久战争的深渊,不同的思维方式必须以某种方式共存。我们共享的世界(古希腊人所谓的"栖居空间"[oecumene])[94]是媒介化的世界:它本身就需要我们清楚了解媒介伦理和媒介不公,我们的理解要能够在一切层次上应用,直到全球的层次。

一方面是媒介和谐共处、美好生活的实际研究项目,另一方面是媒介伦理和媒介理论的构建任务,这两方面纠缠紧密,不可分割。首先,在表征事实、再现指引我们世间行为规范方面,媒介扮演重要的角色;如果它们表现不好,它们就会损害社会结构。媒介是美好生活的要素之一,媒介要使世界更透明,而不是更模糊,要有助于增进我们把握世界的能力,使我们能更加准确地把握我们大家生活的环境。其次,有关媒介伦理和媒介不公的论辩需要一个信息基础,需要清楚了解媒介在世上的作用,换言之,我们需要基于广阔社会理论的媒介社会学。如果媒介伦理的基础不是描绘媒介机构如何形塑知识的生产和闭塞,不是社会权力和社会"现实"的构建,不是变化中的社会机构的环境,媒介伦理就缺乏锚泊的港湾。我们迄今所谓的"媒介研究"有一个隐隐约约的要义:研究媒介如何对世间的知识和动力作出贡献,更好理解媒介是否使我们生活得更好。

我们要对媒介在经验结构里的作用有更充分的了解[95],其基础是一种社会理论,这一理论使我们的理解落地生根,而不是使其模糊。因此,对媒介作用的充分了解不是学术奢侈品,而是生活的必需工具。和任何工具一样,其运行不可能没有摩擦。什么造成摩擦?那是我们的批判距离,我们作为人与媒介构成的表现性和系统性现实之间拉开的批判距离[96]。有人呐喊呼号,说我们今天的生活是

"媒介生活"，而且这种生活正在生成它自己的潜能和规范；对这样的蛊惑之词，重要的是不予理睬[97]。这是因为，它们忽略了两个基本事实：除了媒介，还有许多物质生活条件；对许多人而言，他们掌握的资源总量并没有明显好转。世界越来越不平等，我们对与日俱增的不平等却视而不见[98]。对减轻我们的朦胧视力，媒介机构的工作至关重要，可惜许多人会说，媒介正在使我们的视力更加朦胧。

至于世间的媒介如何运作，媒介如何运作得更好，我们在生活中如何与媒介相处，我们的媒介生活将会有何不同，我们需要更多的能给人启迪的对话。对这些将要在未来的许多年里和许多大陆上展开的对话作出力所能及的贡献，正是本书的追求。

注释

[1] Signed statement by Rupert Murdoch printed full page in UK newspapers, 16 July 2011.

[2] Turkle（2011：17）. For another recent perspective on the consequences of digital media for our overlapping work and emotional lives, see M. Gregg（2011）.

[3] Peters（2001：722）.

[4] Ricoeur（2007：35-36）.

[5] McDowell（1994：84）.

[6] Jonas（1984：1）. For discussion, see Couldry（2006：136-137）.

[7] Bauman（1995：280）.

[8] Cavell（1964）, quoted by Pitkin（1972：34）. Compare on Google Vaidhyanathan（2011：211）.

[9] Wolin（2008：263）.

[10] Turkle（2011）；Lanier（2011）.

[11] Compare Ess（2010：chs 4 and 6）for useful reflections on how, ethically, to address this diversity.

[12] Latour（2004：40）.

[13] Silverstone（2007）.

[14] Compre Ess（2009：197）.

[15] For helpful discussion, see Ricoeur（2007）.

[16] O'Neill（1996）.

[17] Ricoeur（2007；1992：197，238-239）.

【18】Sen (2009); Honneth (2007).
【19】Kant (1997: 15, 7, 16, added emphasis).
【20】MacIntyre (1988: chs 18-20).
【21】O'Neill (1996); Cohen-Almagor (2001).
【22】Habermas (1968).
【23】Baker (2002); Christians et al. (2009).
【24】For more positive readings of Levinas's work for general and media ethics, see Bauman (1992), Pinchevski (2005) and Silverstone (2007).
【25】For a broadly Christian humanist approach to media ethics, see Christians, Ferré and Fackler (1993).
【26】Sen (1992).
【27】On voice, see Couldry (2010).
【28】Hepp (2010).
【29】Hayles (2009). Compare Jensen (2010).
【30】Zelizer (2011).
【31】Quinn (1995: 186).
【32】Williams (1985: 20, adjusted emphasis).
【33】Lovibond (2002: 63 and 25, adjusted emphasis), drawing on McDowell (1994: 84).
【34】McDowell (1998: 50-73, especially 65, 73).
【35】Swanton (2003: 9, 87).
【36】MacIntyre (1981: 175).
【37】Benkler (2011).
【38】Sontag (2004). Compare Russell (2011) on the emergence of a "networked news public".
【39】On the issue of "the human", see ch. 1, n. 144.
【40】Williams (2002: 44).
【41】Williams (2002: 24).
【42】For a period where a disposition towards truthfulness could not be relied upon, see Snyder (2009, 2010) on the terrible history of Eastern Europe during the Second World War.
【43】Williams (2002: 124, 106, 63, 35).
【44】Williams (2002: 44).

【45】Williams（2002：88 and 2002：97，99）quoting Grice（1989）.

【46】See the 1998 scandal over Carlton Communications' reality TV programme *The Connection* on Colombian drug-running and the disputes over the selection process on *Britain's Got Talent* in 2011.

【47】Williams（2002：146）.

【48】Nordenstreng（2010）；compare Ronald Dworkin（2010）on recent USA Supreme Court decision that gives general corporations the right of freedom of speech.

【49】See，e.g.，de Burgh（2003）on China.

【50】Davies（2008：especially 28，12，154）. Compare Boczkowski（2010：33，77，109）；Czarniawska（2010）；Boyer（2010）；Phillips，Couldry and Freedman（2009）. For more optimistic views，Deuze and Dimoudi（2002），Deuze（2003），Bruns（2005）. On US public journalism，Glasser（1999）. The scandal over "phone-hacking" at News International newspapers in the UK，particularly the *News of the World*，has been extensively covered in all English newspapers from February 2011 onwards. See in particular News International's statement on 8 April 2011 available from http：//guardian.co.uk/media/2011/apr/08/news-international-statement-news-of-the-world. For the longterm impact of News International on British public life，see Harris（2011）.

【51】Boczkowski（2010：6）；Boyer（2010：6，254-256 and 253）on Germany，and compare the US press authority Charles Lewis's vision of the "hollowing out" of the mainstream US press（Lewis 2008）. On heteronomy，see Phillips（2011），drawing on Bourdieu（2005）；on content management systems，see Boczkowski（2010）and Quandt（2008）. For a broader philosophical perspective，see O'Neill（2002：93）.

【52】Silverstone（2007：136）.

【53】O'Neill（2000：186）.

【54】Silverstone's use of Derrida's extended notion of hospitality as visitation does not escape this problem（Silverstone 2007：149-151；Derrida 2002）. See Kogen（2009）for an interesting reflection on how Silverstone's onerous obligations might be reconciled with models of how individuals react to news about distant others，and Wright（forthcoming）for a lively critique of the notion of "proper distance".

【55】Honneth（2007：130）.

【56】Ricoeur（2007：31，35）. Compare Frosh（forthcoming）who also extends Silverstone's notion of "proper distance" away from dyadic relations and towards overlapping relations between the self and multiple others.

【57】Ricoeur（2007）.

【58】Eide，Kunelius and Phillips（2008）；Ess（2010：104－109）.

【59】Held（2006）.

【60】O'Neill（1996：203）.

【61】Turkle（2011）；Hayles（2009）；Ess（2010）.

【62】See Cohen-Almagor（2001：95，97，100）.

【63】Spyer（2006）.

【64】Aristotle（1976：book 6）.

【65】Note there is a potential link between questions of justice and virtue, since acting justly is itself a virtue for Aristotle（1976：book 5）, but I will not pursue this, since the priority is to clarify what injustice in relation to media might comprise. There are also problems with Aristotle's particular conception of justice as an individual virtue, which is maladapted for considering societal justice/injustice.

【66】On alternative media, see Atton（2002）, Downing（2001）, Rodriguez（2001）; on fandom and injustice, see Jenkins（1992）, Bacon-Smith（1992）; on WSIS, see http://www.itu.int/wsis/docs/geneva/official/poa.html#c3, para B4, last accessed 25 August 2011, and www.itu.int/wsis/implementation/index.html, last accessed 25 August 2011. On the right to communicate, see D'Arcy（1977）. On Media justice campaigns, see www.mediajustice.org/ and http://centerformediajustice.org/home/about/our-framework/, both last accessed 25 August 2011. For a specific study of MediaJustice, see Klinenberg（2005）.

【67】McChesney（2007：220）, quoted in Jansen（2011：7）；Media Justice Fund（2007：4）, quoted N. Gregg（2011：83）；Jansen（2011：2）.

【68】Silverstone（2006：144－149）, quotations from 149. See also Hamelink（2000：ch. 4）.

【69】Nordenstreng（2010）；Goggin（2009）.

【70】See special issue of the journal *Continuum* 23（4）（2009）.

【71】O'Donnell（2009：514）.

【72】Sen（2009）. Note that Sen continues to see Rawls's（1971）approach to justice as relevant to "process aspects" of justice and liberty (Sen 2009: 299 – 301).

【73】Sen (2009: 336 – 337). For discussion of Sen's interest in voice, see Couldry (2010: ch. 5).

【74】Sen (1983); compare Sen (2009: ch. 4).

【75】Sen (2009: 335 – 336).

【76】Couldry (2010: 105).

【77】Dreher (2009: 452).

【78】Mayhew (1997). For related discussion, see Couldry (2010: 100 – 103).

【79】Castells (2009: 55).

【80】O'Neill (2002).

【81】Teurlings (2007: 273).

【82】Salazar (2010); Goggin and Newell (2005).

【83】Kunelius and Nossek (2008: 264).

【84】Brighenti (2007, especially 339) and Thompson (2005). See Imre (2009a: 101) for an interesting example of ambivalence in how minorities are represented in popular culture.

【85】Bohman (2000: 48), compare Bourdieu (1992: 118) on the "de facto division of labour of social production with regard to major varieties of experience"; Hindman (2009).

【86】On justice and the digital public sphere, see Lessig (2002), and in political theory Fraser (2005); for traditional media, see Ginsburg (2008: 141). On "pirate activism", see Stalder (2011).

【87】There is potentially still another type of media injustice: the environmental side-effects of media processes. As Toby Miller and Rick Maxwell (Maxwell and Miller 2011) have pointed out, the environmental costs of the systematic *overproduction* of equipment, chemicals and unwanted detritus that our media-saturated life requires are high, and those costs are distributed with massive inequality. This is a long-term debate that has barely started, but it takes us far beyond the scope of media ethics and media injustice.

【88】Honneth (2007); Couldry (2010).

【89】On recognition, see Illouz (2003). On capabilities, see Sen (1992) and, in relation to media, Garnham (1999b), Mansell (2002).

【90】Williams (2002: 213 – 219, quoting 217).

[91] On co-veillance, see Andrejevic (2008a); compare Zittrain (2008: 219-220); Vaidhyanathan (2011: 111); compare on "participatory surveillance", Albrechtslund (2008). On archives and their ethics, see Palfrey and Gasser (2008), Turkle (2011), Howard (2006: 187).
[92] Rilke (1987: 60-61).
[93] Hayles (2009); Stiegler (2009).
[94] See the important current research project at the Open University, UK: *Oecumene: Citizenship after Orientalism*: www.oecumene.eu.
[95] Silverstone (1999: 9).
[96] For similar insistence on critical distance from our relations to media, see Tomlinson (2007: 97), Martin-Barbero (2006: 28).
[97] Deuze (2011).
[98] Dorling (2010).

参 考 文 献

Abercrombie, N. and Longhurst, B. (1998) *Audiences: A Sociological Theory of Performance and Imagination*. London: Sage.

Abercrombie, N., Hill, S. and Turner, B. (1981) *The Dominant Ideology Thesis*. London: Allen & Unwin.

Abu-Lughod, L. (2005) *Dramas of Nationhood: The Politics of Television in Egypt*. Chicago: University of Chicago Press.

Adam, B. (2004) *Time*. Cambridge: Polity.

Adams, P. (2009) *Geographies of Media and Communication*. Malden, MA: Wiley-Blackwell.

Aksoy, A. and Robins, K. (2003) 'Banal Transnationalism: The Difference that Television Makes', in K. Karim (ed.), *The Media of Diaspora*. London: Routledge, pp. 89–104.

Alasuutaari, P. (ed.) (1999) *Rethinking the Media Audience*. London: Sage.

Albrechtslund, A. (2008) 'Online Social Networking as Participatory Surveillance', *First Monday* 13, 3 March.

Aldridge, J. and Cross, S. (2008) 'Young People Today: News Media, Policy and Youth Justice', *Journal of Children and Media* 2(3): 203–218.

Algan, E. (2005) 'The Role of Turkish Local Radio in the Constitution of a Youth Community', *The Radio Journal* 3(2): 75–92.

Alia, V. (2003) 'Scattered Voices, Global Vision: Indigenous Peoples and the New Media Nation', in K. Karim (ed.), *The Media of Diaspora*. London: Routledge, pp. 36–50.

Allan, S. (2006) *Online News*. Maidenhead: Open University Press.

Almond, G. and Verba, S. (1963) *The Civic Culture*. Princeton: Princeton University Press.

Altheide, D. (1985) *Media Power*. Beverly Hills: Sage.

Altheide, D. and Snow, R. (1979) *Media Logic*. Beverly Hills: Sage.

Altick, R. (1978) *The Shows of London*. Cambridge, MA: Harvard University Press.

Anden-Papadopoulos, K. (2009) 'US Soldiers Imaging the Iraq War on YouTube',

Popular Communication 7(1): 17-27.

Anden-Papadopoulos, K. and Pantti, M. (ed.) (forthcoming) *Amateur Images and Global News*. Bristol: Intellect.

Anderson, B. (1983) *Imagined Communities*. London: Verso.

Anderson, C. (2010) 'Analyzing Grassroots Journalism on the Web: Reporting and the Participatory Practice of Online News Gathering', in C. Rodriguez, D. Kidd and L. Stein (eds), *Making Our Media*, vol. I. Creskill, NJ: The Hampton Press, pp. 47-70.

Anderson, C. and Wolff, M. (2010) 'The Web is Dead. Long Live the Internet', *Wired*, www.wired.eom/magazine/2010/8/ff_webrip/all/, last accessed 4 July 2011.

Anderson, P. (2011) 'On the Concatenation in the Arab World', *New Left Review* 68: 5-15.

Andrejevic, M. (2008a) *I-Spy*. Kansas City: Kansas University Press.

Andrejevic, M. (2008b) 'Watching Television without Pity: The Productivity of Online Fans', *Television & New Media* 9(1): 24-46.

Ang, I. (1996) *Living Room Wars*. London: Routledge.

Appadurai, A. (1996) *Modernity at Large*. Minneapolis: University of Minnesota Press.

Aristotle (1976) *Nicomachean Ethics*, trans. J. Thomson. Harmondsworth: Penguin.

Arnison, M. (2002) 'Crazy Ideas for Webcasting'. www.purplebark.net/maffew/cat/webcast.html, last accessed 3 September 2011.

Arthur, C (2011) 'Microsoft Makes Grab for Phones in Bid to Catch up with Google', *Guardian*, 11 May.

Arvidsson, A. (2011) 'Towards a Branded Audience: On the Dialectic between Marketing and Consumer Agency', in V. Nightingale (ed.), *The Handbook of Media Audiences*. Malden, MA: Wiley-Blackwell, pp. 269-285.

Asamoah-Gyadu, J. (2009) 'African Traditional Religion, Pentacostalism and the Clash of Spiritualities in Ghana', in S. Hoover and N. Kaneva (eds), *Fundamentalisms and the Media*. London: Continuum, pp. 161-178.

Aslama, M. (2009) 'Playing House: Participants' Experience of Big Brother Finland', *International Journal of Cultural Studies* 12(1): 81-96.

Atton, C. (2001) *Alternative Media*. London: Sage.

Atton, C. (2004) *An Alternative Internet*. Edinburgh: Edinburgh University Press.

Aufderheide, P. and Clark, J. (2009) *The Future of Public Media: FAQ*. Washington, DC: American University.

Bach, J. and Stark, D. (2005) 'Recombinant Technology and New Geographies of

Association', in R. Latham and S. Sassen (eds), *Digital Formations*. Princeton: Princeton University Press, pp. 37 – 53.

Bacon-Smith, C. (1992) *Enterprising Women: Television Fandom and the Creation of Popular Myth*. Philadelphia: University of Pennsylvania Press.

Bagdikian, B. (2004) *The New Media Monopoly*. New York: Beacon Press.

Bailey, O., Cammaerts, B. and Carpentier, N. (2008) *Understanding Alternative Media*. Maidenhead: Open University Press.

Bakardjeva, M. (2009) 'Subactivism: Lifeworld and Politics in the Age of the Internet', *The Information Society* 25(2): 91 – 104.

Baker, C. (2002) *Media Markets and Democracy*. Cambridge: Cambridge University Press.

Banet-Weiser, S. (2011) 'Branding the Post-Feminist Self: Girls' Video Promotion and YouTube', in M. Kearney (ed.), *Mediated Girlhood*. New York: Peter Lang, pp. 277 – 294.

Banet-Weiser, S. (forthcoming) *Authentic^{TM}: The Politics of Ambivalence in a Brand Culture*. New York: New York University Press.

Banet-Weiser, S. and Portwood-Stacer, L. (2006) '"I Just Want to Be Me Again!" Beauty Pageants, Reality Television and Post-feminism', *Feminist Theory* 7(2): 255 – 272.

Barabasi, A.-L. (2003) *Linked*. Harmondsworth: Penguin.

Barbrook, R. (1995) *Media Freedom*. London: Pluto.

Barker, M. and Brooks, K. (1998) *Knowing Audiences: Judge Dredd*. Luton: University of Luton Press.

Barker-Plummer, B. and Kidd, D. (2010) 'Closings and Openings: Media Restructuring and the Public Sphere', in K. Howley (ed.), *Understanding Community Media*. Newbury Park: Sage, pp. 318 – 327.

Barnouw, E. (1990 [1975]) *Tube of Plenty*. New York: Oxford University Press.

Barry, A. (2001) *Political Machines*. London: Athlone Press.

Baudrillard, J. (1981) 'Requiem for the Media', in *For a Critique of the Political Economy of the Sign*. St Louis: Telos Press, pp. 164 – 184.

Baudrillard, J. (1983a) *In the Shadow of the Silent Majorities*. New York: Semiotext(e).

Baudrillard, J. (1983b) *Simulations*. New York: Semiotext(e).

Baudrillard, J. (1993) *Symbolic Exchange and Death*. London: Sage.

Bauman, Z. (1992) *Intimations of Postmodernity*. London: Routledge.

Bauman, Z. (1995) *Life in Fragments*. Oxford: Blackwell.

Bauman, Z. (2000) *Liquid Modernity*. Cambridge: Polity.

Bausinger, H. (1984) 'Media, Technology and Daily Life', *Media, Culture and*

Society 6(4): 343-352.

Baym, G. (2005) '*The Daily Show*: Discursive Integration and the Reinvention of Political Journalism', *Political Communication* 22: 259-276.

Baym, N. (2010) *Personal Connections in the Digital Age*. Cambridge: Polity.

BBC (2005) 'Sir Alan Sugar Confirmed for BBC Two's Apprentice', press release, 18 May, available from www.bbc.co.uk/print/pressoffice/pressreleases/, last accessed 25 March 2011.

BBC Global News (2011) *The World Speaks 2011*. London: BBC.

Beaumont, P. (2011) 'Friends, Followers and Countrymen', *Guardian*, 25 February.

Beck U. (1992) *Risk Society*. London: Sage.

Beck, U. (1997) *The Reinvention of Politics*. Cambridge: Polity.

Beck, U. (2000a) 'The Cosmopolitan Perspective: Sociology of the Second Age of Modernity', *British Journal of Sociology* 51(1): 79-105.

Beck, U. (2000b) *What is Globalization?* Oxford: Blackwell.

Beck, U., Giddens, A. and Lash, S. (1994) *Reflexive Modernization*. Cambridge: Polity.

Beckett, C. (2010) *The Rise of Networked Journalism*. London: Polis.

Beecher, E. (2009) Contribution to plenary discussion: 'Journalism Practice and the Changing Newsroom', Journalism in the 21st Century Conference, Melbourne University, 16-17 July 2009.

Beer, D. (2008) 'Social Network(ing) Sites ... Revisiting the Story So Far', *Journal of Computer-Mediated Communication* 13(2): 516-529.

Bell, C. (1992) *Ritual Theory, Ritual Practice*. New York: Oxford University Press.

Bell, C. (1997) *Ritual: Perspectives and Dimensions*. New York: Oxford University Press.

Bengtsson, S. (2006) 'Framing Space: Media and the Intersection of Work and Leisure', in J. Falkheimer and A. Jansson (eds), *Geographies of Communication*. Göteborg: Nordicom, pp. 189-204.

Beniger, J. (1986) *The Control Revolution*. Cambridge, MA: Harvard University Press.

Benkler, Y. (2006) *The Wealth of Networks*. New Haven: Yale University Press.

Benkler, Y. (2011) *A Free Irresponsible Press: Wikileaks and the Battle over the Soul of the Networked Fourth Estate*. http://benkler.org/Benkler_Wikileaks_current.pdf, last accessed 19 July 2011.

Benjamin, W. (1968) *Illuminations*, trans. H. Zohn. New York: Schocken Books.

Bennett, J. (2011) *Television Personalities*. London: Routledge.

Bennett, L. (2003) 'Communicating Global Activism: Strengths and Vulnerabilities of Networked Politics', *Information Communication and Society* 6 (2): 143 – 168.

Bennett, L. (2008) 'Changing Citizenship in a Digital Age', in L. Bennett (ed.), *Civic Life Online*. Cambridge, MA: MIT Press, pp. 1 – 24.

Bennett, L. and Iyengar, S. (2008) 'A New Era of Minimal Effects? The Changing Foundations of Political Communication', *Journal of Communication* 58: 707 – 731.

Bennett, L., Johnson, R. and Livingston, S. (2008) *When the Press Fails*. Chicago: Chicago University Press.

Bennett, W. L. and Manheim, J. (2006) 'The One-Step Flow of Communication', *Annals of American Academy of Social and Political Science* 608: 213 – 232.

Benson, R. (2006) 'News Media as "Journalistic Field": What Bourdieu Adds to New Institutionalism and Vice Versa', *Political Communication* 23 (2): 187 – 202.

Benson, R. and Neveu, E. (eds) (2005) *Bourdieu and the Journalistic Field*. Cambridge: Polity.

Bentivegna, S. (2002) 'Politics and New Media', in L. Lievrouw and S. Livingstone (eds), *Handbook of New Media*, 1st edn. London: Sage, pp. 50 – 61.

Berger, P. (2005) 'The Desecularization of the World: A Global Overview', in P. Berger (ed.), *The Desecularization of the World*. Grand Rapids: Eerdmans Publishers, pp. 1 – 15.

Berger, P. and Luckmann, T. (1967) *The Social Construction of Reality*. Harmondsworth: Penguin.

Bergström, A. and Wadbring, I. (2008) 'The Contribution of Free Dailies and News on the Web: Is Readership Strictly Decreasing among Young People?'. Paper presented to Nordic Media in Theory and Practice Conference, UCL, 7 – 8 November, http://reutersinstitute.politics.ox.ac.uk/fileadmin/documents/nordic_media_papers/Bergstrom_Wadbring.pdf, last accessed 23 June 2011.

Billig, M. (1995) *Banal Nationalism*. London: Sage.

Bimber, B. (2003) *Information and American Democracy*. Cambridge: Cambridge University Press.

Bird, S. E. (2003) *The Audience in Everyday Life*. London: Routledge.

Bird, S. E. (2010) 'From Fan Practice to Mediated Moments: The Value of Practice Theory in the Understanding of Media Audiences', in B. Brauchler and J. Postill (eds), *Theorising Media and Practice*. New York/Oxford: Berghahn Books, pp. 85 – 104.

Biressi, A. and Nunn, H. (2008) 'The Kidnapped Body and Precarious Life: Reflections on the Kenneth Bigley Case', *Continuum* 22: 222–238.

Blackmore, J. and Thorpe, S. (2003) 'Media/ting Change: The Print Media's Role in Mediating Education Policy in a Period of Radical Reform in Victoria, Australia', *Journal of Education Policy* 18(6): 577–595.

Blake, W. (1976) *Selected Poems of William Blake*. Chicago: Signet Books.

Blazwick, I. (ed.) (1989) *A Situationist Scrapbook*. London: ICA/Verso.

Bloch, M. (1962) *Feudal Society*, vol. I. London: Routledge & Kegan Paul.

Bloch, M. (1989) *Ritual History and Power*. London: The Athlone Press.

Boczkowski, P. (2010) *News at Work: Imitation in an Age of Information Abundance*. Chicago: Chicago University Press.

Boghossian, P. (2007) *Fear of Knowledge: Against Relativism and Constructivism*. Oxford: Oxford University Press.

Bohman, J. (2000) 'The Division of Labour in Democratic Discourse', in S. Chambers and A. Costain (eds), *Deliberation, Democracy and the Media*. Lanham, MD: Rowman and Littlefield, pp. 47–64.

Bohman, J. (2004) 'Expanding Dialogue: The Internet, the Public Sphere and Prospects for Transnational Democracy', in N. Crossley and J. Roberts (eds), *After Habermas*. Oxford: Blackwell, pp. 131–155.

Bohman, J. (2007) *Democracy Across Borders*. Cambridge, MA: MIT Press.

Bolin, G. (2009) 'Symbolic Production and Value in Media Industries', *Journal of Cultural Economy* 2(3): 345–361.

Bolin, G. (2011) *Value and the Media*. Aldershot: Ashgate.

Boltanski, L. (2009) *De La Critique*. Paris: Gallimard.

Boltanski, L. (2011) *On Critique*. Cambridge: Polity.

Boltanski, L. and Chiapello, E. (2005) *The New Spirit of Capitalism*. London: Verso.

Boltanski, L. and Thévenot, L. (2006). *On Justification*. Princeton: Princeton University Press.

Bolter, J. (2001) *Writing Space*, 2nd edn. Mahwah, NJ: Lawrence Erlbaum.

Bolter, R. and Grusin, D. (2001) *Remediation*. Cambridge, MA: MIT Press.

Bolton, T. (2006) 'News on the Net: A Critical Analysis of the Potential of Online Alternative Journalism to Challenge the Dominance of Mainstream News Media', *Scan* (web journal) 3(1), http://scan.net.au/scan/journal/display.php?journal_id=71, last accessed 18 November 2011.

Boorstin, D. (1961) *The Image: Or, Whatever Happened to the American Dream?* London: Weidenfeld and Nicholson.

Booth, P. (2010) *Digital Fandom*. New York: Peter Lang.

Bosch, T. (2010) 'Theorizing Citizens' Media: A Rhizomatic Approach', in C. Rodriguez, D. Kidd and L. Stein (eds), *Making Our Media*, vol. I. Cresskill, NJ: The Hampton Press, pp. 72 – 87.

Bourdieu, P. (1977) *Outline of a Theory of Practice.* Cambridge: Cambridge University Press.

Bourdieu, P. (1983) 'The Forms of Capital', in J. Richardson (ed.), *Handbook of Theory and Research for the Sociology of Education.* New York: Greenwood Press, pp. 241 – 258.

Bourdieu, P. (1986) 'The Production of Belief: Contribution to an Economy of Symbolic Goods', in R. Collins et al. (eds), *Media, Culture and Society: A Critical Reader.* London: Sage, pp. 131 – 163.

Bourdieu, P. (1990) *The Logic of Practice.* Cambridge: Polity.

Bourdieu, P. (1991) *Language and Symbolic Power.* Cambridge: Polity.

Bourdieu, P. (1992) (with Terry Eagleton) 'Doxa and Common Life', *New Left Review* 191: 111 – 121.

Bourdieu, P. (1993) *The Field of Cultural Production.* Cambridge: Polity.

Bourdieu, P. (1996a) *The State Nobility.* Cambridge: Polity.

Bourdieu, P. (1996b) *The Rules of Art.* Cambridge: Polity.

Bourdieu, P. (1996c) *Sur La Télévision.* Paris: Liber.

Bourdieu, P. (1998) *On Television and Journalism.* London: Pluto.

Bourdieu, P. (2000) *Pascalian Meditations.* Stanford: Stanford University Press.

Bourdieu, P. (2005) 'The Political Field, the Social Science Field and the Journalistic Field', in R. Benson and E. Neveu (eds), *Bourdieu and the Journalistic Field.* Cambridge: Polity, pp. 29 – 47.

Bourdieu, P. and Wacquant, L. (1992) *Invitation to Reflexive Sociology.* Cambridge: Polity.

Bourdon, J. (2000) 'Live Television is Still Alive', *Media, Culture and Society* 22(5): 531 – 556.

Bowker, G. and Leigh Star, S. (2000) *Sorting Things Out.* Cambridge, MA: MIT Press.

Boyd, D. (2008) 'Why Youth ♥ Social Network Sites: The Role of Networked Publics', in D. Buckingham (ed.), *Youth, Identity and Digital Media.* Cambridge, MA: MIT Press, pp. 119 – 112.

Boyd, D. and Ellison, N. (2008) 'Social Network Sites: Definition, History and Scholarship', *Journal of Computer-Mediated Communication* 13(1): 210 – 230.

Boyd, D., Straubhaar, J. and Lent, J. (1989) *Videocassette Recorders in the Third World.* New York: Longman.

Boyd-Barrett, O. and Rantanen, T. (eds) (1998) *The Globalization of News.*

London: Sage.

Boyer, D. (2010) 'Making (Sense of) News in the Era of Digital Information', in S. E. Bird (ed.), *The Anthropology of News and Journalism: Global Perspectives*. Bloomington, IN: Indiana University Press, pp. 241–256.

Boyle, R. and Kelly, L. (2010) 'The Celebrity Entrepreneur on Television: Profile, Politics and Power', *Celebrity Studies* 1(3): 334–350.

Bradshaw, T. (2011) 'Media watchdog to investigate "opaque" TV advertising', *Financial Times*, 17 March.

Braman, S. (2009) *Change of State: Information, Policy, Power*. Cambridge, MA: MIT Press.

Braudel, F. (1975 [1949]) *The Mediterranean and the Mediterranean World in the Age of Philip II*. London: Fontana.

Braudel, F. (1981) *Civilization and Capitalism*, vol. I. London: Collins.

Braudy, L. (1986) *The Frenzy of Renown: Fame and its History*. New York: Oxford University Press.

Breiter, A., Schulz, A. and Welling, S. (2011) 'Schools as Mediatised Translocal Network Organizations'. Paper presented to Mediatized Worlds Conference, University of Bremen, 14–15 April.

Bremner, I. (2010) 'Democracy in Cyberspace', *Foreign Affairs* (Nov./Dec.): 86–92.

Brewer, J. (2004) *A Sentimental Murder*. New York: Farrar, Strauss, Giroux.

Briggs, A. and Burke, P. (2005) *A Social History of the Media*, 2nd edn. Cambridge: Polity.

Brighenti, A. (2007) 'Visibility: A Category for the Social Sciences', *Current Sociology* 55(3): 323–342.

Brook, S. (2007) 'Paper Readership Dips 5m in 15 years', *Guardian*, 21 December.

Brooker-Gross, S. (1983) 'Spatial Aspects of Newsworthiness', *Geografisker Annaler* 65B: 1–9.

Browne, D. (2005) *Ethnic Minorities, Electronic Media and the Public Sphere: Comparative Study*. Creskill, NJ: The Hampton Press.

Bruns, A. (2005) *Gatewatching*. New York: Peter Lang.

Brunsdon, C. and Morley, D. (1978) *Everyday Television: "Nationwide"*. London: BFI.

Bryant, J. (1993) 'Will Traditional Media Research Paradigms be Obsolete in the Era of Intelligent Communication Networks?', in P. Gaunt (ed.), *Beyond Agendas*. Westport, CN: Greenwood Press, pp. 149–167.

Buckingham, D. (2008) 'Introducing Identity', in D. Buckingham (ed.), *Youth*,

Identity and Digital Media. Cambridge, MA: MIT Press, pp. 1–22.
Buck-Morss, S. (2003) *Thinking Past Terror*. London: Verso.
Buonanno, M. (2008) *The Age of Television*. Bristol: Intellect.
Burgess, J. and Green, J. (2009) *YouTube*. Cambridge: Polity.
de Burgh, H. (2003) 'Great Aspirations and Conventional Repertoires: Chinese regional television journalists and their work', *Journalism Studies* 4 (2): 225–238.
Butler, J. (1990) *Gender Trouble*. New York: Routledge.
Butler, J. (1993) *Bodies That Matter*. New York: Routledge.
Butler, J. (2005) *Giving an Account of Oneself*. New York: Fordham University Press.
Butsch, R. (2008) *The Citizen Audience*. London: Routledge.
Cabrera Paz, J. (2009) 'Techno-Cultural Convergence: Wanting to Say Everything, Wanting to Watch Everything', *Popular Communication* 7: 130–139.
Caldwell, J. (2000) 'Introduction: Theorising the Digital Landrush', in J. Caldwell (ed.), *Electronic Media and Technoculture*. New Brunswick, NJ: Rutgers University Press, pp. 1–34.
Calhoun, C. (1995) *Critical Social Theory*. Cambridge: Polity.
Calhoun, C. (2005) 'Community without Propinquity', *Sociological Inquiry* 68(3): 373–397.
Calhoun, C. (2007) *Nations Matter*. London: Routledge.
Callon, M. and Latour, B. (1981) 'Unscrewing the Big Leviathan: How Actors Macro-structure Reality and How Sociologists Help Them to Do So', in Karin Knorr-Cetina and Alvin Cicourel (eds), *Advances in Social Theory and Methodology*. London: Routledge & Kegan Paul, pp. 277–303.
Campbell, H. (2010) *When Religion Meets New Media*. London: Routledge.
Cao, K. (2010) *Media Incidents: Power Negotiation on Mass Media in Time of China's Social Transition*. Konstanz: UVK.
Capino, J. (2003) 'Soothsayers, Politicians, Lesbian Scribes: The Philippino Movie Talk Show', in L. Parks and S. Kumar (eds), *Planet TV: A Global Television Reader*. New York: New York University Press, pp. 262–274.
Cappella, J, and Jamieson, K. H. (1997) *Spiral of Cynicism: The Press and the Public Good*. New York: Oxford University Press.
Carey, J. (1989) *Communications as Culture*. Boston: Unwin Hyman.
Carlson, M. (2007) 'Order Versus Access: News Search Engines and the Challenge to Traditional Journalistic Roles', *Media, Culture and Society* 29 (6): 1014–1030.
Carpentier, N. (2009) 'Participation is Not Enough: The Conditions of Possibility of

Mediated Participation Practices', *European Journal of Communication* 24(4): 407-420.

Carr, D. (2011) 'The Evolving Mission of Google', *New York Times*, 21 March 2011, Business section 1, 6.

Carroll, J. (2007) 'John S. Carroll on Why Newspapers Matter', www.nieman watchdog. org/index.cfm? fuseaction = ask_this. views&askthisid = 00203, last accessed 24 December 2007.

Carter, M. (2004) 'Coming Soon to Your Living Room', *Guardian*, 26 July.

Cashmore, E. (2006) *Celebrity/Culture*. London: Routledge.

Castells, M. (1996) *The Rise of the Network Society*. Oxford: Blackwell.

Castells, M. (1997) *The Power of Identity*. Oxford: Blackwell.

Castells, M. (1998) *End of Millennium*. Oxford: Blackwell.

Castells, M. (2009) *Communication Power*. Oxford: Oxford University Press.

Castells, M., Fernandez-Ardevol, M., Qiu, J. and Sey, A. (2007) *Mobile Communication and Society*. Cambridge, MA: MIT Press.

Castillo, M. (2011) '#YouTube Goes on Demand with Hollywood Blockbusters', 26 April, www.cbsnews.com/8301-504943_162-20057503_10391715.html.

Cavarero, A. (2000) *Relating Narratives*. London: Routledge.

Cavell, S. (1964) 'Existentialism and Analytic Philosophy', *Daedalus* 93: 946-974.

Chadwick, A. (2006) *Internet Politics*. Oxford: Oxford University Press.

Chadwick, A. (forthcoming) 'Recent Shifts in the Relationship between Internet and Democratic Engagement in Britain and the US: Granularity, Informational Exuberance and Political Learning', in E. Arviza, M. Jensen and L. Jorba (eds), *Digital Media and Political Engagement Worldwide*. Cambridge: Cambridge University Press.

Chakravarty, P. (2008) 'Labor in or as Civil Society? Workers and Subaltern Publics in India's Information Society', in P. Chakravarty and Y. Zhao (eds), *Global Communications: Towards a Transcultural Political Economy*. Lanham, MD: Rowman and Littlefield, pp. 285-307.

Chakravarty, P. and Zhao, Y. (2008) 'Introduction: Toward a Transcultural Political Economy of Global Communications', in P. Chakravarty and Y. Zhao (eds), *Global Communications: Towards a Transcultural Political Economy*. Lanham, MD: Rowman and Littlefield, pp. 1-22.

Champagne, P. (1990) *Faire L'Opinion*. Paris: Editions Minuit.

Champagne P. (1999) 'The View from the Media', in P. Bourdieu et al., *The Weight of the World*. Cambridge: Polity, pp. 46-59.

Champagne, P. (2005) 'The "Double Dependency": The Journalistic Field between

Politics and Markets', in R. Benson and E. Neveu (eds), *Bourdieu and the Journalistic Field*. Cambridge: Polity, pp. 48–63.

Champagne, P. and Marchetti, D. (2005) 'The Contaminated Blood Scandal: Reframing Medical News', in R. Benson and E. Neveu (eds), *Bourdieu and the Journalistic Field*. Cambridge: Polity, pp. 113–134.

Chandler, D. (1998) 'Personal Homepages and the Construction of Identities on the Web', www.aber.ac.uk/media/Documents/short/webident.html, last accessed 18 July 2011.

Chang, T.-K. (1998) 'All Countries Not Created Equal to be News: World System and International Communication', *Communication Research* 25(5): 528–563.

Chapman, J. (2005) *Comparative Media History*. Cambridge: Polity.

Cheong, P. and Gong, J. (2010) 'Cyber Vigilantism, Transmedia Collective Intelligence, and Civic Participation', *Chinese Journal of Communication* 3(4): 471–487.

Cheong, P., Halavais, A. and Kwon, K. (2008) 'The Chronicles of Me: Understanding Blogging as a Religious Practice', *Journal of Media and Religion* 7: 107–131.

Chernilo, D. (2007) 'A Quest for Universalism: Reassessing the Nature of Classical Social Theory's Cosmopolitanism', *European Journal of Social Theory* 10(1): 17–35.

Chinni, D. (2010) 'Tea Party Mapped: How Big is it and Where is it Based?', 21 April. www.pbs.org/newshour/rundown/2010/04, last accessed 15 July 2011.

Choi, J. (2006) 'Living in *Cyworld*: Contextualising Cy-ties in South Korea', in A. Bruns and J. Jacobs (eds), *Use of Blogs*. New York: Peter Lang. pp. 173–186.

Chouliaraki, L. (forthcoming) 'Humanitarianism and Celebrity: The Theatre of Pity', *Communication and Critical/Cultural Studies* 9(1).

Christakis, N. and Fowler, J. (2010) *Connected*. New York: Harper Collins.

Christensen, T. and Røpke, I. (2010) 'Can Practice Theory Inspire Studies of ICTS in Everyday Life?', in B. Brauchler and J. Postill (eds), *Theorising Media and Practice*. New York/Oxford: Berghahn Books, pp. 233–256.

Christians, C., Ferré, J. and Fackler, M. (1993) *Good News: Social Ethics and the Press*. New York: Longman.

Christians, C., Glasser, T., McQuail, D., Nordenstreng, K. and White, R. (2010) *Normative Theories of the Media*. Chicago: University of Illinois Press.

Clark, J. and van Slyke, T. (2010) *Beyond the Echo Chamber*. New York: The New Press.

Clarke, N. (2004) *The Shadow of a Nation: How Celebrity Destroyed Britain*. London: Phoenix Books.

Clough, P. (2009) 'The New Empiricism: Affect and Sociological Method', *European Journal of Social Theory* 12(1): 43–61.

CNNIC (2010) 26*th Statistical Report on Internet Development in China*. China Internet Network Information Centre, July. www.cnnic.net.cn/uploadfiles/pdf/2010/8/24/93145.pdf, last accessed 26 July 2011.

Cohen, R. (2009) 'Iran: the Tragedy and the Future', *New York Review of Books*, 13 August, 7–10.

Cohen-Almagor, R. (2001) *Speech, Media and Ethics: The Limits of Free Expression*. Basingstoke: Palgrave.

Coleman, S. (2005) 'The Lonely Citizen: Indirect Representation in an Age of Networks', *Political Communication* 22: 197–214.

Coleman, S. (2008) 'Doing IT for Themselves: Management versus Autonomy in Youth e-Citizenship', in L. Bennett (ed.), *Civic Life Online*. Cambridge, MA: MIT Press, pp. 189–206.

Coleman, S. (ed.) (2011) *Leaders in the Living Room: The Prime Ministerial Debate of 2010*. Oxford: Reuters Institute for the Study of Journalism.

Coleman, S. and Blumler, J. (2009) *The Internet and Democratic Citizenship*. Cambridge: Cambridge University Press.

Coleman, S. and Ross, K. (2010) *The Media and the Public*. Malden, MA: Wiley-Blackwell.

Collins, J. (1992) 'Genericity in the Nineties: Eclectic Irony and the New Sincerity', in J. Collins (ed.), *Film Theory Goes to the Movies*. New York: Routledge, pp. 242–264.

Collins, S. (2008) 'Making the Most Out of 15 Minutes: Reality TV's Dispensable Celebrity', *Television and New Media* 9(2): 87–110.

Collins, W. (1994 [1868]) *The Moonstone*. Harmondsworth: Penguin.

Condry, I. (2009) 'Anime Creativity: Characters and Premises in the Quest for Cool Japan', *Theory, Culture & Society* 26(2–3): 139–163.

Connell, R. (2007) *Southern Theory*. Cambridge: Polity.

Connor, S. (2005) 'Playstations, or, Playing in Earnest', *Static* 1(1), http://static.londonconsortium.com/issue01/connor_playstations.html, last accessed 18 July 2011.

Cook, T. (2005) *Governing the News*. Chicago: Chicago University Press.

Cooper, A. (2008) *Celebrity Diplomacy*. Boulder, CO: Paradigm.

Cooren, F., Brummans, B. and Charrieras, D. (2008) 'The Coproduction of Organizational Presence: A Study of Médécins Sans Frontières in Action',

Human Relations 61(10): 1339 – 1370.

Copsey, R. (2010) 'My Castaway Hell', *Guardian*, G2 section, 12 August.

Corner, J. (1997) 'Television in Theory', *Media, Culture and Society* 19(2): 247 – 262.

Costera Meijer, I. (2011) 'Living in the Media Polis: Is Participatory Journalism an Answer to Changing Civic Engagement?' Paper presented to ICA Conference, Boston, 26 – 30 May.

Cottle, S. and Nolan, D. (2007) 'Global Humanitarianism and the Changing Aid-Media Field', *Journalism Studies* 8(6): 862 – 878.

Couldry, N. (1999) 'Remembering Diana: The Geography of Celebrity and the Politics of Lack', *New Formations* 36: 77 – 91.

Couldry, N. (2000a) *The Place of Media Power.* London: Routledge.

Couldry, N. (2000b) *Inside Culture.* London: Sage.

Couldry, N. (2001) 'The Hidden Injuries of Media Power', *Journal of Consumer Culture* 1(2): 155 – 178.

Couldry, N. (2002) 'Playing for Celebrity: Big Brother as Ritual Event', *Television & New Media* 3(3): 283 – 294.

Couldry, N. (2003a) *Media Rituals: A Critical Approach.* London: Routledge.

Couldry, N. (2003b) 'Media Meta-Capital: Extending the Range of Bourdieu's Field Theory', *Theory and Society* 32(5/6): 653 – 677.

Couldry, N. (2004) 'Theorizing Media as Practice', *Social Semiotics* 14(2): 115 – 132.

Couldry, N. (2006) *Listening Beyond the Echoes.* Boulder, CO: Paradigm Books.

Couldry, N. (2008a) 'Mediatization or Mediation? Alternative Understandings of the Emergent Space of Digital Storytelling', *New Media & Society* 10(3): 373 – 392.

Couldry, N. (2008b) 'Form and Power in an Age of Continuous Spectacle', in D. Hesmondhalgh and J. Toynbee (eds), *Media and Social Theory.* London: Routledge, pp. 161 – 176.

Couldry, N. (2008c) 'Actor Network Theory and Media: Do They Connect and On What Terms?', in A. Hepp et al. (eds), *Cultures of Connectivity.* Creskill, NJ: The Hampton Press, pp. 93 – 110.

Couldry, N. (2009a) 'Does "the Media" have a Future?', *European Journal of Communication* 24(4): 437 – 450.

Couldry, N. (2009b) 'New Online News Sources and Writer-gatherers', in N. Fenton (ed.), *New Media, Old News.* London: Sage, pp. 138 – 152.

Couldry, N. (2010) *Why Voice Matters: Culture and Politics after Neoliberalism.* London: Sage.

Couldry, N. and Hepp, A. (forthcoming) 'Media Cultures in a Global Age: A

Transcultural Approach to an Expanded Spectrum', in I. Volkmer (ed.), *Handbook of Comparative Research*. Malden, MA: Wiley-Blackwell.

Couldry, N. and Littler, J. (2011) 'Work, Power and Performance: Analyzing the "Reality" Game of *The Apprentice*', *Cultural Sociology* 5(2): 263 – 279.

Couldry, N., Livingstone, S. and Markham, T. (2010) *Media Consumption and Public Engagement*. Basingstoke: Palgrave Macmillan. Revised paperback edn (original edn 2007).

Crary, J. (1999) *Suspensions of Perception*, Cambridge, MA: MIT Press.

Crisp, R. (1996) 'Modern Moral Philosophy and the Virtues', in R. Crisp (ed.), *How Should One Live?* Oxford: Oxford University Press, pp. 1 – 18.

Croteau, D. (1995) *Politics and the Class Divide*. Philadelphia: Temple University Press.

Crouch, C. (2000) *Living with Post-Democracy*. London: Fabian Society.

Cui, L. and Lee, F. (2010) 'Becoming Extra-ordinary: Negotiation of Media Power in the Case of *Super Girls Voice* in China', *Popular Communication* 8(4): 256 – 272.

Curran, J. (1982) 'Communications, Power and Social Order', in M. Gurevitch et al. (eds), *Culture, Society and the Media*. London: Routledge, pp. 202 – 235.

Curran, J. (2002) *Media and Power*. London: Routledge.

Curran, J. and Park, M.-J. (2000) 'Beyond Globalization Theory', in J. Curran and M.-J. Park (eds), *De-westernizing Media Studies*. London: Routledge, pp. 3 – 18.

Curran, J. and Seaton, J. (2007) *Power Without Responsibility*, 4th edn. London: Arnold.

Curran, J., Fenton, N. and Freedman, D. (forthcoming) *Misunderstanding the Internet*. London: Bloomsbury.

Curran, J., Iyengar, S., Brink Lund, A. and Salovaara-Moring, I. (2009) 'Media System, Public Knowledge and Democracy', *European Journal of Communication* 24(1): 5 – 26.

Curtin, M. (2003) 'Media Capital: Towards the Study of Spatial Flows', *International Journal of Cultural Studies* 6(2): 202 – 228.

Curtin, M. (2009) 'Matrix Media', in G. Turner and T. Tay (eds), *Television Studies After TV*. London: Routledge, pp. 9 – 19.

Czarniawska, B. (2010) 'Cyberfactories: Where Production and Consumption Merge' Keynote to Danish SMID Conference, Koldingfjord, Denmark, 2 December.

Dahlgren, P. (2009) *Media and Political Engagement*. Cambridge: Cambridge University Press.

Dalton, R. (2000) 'Value Change and Democracy', in S. Pharr and R. Putnam (eds), *Disaffected Democracies*. Cambridge, MA: Harvard University Press, pp. 252 – 269.

D'Arcy, J. (1977) 'Direct Broadcast Satellites and the Right to Communicate', in L. S. Harns (ed.), *The Right to Communicate: Collected Papers*. Honolulu: University of Hawaii Press.

Davies, N. (2008) *Flat Earth News*. London: Chatto and Windus.

Davis, A. (2007) *The Mediation of Power*. London: Routledge.

Davis, A. (2009) 'Elite News Sources, New Media and Political Journalism', in N. Fenton (ed.), *New Media, Old News*, London: Sage, pp. 121 – 137.

Davis, A. (2010) *Political Communication and Social Theory*. London: Routledge.

Davis, A. and Seymour, E. (2010) 'Generating Forms of Media Capital Inside and Outside a Field: The Strange Case of David Cameron in the UK Political Field', *Media, Culture and Society* 32(5): 739 – 759.

Davis, R. (2008) 'A Thin Line between Love and Hate', *Guardian*, 14 October.

Dawson, M. (2007) 'Little Players, Big Shows: Format, Narration and Style on Television's New Smaller Screens', *Convergence* 13(3): 231 – 250.

Dayan, D. (1998) 'Particularistic Media and Diasporic Communication', in T. Liebes and J. Curran (eds), *Media, Ritual and Identity*. London: Routledge, pp. 103 – 113.

Dayan, D. (2001) 'The Peculiar Public of Television', *Media, Culture and Society* 23(5): 743 – 765.

Dayan, D. (2006) 'Terrorisme, Performance, Représentation: Notes sur un genre discursive contemporain', in D. Dayan (ed.), *La Terreur Spectacle*. Brussels: De Boeck, pp. 11 – 22.

Dayan, D. (2009) 'Sharing and Showing: Television as Monstration', in E. Katz and P. Scannell (eds), '*The End of Television?*' Annals of the American Academy of Political and Social Science 625: 19 – 31.

Dayan, D. (2010) 'Beyond Media Events: Disenchantment, Derailment, Disruption', in N. Couldry, A. Hepp and F. Krotz (eds), *Media Events in a Global Age*. London: Routledge, pp. 23 – 31.

Dayan, D. and Katz, E. (1992) *Media Events: The Live Broadcasting of History*. Cambridge, MA: Harvard University Press.

Dean, J. (2002) *Publicity's Secret*. Ithaca: Cornell University Press.

Dean, J. (2010) *Democracy and Other Neoliberal Fantasies*. Durham, NC: Duke University Press.

Debord, G. (1983) *Society of the Spectacle*. Detroit: Black and Red.

Debray, R. (1996) *Media Manifestos*. London: Verso.

DeLanda, M. (2005) *Intensive Science and Virtual Philosophy*. London: Continuum.

DeLillo, D. (1999) *Underworld.* London: Picador.
Delli Carpini, M. (2000) 'Gen. com: Youth, Civic Engagement, and the New Information Environment,' *Political Communication* 17(4): 341 – 349.
Delli Carpini, M. and Keater, S. (1996) *What Americans Know About Politics and Why It Matters.* New Haven: Yale University Press.
Delli Carpini, M. and Williams, B. (2011) *After the Broadcast News.* Cambridge: Cambridge University Press.
Derrida, J. (2002) *On Cosmopolitanism and Forgiveness.* London: Routledge.
Deutsch, K. (1966) *Nationalism and Social Communication*, 2nd edn. Cambridge, MA: MIT Press.
Deuze, M. (2003) 'The Web and its Journalisms: Considering the Consequence of Different Types of News Media Online', *New Media & Society* 5(2): 203 – 230.
Deuze, M. (2011) 'Media Life', *Media, Culture and Society* 33(1): 137 – 148.
Deuze, M. and Dimoudi, C. (2002) 'Online Journalists in the Netherlands: Towards a Profile of a New Profession', *Journalism* 3(1): 85 – 100.
Dorling, D. (2010) *Injustice: Why Social Inequality Persists.* Bristol: Policy Press.
Douglas, S. (1987) *Inventing American Broadcasting 1899 – 1922.* Baltimore: The Johns Hopkins University Press.
Dovey, J. (2000) *Freakshow.* London: Pluto.
Downey, J. (2008) 'Recognition and the Renewal of Ideology Critique', in D. Hesmondhalgh and J. Toynbee (eds), *Media and Social Theory.* London: Routledge, pp. 59 – 74.
Downing, J. (2001) *Radical Media.* Newbury Park: Sage.
Downing, J. (2003a) 'Audiences and Readers of Alternative Media: Absent Lure of the Virtually Unknown', *Media, Culture and Society* 25(5): 625 – 646.
Downing, J. (2003b) 'The Independent Media Center Movement and the Anarchist Socialist Tradition', in N. Couldry and J. Curran (eds), *Contesting Media Power.* Boulder, CO: Rowman and Littlefield, pp. 243 – 258.
Dreher, T. (2009) 'Listening Across Difference: Media and Multiculturalism beyond the Politics of Voice', *Continuum* 23(4): 445 – 458.
Duits, L. and Ronondt Vis, P. van (2009) 'Girls Make Sense: Girls, Celebrities and Identities', *European Journal of Cultural Studies* 12(1): 41 – 58.
Durkheim, E. (1953) 'Individual and Collective Representations', in *Sociology and Philosophy.* London: Cohen and West, pp. 1 – 34.
Durkheim, E. (1984 [1893]) *The Division of Labour in Society*, trans. W. Halls, 2nd edn. Basingstoke: Macmillan.
Durkheim, E. (1995 [1912]) *The Elementary Forms of Religious Life*, trans. K. Fields. New York: Free Press.

Durkheim, E. and Mauss, M, (1970) *Primitive Classification*. London: Cohen and West.

Dutton, W. (2009) 'The Fifth Estate Emerging Through the Network of Networks', *Prometheus: Critical Studies in Innovation* 27(1): 1-15.

Duval, J. (2005) 'Economic Journalism in France', in R. Benson and E. Neveu (eds), *Bourdieu and the Journalistic Field*. Cambridge: Polity, pp. 135-155.

Dworkin, R. (2010) 'The Decision that Threatens Democracy', *New York Review of Books*, 13 May.

Earl, J. and Schussman, A. (2008) 'Contesting Cultural Control: Youth Culture and Online Petitioning', in L. Bennett (ed.), *Civic Life Online*. Cambridge, MA: MIT Press, pp. 71-95.

Easton, D. (1965) *A Systems Analysis of Political Life*. New York: John Wiley.

Echchaibi, N. (2009) 'From the Margins to the Center: New Media and the Case of Bondy Blog in France', in A. Russell and N. Echchaibi (eds), *International Blogging*. New York: Peter Lang, pp. 11-28.

Edelman, M. (1988) *Constructing the Political Spectacle*. Chicago: University of Chicago Press.

Edensor, T. (2006) 'Reconsidering National Temporalities: Institutional Times, Everyday Routines, Serial Spaces and Synchronicities', *European Journal of Social Theory* 9(4): 525-545.

Ehrenberg, A. (1998) *La Fatigue d'être soi*. Paris: Odile Jacob.

Eide, E., Kunelius, R. and Phillips, A. (eds) (2008) *Transnational Media Events: The Mohammed Cartoons and the Imagined Clash of Civilizations*. Nordicom: Göteborg.

Eisenstein, E. (1983) *The Printing Revolution in Early Modern Europe*. Cambridge: Cambridge University Press.

Ekstein, M. (1975) *The Limits of Reasons: The German Democratic Press and the Collapse of Weimar Democracy*. Oxford: Oxford University Press.

Elias, N. (1994 [1939]) *The Civilizing Process*. Oxford: Blackwell.

Eliasoph, N. (1998) *Avoiding Politics*. Cambridge: Cambridge University Press.

Elliott, P. (1974) 'Uses and Gratifications Research: A Critique and a Sociological Alternative', in J. Blumler and E. Katz (eds), *The Uses of Mass Communications*. Beverly Hills: Sage, pp. 249-268.

Elliott, P. (1982) 'Press Performance as Political Ritual', in H. Christian (ed.), *The Sociology of Journalism and the Press*. Keele: Keele University Press, pp. 141-177.

Ellis, J. (2000) *Seeing Things*. London: IB Tauris.

Ellison, N., Steinfield, C. and Lampe, C. (2007) 'The Benefits of Facebook

"Friends": Social Capital and College Students' Use of Online Social Network Sites', *Journal of Computer-Mediated Communication* 12(4): 1142–1168.

El-Nawawy, M. and Iskendar, A. (2002) *Al-Jazeera*. Boulder, CO: Westview Press.

Enli, G. and Thumim, N. (2009) 'Socializing and Self-Representation Online: Exploring Facebook'. Paper presented to Mediatized Stories preconference at *Transforming Audiences* 2, University of Westminster, 2 September.

Ericson, R., Baranek, P. and Chan, J. (1991) *Representing Order*. Milton Keynes: Open University Press.

Ericson, S., Riegert, K. and Akers, P. (2009) 'Introduction', in S. Ericson and K. Riegert (eds), *Media Houses: Architecture, Media and the Production of Centrality*. New York: Peter Lang, pp. 1–17.

Erni, J. and Chua, S. K. (2005) 'Introduction: Our Asian Media Studies?', *Asian Media Studies*. Malden, MA: Blackwell.

Ess, C. (2010) *Digital Media Ethics*. Cambridge: Polity.

Experian Hitwise (2010) *Getting to Grips with Social Media*, October. Available from www.hitwise.com/uk/resources/reports, last accessed 23 September 2011.

Fairclough, N. (2000) *New Labour New Language*. Cambridge: Polity.

Febvre, L. and Martin, H.-J. (1990 [1958]) *The Coming of the Book*. London: Verso.

Fenton, N. (ed.) (2009) *New Media, Old News*. London: Sage.

Feuer, J. (1983) 'The Concept of Live Television', in E. Kaplan (ed.), *Regarding Television*. Los Angeles: American Film Institute, pp. 12–22.

Ficowski, J. (ed.) (1990) *Letters and Drawings of Bruno Schulz with Selected Prose*. New York: Fromm.

Fischer, C. (1992) *America Calling*. Berkeley: University of California Press.

Fishman, M. (1980) *Manufacturing the News*. Austin, TX: Texas University Press.

Fiske, J. (1987) *Television Culture*. London: Methuen.

Flichy, P. (1994) *Dynamics of Modern Communication*. London: Sage.

Foot, P. (2000) *Natural Goodness*. Oxford: Oxford University Press.

Fornäs, J. (1995) *Cultural Theory and Late Modernity*. London: Sage.

Foster, C. (2005) *British Government in Crisis*. Oxford: Hart Publishing.

Foucault, M. (1979) *Discipline and Punish: The Birth of the Prison*. Harmondsworth: Peregrine.

Foucault, M. (1981) *The History of Sexuality*, vol. I. Harmondsworth: Penguin.

Fraser, N. (2005) 'Reframing Global Justice', *New Left Review*, new series 36: 69–90.

Fraser, N. (2007) 'Transnationalizing the Public Sphere', *Theory, Culture & Society* 24(4): 7–30.

Freire, P. (1972) *Pedagogy of the Oppressed*. Harmondsworth: Penguin.
Freud, S. (1991 [1927]) 'Civilization and its Discontents', in *Civilization, Society and Religion*. Harmondsworth: Penguin.
Frosh, P. (forthcoming) 'Phatic Morality: Television and Proper Distance', *International Journal of Cultural Studies*.
Fuller, M. (2005) *Media Ecologies*. Cambridge, MA: MIT Press.
Fung, A. (2009) 'Globalizing Televised Culture: The Case of China', in G. Turner and T. Tay (eds), *Television Studies After TV*. London: Routledge, pp. 178–189.
Gabler, N. (2000) *Life: The Movie*. New York: Vintage Books.
Gamson, J. (1994) *Claims to Fame: Celebrity in Contemporary America*. Berkeley: University of California Press.
Gamson, J. (1998) *Freaks Talk Back*. Chicago: Chicago University Press.
Gans, H. (2003) *Democracy and the News*. New York: Oxford University Press.
Garcia Canclini, N. (1995) *Hybrid Cultures*. Minneapolis: University of Minnesota Press.
Garfinkel, H. (1984) [1967] *Studies in Ethnomethodology*. London: Routledge & Kegan Paul.
Garland, D. (2001) *The Culture of Control*. Oxford: Oxford University Press.
Garnham, N. (1990) *Capitalism and Communication*. London: Sage.
Garnham, N. (1994) 'Bourdieu, the Cultural Arbitrary and Television', in C. Calhoun, E. Lipuma and M. Postone (eds), *Bourdieu: Critical Perspectives*. Cambridge: Polity, pp. 178–192.
Garnham, N. (1999a) *Emancipation, the Media and Modernity*. Oxford Oxford University Press.
Garnham, N. (1999b) 'Amartya Sen's "Capabilities" Approach to the Evaluation of Welfare and its Application to Communications', in A. Calabrese and J.-C. Burgelman (eds), *Communication, Citizenship and Social Policy*. Boulder, CO: Rowman and Littlefield, pp. 113–124.
Garrahan, M. (2011) 'Cinemas in Threat over Home Screenings', *Financial Times*, 13 April.
Gavrilovic, L. (2009) 'Serbian Minority/Refugees on the Internet: In the Midst of Denial and Acceptance of Reality', in G. Goggin and M. McLelland (eds), *Internationalizing Internet Studies*. London: Routledge, pp. 145–160.
Geertz, C. (1971) *The Interpretation of Cultures*. Chicago: Chicago University Press.
Gerbaudo, P. (2010) 'Navigating the Rebel Archipelago: Orientation, Space and Communication in the "Autonomous" Scene'. PhD thesis, University of London, June.

Gergen, K. (2002) 'The Challenge of Absent Presence', in J. Katz and M. Aakhus (eds), *Perpetual Contact.* Cambridge: Cambridge University Press, pp. 227 – 241.

Gerhards, J. and Schäfer, M. (2010) 'Is the Internet a Better Public Sphere? Comparing Old and New Media in the USA and Germany', *New Media & Society* 12(1): 143 – 160.

Gershon, I (2010) *Break up 2.0: Disconnecting Over New Media.* Ithaca: Cornell University Press.

Gerth, H. and Mills, C. (1991) *From Max Weber.* London: Routledge.

Gewirtz, S., Dickson, M. and Power, S. (2004) 'Unravelling a "Spun" Policy: A Case Study of the Constitutive Role of "Spin"', *Journal of Education Policy* 19(3): 3121 – 3338.

Gibson, J. (1979) *The Ecological Approach to Visual Perception.* Boston, MA: Houghton-Mifflin.

Giddens, A. (1974) *The Nation-State and Violence.* Cambridge: Cambridge University Press.

Giddens, A. (1984) *The Constitution of Society.* Cambridge: Polity.

Giddens, A. (1990) *The Consequences of Modernity.* Cambridge: Polity.

Giddens, A. (1991) *Modernity and Self-Identity.* Cambridge: Polity.

Gilbert, J. (2008) *Anticapitalism and Culture.* Oxford: Berg.

Gillespie, M. (1995) *Television Ethnicity and Cultural Change.* London: Routledge.

Gillespie, T. (2010) 'The Politics of "Platforms"', *New Media & Society* 12(3): 347 – 364.

Gillespie, T. (2011) 'The Private Governance of Digital Content, or how Apple Intends to Offer You "Freedom from Porn"'. Presentation to *Platform Politics* Conference, Anglia Ruskin University, 11 – 13 May.

Gillmor, D. (2004) *We the Media.* Sebastopol: O'Reilly Media.

Gilmont, J.-F. (1999) 'Protestant Reformations and Reading', in G. Cavallo and R. Chartier (eds), *A History of Reading in the West.* Cambridge: Polity, pp. 213 – 237.

Ginsburg, F. (1994) 'Culture/Media: A Mild Polemic', *Anthropology Today* 10(2): 5 – 15.

Ginsburg, F. (2008) 'Rethinking the Digital Age', in D. Hesmondhalgh and J. Toynbee (eds), *The Media and Social Theory.* London: Routledge, pp. 127 – 44.

Ginsburg, F., Abu-Lughod, L. and Larkin, B. (eds) (2002) *Media Worlds.* Berkeley: University of California Press.

Giroux, H. (2000) *Stealing Innocence: Youth, Corporate Power and the Politics of*

Culture. New York: St Martin's Press.

Gitelman, L. (2008) *Always Already New*. Cambridge, MA: MIT Press.

Gitlin, T. (1980) *The Whole World is Watching*. Berkeley: University of California Press.

Gitlin, T. (2001) *Media Unlimited*. New York: Metropolitan Books.

Glasser, T. (1999) (ed.) *The Idea of Public Journalism*. New York: Guilford Press.

Goethals, G. (1997) 'Escape from Time: Ritual Dimensions of Popular Culture', in S. Hoover and K. Lundby (eds), *Rethinking Media Religion and Culture*. Thousand Oaks: Sage, pp. 117–132.

Goffman, E. (1974) *Frame Analysis*. Harmondsworth: Penguin.

Goggin, G. (2009) 'The International Turn in Internet Governance: A World of Difference?' in G. Goggin and M. McLelland (eds), *Internationalizing Internet Studies*. London: Routledge, pp. 48–61.

Goggin, G. and McLelland, M. (2009) 'Internationalising Internet Studies: Beyond Anglophone Paradigms', in G. Goggin and M. McLelland (eds), *Internationalizing Internet Studies*. London: Routledge, pp. 3–17.

Goggin, G. and Newell, C. (2005) *Disability in Australia*. Sydney: University of New South Wales Press.

Golding, P. and Murdock, G. (1991) 'Culture Communications and Political Economy', in J. Curran and M. Gurevitch (eds), *Mass Media and Society*, 2nd edn. London: Arnold, pp. 15–32.

Goldsmiths Leverhulme Media Research Centre (2010) *Meeting the News Needs of Local Communities*. www.mediatrust.org, last accessed 2 August 2010.

Goody, J. (1976) *The Domestication of the Savage Mind*. Cambridge: Cambridge University Press.

Goody, J. (2006) *Jade: My Autobiography*. London: Harper Collins.

Gouldner, A. (1962) '"Anti-Minotaur": The Myth of a Value-Free Sociology', *Social Problems* 9: 199–213.

Graham, S. (2004) 'Beyond the "Dazzling Light": From Dreams of Transcendence to the "Remediation" of Urban Life', *New Media & Society* 6(1): 16–25.

Gray, J. (2008) *Television Entertainment*. London: Routledge.

Gray, J., Sandvoss, C. and Harrington, C. (eds) (2007) *Fandom*. New York: New York Universities Press.

Gray, M. (2009) *Youth, Media and Queer Visibility in Rural America*. New York: New York University Press.

Greenhalgh, P. (1988) *Ephemeral Vistas*. Manchester: Manchester University Press.

Gregg, M. (2011) *Work's Intimacy*. Cambridge: Polity.

Gregg, N. (2011) 'Media is not the Issue: Justice is the Issue', in S. Curry Jansen,

J. Pooley and L. Taub-Pervizpour (eds), *Media and Social Justice*. New York: Palgrave Macmillan, pp. 1 – 26.

Grice, P. (1989) *Studies in the Way of Words*, Cambridge, MA: Harvard University Press.

Grindstaff, L. (2002) *The Money Shot*. Chicago: Chicago University Press.

Grindstaff, L. (2009) 'Self-Serve Celebrity: The Production of Ordinariness and the Ordinariness of Production in Reality TV', in V. Mayer, M. Banks and J. Caldwell (eds), *Production Studies*. New York: Routledge, pp. 71 – 86.

Habermas, J. (1968) 'On Systematically Distorted Communication', in P. Connerton (ed.), *Critical Sociology*. Harmondsworth: Penguin.

Habermas, J. (1989) *The Structural Transformation of the Public Sphere*. Cambridge, MA: MIT Press.

Habermas, J. (1996) *Between Facts and Norms*. Cambridge: Polity.

Hafez, K. (2007) *The Myth of Media Globalization*. Cambridge: Polity.

Hagen, I. (1994) 'The Ambivalences of Television News Viewing', *European Journal of Communication* 9(2): 193 – 220.

Haiqing, Y. (2007) 'Blogging Everyday Life in Chinese Internet Culture', *Asian Studies Review* 31(4): 423 – 433.

Hakala, S. and Seeck, H. (2009) 'Crisis and Web-enabled Agency in Practice: The Cases of Sukellus. fi and Thairy. net', in U. Kuvikuru and L. Nord (eds), *After the Tsunami*. Göteborg: Nordicom.

Halavais, A. (2000) 'National Borders on the Worldwide Web', *New Media & Society* 2(1): 7 – 28.

Halavais, A. (2009a) *Search Engine Society*. Cambridge: Polity.

Halavais, A. (2009b) 'Do Dugg Diggers Digg Diligently? Feedback as Motivation in Collaborative Moderation Systems', *Information Communication and Society* 12(3): 444 – 459.

Hall, S. (1973) 'The "Structured Communication" of Events' Stencilled Occasional Paper No. 5. Birmingham: Centre for Contemporary Cultural Studies.

Hall, S. (1980) 'Encoding/Decoding', in S. Hall, D. Hobson, A. Lowe and P. Willis (eds), *Culture, Media, Language*. London: Unwin Hyman, pp. 128 – 138.

Hall, S., Critcher, C., Jefferson, T., Clarke, J. and Roberts, B. (1978) *Policing the Crisis*. London: Macmillan.

Halliday, J. (2010) 'The Power to Put News on the Map', *Guardian*, Media section, 16 August.

Hallin, D. (2005) 'Field Theory, Differentiation Theory and Comparative Media Research', in R. Benson and E. Neveu (eds), *Bourdieu and the Journalistic*

Field. Cambridge: Polity, pp. 224 – 243.

Hallin, D. C. and Mancini, P. (2004) *Comparing Media Systems*. Cambridge: Cambridge University Press.

Halpern, S. (2010) 'The iPad Revolution', *New York Review of Books*, June 10: 22 – 26.

Hamelink, C. (2000) *The Ethics of Cyberspace*. London: Sage.

Hamesse, J. (1999) 'The Scholastic Model of Reading', in G. Cavallo and R. Chartier (eds), *A History of Reading in the West*. Cambridge: Polity, pp. 103 – 119.

Hampton, K., Lee, C.-J. and Ja Her, E. (forthcoming) 'How New Media Affords Network Diversity: Direct and Mediated Access to Social Capital through Participation in Local Settings', *New Media & Society*.

Handelman, D. (1998) *Models and Mirrors*, 2nd edn. Cambridge: Cambridge University Press.

Handelman, D. (2004) *Nationalism and the Israeli State*. Oxford: Berghahn.

Hannerz, U. (1992) *Cultural Complexity*. New York: Columbia University Press.

Hansard Society, The (2008) *5th Audit of Political Engagement*, www.hansardsociety.org.uk, last accessed 5 September 2011.

Hansard Society, The (2011) *8th Audit of Political Engagement*, www.hansardsociety.org.uk/blogs/publications/archive/2011/04/08/audit-of-political-engagement-8.aspx, last accessed 5 September 2011.

Hardt, M. and Negri, T. (2000) *Empire*. Cambridge, MA: Harvard University Press.

Hardt, M. and Negri, T. (2005) *Multitude*. Harmondsworth: Penguin.

Hardt, M. and Negri, T. (2011) 'Arabs are Democracy's New Pioneers', *Guardian*, 25 February.

Hargittai, E. (2007) 'The Social, Political, Economic and Cultural Dimensions of Search Engines: An Introduction', *Journal of Computer-Mediated Communication* 12(3): 769 – 777.

Hargittai, E. and Walejko, G. (2008) 'The Participation Divide: Content Creation and Sharing in the Digital Age', *Information Communication & Society* 11(2): 239 – 256.

Hargreaves, A. and Mahdjouh, D. (1997) 'Satellite Television Viewing Among Ethnic Minorities in France', *European Journal of Communication* 12(4): 459 – 477.

Harindranath, R. (2003) 'Reviving "Cultural Imperialism": International Audiences, Global Representation and the Transnational Elite', in L. Parks and S. Kumar (eds), *Planet TV: A Global Television Reader*, New York: New York University Press, pp. 155 – 168.

Harrington, L. and Bielby, D. (1995) *Soap Fans*. Philadelphia: Temple University Press.

Harris, C. (1998) 'A Sociology of Television Fandom', in C. Harris, and A. Alexander (eds), *Theorising Fandom*. Creskill, NJ: The Hampton Press, pp. 41–54.

Harris, J. (2011) 'When Will It End?' *Guardian*, G2 section, 19 July.

Harsin, J. (2010) 'That's Democratainment: Obama, Rumor Bombs, and Primary Definers', *Flow TV*, http://flow.org/2010/10/thats-democratainment/, last accessed 19 November 2011.

Hassan, R. (2003) *The Chronoscopic Society*. New York: Peter Lang.

Hayles, N. K. (1999) *How We Became Posthuman*. Chicago: University of Chicago Press.

Hayles, N. K. (2009) 'RFID: Human Agency and Meaning in Information-Intensive Environments', *Theory, Culture & Society* 26(2–3): 47–72.

Hearn, A. (2006) ' "John, a 20-year-old Boston Native with a Great Sense of Humour": On the Spectacularization of the "Self" and the Incorporation of Identity in the Age of Reality Television', in D. Marshall (ed.), *The Celebrity Culture Reader*. London: Routledge, pp. 618–633.

Heikkila, H., Ahva, L., Antio, H., Siljmaki, J. and Valtonen, S. (2010) 'A Cause for Concern: News and Politically Oriented Everyday Talk in Social Networks'. Paper presented to *Cultural Research and Political Theory: New Intersections* pre-conference, ICA Singapore, June 22–26.

Held, V. (2006) *The Ethics of Care*. New York: Oxford University Press.

Held, D., McGrew, A., Goldblatt, D. and Perraton, J. (1999) *Global Transformation*. Cambridge: Polity.

Helleksen, K. and Busse, K. (eds) (2006) *Fan Fiction and Fan Communities in the Age of the Internet*. London: Routledge.

Hemmingway, E. (2007) *Into the Newsroom*. London: Routledge.

Hepp, A. (2008) 'Translocal Media Cultures: Networks of the Media and Globalization', in A. Hepp, F. Krotz, S. Moores and C. Winter (eds), *Connectivity, Networks and Flow*. Cresskill: Hampton Press, pp. 33–58.

Hepp, A. (2009a) 'Differentiation: Mediatization and Cultural Change', in K. Lundby (ed.), *Mediatization*. New York: Peter Lang, pp. 135–154.

Hepp, A. (2009b) 'Localities of Diasporic Communicative Spaces: Material Aspects of Translocal Mediated Networking', *The Communication Review* 12(4): 327–348.

Hepp, A. (2010) 'Researching "Mediatized Worlds": Non-Mediacentric Media and Communication Research as a Challenge', in N. Carpentier et al. (eds), *Media and Communication Studies: Interventions and Intersections*. Tartu: Tartu University Press, pp. 37 – 48.

Hepp, A. and Couldry, N. (2009a) 'What Should Comparative Media Research be Comparing? Towards a Transcultural Approach to "Media Cultures"', in D. K. Thussu (ed.), *Transnationalising Media Studies*. London: Routledge, pp. 32 – 47.

Hepp, A. and Couldry, N. (2009b) 'Media Events in Globalized Media Cultures', in N. Couldry, A. Hepp and F. Krotz (eds), *Media Events in a Global Age*. London: Routledge, pp. 1 – 20.

Hepp, A. and Krönert, V. (2009) 'Religious Media Events: The Catholic "World Youth Day" as an Example of the Mediatization and Individualization of Religion', in N. Couldry, A. Hepp and F. Krotz (eds), *Media Events in a Global Age*. London: Routledge, pp. 265 – 282.

Hepp, A., Bozdag, C. and Suna, L. (forthcoming) 'Mediatized Migrants: Media Cultures and Communicative Networking in the Diaspora', in L. Fortunati, R. Pertierra and J. Vincent (eds), *Migrations, Diaspora and Information Technology in Global Societies*. London: Routledge.

Herman, E. and McChesney, R. (1997) *The Global Media*. London: Cassell.

Hermes, J. (1995) *Reading Women's Magazines*. London: Sage.

Hermes, J. (1999) 'Media Figures in Identity Construction', in P. Alasuutaari (ed.), *Rethinking the Media Audience*. London: Sage, pp. 69 – 85.

Herring, S. (2004) 'Slouching Towards the Ordinary: Current Trends in Computer-Mediated Communication', *New Media & Society* 6(1): 26 – 36.

Herring, S. (2008) 'Questioning the Generational Divide: Technological Exoticism and Adult Constructions of Online Youth Identity', in D. Buckingham (ed.), *Youth, Identity and Digital Media*. Cambridge, MA: MIT Press, pp. 71 – 92.

Hesmondhalgh, D. (2007) *The Cultural Industries*, 2nd edn. London: Sage.

Hesmondhalgh, D. and Toynbee, J. (2008) 'Why Media Studies Needs Better Social Theory', in D. Hesmondhalgh and J. Toynbee (eds), *The Media and Social Theory*. London: Routledge, pp. 1 – 24.

Hijazi-Omari, H. and Ribak, R. (2008) 'Playing with Fire: On the Domestication of the Mobile Phone among Palestinian Teenage Girls in Israel', *Information Communication & Society* 11(2): 149 – 166.

Hill, A. (2007) *Reality TV*. London: Routledge.

Hillis, K. (2009) *Online a Lot of the Time*. Durham, NC: Duke University Press.

Hills, M. (2002) *Fan Cultures*. London/New York: Routledge.

Hindman, M. (2009) *The Myth of Digital Democracy*. Princeton: Princeton University Press.

Hirschkind, C. (2006) 'Cassette Ethics: Public Piety and Popular Media in Egypt', in B. Meyer and A. Moors (eds), *Religion, Media, and the Public Sphere*. Bloomington: Indiana University Press, pp. 29 – 51.

Hjarvard, S. (2004) 'From Bricks to Bytes: The Mediatization of a Global Toy Industry', in I. Bondjeberg and P. Golding (eds), *European Culture and the Media*. Bristol: Intellect, pp. 43 – 63.

Hjarvard, S. (2006) 'The Mediatization of Religion: A Theory of the Media as an Agent of Religious Change'. Paper presented to 5th international conference on Media Religion and Culture, Sigtuna, Sweden, 6 – 9 July.

Hjarvard, S. (2009) 'Soft Individualism: Media and the Changing Social Character', in K. Lundby (ed.), *Mediatization*. New York: Peter Lang, pp. 159 – 177.

Hjarvard, S. (2011) 'Mediatization: The Challenge of New Media'. Keynote address to *Mediatized Worlds* Conference, University of Bremen, 14 – 15 April 2011.

Hobart, M. (2010) 'What Do We Mean by "Media Practices"?', in B. Brauchler and J. Postill (eds), *Theorising Media and Practice*. New York/Oxford: Berghahn Books, pp. 55 – 76.

Hobsbawm, E. (1995) *Age of Extremes: The Short Twentieth Century*. London: Abacus.

Hodkinson, P. (2007) 'Interactive Online Journals and Individualization', *New Media & Society* 9(4): 625 – 650.

Holmes, S. (2004) '"All You've Got to Worry About is the Task, Having a Cup of Tea and Doing a Bit of Sunbathing": Approaching Celebrity in *Big Brother*', in S. Holmes and D. Jermyn (eds), *Understanding Reality Television*. London: Routledge, pp. 111 – 135.

Holmes, S. and Redmond, S. (2006) 'Introduction: Understanding Celebrity Culture', in S. Holmes and S. Redmond (eds), *New Directions in Celebrity Culture*. London: Routledge, pp. 1 – 16.

Honneth, A. (2004) 'Organized Self-Realization: Some Paradoxes of Individualization', *European Journal of Social Theory* 7(4): 463 – 478.

Honneth, A. (2007) *Disrespect*. Cambridge: Polity.

Hoover, S. (1988) *Mass Media Religion*. Newbury Park: Sage.

Hoover, S. (2006) *Religion in the Media Age*. London: Routledge.

Hoover, S. (2008) 'Audiences', in D. Morgan (ed.), *Key Words in Religion, Media and Culture*. London: Routledge, pp. 31 – 43.

Hoover, S. and Kaneva, N. (eds) (2009) *Fundamentalisms and the Media*. London: Continuum.

Hoover, S. and Lundby, K. (eds) (1997) *Rethinking Media, Religion and Culture*. New Delhi: Sage.

Hoover, S., Schofield Clark, L. and Alters, D. (2004) *Media, Home and World*. London: Routledge.

House of Lords, The (2009) *Surveillance: Citizens and the State*. Select Committee on the Constitution, vol. I. House of Lords Paper 18-I, February.

Howard, P. (2006) *New Media Campaigns and the Managed Citizen*. Cambridge: Cambridge University Press.

Howard, R. (2009) 'The Vernacular Ideology of Christian Fundamentalism on the World Wide Web', in S. Hoover and N. Kaneva (eds), *Fundamentalisms and the Media*. London: Continuum, pp. 126–141.

Howard, P. and Massanari, A. (2007) 'Learning to Search and Searching to Learn: Income, Education and Experience Online', *Journal of Computer-Mediated Communication* 12: 846–865.

Howe, P. (2004) *Paparazzi*. New York: Artisan Books.

Huberman, B. (2001) *The Laws of the Web*. Cambridge, MA: MIT Press.

Hursthouse, R. (1999) *Virtue Ethics*. Oxford: Oxford University Press.

Idle, N. and Nunns, A. (2011) *Tweets from Tahrir*, London: OR Books.

Illouz, E. (2003) *Oprah Winfrey and the Glamor of Misery*. New York: Columbia University Press.

Imre, A. (2009a) *Identity Games*. Cambridge, MA: MIT Press.

Imre, A, (2009b) 'National Intimacy and Post-Socialist Networking', *European Journal of Cultural Studies* 12(2): 219–233.

Innes, M. (2004) 'Crime as a Signal, Crime as a Memory', *Journal of Crime, Conflict and the Media* 1(2): 15–22.

Innis, H. (1991 [1951]) *The Bias of Communication*. Toronto: University of Toronto Press.

Introna, L. and Nissenbaum, H. (2000) 'Shaping the Web: Why the Politics of Search Engines Matters', *The Information Society* 16: 169–185.

Ito, M. (2010) *Hanging Out, Messing Around and Geeking Out* (with multiple authors). Cambridge, MA: MIT Press.

ITU/UNCTAD (2007) *World Information Society Report*, www.itu.int/osg/spu/publications/worldinformationsociety/2007/report.html, last accessed 5 September 2011.

Iwabuchi, K. (2007) 'Contra-flows or the Cultural Logic of Uneven Globalization? Japanese Media in the Global Agora', in D. Thussu (ed.), *Media on the Move*. London: Routledge, pp. 67–83.

Jacobs, S. (2007) '*Big Brother*, Africa is Watching', *Media, Culture and Society* 29(6): 851–868.

Jancovich, M. and Faire, L., with Stubbings, S. (2003) *The Place of the Audience:*

Cultural Geographies of Film Consumption. London: BFI.

Janelle, D. (1991) 'Global Interdependence and its Consequences', in S. Brunn and T. Leinbach (eds), *Collapsing Space and Time*. London: Harper Collins, pp. 49–81.

Jansen, S. Curry (2011) 'Introduction: Media, Democracy, Human Rights and Social Justice', in S. Curry Jansen, J. Pooley and L. Taub-Pervizpour (eds), *Media and Social Justice*. New York: Palgrave Macmillan, pp. 1–26.

Jansson, A. (2006) 'Textual Analysis: Mediatizing Mediaspace', in J. Falkheimer and A. Jansson (eds), *Geographies of Communication*. Göteborg: Nordicom, pp. 87–103.

Jansson, A. (2009) 'Mobile Belongings: Texturation and Stratification in Mediatization Processes', in K. Lundby (ed.), *Mediatization: Concept, Changes, Consequences*. New York: Peter Lang, pp. 243–262.

Jarvis, J. (2007) 'The Pro-am Approach to News Gathering', *Guardian*, 22 October.

Jarvis, J. (2011) 'Is the Writing on the Wall?' *Guardian*, Media section, 27 June.

Jeanneney, J.-C. (2007) *Google and the Myth of Universal Knowledge*. Chicago: University of Chicago Press.

Jenkins, H. (1992) *Textual Poachers*. New York: Routledge.

Jenkins, H. (2006) *Convergence Culture*. New York: New York University Press.

Jensen, K.-B. (2010) *Media Convergence*. London: Routledge.

Jiang, M. (forthcoming) 'Chinese Internet Events', in A. Esarey and R. Kluver (eds), *The Internet in China*. New York: Berkshire Publishing.

Johnson, V. (2009) 'Everything is Old Again: Sport TV, Innovation and Tradition for a Multi-Platform Era', in A. Lotz (ed.), *Beyond Prime Time*. London: Routledge, pp. 114–137.

Jonas, H. (1984) *The Imperative of Responsibility*. Chicago: Chicago University Press.

Jones, J. (2009) 'I Want my Talk TV — Network Talk Shows in a Digital Universe', in A. Lotz (ed.), *Beyond Prime Time*. London: Routledge, pp. 14–35.

Juris, J. (2008) *Networking Futures: The Movements against Corporate Globalization*. Durham, NC: Duke University Press.

Kant, I. (1997 [1785]) *Groundwork of the Metaphysic of Morals*, trans. M. Gregor. Cambridge: Cambridge University Press.

Kasza, G. (1993) *The State and the Mass Media in Japan 1918–1945*. Berkeley: University of California Press.

Katz, E. (1959) 'Mass Communication Research and the Study of Popular Culture: An Editorial Note on a Possible Future for this Journal', *Studies in Public Communication* 2: 1–6.

Katz, E. (1996) 'And Deliver us from Segmentation', *Annals of the American Academy of Political and Social Science* 564: 22–33.

Katz, E. (2009) 'Introduction: The End of Television', in E. Katz and P. Scannell (eds), '*The End of Television?*' *Annals of the American Academy of Political and Social Science* 625: 6–18.

Katz, E. and Lazarsfeld, P. (1955) *Personal Influence*. Glencoe: Free Press.

Katz, E. and Liebes, T. (2010) '"No More Peace!" How Disaster, Terror and War have Upstaged Media Events', in N. Couldry, A. Hepp and F. Krotz (eds), *Media Events in a Global Age*. London: Routledge, pp. 32–43.

Katz, J. and Rice, R. (2002) *Social Consequences of Internet Use*. Cambridge, MA: MIT Press.

Kay, J. (2011) 'Why the Rioters should be Reading Rousseau', *Financial Times*, 17 August.

Keck, M. and Sikkink, K. (1998) *Activists Beyond Borders*. Ithaca: Cornell University Press.

Kellner, D. (1995) *Media Culture*. London: Routledge.

Kellner, D. (2003) *Media Spectacle*. London: Routledge.

Kellner, D. (2008) *Guys and Guns Amok*. Boulder, CO: Paradigm.

Kellner, D. (2009) 'Barack Obama and Celebrity Spectacle', *International Journal of Communication* 3: 715–731.

Kellow, C. and Steeves, L. (1998) 'The Role of Radio in the Rwandan Genocide', *Journal of Communication* 48(3): 107–128.

Kershaw, I. (1987) *The Hitler Myth*. Oxford: Oxford University Press.

Khatib, L. (2010) 'Communicating Islamic Fundamentalisms', in D. Thussu (ed.), *International Communication: A Reader*. London: Routledge, pp. 279–294.

Khiabany, G. and Sreberny, A. (2009) 'The Internet in Iran: The Battle over an Emerging Virtual Public Sphere', in G. Goggin and M. McLelland (eds), *Internationalizing Internet Studies*. London: Routledge, pp. 196–213.

Kidd, D. (2003) 'Indymedia. org: A New Communications Commons', in M. McCaughey and M. Ayers (eds), *Cyberactivism*. New York: Routledge, pp. 47–69.

Kidd, J. (2010) 'Capture Wales Digital Storytelling: Community Media Meets the BBC', in C. Rodriguez, D. Kidd and L. Stein (eds), *Making Our Media*, vol. I. Cresskill, NJ: The Hampton Press, pp. 293–308.

Kine, R. (2000) *Consumers in the Country*. Baltimore: The Johns Hopkins University Press.

Kintrea, K., Bannister, J., Pickering, J., Reid, M. and Suzuki, N. (2008) 'Young People and Territoriality in British Cities', www.jrf.org.uk, last accessed 22

October 2008.

Kirch, S. (2010) 'Poets Haunted by Poets', *New York Review of Books* (8 April): 75–78.

Kirwan, P. (2010) 'Apple v. Google: The New Frontier', *Guardian*, Media section, 9 August.

Kiss, J. (2011) 'Google Crashes TV's Party', *Guardian*, Media section, 29 August.

Kitter, F. (1999) *Gramophone, Film, Typewriter*. Stanford: Stanford University Press.

Kittler, F. (2010) *Optical Media*. Cambridge: Polity.

Klein, N. (2000) *No Logo* ®. London: Flamingo.

Klinenberg, E. (2005) 'Channeling into the Journalistic Field: Youth Activism and the Media Justice Movement', in R. Benson and E. Neveu (eds), *Bourdieu and the Journalistic Field*. Cambridge: Polity, pp. 174–194.

Kling, R. (1999) 'Can the "Net-Generation Internet" Effectively Support "Ordinary Citizens"?', *The Information Society* 15: 57–63.

Klinger, B. (2006) *Beyond the Multiplex*. Berkeley: University of California Press.

Knoblauch, H. (2008) 'Spirituality and Popular Religion in Europe', *Social Compass* 55(2): 141–154

Knoblauch, H. (2011) 'Communication Culture, Communicative Action and Mediatization'. Keynote address, *Mediatized Worlds* Conference, University of Bremen, 14–15 April.

Knorr-Cetina, K. (2001) 'Post-Social Relations: Theorizing Sociality in a Post-Social Environment', in G. Ritzer and B. Smart (eds), *The Handbook of Social Theory*. London: Sage, pp. 520–537.

Kogen, L. (2009) 'Why the Message Should Matter: Genocide and the Ethics of Global Journalism in the Mediapolis', *Journal of International Communication* 15(2): 62–78.

Kracauer, S. (1995) *The Mass Ornament*. Cambridge, MA: Harvard University Press.

Kraidy, M. (2005) *Hybrid Cultures*. Philadelphia: Temple University Press.

Kraidy, M. (2009) 'Reality TV, Gender and Authenticity in Saudi Arabia', *Journal of Communication* 59: 345–366.

Kraidy, M. (2010) *Reality Television and Arab Politics*. Cambridge: Cambridge University Press.

Kraidy, M. and Khalil, J. (2009) *Arab Television Industries*. London: Palgrave/BFI.

Kraidy, M. and Murphy, P. (2008) 'Shifting Geertz: Towards a Theory of Translocalism in Global Communication Studies', *Communication Theory* 18: 335–355.

Krotz, F. (2009) 'Mediatization: A Concept with which to Grasp Media and Societal Change', in K. Lundby (ed.), *Mediatization*. New York: Peter Lang, pp. 19–

38.

Kuipers, G. (forthcoming) 'Cultural Globalization as the Emergence of a Transnational Cultural Field: Transnational Television and National Media Landscapes in Four European Countries', *American Behavioral Scientist*.

Kunelius, R. and Nossek, H. (2008) 'Between the Ritual and the National: From Media Events to Moments of Global Public Spheres', in E. Eide, R. Kunelius and A. Phillips (eds), *Transnational Media Events: The Mohammed Cartoons and the Imagined Clash of Civilizations*. Nordicom: Göteborg, pp. 252–273.

Lahire, B. (1999) 'Champ, Hors-champ, Contre-champ', in B. Lahire (ed.), *Le Travail Sociologique de Pierre Bourdieu — Dettes et Critiques*. Paris: La Découverte/Poche, pp. 23–58.

Lamont, M. and Molnar, V. (2002) 'The Study of Boundaries in the Social Sciences', *Annual Review of Sociology* 28: 167–195.

Langman, L. (2005) 'From Virtual Public Spheres to Global Justice: A Critical Theory of Internetworked Social Movements', *Sociological Theory* 23 (1): 42–74.

Lanier, J. (2011) *You Are Not a Gadget*, updated edn. London: Penguin.

Larkin, B. (2008) *Signal and Noise: Media, Infrastructure and Urban Culture in Nigeria*. Durham, NC: Duke University Press.

Larson, W. and Park, H.-S. (1993) *Global Television and the Politics of the Seoul Olympics*. Boulder: Westview Press.

Lash, S. (2002) *Critique of Information*. London: Sage.

Lash, S. (2009) 'Afterword: In Praise of the *A Posteriori*: Sociology and the Empirical', *European Journal of Social Theory* 12(1): 175–187.

Lash, S. and Lury, C. (2007) *Global Culture Industry*. Cambridge: Polity.

Latham, R. and Sassen, S. (2005) 'Introduction: Digital Formations: Constructing an Object of Study', in R. Latham and S. Sassen (eds), *Digital Formations*. Princeton: Princeton University Press, pp. 1–34.

Latour, B. (1993) *We Have Never Been Modern*. London: Prentice Hall.

Latour, B. (1999) 'On Recalling ANT', in J. Law and J. Hassard (eds), *Actor Network Theory and After*. Oxford: Blackwell, pp. 15–25.

Latour, B. (2004) 'From Realpolitik to Dingpolitik, or How to Make Things Public', in B. Latour and P. Weibul (eds), *Making Things Public: Atmospheres of Democracy*. Cambridge, MA: MIT Press, pp. 14–43.

Latour, B. (2005) *Reassembling the Social*. Oxford: Oxford University Press.

Latour, B. (2007) 'From Associations to Modes of Existence'. Keynote address to British Sociological Association Conference, University of East London, 13 April.

Law, J. (1994) *Organizing Modernity*. Oxford: Blackwell.

Layder, D. (2005) *Emotions and Social Theory*. London: Sage.
Lazarsfeld, P. and Merton, R. (1969) 'Mass Communication, Popular Taste and Organised Social Action', in W. Schramm (ed.), *Mass Communications*, 2nd edn. Urbana: University of Illinois Press, pp. 494–512.
Leadbeater, C. (2007) *We-think*. London: Profile Books.
LeBlanc, R. (1999) *Bicycle Citizens: The Political World of the Japanese Housewife*. Berkeley: University of California Press.
Lee, C. K. (2000) 'Pathways of Labour Insurgency', in E. Perry and M. Sedden (eds), *Chinese Society: Change, Conflict, and Resistance*, 2nd edn. London: Routledge, pp. 71–92.
Lefebvre, H. (1971) *Everyday Life in the Modern World*. London: Allen Lane.
Lehmann, D. and Siebzehner, B. (2006) 'Holy Pirates: Media, Ethnicity and Religious Renewal in Israel', in B. Meyer and A. Moors (eds), *Religion, Media and the Public Sphere*. Bloomington: Indiana University Press, pp. 91–111.
Leighton, D. (2011) *Back to the Future*. Demos report. www.demos.org, February, last accessed 25 August 2011.
Leitner, H. and Miller, B. (2007) 'Scale and the Limitations of Ontological Debate: A Commentary on Marston Jones and Woodward', *Transactions of the British Institute of Geographers* 32(1): 116–125.
LeMaheu, D. (1988) *A Culture for Democracy*. Oxford: Clarendon Press.
Lembo, R. (2000) *Thinking Through Television*. Cambridge: Cambridge University Press.
Lenhart, A., Purcell, K., Smith, A. and Zickhur, K. (2010) *Social Media and Mobile Use among Teens and Young Adults*, www.pewinternet.org/Reports/2010/Social-Media-and-Young-Adults.aspx, last accessed 7 Movember 2011.
Lessig, L. (2002) *The Future of Ideas*. New York: Vintage.
Lessig, L. (2008) *Remix*. London: Penguin.
Lévi-Strauss, C. (1972) *The Savage Mind*. London: Weidenfeld and Nicholson.
Levy, P. (1997) *Cyberculture*. Minneapolis: University of Minnesota Press.
Lewis, C. (2008) 'Seeking New Ways to Nurture the Capacity to Report', *Nieman Reports*, www.nieman.harvard.edu/reports/article/100060/Seeking-New-Ways-to-Nurture-the-Capacity-to-Report.aspx, last accessed 2 March 2011.
Lewis, J. (1991) *The Ideological Octopus*. London: Routledge.
Lewis, P., Ball, J. and Halliday, J. (2011) 'Twitter Study Casts Doubt on Ministers' Post-Riot Plans', *Guardian*, 25 August.
Leys, C. (2001) *Market-Driven Politics*. London: Verso.
Licoppe, C. (2004) '"Connected" Presence: The Emergence of a New Repertoire for Managing Social Relationships in a Changing Communication Technoscape',

Society and Space 22: 135 – 156.

Liebes, T. (1998) 'Television's Disaster Marathons', in T. Liebes and J. Curran (eds), *Media Ritual Identity*. London: Routledge, pp. 71 – 86.

Liebes, T. and Blondheim, M. (2005) 'Myths to the Rescue: How Live Television Intervenes in History', in E. Rothenbuhler and M. Coman (eds), *Media Anthropology*. Thousand Oaks: Sage, pp. 188 – 198.

Lievrouw, L. (2001) 'New Media and "Pluralization of Lifeworlds": A Role for Information in Social Differentiation', *New Media & Society* 6(1): 9 – 15.

Lievrouw, L. (2011) *Alternative and Activist New Media*. Cambridge: Polity.

Lievrouw, L. and Livingstone, S. (2002) 'Introduction', in L. Lievrouw and S. Livingstone (eds), *Handbook of New Media*, 1st edn. London: Sage, pp. 1 – 15.

Lim, M. and Kann, M. (2008) 'Politics: Deliberation, Mobilization and Networked Practices of Agitation', in K. Varnelis (ed.), *Networked Publics*. Cambridge, MA: MIT Press, pp. 77 – 107.

Lim, M. and Padawangi, R. (2008) 'Contesting *alun-alun*: Power Relations, Identities and the Production of Urban Space in Bandung, Indonesia', *International Development and Planning Review* 30(3): 307 – 326.

Linaa Jensen, J. (2011) 'Old Wine in New Bottles: How the Internet Mostly Reinforces Existing Patterns of Political Participation and Citizenship'. Paper presented to the ICA Conference, Boston, 26 – 30 May.

Ling, R. and Donner, J. (2009) *Mobile Communication*. Cambridge: Polity.

Lingard, B., Rawolle, S. and Taylor, S. (2005) 'Globalizing Policy Sociology in Education: Working with Bourdieu', *Journal of Education Policy* 20 (6): 759 – 777.

Lister, M., Dovey, J., Giddings, S., Grant, I. and Kelley, K. (2009) *New Media: A Critical Introduction*, 2nd edn. London: Routledge.

Littler, J. (2008) *Radical Consumption*. Milton Keynes: Open University Press.

Livingstone, S. (1999) 'New Media, New Audiences', *New Media & Society* 1(1): 59 – 66.

Livingstone, S. (2002). *Young People and New Media*. London: Sage.

Livingstone, S. (2004) 'The Challenge of Changing Audiences: Or, What is the Audience Researcher to Do in the Internet Age?' *European Journal of Communication* 19(1): 75 – 86.

Livingstone, S. (2007) 'The Challenge of Engaging Youth Online: Contrasting Producers' and Teenagers' Interpretations of Websites', *European Journal of Communication* 22(2): 165 – 194.

Livingstone, S. (2008) 'Taking Risky Opportunities in Youthful Content Creation: Teenagers' Use of Social Networking Sites for Intimacy, Privacy and Self-

Expression', *New Media & Society* 10(3): 393 – 412.

Livingstone, S. (2009a) *Children and the Internet*. Cambridge: Polity.

Livingstone, S. (2009b) 'On the Mediation of Everything', *Journal of Communication* 59(1): 1 – 18.

Livingstone, S. and Bober, M. (2004) *UK Children Go Online*. London: London School of Economics, http://eprints.lse.ac.uk/388/, last accessed 18 November 2011.

Livingstone, S. and Bovill, M. (2001) *Families and the Internet*. London: London School of Economics, http://eprints.lse.ac.uk/21164/, last accessed 18 November 2011.

Lodziak, K. (1987) *The Power of Television*. London: Frances Pinter.

Löfgren, O. (2001) 'The Nation as Home or Motel? Metaphors and Media of Belonging', *sociologisk arbok* 2001: 1 – 34.

Longhurst, B. (2005) *Cultural Change and Ordinary Life*. Milton Keynes: Open University Press.

Lopez Cuenca, A. (2007/8) 'Digital Communities of Representation: From Wittgenstein to Brazilian Motoboys', *Glimpse* 9(10): 45 – 52.

Lotz, A. (2009a) 'Introduction', in A. Lotz (ed.), *Beyond Prime Time*. London: Routledge, pp. 1 – 13.

Lotz, A. (2009b) 'National Nightly News in the On-Demand Era', in A. Lotz (ed.), *Beyond Prime Time*. London: Routledge, pp. 94 – 113.

Løvheim, M. (2009) 'Blogs as Self-Representation: A Gendered Perspective on Agency, Authenticity, and Negotiations of Public and Private'. Paper presented to Mediatized Stories pre-conference at *Transforming Audiences* 2, University of Westminster, 2 September.

Lovibond, S. (2002) *Ethical Formation*. Cambridge, MA: Harvard University Press.

Lovink, G. (2003) *Dark Fiber*. Cambridge, MA: MIT Press.

Lovink, G. (2012) *Networks Without a Cause: A Critique of Social Media*. Cambridge: Polity.

Lovink, G. and Rossiter, N. (2011) 'Urgent Aphorisms: Notes on Organized Networks for the Connected Multitudes', available from http://nedrossiter.org/?p=136, last accessed 24 February 2011.

Lowrey, W. and Latta, J. (2008) 'The Routines of Blogging', in C. Paterson and D. Domingo (eds), *Making Online News*. New York: Peter Lang, pp. 185 – 197.

Luhmann, N. (1999) *The Reality of the Mass Media*. Cambridge: Polity.

Lukes, S. (1975) 'Political Ritual and Social Integration', *Sociology* 29: 289 – 305.

Lundby, K. (2006) 'Contested Communication: Mediating the Sacred', in J.

Sumiala-Seppänen, K. Lundby and R. Salokangas (eds), *Implications of the Sacred in (Post) Modern Media*. Göteborg: Nordicom, pp. 43 – 62.

Lundby, K. (ed.) (2009a) *Mediatization*. New York: Peter Lang.

Lundby, K. (2009b) 'Media Logic: Looking for Social Interaction', in K. Lundby (ed.), *Mediatization*. New York: Peter Lang, pp. 101 – 119.

Lundby, K. and Dayan, D. (1999) 'Mediascape Missionaries? Notes on Religion as Identity in a Local African Setting', *International Journal of Cultural Studies* 2(3): 398 – 417.

Lunt, P. (2009) 'Television, Public Participation and Public Service: From Value Consensus to the Politics of Identity', in E. Katz and P. Scannell (eds), 'The End of Television?' *Annals of the American Academy of Political and Social Science* 625: 128 – 138.

Lury, C. (1998) *Prosthetic Culture*. London: Routledge.

Lynch, M. (2006) *Voices of the New Arab Public*. New York: Columbia University Press.

Ma, E. (2000) 'Rethinking Media Studies: The Case of China', in J. Curran and M.-J. Park (eds), *De-westernizing Media Studies*, London: Routledge, pp. 21 – 34.

MacIntyre, A. (1981) *After Virtue*. London: Duckworth.

MacIntyre, A. (1988) *Whose Justice? Which Rationality?* Notre Dame: University of Notre Dame Press.

Madianou, M. and Miller, D. (2011) *Migration and New Media*. London: Routledge.

Mainsah, H. (2009) *Ethnic Minorities and Digital Technologies: New Spaces for Constructing Identity*. PhD thesis, University of Oslo, April.

Maliki, J. (2008) 'Cultural Identity and Cultural Representation on Reality TV: An Analysis of *Akademi Fantasia* '. Unpublished MPhil thesis, University of Queensland, Australia.

Mallee, H. (2000) 'Migration, *hukou* and Resistance in Reform China', in E. Perry and M. Sedden (eds), *Chinese Society: Change, Conflict, and Resistance*, 2nd edn. London: Routledge, pp. 136 – 157.

Mandabach, C. (2007) 'How America Stopped Laughing', *Guardian*, Media section, 4 June.

Mandaville, P. (2003) 'Communication and Diasporic Islam: A Virtual Ummah?', in K. Karim (ed.), *The Media of Diaspora*. London: Routledge, pp. 135 – 147.

Mandaville, P. (2007) 'Globalization and the Politics of Religious Knowledge: Pluralizing Authority in the Muslim World', *Theory, Culture & Society* 24(2): 101 – 115.

Mankekar, P. (1999) *Screening Culture, Viewing Politics*. Durham, NC: Duke University Press.

Mann, M. (1986) *The Sources of Social Power*, vol. I. Cambridge: Cambridge University Press.

Manovich, L. (2001) *The Language of New Media*. Cambridge, MA: MIT press.

Manovich, L. (2008) 'The Practice of Everyday (Media) Life', in G. Lovink and S. Niederer (eds), *Video Vortex Reader: Responses to YouTube*. Amsterdam: Institute of Network Cultures, pp. 33–43.

Mansell, R. (2002) 'From Digital Divides to Digital Entitlements in Knowledge Societies', *Current Sociology* 50(3): 407–26.

Mansell, R. (2010) 'Power, Media Culture and New Media', available from http://eprints.lse.ac.uk/36165/1/Power_media_culture_and_new_media_(LSERO).pdf, last accessed 27 June 2011.

Marcos, Subcommandante (2000) 'La Droite Intellectuelle et le fascism libéral', *Le Monde Diplomatique* (August) 1: 14–15.

Marlière, P. (1998) 'The Rules of the Journalistic Field: Pierre Bourdieu's Contribution to the Sociology of the Media', *European Journal of Communication* 13(2): 219–234.

Marquand, D. (2004) *Decline of the Public*. Cambridge: Polity.

Marres, N. (2009) 'Testing Powers of Engagement: Green Living Experiments, the Ontological Turn and the Undoability of Involvement', *European Journal of Social Theory* 12(1): 117–133.

Marshall, D. (2006) 'New Media, New Self: The Changing Power of Celebrity', in D. Marshall (ed.), *The Celebrity Culture Reader*. London: Routledge, pp. 634–644.

Marshall, P. D. (1997) *Celebrity and Power*. Minneapolis: University of Minnesota Press.

Marston, S., Jones, J. and Woodward, K. (2005) 'Human Geography without Scale', *Transactions of the Institute of British Geographers* 30: 416–432.

Martin-Barbero, J. (1993) *Communication, Culture and Hegemony*. London: Sage.

Martin-Barbero, J. (2006) 'A Latin American Perspective on Communication/Cultural Mediation', *Global Media and Communication* 2(3): 279–297.

Martin-Barbero, J. (2009) 'Digital Convergence in Cultural Communication', *Popular Communication* 7: 147–157.

Martuccelli, D. (2005) *La Consistance du Social*. Rennes: Rennes University Press.

Marvin, C. (1987) *When Old Technologies Were New*. Oxford: Oxford University Press.

Marvin, C. and Ingle, D. (1999) *Blood Sacrifice and the Nation*. Cambridge:

Cambridge University Press.

Marwick, A. and boyd, d. (2010) 'I Tweet Honestly, I Tweet Passionately: Twitter Users, Context Collapse, and the Imagined Audience', *New Media & Society* 13(1): 114–133.

Marx, K. (1973) *Capital*, vol. I. Harmondsworth: Penguin.

Maslow, A. (1943) 'A Theory of Human Motivation', *Psychological Review* 50: 370–396.

Massey, D. (1994) *Space, Place, and Gender.* Cambridge: Polity.

Massing, M. (2009a) 'The News About the Internet', *New York Review of Books*, 13 August.

Massing, M. (2009b) 'A New Horizon for the News', *New York Review of Books*, 24 September.

Matei, S. and Ball-Rokeach, S. (2003) 'The Internet in the Communication Infrastructure of Urban Residential Communities: Macro- or Meso-Linkage?', *Journal of Communication* 53(4): 642–657.

Matewa, C. (2010) 'Participatory Video as an Empowerment Tool for Social Change', in C. Rodriguez, D. Kidd and L. Stein (eds), *Making Our Media*, vol. I. Creskill, NJ: The Hampton Press, pp. 115–130.

Matheson, D. (2004) 'Weblogs and the Epistemology of the News: Some Trends in Online Journalism', *New Media & Society* 6(4): 443–468.

Mattelart, A. (1994) *The Invention of Communication.* Minneapolis: University of Minnesota press.

Mattelart, A. (2000) *Networking the World* 1794–2000. Minneapolis: University of Minnesota Press.

Maxwell, R. and Miller, T. (2011) 'Old, New and Middle-Aged Convergence', *Cultural Studies* 25(4–5): 585–603.

Mayer, V. (2011) *Below the Line: Producers and Production Studies in the New Television Economy.* Durham, NC: Duke University Press.

Mayhew, L. (1997) *The New Public.* Cambridge: Cambridge University Press.

Mazzoleni, G. (2008) 'Media Logic', in W. Donsbach (ed.), *The International Encyclopedia of Communication*, vol. VII. Malden, MA: Blackwell, pp. 2930–2932.

Mazzoleni, G. and Schulz, W. (1999) '"Mediatization" of Politics: A Challenge for Democracy?' *Political Communication* 16: 247–261.

Mbembe, A. (2001) *On the Postcolony.* Berkeley: University of California Press.

McCarthy, A. (2007) 'Reality Television: A Neoliberal Theater of Suffering', *Social Text* 25: 93–110.

McChesney, R. (2007) *Communication Revolution.* New York: New Press.

McChesney, R. (2008) *The Political Economy of Media*. New York: Monthly Review Press.

McCombs, M. and Shaw, D. (1993) 'The Evolution of Agenda-setting Research: 25 Years in the Marketplace of Ideas', *Journal of Communication* 43(2): 58–67.

McCurdy, P. (2009) '"I Predict a Riot": Mediation and Political Contention: Dissent!'s media Practices at the 2009 Gleneagles G8 summit'. Unpublished PhD thesis, London School of Economics, March.

McDonald, K. (2006) *Global Movements: Action and Culture*. Oxford: Blackwell.

McDonald, K. (2011) 'The Old Culture of Rigid Ideologies is Giving Way to Individual Activism', *Sydney Morning Herald* 18 February.

McDowell, J. (1994) *Mind and World*. Cambridge, MA: Harvard University Press.

McDowell, J. (1998) *Mind, Value and Reality*. Cambridge, MA: Harvard University Press.

McLuhan, M. (2001 [1964]) *Understanding Media*. London: Routledge.

McMillin, D. (2007) *International Media Studies*. Oxford: Blackwell.

McNair, B. (2006) *Cultural Chaos*. London: Routledge.

McNamara, K. (2011) 'The Paparazzi Industry and New Media: The Evolving Production and Consumption of Celebrity News and Gossip Websites', *International Journal of Gultural Studies* 14(5): 515–530.

McQuail, D. (2005) *McQuail's Mass Communication Theory*, 5th edn. London: Sage.

McQuire, S. (2008) *The Media City*. London: Sage.

Meadows, M., Forde, S., Ewert, J. and Foxwell, K. (2010) 'Making Spaces: Community Media and Formation of the Democratic Public Sphere in Australia', in C. Rodriguez, D. Kidd and L. Stein (eds), *Making Our Media*, vol. I. Cresskill, NJ: The Hampton Press, pp. 163–181.

Media Justice Fund (2007) *Media Justice or Media Control*. Knoxville, TN: Appalachian Community Fund. Previously published at www.fex.org/assets/262_appalachainfscconvening.pdf.

Medrich, R. (1979) 'Constant Television: A Background to Daily Life', *Journal of Communication* 29(3): 171–176.

Meikle, G. (2009) *Interpreting News*. Basingstoke: Palgrave.

Mejias, U. (2010) 'The Limits of Networks as Models for Organizing the Social', *New Media & Society* 12(4): 603–617.

Melucci, A. (1996) *Challenging Codes*. Cambridge: Cambridge University Press.

Meyer, B. (2006) 'Impossible Representations: Pentecostalism, Vision and Video Technology in Ghana', in B. Meyer and A. Moors (eds), *Religion, Media, and the Public Sphere*. Bloomington: Indiana University Press, pp. 290–312.

Meyer, B. and Moors, A. (2006) 'Introduction', in B. Meyer and A. Moors (eds), *Religion, Media, and the Public Sphere*. Bloomington: Indiana University Press, pp. 1 – 28.

Meyer, T. (2003) *Media Democracy*. Cambridge: Polity.

Meyrowitz, J. (1985) *No Sense of Place*. New York: Oxford University Press.

Meyrowitz, J. (1994) 'Medium Theory', in D. Crowley and D. Mitchell (eds), *Communication Theory Today*. Cambridge: Polity, pp. 50 – 77.

Meyrowitz, J. (2008) 'Power, Pleasure, Patterns: Intersecting Narratives of Media Influence', *Journal of Communication* 58: 641 – 663.

Miao, D. (2011) 'Between Propaganda and Commercials: Chinese Television Today', in S. Shirk (ed.), *Changing Media, Changing China*. Oxford: Oxford University Press, pp. 91 – 114.

Michaels, E. (1982) *TV Tribes*. PhD dissertation presented to University of Texas, available from http://astro.temple.edu/~ruby/wava/eric/index.html, last accessed 7 July 2011.

Micheletti, M. (2010) *Political Virtue and Shopping*. Basingstoke: Palgrave.

Miège, B. (1989) *The Capitalization of Cultural Production*. New York: International General.

Mihelj, S. (2008) 'National Media Events: From Displays of Unity to Enactments of Division', *European Journal of Cultural Studies* 11(4): 471 – 488.

Miller, C. and Shepherd, D. (2008) 'Blogging as Social Action: A Genre Analysis of the Weblog', available from http://blog.lib.umn.edu/blogosphere/blogging_as_social_action_a_genre_analysis_of_the_weblog.html, last accessed 7 July 2011.

Miller, D. (2011) *Tales from Facebook*. Cambridge: Polity.

Miller, D. and Slater, D. (2000) *The Internet: An Ethnographic Approach*. Oxford: Berg.

Miller, R. K. and Associates (2008) *Consumer Use of the Internet and Mobile Web*. New York.

Miller, T. (2008) *Makeover Nation*. Lawrence, KS: Kansas University Press.

Miller, T. (2010) *Television Studies: The Basics*. London: Routledge.

Mills, C. Wright (1958) *The Sociological Imagination*. Harmondsworth: Penguin.

Mirzoeff, N. (2005) *Watching Bablyon*. London: Routledge.

Mitra, A. (1993) *Television and Popular Culture in India*. London: Sage

Mitra, A. (2004) 'Voices of the Marginalized on the Internet: Examples from a Website for Women of South Asia', *Journal of Communication* 54(3): 492 – 510.

Modleski, T. (1986) *Studies in Entertainment*. Bloomington: Indiana University Press.

Mole, T. (2004) 'Hypertrophic Celebrity', *M/CJournal* 7(5), http://journal.

media-culture. org. au/0411/08-mole. php, last accessed 26 July 2011.

Monbiot, G. (2010) 'The Tea Party Movement is Deluded and Inspired by Billionaires', *Guardian*, 25 October.

Monge, P., Heiss, B. and Margolin, D. (2008) 'Communication Network Evolution in Organization Communities', *Communication Theory* 18(4): 449–477.

Moore, C. (2009) 'Liminal Places and Spaces: Public/Private Considerations', in V. Mayer, M. Banks and J. Caldwell (eds), *Production Studies*. New York: Routledge, pp. 125–139.

Moore, H. (1986) *Space, Text and Gender*. Cambridge: Cambridge University Press.

Moore, S. and Myerhoff, B. (eds) (1977) *Secular Ritual*. Assen/Amsterdam: Van Gorcum.

Moores, S. (1993) 'Satellite Television as Cultural Sign: Consumption, Embedding and Articulation', *Media, Culture and Society* 15(4): 621–639.

Moores, S. (2005) *Media/Theory*. London: Routledge.

Moores, S. and Metykova, M. (2009) 'Knowing How to Get Around: Place, Migration and Communication', *The Communication Review* 12(4): 313–326.

Moran, A. (2009) 'Reasserting the National? Programme Format, International Television and Domestic Culture', in G. Turner and T. Tay (eds), *Television Studies After TV*. London: Routledge, pp. 149–158.

Morgan, D. (2008) 'Introduction', in D. Morgan (ed.), *Key Words in Religion, Media and Culture*. London: Routledge, pp. 1–19.

Morley, D. (1986) *Family Television*. London: BFI.

Morley, D. (1992) *Television, Audiences and Cultural Studies*. London: Routledge.

Morley, D. (1999) 'Finding Out About the World from Television: Some Problems', in J. Gripsrud (ed.), *Television and Common Knowledge*. London: Routledge, pp. 136–158.

Morley, D. (2000) *Home Territories*. London: Routledge.

Morley, D. (2007) *Media Modernity and Technology: The Geography of the New*. London: Routledge.

Morley, D. (2011) 'Communications and Transport: The Mobility of Information, People and Commodities', *Media, Culture and Society* 33(5): 743–759.

Morozov, E. (2011) *The Net Delusion*. London: Allen Lane.

Mosco, V. (2004) *The Digital Sublime*. Cambridge, MA: MIT Press.

Mosco, V. (2009) *The Political Economy of Communication*, 2nd edn. London: Sage.

Mukherjee, R. and Banet-Weiser, S. (eds) (forthcoming) *Commodity Activism*. New York: New York University Press.

Mutz, D. (2008) 'Is Deliberative Theory a Falsifiable Theory?' *Annual Review of*

Political Science 11: 512 – 538.

Naficy, H. (2001) *An Accented Cinema: Exilic and Diasporic Filmmaking*. Princeton: Princeton University Press.

Napoli, P. (2008) 'Hyperlinking and the Forces of "Massification"', in J. Turow and L. Tsui (eds), *The Hyperlinked Society*. Ann Arbor: University of Michigan Press, pp. 56 – 69.

Nederveen Pieterse, J. (1995) 'Globalization as Hybridization', in M. Featherstone, S. Lash and R. Robertson (eds), *Global Modernities*. London: Sage, pp. 45 – 68.

Neuman, W. Russell (1991) *The Future of the Mass Media*. Cambridge: Cambridge University Press.

Nightingale, V., with Bockardt, V., Ellis, B. and Warwick, T. (1992) 'Contesting Domestic Territory: Watching Rugby League on Television', in A. Moran (ed.), *Stay Tuned: The Australian Broadcasting Reader*. Sydney: Allen Unwin, pp. 156 – 165.

Noelle-Neumann, E. (1974) 'The Spiral of Silence: A Theory of Public Opinion', *Journal of Communication* 24: 43 – 51.

Nordenstreng, K. (2010) 'Free Flow Doctrine in Global Media Policy', in R. Mansell and M. Raboy (eds), *Handbook on Global Media and Communication Policy*. Malden, MA: Wiley-Blackwell.

Noveck, B. (2009) *Wiki Government*. New York: Brookings Institution Press.

O'Donnell, P. (2009) 'Journalism, Change and Listening Practices', *Continuum* 23(4): 503 – 518.

Oemichen E. and Schröter, C. (2008) 'Medienübergreifende Nutzungsmuster: Struktur-und Funktionsverschiebungen', *Media Perspektiven* 8: 394 – 405.

Ofcom (2007) *New News Future News*, June, www.ofcom.org.uk, last accessed 5 September 2011.

Ofcom (2007 – 2011) *Communications Market Reports*, www.ofcom.org.uk, last accessed 5 September 2011.

Ofcom (2009a) *Digital Britain Final Report*, http://webarchive.nationalarchives.gov.uk and www.culture.gov.uk/images/publications/digitalbritain-finalreport-jun09.pdf, last accessed 5 September 2011.

Ofcom (2009b) 'UK Consumers Embrace Digital Communications', 17 December, www.ofcom.org.uk/consumer/2009/12/uk-consumers-embrace-digital-communications/, last accessed 5 September 2011.

Ogan, C. and Cagiltay, K. (2006) 'Confession, Revelation, and Storytelling: Patterns of Use on a Popular Turkish Website', *New Media & Society* 8(5): 801 – 823.

O'Neil, M. (2009) *Cyberchiefs: Autonomy and Authority in Online Tribes.* London: Pluto.

O'Neill, O. (1996) *Towards Justice and Virtue.* Cambridge: Cambridge University Press.

O'Neill, O. (2000) 'Distant Strangers, Moral Standing and Porous Boundaries', in *Bounds of Justice.* Cambridge: Cambridge University Press, pp. 186 – 202.

O'Neill, O. (2002) *A Question of Trust.* Cambridge: Cambridge University Press.

Ong, A. (2006) *Neoliberalism as Exception.* Durham, NC: Duke University Press.

Ong, J. (2011) *The Mediation of Suffering: Classed Moralities of Television Audiences in the Philippines.* Unpublished PhD thesis, University of Cambridge, October.

O'Reilly, T. (2005) 'Design Patterns and Business Models for the Next Generation of Software', http://oreilly.com/pub/a/oreilly/tim/news/2005/09/30/ what-is-web-20.html, last accessed 3 September 2011.

Ornebring, H. (2008) 'The Consumer as Producer-Of What?', *Journalism Studies* 9(5): 771 – 785.

Ouellette, L. and Hay, J. (2008) *Better Living Through Reality TV.* Malden: Blackwell.

Palfrey, J. and Gasser, U. (2008) *Born Digital*, rev. edn. New York: Basic Books.

Pan, Z. and Kosicki, G. (1993) 'Framing Analysis: An Approach to News Discourse', *Political Communication* 10(1): 55 – 75.

Papacharissi, Z. (2010) *A Private Sphere: Democracy in a Digital Age.* Cambridge: Polity.

Parikka, J. (2010) *Insect Media: An Archaeology of Animals and Technology.* Minneapolis: University of Minnesota Press.

Parks, L. (2005) *Cultures in Orbit: Satellites and the Televisual.* Durham, NC: Duke University Press.

Pasquier, D. (2005) 'Le Culture Comme Activité Social', in E. Maigret and E. Macé (eds), *Penser Les Médiacultures.* Paris: Armand Colin, pp. 103 – 120.

Pateman, C. (1970) *Participation and Democratic Theory.* Cambridge: Cambridge University Press.

Paterson, C. (2006) 'News Agency Dominance in International News on the Internet'. Papers in International and Global Communication No. 01/06. Centre for International Communication Research, Leeds University.

Available online from http://ics.leeds.ac.uk/papers/cicr/exhibits/42/cicrpaterson.pdf, accessed 5 February 2011.

Pattie, C., Seyd, P. and Whiteley, P. (2004) *Citizenship in Britain.* Cambridge: Cambridge University Press.

Pavarala, V. and Malik, K. Kumar (2010) 'Community Radio and Women: Forging

Subaltern Counterpublics', in C. Rodriguez, D. Kidd and L. Stein (eds), *Making Our Media: Global Initiatives Toward a Democratic Public Sphere*, vol. I, Creskill, NJ: The Hampton Press, pp. 95 – 113.

Peaslee, R. (2010) '"The Man from New Line Knocked on the Door": Tourism, Media Power and Hobbiton/Matamata as a Boundaried Space', *Tourist Studies* 10(1): 57 – 73.

Peters, J. D. (2001) 'Witnessing', *Media, Culture and Society* 23: 707 – 723.

Peters, J. D. (2010) 'Introduction: Friedrich Kittler's Light Shows', in F. Kittler, *Optical Media*. Cambridge: Polity, pp. 1 – 17.

Petersen, C. (2010) 'Google and Money!', *New York Review of Books*, 9 December: 60 – 64.

Peterson, M. (2003) *Anthropology and Mass Communication*. New York/Oxford: Berghahn Books.

Peterson, M. (2010a) 'Getting the News in New Delhi: Newspaper Literacies in an Indian MediaSpace', in S. E. Bird (ed.), *The Anthropology of News and Journalism: Global Perspectives*. Bloomington, IN: Indiana University Press, pp. 168 – 181.

Peterson, M. (2010b) '"But It is My Habit to Read the *Times*": Meta-Culture and Practice in the Reading of Indian Newspapers', in B. Brauchler and J. Postill (eds), *Theorising Media and Practice*. New York/Oxford: Berghahn Books, pp. 127 – 145.

Pew Research Center (2007) 'How Young People View their Lives, Futures and Politics', Washington, DC: Pew Research Center.

Pew Research Center (2008) *Biennial News Consumption Survey*, August, www.pewinternet.org, last accessed 5 September 2011.

Pharr, S. and Putnam, R. (eds) (2000) *Disaffected Democracies*. Cambridge, MA: Harvard University Press.

Phillips, A. (2011) 'Transparency and the New Ethics of Journalism', in P. Lee-Wright, A. Phillips and T. Witschge, *Changing Journalism*. London: Routledge, pp. 135 – 148.

Phillips, A. and Nossek, H. (2008) 'Ourselves and Not Others: Minority Protest and National Frames in Press Coverage', in E. Eide, R. Kunelius and A. Phillips (eds), *Transnational Media Events: The Mohammed Cartoons and the Imagined Clash of Civilizations*. Göteborg: Nordicom, pp. 235 – 252.

Phillips, A., Couldry, N. and Freedman, D. (2009) 'An Ethical Deficit? Accountability, Norms and the Material Conditions of Contemporary Journalism', in N. Fenton (ed.), *New Media, Old News*. London: Sage, pp. 51 – 68.

Pinchevski, A. (2005) *By Way of Interruption: Levinas and the Ethics of*

Communication. Pittsburgh: Duquesne University Press.

Pitkin, H. (1972) *Wittgenstein and Justice*. Berkeley: University of California Press.

Pomeranz, K. (2000) *The Great Divergence*. Princeton: Princeton University Press.

Pool, I. de Sola (1983) *Technologies of Freedom*. Cambridge, MA: Harvard University Press.

della Porta, D., Kriesi, H. and Rucht, D. (eds) (1999) *Social Movements in a Globalizing World*. London: Macmillan.

Poster, M. (1999) 'Underdetermination', *New Media & Society* 1(1): 12–17.

Poster, M. (2006) *Information Please*. Durham, NC: Duke University Press.

Postill, J. (2008) 'Localizing the Internet beyond Communities and Networks', *New Media & Society* 10(3): 413–431.

Powell, A. (2011) 'Openness and Enclosure in Mobile Internet Architecture'. Presentation to *Platform Politics* Conference, Anglia Ruskin University, 11–13 May.

Prensky, M. (2006) *Don't Bother Me Mum—I'm Learning!* St Paul MN: Paragon House.

Press, A. and Williams, B. (2011) *The New Media Environment*. Malden, MA: Wiley-Blackwell.

Priest, P. (1995) *Public Intimacies: Talk Show Participants and Tell-All TV*. Cresskill, NJ: The Hampton Press.

Prior, M. (2002) 'Efficient Choice, Inefficient Democracy?', in L. Cranor and S. Greenstein (eds), *Communications Policy and Information Technology: Promises, Problems, Prospects*. Cambridge, MA: MIT Press, pp. 143–179.

Prior, M. (2008) 'Are Hyperlinks Weak Ties?', in J. Turow and L. Tsui (eds), *The Hyperlinked Society*. Ann Arbor: University of Michigan Press, pp. 250–267.

Proust, M. (1982) *Remembrance of Things Past*, vol. I, *Swann's Way*, trans. C. Scott Moncrieff and T. Kilmartin. Harmondsworth: Penguin.

Proust, M. (1983) *Remembrance of Things Past*, vol. II, *The Guermantes Way* and *The Cities of the Plain*, trans. C. Scott Moncrieff and T. Kilmartin. Harmondsworth: Penguin.

Punathambekar, A. (2010) 'Reality TV and Participatory Culture in India', *Popular Communicaion* 8(4): 241–255.

Putnam, R. (2000) *Bowling Alone*. New York: Simon & Schuster.

Qiang, X. (2011) 'The Rise of Online Public Opinion and its Political Impact', in S. Shirk (ed.), *Changing Media, Changing China*. Oxford: Oxford University Press, pp. 202–224.

Qiu, J. (2009) *Working-Class Network Society*. Cambridge, MA: MIT Press.

Quandt, T. (2008) 'News Tuning and Content Management: An Observation Study of Old and New Routines in German Online Newsrooms', in C. Paterson and D. Domingo (eds), *Making Online News*. New York: Peter Lang, pp. 77–98.

Quinn, W. (1995) 'Putting Rationality in its Place', in R. Hursthouse, G. Lawrence and W. Quinn (eds), *Virtues and Reasons*. Oxford: Oxford University Press, pp. 181–208.

Raeside, J. (2011) 'Virtual Reality', *Guardian*, 1 June.

Rainie, L., Purcell, K. and Smith, A. (2011) 'The Social Side of the Internet', Pew Internet and American Life Project, 18 January, www.pewinternet.org, last accessed 14 March 2011.

Rajagopal, A. (2001) *Politics after Television: Hindu Nationalism and the Reshaping of the Public in India*. Cambridge: Cambridge University Press.

Rantanen, T. (2009) *When News Was New*. Malden: Wiley-Blackwell.

Rao, S. (2007) 'The Globalization of Bollywood: An Ethnography of Non-Elite Audiences in India', *The Communication Review* 10: 57–76.

Rao, U. (2010) 'Empowerment Through Local News-Making: Studying the Media/Public Interface', in S. E. Bird (ed.), *The Anthropology of News and Journalism: Global Perspectives*. Bloomington, IN: Indiana University Press, pp. 100–115.

Rappaport, R. (1999) *Ritual and Religion in the Making of Humanity*. Cambridge: Cambridge University Press.

Rauch, J. (2007) 'Activists as Alternative Communities: Rituals of Consumption and Interaction in an Alternative Media Audience', *Media, Culture and Society* 29(6): 994–1013.

Rawls, J. (1972) *A Theory of Justice*. Oxford: Oxford University Press.

Rawls, J. (1996) *Political Liberalism*. Cambridge: Cambridge University Press.

Rawolle, S. (2010) 'Understanding the Mediatisation of Educational Policy as Practice', *Critical Studies in Education* 51(1): 21–39.

Rawolle, S. and Lingard, B. (2008) 'The Sociology of Pierre Bourdieu and Researching Education Policy', *Journal of Education Policy* 23(6): 729–740.

Reckwitz, A. (2002) 'Toward a Theory of Social Practices', *European Journal of Social Theory* 5(2): 243–263.

Redmond, S. (2006) 'Intimate Fame Everywhere', in S. Holmes and S. Redmond (eds), *Framing Celebrity*. London: Routledge, pp. 27–43.

Reijnders, S. (2011) *Media Tourism*. Aldershot: Ashgate.

Reijnders, S., Rooijakkers, G. and Zoonen, L. van (2007) 'Community Spirit and Competition in *Idols*: Ritual Meanings of a Television Talent Quest', *European Journal of Communication* 22(3): 275–293.

Retort Collective, The (2005) *Afflicted Powers*. London: Verso.
Rheingold, H. (2008) 'Using Participatory Media and Public Voice to Encourage Civic Engagement', in L. Bennett (ed.), *Civic Life Online*. Cambridge, MA: MIT Press, pp. 97 – 118.
Ricoeur, P. (1992) *Oneself as Another*. Chicago: Chicago University Press.
Ricoeur, P. (2007) *Reflections on the Just*. Chicago: Chicago University Press.
Riegert, K. (ed.) (2007) *Politicotainment*. New York: Peter Lang.
Rifkin, J. (2001) 'Quand les marchés s'effacent contre les réseaux', *Le Monde Diplomatique* (September): 22 – 23.
Rilke, R. (1987) *The Selected Poety of Rainer Maria Rilke*, trans. Stephen Mitchell. New York: Picador Classics.
Robins, K. (1999) 'New Media and Knowledge', *New Media & Society* 1 (1): 18 – 24.
Robinson, J. and Martin, S. (2009) 'Of Time and Television', in E. Katz and P. Scannell (eds), '*The End of Television?*' Annals of the American Academy of Political and Social Science 625: 74 – 86.
Rocha, L. (2007) 'Media Against Terrorism in the Peruvian Andes', *Media Development* (March): 27 – 31.
Rodriguez, C. (2001) *Fissures in the Mediascape*. Creskill, NJ: The Hampton Press.
Rodriguez, C. (2003) 'The Bishop and his Star: Citizens' Communication in Southern Chile', in N. Couldry and J. Curran (eds), *Contesting Media Power*. Boulder, CO: Rowman and Littlefield, pp. 177 – 194.
Rodriguez, C. (2011) *Citizens' Media against Armed Conflict: Disrupting Violence in Colombia*. Minneapolis: University of Minnesota Press.
Rogers, R. (2004) *Information Politics on the Web*. Cambridge, MA: MIT Press.
Rosanvallon, P. (2008) *Counter-Democracy*. Cambridge: Cambridge University Press.
Rose, M. (2000) 'Through the Eyes of the *Video* Nation', in J. Izod, R. Kilborn and M. Hibberd (eds), *From Grierson to the Docu-soap*. Luton: University of Luton Press, pp. 173 – 184.
Rosen, J. (2006) 'The People Formerly Known as the Audience', http://journalism.nyu.edu/pubzone/weblongs/pressthink/2006/06/27/ppl_frmr_p.html, last accessed 8 March 2011.
Rosenau, J. (1990) *Turbulence in World Politics*. Princeton: Princeton University Press.
Rosenberg, S. (2007) 'The Blog Haters Have Barely Any Idea What They are Raging Against', *Guardian*, 28 August.
Ross, A. (1991) *Strange Weather*. London: Verso.
Rothenbuhler, E. (1989) 'The Liminal Fight: Mass Strikes as Ritual and

Interpretation', in J. Alexander (ed.), *Durkheimian Sociology: Cultural Studies*. Cambridge: Cambridge University Press.

Rothenbuhler, E. (1998) *Ritual Communication*. Thousand Oaks: Sage.

Rothenbuhler, E. (2010) 'Media Events in the Age of Terrorism and the Internet', *Journalism Si Communicare* V(2): 34 – 41.

Rothenbuhler, E. and Coman, M. (eds) (2005) *Media Anthropology*. Newbury Park: Sage.

Ruddock, A. (2007) *Investigating Audiences*. London: Sage.

Ruggie, J. (1993) 'Territoriality and Beyond: Problematizing Modernity in International Relations', *International Organization* 47(1): 139 – 174.

Rusbridger, A. (2009) 'First Read: The Mutualized Future is Bright: But We Will Need Some Help -from Government and Others — to Get There', 19 October, www.cjr.org/reconstrnction/the_mutualized_future_is_brigh.php, last accessed 9 July 2011.

Russell, A. (2011) *Networked: A Contemporary History of News in Transition*. Cambridge: Polity.

Russell, A. and Echchaibi, N. (eds) (2009) *International Blogging*. New York: Peter Lang.

Sá, L. (2007) 'Cyberspace Nationhood: The Virtual Construction of Capao Redondo', in C. Taylor and T. Putnam (eds), *Latin American Cyberculture and Cyberliterature*. Liverpool: Liverpool University Press, pp. 123 – 139.

Sakr, N. (2009) 'Fragmentation or Consolidation? Factors in the Oprahization of Social Talk on Multi-Channel Arab TV', in G. Turner and T. Tay (eds), *Television Studies After TV*. London: Routledge, pp. 168 – 177.

Salazar, J. (2010) 'Making Culture Visible: The Mediated Constitution of a Mapuche Nation in Chile', in C. Rodriguez, D. Kidd and L. Stein (eds), *Making Our Media*, vol. I. Creskill, NJ: The Hampton press, pp. 29 – 46.

Sambrook, R. (2006) 'How the Net is Transforming News', 20 January, http://news.bbc.co.uk/1/hi/technology/4630890.stm/, last accessed 31 January 2011.

Sambrook, R. (2010) *Are Foreign Correspondents Redundant? The Changing Face of International News*. Oxford: Reuters Institute.

Sanderson, J. and Cheong, P. (2010) 'Tweeting Prayers and Communicating Grief over Michael Jackson Online', *Bulletin of Science Technology & Society* 30(5): 328 – 340.

Sands, P. (2008) *Torture Team*. London: Allen Lane.

de Santis, H. (2003) 'Mi programa as su programa: Tele/visions of a Spanish language diaspora in North America', in K. Karim (ed.), *The Media of Diaspora*. London: Routledge, pp. 63 – 75.

Sassen, S. (2006) *Territory Authority Rights*. Princeton: Princeton University Press.

Savage, M. (2009) 'Contemporary Sociology and the Challenge of Descriptive Assemblage', *European Journal of Social Theory* 12(1): 155 – 174.

Savage, M., Bagnall, G. and Longhurst, B. (2005) *Globalization and Belonging*. London: Sage.

Scannell, P. (1988) 'Radio Times: The Temporal Arrangements of Broadcasting in the Modern World', in P. Drummond and R. Paterson (eds), *Television and its Audiences*, London: British Film Institute, pp. 15 – 31.

Scannell, P. (1996) *Radio, Television and Modern Life*. Oxford: Blackwell.

Scannell, P. (2002) 'History Media and Communication', in K.-B. Jensen (ed.), *A Handbook of Media Communication Research* London: Routledge.

Scannell, P. (2009) 'The Dialectic of Time and Television', in E. Katz and P. Scannell (eds), '*The End of Television?*' *Annals of the American Academy of Political and Social Science* 625: 219 – 235.

Scannell, P. and Cardiff, D. (1991) *A Social History of British Broadcasting*, vol. I. Oxford: Blackwell.

Schatzki, T. (1999) *Social Practices: A Wittgensteinian Approach to Human Activity and the Social*. Cambridge: Cambridge University Press.

Schatzki, T., Knorr-Cetina, K. and von Savigny, E. (eds) (2001) *The Practice Turn in Contemporary Theory*. London: Routledge.

Schickel, R. (1986) *Intimate Strangers*. New York: Fromm.

Schiller, D. (2007) *How to Think About Information*. Urbana and Chicago: University of Illinois Press.

Schlesinger, P. (2000) 'The Nation and Communicative Space', in H. Tumber (ed.), *Media Power, Professionals and Policies*. London: Routledge, pp. 99 – 115.

Schlesinger, P. and Tumber, H. (1994) *Reporting Crime*. Oxford: Oxford University Press.

Schrøder, K. and Kobbernagel, C. (2010) 'Towards a Typology of Crossmedia News Consumption: A Qualitative-Quantitative Synthesis', *Northern Lights* 8:115 – 138.

Schrøder, K. and Larsen, B. (2009) 'The Shifting Cross-Media News Landscape: Challenges for News Producers', *Journalism Studies* 11(4): 524 – 534.

Schrott, A. (2009) 'Dimensions: Catch-all Label or Technical Term', in K. Lundby (ed.), *Mediatization*. New York: Peter Lang, pp. 41 – 62.

Schulz, D. (2006) 'Morality, Community, Publicness: Shifting Terms of Public Debate in Mali', in B. Meyer and A. Moors (eds), *Religion, Media, and the Public Sphere*. Bloomington: Indiana University Press, pp. 132 – 151.

Schulz, W. (2004) 'Reconsidering Mediatization as an Analytical Concept',

European Journal of Communication 19(1): 87–101.

Scoble, R. and Israel, S. (2006) *Naked Conversations: How Blogs are Changing the Way Businesses Talk with Customers*. New York: John Wiley.

Sconce, J. (2003) 'Tulip Theory', in A. Everett and J. Caldwell (eds), *New Media: Theories and Practices of Digitextuality*. New York: Routledge, pp. 179–196.

Scott, J. (2001) *Power*. Cambridge: Polity.

Seiter, E. (1999) *New Media Audiences*. Oxford: Oxford University Press.

Seiter, E. (2005) *The Internet Playground*. New York: Peter Lang.

Selwyn, N., Govard, S. and Furlong, J. (2005) 'Whose Internet is it Anyway? Exploring Adults' (Non) Use of the Internet in Everyday Life', *New Media & Society* 7(1): 5–26.

Sen, A. (1983) *Poverty and Famines*. Oxford: Oxford University Press.

Sen, A. (1992) *Inequality Reexamined*. Oxford: Oxford University Press.

Sen, A. (1999) *Development as Freedom*. Oxford: Oxford University Press.

Sen, A. (2009) *The Idea of Justice*. London: Allen Lane.

Senft, T. (2008) *Camgirls*. New York: Peter Lang.

Sennett, R. and Cobb, J. (1972) *The Hidden Injuries of Class*. Cambridge: Cambridge University Press.

Serazio, M. (2010) 'Shooting for Fame: Spectacular Youth, Web 2.0 Dystopia and the Celebrity Anarchy of Generation Mashup', *Communication Culture and Critique* 3(3): 416–434.

Serres, M. (2001) 'Entre Disneyland et les Ayatollahs', *Le Monde Diplomatique* (September): 6.

Sewell, W. (1996) 'Historical Events as Transformations of Structures: Inventing Revolution and the Bastille', *Theory & Society* 25: 841–881.

Shannon, C. and Weaver, W. (1949) *The Mathematical Theory of Communication*. Urbana: University of Illinois Press.

Shiels, R. (2010) 'Google and Verizon's Online Vision for "Open Internet"', 10 August, www.bbc.co.uk/news/technology-10920871.

Shils, E. (1975) *Center and Periphery*. Chicago: Chicago University Press.

Shirky, C. (2010) *Cognitive Surplus*. London: Allen Lane.

Shove, E. (2007) *Comfort, Cleanliness and Convenience: The Social Organization of Normality*. Oxford: Berg.

Siebert, F. S., Peterson, T. and Schramm, W. (1956) *Four Theories of the Press*. Urbana: Illinois University Press.

Silverstone, R. (1994) *Television and Everyday Life*. London: Routledge.

Silverstone, R. (1999) *Why Study the Media?* London: Sage.

Silverstone, R. (2002) 'Complicity and Collusion in the Mediation of Everyday Life', *New Literary History* 33(5): 745–764.

Silverstone, R. (2005) 'Media and Communication', in C. Calhoun, C. Rojek and B. Turner (eds), *The International Handbook of Sociology*. London: Sage, pp. 188–208.

Silverstone, R. (2007) *Media and Morality*. Cambridge: Polity.

Silverstone, R. and Hirsch, E. (eds) (1992) *Consuming Technologies*. London: Routledge.

Simone, A. (2006) 'Intersecting Geographies? ICTS and Other Virtualities in Urban Africa', in M. Fisher and G. Downey (eds), *Frontiers of Capital*. Durham, NC: Duke University Press, pp. 133–159.

Singer, J. (2005) 'The Political J-blogger: "Normalising" a New Media Form to Fit Old Norms and Practices', *Journalism* 6(2): 173–198.

Sinha, D. (2004) 'Religious Fundamentalism and its "Other": A Snapshot View from the Global Information Order', in S. Saha (ed.), *Religious Fundamentalism in the Contemporary World*. Lanham, MD: Lexington Books, pp. 1–19.

Skey, M. (2011) *National Belonging and Everyday Life*. Basingstoke: Palgrave.

Skinner, D., Uzelman, S., Langlois, A. and Dubois, F. (2010) 'IndyMedia in Canada: Experiments in Developing Glocal Media Commons', in C. Rodriguez, D. Kidd and L. Stein (eds), *Making Our Media*, vol. I. Creskill, NJ: The Hampton Press, pp. 183–202.

Slater, D. and Tacchi, J. (2004) *Research on ICT Innovations for Poverty Reduction*. New Delhi: UNESCO, http://eprints.qut.edu.au/4398/, last accessed 18 November 2011

Smith, N. (1993) 'Homeless/Global', in J. Bird et al. (eds), *Mapping the Futures*. London: Routledge, pp. 92–107.

Smythe, D. (1977) 'Communications: Blindspot of Western Marxism', *Canadian Journal of Political and Social Theory* 1(3): 1–27.

Snow, R. (1983) *Creating Media Culture*. Beverly Hills: Sage.

Snyder, T. (2009) 'Holocaust: The Ignored Reality', *New York Review of Books*, 16 July: 14–16.

Snyder, T. (2010) *Bloodlands: Europe between Hitler and Stalin*. London: Bodley Head.

Sontag, S. (2004). 'What Have We Done?' *Guardian*, 24 May.

Spigel, L. (2004) 'Introduction', in L. Spigel and J. Olsson (eds), *Television After TV*. Durham, NC: Duke University Press, pp. 1–34.

Spigel, L. and Olsson, J. (eds) (2004) *Television After TV*. Durham, NC: Duke University Press.

Spink, A., Jansen, B., Wolfram, D. and Saracevic, T. (2002) 'From e-Sex to e-Commerce: Web Search Changes', *IEEE Computer* 35(3): 107–109.

Spitulnik, D. (2010) 'Personal News and the Price of Public Service: An Ethnographic Window into the Dynamics of Production and Reception in Zambian State Radio', in S. E. Bird (ed.), *The Anthropology of News and Journalism: Global Perspectives.* Bloomington, IN: Indiana University Press, pp. 182–193.

Spitulnik Vidali, D. (2010) 'Millennial Encounters with Mainstream Television News: Excess, Void and Points of Engagement', *Journal of Linguistic Anthropology* 20(2): 372–388.

Splichal, S. (2008) 'Why Be Critical?' *Communication, Culture and Critique* 1(1): 20–30.

Spyer, P. (2006) 'Media and Violence in an Age of Transparency: Journalistic Writing in War-torn Maluku', in B. Meyer and A. Moors (eds), *Religion, Media, and the Public Sphere.* Bloomington: Indiana University Press, pp. 152–165.

Sreberny-Mohammadi, A. and Mohammadi, A. (1994) *Small Media, Big Revolution.* Minneapolis: University of Minnesota Press.

Stahl, M. (2004) 'A Moment Like This: *American Idol* and Narratives of Meritocracy', in C. Washburne and M. Darno (eds), *Bad Music.* London: Routledge, pp. 212–232.

Staiger, J. (1992) *Interpreting Films.* Princeton: Princeton University Press.

Stalder, F. (2011) 'The Pirate Bay and Wikileaks: Platforms for Radical Politics of Access and their Politics'. Paper presented to *Platform Politics* Conference, Anglia Ruskin University, May 12–13.

Stallabrass, J. (2000) *High Art Lite.* London: Verso.

Stallabrass, J. (2006) 'Spectacle and Terror', *New Left Review* 37: 87–108.

Starr, P. (2004) *The Creation of the Media.* New York: Basic Books.

Starr, P. (2009) 'Goodbye to the Age of Newspapers (Hello to a New Era of Corruption)', *The New Republic*, 4 March, www.tnr.com/print/article/goodbye-the-age-newspapers-hello-new-era-corruption, last accessed 19 July 2011.

Stevenson, N. (1999) *The Transformation of Media.* London: Longman.

Stevenson, N. (2002) *Understanding Media Culture*, 2nd edn. London: Sage.

Stiegler, B. (2009) 'Teleologies of the Snail: The Errant Self Wired to a Wimax Network', *Theory, Culture & Society* 26(2–3): 33–45.

Stöber, B. (2006) 'Media Geography: From Patterns of Diffusion to the Complexity of Meanings', in J. Falkheimer and A. Jansson (eds), *Geographies of Communication.* Göteborg: Nordicom, pp. 29–44.

Stolow, J. (2006) 'Communicating Authority, Consuming Tradition: Jewish Orthodox and Outreach Literature and its Reading Public', in B. Meyer and A. Moors (eds), *Religion, Media, and the Public Sphere*. Bloomington: Indiana University Press, pp. 73 – 90.

Strathern, M. (1992) *After Nature*. Cambridge: Cambridge University Press.

Straubhaar, J. (2007) *World Television: From Global to Local*. Newbury Park: Sage.

Straw, W. (2010) 'Hawkers and Public Space: Free Commuter Newspapers in Canada', in B. Beaty, D. Briton, G. Filax and R. Sullivan (eds), *How Canadians Communicate III*. Athabasca: Athabasca University Press, pp. 79 – 93.

Strömback, J. and Esser, F. (2009) 'Shaping Politics: Mediatization and Media Interventionism', in K. Lundby (ed.), *Mediatization*. New York: Peter Lang, pp. 205 – 224.

Stuart, K. (2010) 'Cloud Gaming Means the Sky's the Limit for Any PC', *Guardian*, 24 November.

Sumiala, J. (forthcoming) 'You Will Die Next', in K. Anden-Papadopoulos and M. Pantti (eds), *Amateur Images and Global News*. Bristol: Intellect.

Sumiala-Seppänen, J., Lundby, K. and Salokangas R. (eds) (2006) *Implications of the Sacred in (Post)modern Media*. Göteborg: Nordicom.

Sun, W. (2002) *Leaving China: Media, Migration and Transnational Imagination*. Lanham, MD: Rowman and Littlefield.

Sun, W. (2009) *Maid in China*. London: Routledge.

Sun, W. and Zhao, Y. (2009) 'Television Culture with "Chinese Characteristics": The Politics of Compassion and Education', in G. Turner and T. Tay (eds), *Television Studies After TV*. London: Routledge, pp. 96 – 104.

Sunstein, C. (2001) *Republic.com*. Princeton: Princeton University Press.

Sutton Trust, The (2006) *The Educational Backgrounds of Leading Journalists*. www.suttontrust.com/research/the-educational-backgrounds-of-leading-journalists, last accessed 10 August 2010.

Svec, H. (2010) '"The Purpose of These Acting Exercises": The Actors' Studio and the Labours of Celebrity', *Celebrity Studies* 1(3): 303 – 318.

Swanton, C. (2003) *Virtue Ethics*. Oxford: Oxford University Press.

Sweney, M. (2011) 'TV Advertising Still Needs an X-factor', *Guardian*, Media section, 29 August.

Swidler, A. (2001) 'What Anchors Cultural Practices', in T. Schatzki, K. Knorr Cetina and E. von Savigny (eds), *The Practice Turn in Contemporary Theory*. London: Routledge, pp. 74 – 92.

Tacchi, J. (2008) 'Voice and Poverty', *Media Development* (January): 12 – 16.

Takahashi, T. (2010a) *Audience Studies: A Japanese Perspective*. London: Sage.

Takahashi, T. (2010b) 'MySpace or Mixi? Japanese Engagement with SNS (social networking sites) in the Global Age', *New Media & Society* 12(3): 453–475.

Tapscott, D. (1998) *Growing Up Digital: The Rise of the Net Generation*. New York: McGraw Hill.

Tapscott, D. and Williams, A. (2008) *Wikinomics*. New York: Penguin.

Tarde, G. (1969 [1922]) *Communication and Social Opinion*. Chicago: Chicago University Press.

Taylor, C. (1985) *Philosophy and the Human Sciences. Philosophical Papers*, vol. II. Cambridge: Cambridge University Press.

Taylor, C. (2004) *Modern Social Imaginaries*. Durham, NC: Duke University Press.

Taylor, C. (2007) 'Cultures of Democracy and Citizen Efficacy', *Public Culture* 19(1): 117–150.

Tenenboim-Weinblatt, K. (2009) '"Where is Jack Bauer When You Need Him?" The Uses of Television Drama in Mediated Political Discourse', *Political Communication* 26: 267–387.

Terranova, T. (2004) *Network Culture*. London: Pluto.

Teurlings, J. (2007) *Dating Shows and the Production of Identities: Institutional Practices and Power in Television Production*. PhD thesis, University of Amsterdam.

Teurlings, J. (2010) 'Media Literacy and the Challenges of Contemporary Media Culture: On Savvy Viewers and Critical Apathy', *European Journal of Cultural Studies* 13(3): 359–373.

Thévenot, L. (2007a) 'A Science of Life Together in the World', *European Journal of Social Theory* 10(2): 233–244.

Thévenot, L. (2007b) 'The Plurality of Cognitive Formats and Engagements: Moving between the Familiar and the Public', *European Journal of Social Theory* 10(3): 409–423.

Thielmann, T. (2010) 'Conference Introduction Remarks', Media in Action Conference, University of Seigen, 17 June.

Thomas, A. (2011) 'Global TV Advertising Market Looks Forward to Bumper 2012', 2 June, http://blogs.informatandm.com/, last accessed 26 July 2011.

Thomas, G. (2004) 'The Cultural Contest for our Attention in Observations on Mediality, Property and Religion', in W. Schweiker and C. Mathewes (eds), *Having: Property and Possessions in Religion and Social Life*. Grand Rapids, MI: William B. Eerdmans, pp. 272–295.

Thomas, K. (1971) *Religion and the Decline of Magic*. Harmondsworth: Penguin.

Thomas, P. (2008) *Strong Religion, Zealous Media*. New Delhi: Sage.

Thompson, E. P. (1963) *The Making of the English Working Class*. Harmondsworth: Penguin.

Thompson, J. (1990) *Ideology and Modern Culture*. Cambridge: Polity.
Thompson, J. (1995) *The Media and Modernity*. Cambridge: Polity.
Thompson, J. (1996) 'Tradition and Self in a Mediated World', in P. Heelas, S. Lash and P. Morris (eds), *Detraditionalization*. Oxford: Blackwell, pp. 89 – 108.
Thompson, J. (1997) 'Scandal and Social Theory', in J. Lull and B. Hinerman (eds), *Media Scandals*. Cambridge: Polity, pp. 34 – 64.
Thompson, J. (2001) *Political Scandals*. Cambridge: Polity.
Thompson, J. (2005) 'The New Visibility', *Theory, Culture & Society* 22(6): 31 – 51.
Thrift, N. (2008) *Non-Representational Theory*. London: Routledge.
Thussu, D. (2009) 'Why Internationalize Media Studies and How?', in D. Thussu (ed.), *Internationalizing Media Studies*. London: Routledge, pp. 13 – 31.
Tilly, C. (1999) *Durable Inequality*. Berkeley: University of California Press.
Tilly, C. (2007) *Democracy*. Cambridge: Cambridge University Press.
Tocqueville, A. de (1961 [1835 – 1840]) *Democracy in America*, vol. I. New York: Schocken.
Tocqueville, A. de (1864 [1835 – 1840]) *Democracy in America*, vol. II. Cambridge: Sever and Francis.
Tomlinson, J. (1999) *Globalization and Culture*. Cambridge: Polity.
Tomlinson, J. (2007) *The Culture of Speed*. London: Sage.
Touraine, A. (2007) 'Sociology after Sociology', *European Journal of Social Theory* 19(2): 184 – 193.
Trow, G. (1981) *Within the Context of No Context*. Boston: Little Brown & Company.
Tunstall, J. (2008) *The Media Were American*. New York: Oxford University Press.
Turkle, S. (1996) *Life on the Screen*. London: Weidenfeld and Nicholson.
Turkle, S. (2011) *Alone Together*. New York: Basic Books.
Turner, B. (2005) 'Classical Sociology and Cosmopolitanism: A Critical Defence of the Social', *British Journal of Sociology* 57(1): 133 – 151.
Turner, B. (2007a) 'The Enclave Society: Towards a Sociology of Immobility', *European Journal of Social Theory* 10(2): 287 – 303.
Turner, B. (2007b) 'Religious Authority and the New Media', *Theory, Culture & Society* 24(2): 117 – 134.
Turner, G. (2009) 'Television and the Nation: Does this Matter Any More?', in G. Turner and T. Tay (eds), *Television Studies After TV*. London: Routledge, pp. 54 – 64.
Turner, G. (2010) *Ordinary People and the Media*. London: Sage.
Turnock, R. (2000) *Interpreting Diana*. London: BFI.

Turow, J. (2007) *Niche Envy.* Cambridge, MA: MIT Press.
Uitermark, J. and Gielen, A. -J. (2010) 'Islam in the Spotlight: The Mediatization of the Politics in an Amsterdam Neighbourhood', *Urban Studies* 47(6): 1325–1342.
Uricchio, W. (2009) 'Contextualising the Broadcast Era: Nation, Commerce and Constraint', in E. Katz and P. Scannell (eds), '*The End of Television?*' *Annals of the American Academy of Political and Social Science* 625: 60–73.
Urry, J. (2000) *Sociology Beyond Societies.* London: Sage.
Urry, J. (2007) *Mobilities.* Cambridge: Polity.
VSS (2005) *Communications Industry Forecast 2005–2009.* New York.
Vaidhyanathan, S. (2011) *The Googlization of Everything (and Why We Should Worry).* Berkeley: University of California Press.
van Dijk, J. (1999) *The Network Society.* London: Sage.
van Dijck, J. (2009) 'Users Like You? Theorizing Agency in User-Generated Content', *Media, Culture and Society* 31(1): 41–58.
Vattimo, G. (1992) *The Transparent Society.* Cambridge: Polity.
Vaughan, L. and Zhang, Y. (2007) 'Equal Representation by Search Engines? A Comparison of Websites across Countries and Domains', *Journal of Computer-Mediated Communication* 12(6): 888–909.
Vickers, A. (2001) 'Reality Text', *Guardian*, Online section, 24 May.
Virilio, P. (1999) *Open Sky.* London: Verso.
Volcic, Z. (2009) 'Television in the Balkans: The Rise of Commercial Nationalism', in G. Turner and T. Tay (eds), *Television Studies After TV.* London: Routledge, pp. 115–124.
Wacquant, L. (1993) 'From Ruling Class to Field of Power: An Interview with Pierre Bourdieu on *La Noblesse d'Etat*', *Theory, Culture & Society* 10(3): 19–44.
Wacquant, L. (2003) 'On the Tracks of Symbolic Power: Prefatory Notes to Bourdieu's "State Nobility"', *Theory, Culture and Society* 10(3): 1–17.
Wacquant, L. (2009) *Punishing the Poor.* Durham, NC: Duke University Press.
Wagner, P. (2008) *Modernity as Experience and Interpretation.* Cambridge: Polity.
Wang, G. (ed.) (2011) *De-Westernizing Communication Research.* London: Routledge.
Warde, A. (2005) 'Consumption and Theories of Practice', *Journal of Consumer Culture* 5: 131–153.
Wardle, C. and Williams, A. (2010) 'Beyond User-Generated Content: A Production Study Examining the Ways in which UGC is Used at the BBC', *Media, Culture and Society* 32(5): 781–799.
Warschauer, M. (2003) *Technology and Social Inclusion.* Cambridge, MA: MIT Press.

Waters, R. (2011) 'Google Throws Full Weight at Facebook', *Financial Times*, 29 June.

Waters, R., Edgecliffe-Johnson, A. and Menn, J. (2011) 'The Crowded Cloud', *Financial Times*, 4 June.

Weaver, M. (2007) 'Woman Found Canoeist Photo via Google', *Guardian*, 6 December.

Webb, D. (2009) *Privacy and Solitude in the Middle Ages*. London: Hambleden Continuum.

Weber, B. (2009) *Makeover TV: Selfhood, Citizenship and Celebrity*. Durham, NC: Duke University Press.

Weber, M. (1947) *The Theory of Social and Economic Organization*. New York: Free Press.

Webster, J. (2005) 'Beneath the Veneer of Fragmentation: Television Audience Polarization in a Multichannel World', *Journal of Communication* 55 (2): 366–382.

Welch, D. (1993) *The Third Reich: Politics and Propaganda*. London: Routledge.

Wellman, B. (2001) 'Physical Place and Cyber Place: The Rise of Networked Individualism', *International Journal of Urban and Regional Research* 25: 227–252.

Welsch, W. (1999) 'Transculturality — The Changing Forms of Cultures Today', in Bundesminister für Wissenschaft und Verkehr and Internationales Forschungszentrum für Kulturwissenschaften (eds), *The Contemporary Study of Culture*. Wien: Turia & Kant, pp. 217–244.

Wenger, E. (1998) *Communities of Practice*. Cambridge: Cambridge University Press.

Werbner, P. (1999) 'Global Pathways: Working Class Cosmopolitans and the Creation of Transnational Ethnic Worlds', *Social Anthropology* 7(1): 17–35.

Wheeler, D. (2004) 'Blessings and Curses: Women and the Internet Revolution in the Arab World', in N. Sakr (ed.), *Women and Media in the Middle East*. London: IB Tauris, pp. 138–161.

White, M. (1992) *Tele-advising*. Chapel Hill: University of North Carolina Press.

White, M. (2004) 'The Attractions of Television: Reconsidering Liveness', in N. Couldry and A. McCarthy (eds), *MediaSpace: Place, Scale and Culture in a Media Age*. London: Routledge, pp. 75–92.

Widestedt, K. (2009) 'Pressing the Centre of Attention: Three Royal Weddings and a Media Myth', in M. Jönsson and P. Lundell (eds), *Media and Monarchy in Sweden*. Göteborg: Nordicom, pp. 47–58.

Williams, B. (1985) *Ethics and the Limits of Philosophy*. London: Fontana/Collins.

Williams, B. (2002) *Truth and Truthfulness: An Essay in Genealogy*. Princeton: Princeton University Press.
Williams, R. (1961) *The Long Revolution*. Harmondsworth: Penguin.
Williams, R. (1973) *The Country and the City*. London: The Hogarth Press.
Williams, R. (1992) *Television: Technology and Cultural Form*. London: Fontana.
Wilson, N. (2007) 'Scholiasts and Commentators', *Greek, Roman and Byzantine Studies* 47: 39–70.
Wilson, T. (2007) *Understanding Media Users*. Malden, MA: Wiley-Blackwell.
Winocur, R. (2009) 'Digital Convergence as the Symbolic Medium of New Practices and Meanings in Young People's Lives', *Popular Communication* 7: 179–187.
Winston, B. (1998) *Media Technology and Society*. London: Routledge.
de Witte, M. (2009) *Spirit Media: Charismatics, Traditionalists and Mediation Practices in Ghana*. PhD thesis, Free University of Amsterdam.
Wittgenstein, L. (1978 [1953]) *Philosophical Investigations*. Oxford: Blackwell.
Wittmann, R. (1999) 'Was There a Reading Revolution at the End of the Eighteenth Century?', in G. Cavallo and R. Chartier (eds), *A History of Reading in the West*. Cambridge: Polity, pp. 284–312.
Wolin, S. (2008) *Democracy Inc*. Princeton: Princeton University Press.
Wood, H. and Skeggs, B. (2008) 'Spectacular Morality: "Reality" Television, Individualization and the Remaking of the Working Class', in D. Hesmondhalgh and J. Toynbee (eds), *Media and Social Theory*. London: Routledge, pp. 177–193.
Woolard, C. (2010) Speech to MeCCSA Conference, London School of Economics and Political Science, 6 January.
World Association of Newspapers (2008) *Youth Media DNA: Decoding the Media and News Consumption of Finnish Youth 15–29*, www.hssaatio.fi/en/images/stories/files/Final_YouthMediaDNAReport_October19.pdf, last accessed 23 June 2011.
Wright, J. (forthcoming) 'Listening to Suffering: What Might "Proper Distance" Have to Do with Media News?', *Journalism: Theory, Practice and Criticism*.
Wriston, W. (1992) *The Twilight of Sovereignty*. New York: Scribners.
Wrong, D. (1994) *The Problem of Order*. New York: Free Press.
Wuthnow, R. (1989) *Communities of Discourse*. Cambridge, MA: Harvard University Press.
Wyatt, S., Thomas, G. and Terranova, T. (2002) '"They Came, They Surfed, They Went Back to the Beach": Conceptualizing Use and Non-Use of the Internet', in S. Woolgar (ed.), *Virtual Society?* Oxford: Oxford University Press, pp. 71–92.
Xenos, M. and Foot, K. (2008) 'Not Your Father's Internet: The Generation Gap in

Online Politics', in L. Bennett (ed.), *Civic Life Online*. Cambridge, MA: MIT Press, pp. 57–70.

Yates, F. (1992 [1966]) *The Art of Memory*. London: Pimlico.

Yoo, S. (2009) 'Internet, Internet Culture, and Internet Communities of Korea: Overview and Research Directions', in G. Goggin and M. McLelland (eds), *Internationalizing Internet Studies*. London: Routledge, pp. 217–236.

Ytreberg, E. (2009) 'Extended Liveness and Eventfulness in Multi-platform Reality Formats', *New Media & Society* 11(5): 467–485.

Ytreberg, E. (2011) 'The Encounter between Media Professionals and "Ordinary People" in Event-Based Multi-Platform Formats'. Paper presented to the ICA Conference, Boston, 26–30 May.

Zelizer, B. (1993) *Covering the Body: The Kennedy Assassination, the Media and the Shaping of Collective Memory*. Chicago: Chicago University Press.

Zelizer, B. (2011) 'Journalism in the Service of Communication', *Journal of Communication* 61(1): 1–21.

Zerubavel, E. (1981) *Hidden Rhythms*. Berkeley: University of California Press.

Zhao, Y. (2008a) 'Neoliberal Strategies, Socialist Legacies: Communication and State Transformation in China', in P. Chakravarty and Y. Zhao (eds), *Global Communications: Towards a Transcultural Political Economy*. Lanham, MD: Rowman and Littlefield, pp. 23–50.

Zhao, Y. (2008b) *Communication in China*. Lanham, MD: Rowman and Littlefield.

Zielinski, S. (2006) *Deep Time of the Media*. Cambridge, MA: MIT Press.

Zimmermann, B. (2006) 'Pragmatism and the Capability Approach: Challenges in Social Theory and Empirical Research', *European Journal of Social Theory* 9(4): 467–484.

Zittrain, J. (2008) *The Future of the Internet and How to Stop It*. New Haven: Yale University Press.

Žižek, S. (1989) *The Sublime Object of Ideology*. London: Verso.

Zolo, D. (1992) *Democracy and Complexity*. Cambridge: Polity.

Zuckerman, E. (2011) 'The First Twitter Revolution?', *Foreign Policy*, 14 January, www.foreignpolicy.com/articles/2011/01/14/the_first_twitter_revolution, last accessed 24 January 2012.

关键词中英文对照索引

Abramovic, Marina　　玛丽娜·阿布拉莫维奇
Abu Ghraib prison photos　　阿布格里监狱的虐囚照
Abu-Lughod, Lila　　里拉·阿布-卢格霍德
accuracy　　准确
action　　行为
　　media rituals and patterned　　媒介仪式与模式化行为
　　practice and regularity of　　实践与行为规律
Actor-Network Theory (JNT)　　行为者网络理论
advertising　　广告
　　newspapers　　报纸广告
　　online　　网络广告
　　television　　电视广告
Africa　　非洲
Agha-Soltan, Neda　　内达·阿贾-索尔丹
Akers, P.　　阿科斯
Aksoy, A.　　阿克索
Al-Jazeera　　半岛电视台
Al-manar satellite TV channel　　"灯塔"卫星电视频道(黎巴嫩真主党电视台)
Algan, Ece　　艾斯·阿尔干
alternative political movements　　另类政治运动
Altheide, David　　戴维·阿什德
Amazon　　亚马逊
American Idol　　《美国偶像》
Amsterdain, mosque controversy　　围绕阿姆斯特丹一座新清真寺的争论
Anderson, Chris　　克里斯·安德森
Ang, len　　伊恩·安

Ansar Dine 伊斯兰后卫运动
anthropology 人类学
anti-globalization networks 反全球化网络
Apple 苹果
Apprentice, *The* 《学徒》
"apps", phone 手机应用服务
Arab Spring（2011） 阿拉伯之春
archiving "归档"
Argentina 阿根廷
    news production and audiences 阿根廷的新闻生产和受众
    news websites 阿根的新闻网站
    press 阿根廷的报纸
Aristotelian ethics 亚里士多德伦理
Aristotle 亚里士多德
art, mediatization in 艺术里的媒介化
audience research 受众研究
audience selling process 受众推销过程
Australia 澳大利亚
    education policy 澳大利亚的教育政策
    media rituals 澳大利亚的媒介仪式
authenticity, branding of "真实性烙印"
authority 权威
    and the porosity of institutions 权威与制度的多孔性
    convergence of education and media around 教育和媒介权威的融合
    emergence of pedagogic, in reality media 仿真节目里教育意义的兴起
    and politics 权威与政治
    and religion 权威与宗教

Banet-Weiser, Sarah 萨拉·巴内特-怀沙
Banner, Jon 乔恩·班纳
Barker, Martin 马丁·巴克
Barry, Andrew 安德鲁·巴里
Baudrillard, Jean 让·波德里亚

Bauman, Zygmunt　　齐格蒙·鲍曼
BBC　　英国广播公司
Beck, Ulbrich　　乌布利希·贝克
being shown　　被展示
belief needs　　信仰需求
Bell, Catherine　　凯瑟琳·贝尔
Beniger, James　　詹姆斯·贝尼格
　　The Control Revolution　　《控制革命》
Benjamin, Walter　　瓦尔特·本雅明
Benkler, Yochai　　尤查·本科勒
　　The Wealth of Networks　　《网络的财富》
Bennett, Lance　　兰斯·本内特
Bentivegna, Sara　　萨拉·本蒂维纳
Berger, P.　　彼得·伯格
Bemers-Lee, Tim　　蒂姆·伯纳斯-李
Beuys, Joseph　　约瑟夫·博伊斯
Big Brother　　老大哥
Bimber, Bruce　　布鲁斯·宾伯
Bird, Elizabeth　　伊丽莎白·伯德
Bit-Torrent　　比特流
Blair, Tony　　托尼·布莱尔
Blake, William　　威廉·布莱克
Blogcn.com　　中国博客网
Blogs/blogging　　博客
Boczkowski, Pablo　　帕布洛·波切考斯基
Bohman, James　　詹姆斯·波曼
Bolin, G.　　波林
Bollywood　　宝莱坞
Boltanski, Luc　　卢克·波尔坦斯基
　　De La Critique　　《论批评》
　　On Justification　　《正义论》
Bolter, Jay　　杰伊·波尔特
Bondy Blog　　"邦迪博客"

Book, invention of the   书的发明
Bourdieu, Pierre   皮埃尔·布尔迪厄
   definition of capital   布尔迪厄的资本定义
   and education   布尔迪厄与教育
   field theory   布尔迪厄与场域论
   "On Symbolic Power"   布尔迪厄"论符号权力"
   "n Television and Journalism"   布尔迪厄论电视和报刊
Bowker, Geoffrey   杰弗里·鲍克
boyd, danah   达纳·波伊德
Boyle, Susan   苏珊·波伊尔
BP, and Gulf of Mexico leak   英国石油公司与墨西哥湾漏油
Braudel, Fernand   费尔南·布罗代尔
Brazil   巴西
Britain   英国   see UK
Britain's Got Talent   《英国达人秀》
broadband access   宽带接入
Brooks, Kate   凯特·布鲁克斯
Brown, Gordon   戈登·布朗
Buck-Morss, Susan   苏珊·巴克-莫尔斯
Buonanno, Millie   米利耶·博纳诺
Burgess, J.   伯吉斯
Bush, President George W.   小布什总统
Bush Radio (Cape Town)   布须电台(开普敦)
Butler, Judith   朱迪思·勃特勒

Cabrera Paz, J.   帕斯·卡布雷拉
Calhoun, Craig   克雷格·卡尔洪
Campbell, Heidi   海迪·坎贝尔
capital   资本
   definition of by Bourdieu   布尔迪厄的资本定义
   symbolic   符号资本
   see also media capital capitalism
care   关爱,谨慎

    feminist ethics of　　女性主义的关爱伦理
    virtue of　　关爱的美德
Carey, James　　詹姆斯·凯利
Castaway　　《荒岛余生》
Castells, Manuel　　曼纽尔·卡斯特
Communication Power　　《传播的权力》
categories　　范畴,类别
    role of in media ritual　　媒介仪式范畴的作用
Catholic church　　天主教会
Cavarero, Adriana　　阿德丽亚娜·卡瓦雷罗
Cavell, Stanley　　斯坦利·卡维尔
Celebrity Big Brother　　《名流老大哥》(真人秀电视节目)
celebrity/celebrity culture　　名流,名流文化,名流现象
Center for Media Justice　　媒介正义中心
Chadwick, Andrew　　安德鲁·查德维克
Champagne, Patrick　　帕特里克·尚帕涅
Changing Rooms　　《交换空间》
Chiapello, Eve　　伊芙·恰佩洛
Chile　　智利
China　　中国
    blogging　　博客
    influence of television　　电视影响
    internal migrants　　国内移民
    internet users　　互联网用户
    media rituals　　媒介仪式
    mobile phones　　手机
    and news　　中国与新闻
    take up of digital media by working class　　工人阶级使用数字媒介
Christakis, N.　　克里斯塔基斯
Christensen, T.　　克里斯坦森
Chua, Siew Keng　　蔡秀琼
class　　阶级
    and digital divide　　阶级与数字沟

hidden injuries of　　隐性的伤害
classification　　分类
cloud gaming　　云游戏
co-veillance　　互相监督
Cobb, J.　　科布
Cohen-Almagor, Rafael　　蕾切尔·科恩-阿尔马格
collaborative filtering　　合作过滤
Collier's magazine　　《科利尔》杂志
Collins, Jim　　吉姆·柯林斯
Collins, Wilkie　　威尔基·柯林斯
　　The Moonstone　　《月亮宝石》
commentary　　评论
commercial media players　　商业媒介玩家
communication　　传播
　　Castells on　　卡斯特论传播
　　mathematical theory of　　通讯的数学理论
communicative ethics　　传播伦理
communrities of practice　　实践的共同体
complexity of social world　　社会世界的复杂性
computer networks　　计算机网络
computer ownership and digital divide　　计算机拥有量和数字鸿沟
computer-mediated communicacation　　计算机中介传播
connectedness　　连通性，相互关联
Connection, The　　《连线》
Connor, Steven　　史蒂芬·康纳
"constant TV" household　　"整天看电视"的家庭
constructivism　　建构主义
consumer politics　　消费政治
convenience　　方便（设施）
convergence culture　　融合文化
Cook, Timothy　　蒂莫西·库克
Copsey, Ron　　罗恩·柯普希
Coronation Street　　《加冕街》

281

Couldry, Nick　尼克·库尔德莱
　　Media Rituals　《媒介仪式》
　　The Place of Media Power　《媒介权力的地位》
counter-democracy　反民主
Cowell, Simon　西蒙·考威尔
Crary, Jonathan　乔纳森·克拉里
crime　犯罪
crisis of control　控制危机
crowd-sourcing　众包
cultural economy　文化经济
Curran, James　詹姆斯·柯兰
Cyworld　"赛我小窝网"（韩国）

Dale, Ian　伊恩·戴尔
Davies, Nick　尼克·戴维斯
Dayan, Daniel　丹尼尔·达杨
Dean, Howard　霍华德·迪恩
Dean, Jodi　乔迪·迪恩
Debord, Guy　居伊·德波
Debray, Regis　雷吉斯·德布雷
Deccan Development Society（DDS）　德干发展社
Deleuze, Giles　吉利斯·德勒兹
DeLillo, Don, *Underworld*　唐·德里罗，《地下世界》
dematerialization　去物质化
democracy/democratization　民主/民主化
　　definition　定义
　　and digital media　民主与数字媒介
　　media　媒介民主
　　and media justice　民主与媒介公正
　　Tilly's conditions of
Democratic Corporatist Model　民主的组合主义模式
Denmark　丹麦
　　cartoon controversy（2005）　漫画引起的论争

  internet penetration 互联网渗透率
  political engagement 政治参与
  and television news 丹麦与电视新闻
deontological approach to morality 去本体论的道德研究路径
Derrida, Jacques 雅克·德里达
dialectical approach 辩证法
Diana, Princess, funeral of 戴安娜王妃葬礼
Diebold Electronic Systems 迪堡电子公司
Digg 掘客网
digital divide 数字沟
digital media 数字媒介
  convergence of 数字媒介的融合
  and democratization 数字媒介与民主化
  and ethics 数字媒介与伦理
  and politics 数字媒介与政治
  social consequences of 数字媒介的社会影响
  see also internet digital natives
digital revolution, uncertainties of 数字革命的不确定性
digital sublime 数字化崇拜
digitalization of information 信息的数字化
Dijk, Jose van 乔斯·冯·戴伊克
disconnection 断线 *see* digital divide
dispersed practice 分散型习惯做法
division of labour 劳动分工
do-it-yourself celebrity 自己动手博名望
Douglas, S. 道格拉斯
Dragon's Den 《龙穴》
Durkheim, Emile 埃米尔·迪尔凯姆（涂尔干）
  The Elementary Forms of Religious Life 《宗教生活的基本形式》
Dutton, William 威廉·达顿

early adopters 率先采用互联网的人
Eastern Europe 东欧

and Pop Idol format　　东欧与教皇崇拜的格式
Easton, David　　大卫·伊斯顿
economic needs　　经济需求
economics　　经济学　*see* media economics
Economist　　《经济学家》
education, mediatization in　　教育里的媒介化
Egypt　　埃及
Eisenstein, Elizabeth　　伊丽莎白·爱森斯坦
Elias, Norbert　　诺伯特·埃利亚斯
Elliott, Philip　　菲利普·艾略特
Emin, Tracy　　翠西·艾敏
empirical a posteriori/a priori　　经验性的先验/先验
Endemoi　　恩迪摩尔
entertainment　　娱乐
　　shift to in global media agendas　　全球媒介议程的娱乐转向
Ericson, S.　　埃里克森
Erni, John　　约翰·埃尔尼
ethics　　伦理
　　Aristotelian　　亚里士多德伦理
　　distinction from morality　　伦理和道德的区分
　　journalistic　　新闻伦理
　　Kantian　　康德伦理
　　neo-Aristotelian　　新亚里士多德伦理
　　of search engines　　搜索引擎的伦理
　　virtue　　德性伦理
　　see also media ethics
ethnic needs　　族属需求
European Competition Commissioner　　欧洲竞争事务专员
Eurovision Song Contest　　欧洲电视网歌唱大赛
Experian Hitwise　　埃克皮里恩·希特怀斯

face-to-face interaction　　面对面互动
Facebook　　脸谱网

Fame Academy 《名人堂》
fame/fame culture 名气/名流文化
Family, The 《家庭》
fandom 追风,偶像崇拜热
Fawkes, Guido 圭多·福克斯
Febvre, L. 吕西安·费弗尔
Federal Communications Commission 联邦通讯委员会
feminist ethics of care 女性主义的关爱伦理
Ferguson, Sir Alex 亚历克斯·弗格森
field theory 场域论
financial crisis (2011) 金融危机
Finland 芬兰
   newspaper consumption 报纸消费
Fischer, Claude 克劳德·费希尔
Fishman, Mark 马克·费西曼
Flickr "闪客网"
Focus (*Jiaodian Fantan*) 焦点访谈
football, televised 直播的足球赛
forms of life 生活形式
Foster, Christopher 克里斯托弗·福斯特
Foursquare "正方"(导航服务)
Fowler, J. J. 福勒
frames/framing 框架/构架
France 法国
free media 自由媒介,免费媒介
Freud, Sigmund 西格蒙德·弗洛伊德
   Civilization and its Discontents 《文明及其不满者》
Fry, Stephen 史蒂芬·弗莱
Fuller, Matt 马特·富勒

G20 Gleneagles summit (2005) 20国集团格伦依格斯峰会
G20 London summit (2009) 20国集团伦敦峰会
Gabler, Neal 尼尔·加布勒

gamedocs 游戏文档
Gamson, Josh 乔希·甘松
Garland, David 大卫·加兰德
Gawkerstalker Gawkerstalker 追星八卦网站
gender 性别
    and internet access 性别与互联网的接入
genocides 种族灭绝
Gergen, K. K.格尔根
Germany 德国
    Nazi 纳粹
    and network news 德国与网络新闻
    television viewing 德国的电视收视情况
Giddens, Anthony 安东尼·吉登斯
Gielen, Amy-Jane 艾米-简·基伦
Gilbert, Jeremy 杰里米·吉尔伯特
Gillespie, Marie 玛丽·吉利斯皮
Gillespie, Tarleton 塔里顿·基里斯皮
Ginsburg, Faye 费伊·金斯堡
Gitelman, Lisa 丽萨·基特尔曼
Gitlin, Todd 托德·吉特林
globalization 全球化 *see also* anti-globalization networks
Goffman, E. 欧文·戈夫曼
Goggin, G. G.高金
Goodwin, Daisy 黛西·古德温
Goody, Jade 杰德·古蒂
Google 谷歌
    Page Rank system 网页排序系统
Graham, Billy 毕利·格雷厄姆
"grammars of action" "行为的语法"
Gray, Mary 玛丽·格雷
Greece 希腊
Green, J. 格林
Grice, Paul 保罗·格莱斯

Guardian   《卫报》
Gulf of Mexico leak   墨西哥湾漏油

Habermas, Jürgen   尤尔根·哈贝马斯
habit(s)   习惯
habitus   习性
Hagen, Inge   英基·哈根
Hague, William   威廉·黑格
Haidara, Cherif Ousmane   谢里夫·乌斯曼·海德拉
Haiqing, Ym   尹海青(译音)
Halavais, Alexander   亚历山大·哈拉维斯
Hallin, Daniel   丹尼尔·哈林
   Comparing Media Systems   媒介系统的比较
Halpern, Susan   苏姗·哈尔彭
Hampton, Keith   吉斯·汉普顿
Handelman, Don   唐·韩德尔曼
happy slapping   "开心掌掴"
hard-wiring   硬连线
Hardt, M.   M. 哈特
Harindranath, R.   哈林德拉纳斯
Harry Potter novels   哈利·波特小说
Harsin, Jayson   杰森·哈森
hashtags   哈希标签
Hassan, Robert   罗伯特·哈桑
Hebdo, L' (magazine)   《周刊》(杂志)
Hepp, Andreas   安德利亚斯·荷普
heritage, digitalization of   遗产的数字化
Herring, Susan   苏姗·赫林
Hezbollah   真主党(黎巴嫩)
hidden injuries   隐性伤害
"hiding out"   "躲藏"
Hillis, Ken   肯·希利斯
Hills, The   《山丘》(音乐电视)

Himm, Benny   贝尼·希姆
Hindman, Matthew   马修·海因德曼
Hjarvard, Stij   斯蒂伊·赫亚瓦
Hobsbawm, Eric   埃里克·霍布斯鲍姆
Holland   荷兰
 media rituals   荷兰的媒介仪式
 mosque controversy in Amsterdam   阿姆斯特丹的清真寺争端
 NGOs   荷兰的非政府组织
Holy Moly   荷力莫里(名流八卦网站)
Honneth, Axel   阿克塞尔·霍奈特
Hoover, Stewart   斯图尔特·胡佛
hospitality   好客
 linguistic   语言的好客
Howard, Philip   菲利普·霍华德
Howe, Peter   彼得·豪
 Paparazzi   《狗仔队》
human flourishing   "人生绚丽"
Human Rights Watch   人权观察组织
Hungary   匈牙利

Ibrahim, Zane   赞恩·易卜拉欣
Iceland   冰岛
ideology, Lacanian theory of   拉康主义意识形态理论
Illouz, Eva   艾娃·伊卢兹
imagined community   "想象的共同体"
Imre, Aniko   阿尼科·伊姆雷
India   印度
 and Bollywood   印度与宝莱坞
 and news   印度与新闻
 reality media contests   印度的仿真媒介竞赛
Indonesia   印度尼西亚
Indymedia   独立媒体
inertia   惰性

Innis, Harold　　哈罗德·伊尼斯
institutions　　制度,机构
　　porosity of　　制度的孔隙性
　　see also media institutions
integrative practices　　整合性习惯做法
interactivity, audience　　受众互动
internet　　互联网
　　broadband access　　宽带接入
　　consequences for social theory　　对社会理论的影响
　　democratic potentials of　　互联网的民主潜力
　　and digital divide　　互联网与数字沟
　　and emergence of new political actors　　互联网与新政治行动主义者的兴起
　　fears over neutrality of　　对互联网中性的担心
　　gender and access to　　性别和上网
　　geographic expansion　　互联网的地理扩张
　　growing massification of　　互联网日益发展的大众化趋势
　　and hidden injuries　　互联网与隐性的受害
　　impact of on newspaper readership　　互联网对报纸读者的冲击
　　and leisure needs　　互联网与休闲需求
　　and net delusion　　互联网与网络幻觉
　　and politics　　互联网与政治
　　and search engines　　互联网与搜索引擎
　　searching and search-enabling　　搜索和搜索能力的养成
　　and shift in information production　　互联网与信息生产的迁移
　　stimulation of cultural production　　互联网对文化生产的刺激
　　trans-border flexibility of　　互联网的跨界灵活性
　　use of in ethnic media cultures　　族属媒介文化里的互联网使用
internet architecture　　互联网结构
internet cafes (South Korea)　　网吧(韩国)
internet-enabled phones　　能上网的"智能"手机
intertextuality　　互文性
Introna, L.　　L.因特洛纳
investigative investment　　调查性投入

iPhone   iPhone 手机
Iran   伊朗
   blogosphere   博客圈,博客世界
   religious institutions and the media   宗教机构与媒介
Iraq   伊拉克
Islam   伊斯兰
Islamic fundamentalism   伊斯兰原教旨主义
Israeli TV   以色列电视台
lwabuchi, Koichi   岩渊功一

Jackson, Michael   迈克尔·杰克逊
Jamie's School Dinners   《杰米的校餐配方》
Jansen, Sue Curry   苏·卡利·詹森
Jansson, Andre   安德烈·杨森
Japan   日本
   contrast between uchi and soto   "圈内"和"圈外"的反差
Jarvis, Jeff   杰夫·贾维斯
Jenkins, Henry   亨利·詹金斯
Jews   犹太人
   and cabbala   犹太人与犹太秘法
Jonas, Hans   汉斯·乔纳斯
journalism, digital   数字新闻
journalistic ethics   新闻伦理
journalistic field   新闻场域
Judaic T'shuvah movement   犹太教的忏悔运动
Judaism   犹太教
Judge Dredd (film)   《德拉德法官》
Juris, Jeffrey   杰弗里·朱里斯
justice   正义,公平,公正
   Rawls theory of   罗尔斯的正义论
   and Sen   正义与阿马蒂亚·森
   see also media justice
justification, regimes of   "正当性规范"

Kant, Immanuel　　康德
Katz, Elihu　　伊利胡·卡茨
Katz, James　　詹姆斯·卡茨
keeping all channels open　　开放一切渠道
Kellner, Douglas　　道格拉斯·凯尔纳
Kennedy, John F., assassination of　　肯尼迪被刺
Kerry, John　　约翰·克里
Kilroy　　基尔罗伊
Kittler, Friedrich　　弗里德里希·基特勒
Knorr-Cetina, Karin　　卡琳·诺尔-塞蒂纳
Kogen, L.　　L. 科根
Koons, Jeff　　杰夫·昆斯
Koshernet　　科舍网
Kraidy, Marwan　　马尔文·克雷蒂
Krotz, Friedrich　　弗里德里希·克罗兹

labour activism　　劳工行动主义
Lacan, Jacques　　雅克·拉康
lack　　缺乏，短缺
Lamont, Michelle　　米歇尔·拉蒙特
Langman, Lauren　　劳伦·朗曼
language　　语言
　as toolkit　　语言作为工具箱
　Wittgenstein's philosophy of　　维特根斯坦的语言哲学
Larkin, Brian　　布莱恩·拉金
Lash, Scott　　斯科特·拉希
latent political actors　　潜在的政治行为人
Latin America　　拉丁美洲
Latour, Bruno　　布鲁诺·拉图尔
Law, John　　约翰·劳
Lazarsfeld, Paul　　保罗·拉扎斯菲尔德
leaks　　渗漏

Lebanon　　黎巴嫩
Lefebvre, Henri　　昂利·列斐伏尔
legitimacy　　合法性
　　political　　政治合法性
Lehmann, D.　　D. 莱曼
leisure needs　　休闲需求
Lessig, Lawrence　　劳伦斯·莱西格
Levi, Primo　　普里莫·列维
Levi-Strauss, Claude　　克劳德·列维-斯特劳斯
Levinas, Emanuel　　伊曼努尔·列维纳斯
Liberal model　　自由主义模式
Libya　　利比亚
Liebes, Tamar　　塔马尔·利贝斯
Lievrouw, L.　　L. 里弗洛
life-caching　　"保存人生印记"
lifeworld　　生活世界
Lincoln, President Abraham　　林肯总统
linguistic hospitality　　语言
liveness　　"直播"
Livingstone, Sonia　　索妮娅·利文斯通
London Turkish migrants　　伦敦的土耳其移民
Los Angeles Times　　《洛杉矶时报》
Lotz, Amanda　　阿曼达·罗兹
Lovibond, Sabina　　萨比娜·拉维邦德
Luckmann, T.　　托马斯·卢克曼
Luhmann, Niklas　　尼克拉斯·卢曼
Lundby, Knut　　努特·伦德比
Lush, Jane　　简·勒什
Lynch, Marc　　马克·林奇

McChesney, Robert　　罗伯特·麦克切斯尼
McDowell, John　　约翰·麦克道威尔
MacIntyre, Alisdair　　阿里斯代尔·麦金泰尔

McLelland, M.　M. 麦克莱兰
McLuhan, Marshall　马歇尔·麦克卢汉
McMillin, Divya　迪维亚·麦克米林
McQuire, Scott　斯科特·麦奎尔
Madianou, M.　M. 马蒂亚诺
Major, John　约翰·梅杰
Make Poverty History　"让贫困成为历史"
make-over shows　美妆美容节目
Malaysia　马来西亚
Mali　马里
　Ansar Dine in　马里的伊斯兰后卫运动
al-Manar　阿尔马纳尔电视台
Mancini, Paolo　保罗·曼奇尼
Mandaville, Peter　彼得·曼达维尔
Mandela, Nelson　纳尔逊·曼德拉
Manovich, Lev　列夫·马诺维奇
Mansell, R.　曼塞尔
Markham, Tim　蒂姆·马克汉姆
Marshall, David　戴维·马歇尔
Marshall, Howard　霍华德·马歇尔
Martin, H.-J.　H.-J. 马丹
Martin-Barbero, Jesus　杰西·马丁-巴贝罗
Martuccelli, Danilo　达尼洛·马图切里
Marx, Karl　卡尔·马克思
mass media　大众媒介
　decline of　大众传播的式微
mass self-communication　大众自我传播
Mauss, Marcel　马塞尔·莫斯
Maxell, Rick　里克·马克斯维尔
Mayhew, Leon　里昂·梅修
　The New Public　《新共和》
media　媒介
　definition　媒介定义

    divergence between use of and media hype　　媒介使用与媒介宣传的分别
    as environment　　作为环境的媒介
    metaphors for change in　　媒介变化的暗喻
    social consequences of　　媒介的社会影响
    social theory's neglect of　　社会理论对媒介的忽视
    "space-biased" and "time-biased"　　媒介的"空间偏向"和"时间偏向"
    transformations in　　媒介变革
    transforming of social scale　　社会尺度（规模）的变化
    uncertainties in relation to society　　媒介与社会关系的不确定性
    use of　　媒介的使用
media capital　　媒介资本
    see also media meta-capital mediacentrism
media cultures　　媒介文化
    generation of variety of　　媒介文化多样性的辈分
    meaning　　媒介文化的意义
    and needs　　媒介文化与需求　　*see* also needs
    and sense-making　　媒介文化与意义建构
    as translocal　　跨地域的媒介文化
media democracy　　媒介民主
media ecologies　　媒介生态
media economics　　媒介经济学,媒介经济
    and commentary　　媒介经济与评论
media effects　　媒介效应
media ethics　　媒介伦理
    and accuracy　　媒介伦理与准确性
    and communicative ethics　　媒介伦理与传播伦理
    and connectedness　　媒介伦理与相互关联
    and hospitality　　媒介伦理与好客
    and linguistic hospitality　　媒介伦理和语言好客
    neo-Aristotelian approach　　媒介伦理与新亚里士多德方法论
    and sincerity　　媒介伦理与诚信
    and virtue of care　　媒介伦理与关爱伦理
media events　　媒介事件

  banalization of 媒介事件的平常化
  definition 媒介事件的定义
media formats 媒介格式
media homes 媒介家园
media ideology 媒介意识形态
media industries 媒介产业
  and nation-building 媒介产业与国家的建构
media injustices 媒介不公
  approaches to 媒介不公的研究路径
  types of 媒介不公的类型
media institutions 媒介制度，媒介机构，媒体
  and accuracy 媒介机构与准确性
  changing social/political status of 变化中的媒介机构的社会/政治地位
  connection with social media 媒介机构与社交媒介的联系
  and power 媒介机构与权力
  reality work of 媒介机构对"现实"的研究
media justice 媒介正义
  see also media injustices
Media Justice Fund 媒介正义基金
media logic 媒介逻辑
media manifold 媒介多元体
media meta-capital 媒介元资本
  and art 媒介元资本与艺术
  and education 媒介元资本与教育
  and politics 媒介元资本与政治
  and religion 媒介元资本与宗教
media power 媒介权力
  distinctive nature of 媒介权力的特性
  as form of symbolic power 作为符号权力形式的媒介权力
  hidden injuries of 媒介权力的隐性伤害
  substantive account of and objections to 媒介权力实质性记述及反对意见
media-related practice 与媒介关联的习惯做法
  and archiving 习惯做法与归档（媒介习惯做法的时间管理）

  commentary　　媒介习惯做法评述
  complex　　媒介习惯做法的复合体
  keeping all channels open　　开放一切渠道
  keeping up with the news　　跟上新闻
  presencing　　在场（媒介习惯做法的空间管理）
  and reality construction　　媒介习惯做法与现实的建构
  ritualization of　　媒介习惯做法的仪式化
  screening out　　媒介习惯做法的剔除
  searching and search-enabling　　搜索与搜索能力的养成
  showing and being shown　　媒介习惯做法的显示和被显示
media research, background in　　媒介研究里的背景
media rituals　　媒介仪式
  background and basic concept　　媒介仪式的背景和基本观念
  and banalization of media events　　媒介仪式和媒介事件的平常化
  and categories　　媒介仪式及其范畴
  celebrity culture　　名流文化
  definition　　媒介仪式的定义
  flexibility of　　媒介仪式的灵活性
  and myth of mediated centre　　媒介仪式和媒介中心神话
  patterned action　　模式化行为
media saturation　　媒介饱和
media studies　　媒介研究
"media, the"　　"媒介"
media theory　　媒介理论
  towards a socially oriented　　走向社会取向的媒介理论
mediacentrism　　媒介中心主义
Media Justice　　媒介正义基金
mediapolis　　"媒介城邦"
mediated centre, myth of　　媒介中心神话
mediation　　中介化
mediatization　　媒介化
  in education　　教育里的媒介化
  and field theory　　媒介化与场域论

  in politics 政治里的媒介化
  in religion 宗教里的媒介化
  in visual arts 视觉艺术里的媒介化
medium theory 媒介理论（麦克卢汉等人提倡的"单数的"媒介理论）
Melucci, Alberto 阿尔伯托·梅卢奇
memory, development of 记忆的开发
Merton, Robert 罗伯特·默顿
Meta-capital 元资本
  see also media meta-capital
Mexico 墨西哥
  young people's media cultures in 墨西哥年轻人的媒介研究
Meyer, Thomas 托马斯·迈尔
Meyrowitz, J. 乔舒亚·梅罗维兹
Miao Di 苗迪（译音）
Michaels, Eric 埃里克·麦克尔斯
Microsoft, acquisition of Skype 微软并购网络电话公司 Skype
Middle East 中东
  gender and internet access 性别与互联网接入
  reality media 仿真媒介
  role of media culture in 媒介文化的作用
  satellite television 卫星电视
migrants 移民
  and economic needs 移民与经济需求
  and ethnic needs 移民与族属需求
  media consumption 移民的媒介消费
migration 迁移
Miller, Carolyn 卡罗琳·米勒
Miller, Daniel 丹尼尔·米勒
Miller, Toby 托比·米勒
Mirzoeff, Nick 尼克·米尔佐夫
missing social 缺失的社会要素
Mitra, Ananda 阿南达·米特拉
Mixi Mixi 社交网（日本）

mnemonics　　记忆术
mobile phones　　移动电话
　　in China　　移动电话在中国
mobile privatization　　移动私人化
mobilities, sociology of　　研究"流动性"的社会学
Molnar, Virag　　维拉格·莫尔纳
monitoring, mutual　　互相监察
monstration　　论证
Moore, Henrietta　　赫恩里埃塔·穆尔
morality　　道德　see also ethics
Morgan, David　　戴维·摩根
Morozov, Evgeny　　埃夫琴尼·莫罗佐夫
Mosco, Vincent　　文森特·莫斯可
Mumsnet　　母亲游说网
Murdoch, Rupert　　鲁珀特·默多克
Murphy, P.　　P. 墨菲
mutual recognition　　互相承认
MySpace　　聚友网
myth making and communication technologies　　神话制造和传播技术
myth of the mediated centre　　媒介中心神话　see mediated centre, myth of
MyTown　　"我的城市"（导航服务）

Napoli, Philip　　菲利普·拿波利
nation-building　　国家建设
nation-states　　民族国家
national broadcasters　　国家（级）的广播公司
national media　　全国性媒体
naturalization　　自然化,被视之为自然；规划,入籍
needs　　需求
　　belief　　信仰需求
　　economic　　经济需求
　　ethnic　　族属需求
　　leisure　　休闲需求

    political   政治需求
    and practice   需求与实践
    recognition   被承认的需求
    social   社会需求

Negri, T.   T. 内格里

neoliberalism   新自由主义

net generation   互联网一代

network actors   互联网行动主义者,网络问政激进分子

network news   网络新闻
    decline in USA   网络新闻在美国的式微

network society   网络社会

network topology   网络拓扑学

networked politics   网络政治

networked public sphere   网络政治领域

networks   网络

news   网络新闻
    basic need for   对网络新闻的基本需求
    infiuence on people   网络新闻对人的影响
    keeping up with the   跟上网络新闻
    mutualization of the   网络新闻的相互支援
    online   在线新闻
    and search engines   网络与搜索引擎

News Corporation   新闻公司

News of the World   《世界新闻报》
    hacking scandal   黑客丑闻

newspapers   报纸
    decline in readership   读者人数的下降
    loss of advertising income   广告收益的损失
    websites   报纸网站

NGOs (Dutch)   非政府组织(荷兰)

Nigeria   尼日利亚

9/11 attacks   "9·11"恐怖袭击

Nissenbaum, H.   H. 尼森鲍姆

non-codifiability, principle of　　不可编码性原理
non-linearity, principle of　　非线性原理
non-representational theory　　非表征理论
Norway　　挪威
Noveck, Beth　　贝丝·诺维克

Obama, President Barack　　奥巴马总统
O'Donnell, Penny　　彭妮·奥唐内尔
Ofcom　　传媒独立监察机构（英国）
Office, The　　《办公室》（电视剧）
OhMyNews　　"我的新闻"网站
Olympics（1988）　　奥林匹克运动会
O'Neill, Onora　　奥诺拉·奥尼尔
Ong, Jonathan　　乔纳森·翁
online advertising　　网络广告
online news　　网络新闻
Only Way is Essex, The　　《埃塞克斯是唯一的生活方式》
ordering　　排序
Orkut　　"奥库网"（印度）
Other People's Homes　　《他人的家园》

Palin, Sarah　　萨拉·佩林
paparazzi　　狗仔队
Parikka, I.　　帕里卡
Paz, Jose Cabrera　　何塞·卡布雷拉·帕斯
Peters, John Durham　　约翰·达勒姆·彼得斯
phenomenology of media　　媒介现象学
　　and political economy　　媒介现象学与政治经济学
Philippines　　菲律宾
photos/photography　　照片/摄影术
　　archiving online　　照片网络档案库
　　placing of onto a website　　上传照片
Pieterse, Jan Nederveen　　让·尼德温·彼得斯

platforms　　平台
play, role of in ritual　　游戏在仪式里的作用
Polarized Pluralist Model　　两极化的多元模式
political actors　　政治行为人
　　individual　　政治行为者个人
　　latent　　潜在的政治行为人
　　network　　政治行为人的网络
political economy　　政治经济学
　　and phenomenology of media　　政治经济学与媒介现象学
political engagement　　政治参与
　　Argentina　　阿根廷的政治参与
　　changing conditions of　　政治参与的变化情况
　　demand side of　　政治参与的需求面
　　Denmark　　丹麦的政治参与
　　and need　　政治参与和需求
　　supply side of　　政治参与的供给面
political needs　　政治需求
political pamphlet　　政治小册子
politics　　政治
　　and anti-globalization networks　　政治与反全球化
　　and authority　　政治与权威
　　and blogging　　政治与博客
　　definition　　政治定义
　　and digital media　　政治与数字媒介
　　and evaluation　　政治与评价
　　and framing　　政治与政治构架
　　and internet　　政治与互联网
　　and journalistic field　　政治与新闻场域
　　media logic in　　政治里的媒介逻辑
　　mediatization of　　政治的媒介化
　　and networks　　政治与网络
　　new routes to public　　公共政治的新路径
　　of search engines　　搜索引擎的政治

  and social networking platforms 政治与社交网络平台
  and spectacle 政治与景观
  and violence 政治与暴力
  what of 政治的"什么"
  who of 政治的"谁"
  why of 政治的"为什么"
polymedia 多元媒体
Pop Idol 《流行偶像》
  and Eastern Europe 《流行偶像》与东欧
porosity, institutional 机构容易渗透的空隙
power 权力
  field of 权力场
  media's relation to 媒介与权力的关系
  and networks 权力与网络
  and practice 权力与实践
  symbolic 符号权力
  see also media power
PowerPoint PPT 演示文件
practice 实践，习惯做法
  advantages of looking at media as 视媒介为实践的好处
  and Aristotelian ethics 实践与亚里士多德伦理
  and Bourdieu 实践与布尔迪厄
  and categories 实践与范畴
  definition 实践与定义
  and habits 实践与习惯
  and needs 实践与需求
  and power 实践与权力
  and Reckwitz 实践与雷克维茨
  and regularity of action 实践与行为的规制
  and Schatzki 莎茨基
  as social 作为社交的实践
  and social order 实践与社会秩序
  in social theory 社会理论里的实践

  and understanding   实践与理解
  see also media-related practice
presencing   "在场"
press rituals   新闻仪式
Priest, Patricia   帕特丽夏·普里斯特
print revolution   印刷革命
Prior, Matthew   马修·普赖尔
Proust, Marcel   马塞尔·普鲁斯特
  In Search of Lost Tune   《追忆似水年华》
  Remembrance of Things Past   《追忆似水年华》
public discourse, media and shaping of   公共话语,媒介与公共话语的形塑
public service broadcasting   公共广播
public sphere   公共领域
Punathambekar, Aswin   阿斯文·普纳桑贝克

Al-Qaradawi, Yusuf   尤苏夫·盖尔达维
Qiu, Jack   邱林川
Quinn, Warren   沃伦·奎因

radio   无线电广播,电台
Rantanen, Terhi   特尔希·兰塔伦
Rao, Ursula   乌尔苏拉·劳
Rappaport, Roy   罗伊·拉帕波特
Rawls, John   约翰·罗尔斯
reality media/television   仿真媒介/真人秀
  consequences for the causes of media's hidden injuries   媒介隐性伤害的后果
  emergence of pedagogic authority   教育权威的浮现
  growth of   真人秀
  long-term fate   真人秀的远期命运
  Middle East   中东的真人秀
Reckwitz, Andreas   安德里亚斯·雷克维茨
recognition   承认
  Honneth's theory of   霍奈特的承认理论

mutual　　互相承认
recognition needs　　被承认的需求
reddit　　红迪网
relational space　　关系空间
religion　　宗教
　　and authority　　宗教与权威
　　and blogging　　宗教与博客
　　and media cultures　　宗教与媒介文化
　　mediatization in　　宗教里的媒介化
religious ritual　　宗教仪式
RenRen　　人人网（中国）
representations, materiality of　　表征的物质性
rhetorical tokens　　修辞标记
Rice, Ronald　　罗纳德·赖斯
Richard and Judy　　理查德和朱迪
Ricoeur, Paul　　保罗·利科
Riegert, K.　　里戈特
Rilke, Rainer Maria　　雷纳·玛丽亚·里尔克
risk society　　风险社会
ritual(s)　　风险仪式
　　definition　　风险定义
　　non-media　　非媒介风险
　　religious　　宗教风险
　　role of play in　　游戏在社会风险里的作用
　　secular　　世俗的风险
　　see also media rituals
ritualization　　仪式化
Robins, K.　　罗宾斯
Rogers, Richard　　理查德·罗杰斯
Røpke, I.　　罗普克
Rosanvallon, Pierre　　皮埃尔·罗桑瓦隆
Rose, Kevin　　凯文·罗斯
Rothenbuhler, Eric　　埃里克·罗森布勒

Ruddock, A.　　A. 鲁多克
rumour bombs　　谣言炸弹
Rusbridger, Alan　　艾伦·拉什布里杰
Rwandan genocide　　卢旺达种族灭绝

Saddam Hussein　　萨达姆·侯赛因
Said, Khaled　　哈立德·萨伊德
Salazar, Juan　　胡安·萨拉查
Samanyolu TV　　萨曼约卢电视
Sao Paolo　　圣保罗
Sassen, Saskia　　萨吉娅·萨桑
satellite television　　卫星电视
Saudi Arabia　　沙特阿拉伯
scale, media's relationship with social　　媒介与社会尺度(规模)的关系
Scandinavia　　斯堪的纳维亚
Scannell, Paddy　　帕迪·斯卡内尔
Schatzki, Theodor　　西奥多·莎茨基
Schlesinger, Philip　　菲利普·施莱辛格
Schmidt, Eric　　埃里克·施密特
school killings　　校园枪杀案
Schrott, Andrea　　安德里亚·施洛特
Schulz, Bruno　　布鲁诺·舒尔兹
Schulz, Dorothea　　多萝西娅·舒尔兹
Scott, John　　约翰·斯科特
screen theory　　银屏理论,银屏理论
screening out　　筛选掉,屏蔽
search engines
searching/search-enabling practices　　搜索习惯做法/搜索能力的养成
Second World War　　第二次世界大战
secular rituals　　世俗仪式
Seiter, Ellen　　埃伦·塞特
selecting out　　筛选,剔除
self-narrativization　　自述,自我叙事

Sen, Amartya   阿马蒂亚·森
Sennett, Richard   理查德·塞内特
sequestration of experience   "经验的存封"
sexual cultures   性文化
Shannon, C.   克劳德·香农
Shepherd, Dawn   道恩·谢泼德
Shetty, Shilpa   希尔帕·谢蒂
Shils, E.   E. 希尔斯
Shirky, Clay   克莱·舍基
Shove, Elizabeth   伊丽莎白·肖弗
showing   展示
Siebzehner, B.   B. 赛布齐纳
Silverstone, Roger   罗杰·希尔维斯通
Simone, A.   A. 西蒙
sincerity   诚信
Sinclair Broadcasting   辛克莱广播公司
Sinha, Dipankar   迪潘加·辛哈
Situationists   情景主义者
Snapfish   喀嚓鱼
Snow, Robert   罗伯特·斯诺
social, missing   缺失的社会要素
social constructionism   社会建设
social functionalism   社会功能主义
social needs   社会需求
social networking sites (SNSs)   社交网
  and Arab Spring   社交网与阿拉伯之春
  centring processes of   社交网集中化过程
  and governments   社交网与政府
  importance for diaspora in keeping in touch   社交网使失散人保持联系的重要意义
  and media cultures   社交网与媒介文化
  and media institutions   社交网与媒介机构
  and politics   社交网与政治

    and presencing   社交网与"在场"
    and virtue of care   社交网与关爱的美德
    see also individual sites
social order and practice   社会秩序与实践
social theory   社会理论
    practice in   社会理论里的实践
socially oriented media theory   社会取向的媒介理论
sociology   社会学
sociology of associations
Socrates   苏格拉底
South Africa   南非
South Birmingham Community Radio   伯明翰南区广播台
South Korea   韩国
    blogs   博客
    internet cafes   网吧
    internet penetration   互联网的渗透
    mayoral elections in Seoul (2011)   首尔市长选举
    presencing and internet   "在场"与互联网
"space of flows"   "流的空间"
space of the social   社会空间
Spain   西班牙
spectacle   景观
Spyer, Patricia   帕特丽夏·斯派尔
Sri Lanka   斯里兰卡
Star, Susan Leigh   苏珊·雷伊·斯塔尔
Starr, Paul   保罗·斯塔尔
Stevenson, Nick   尼克·史蒂文森
Stiegler, Barnard   巴尔纳·史蒂格勒
Stolen Honour (documentary)   《窃取的荣耀》
Strathern, M.   M. 斯特拉森
Straubhaar, Joseph   约瑟夫·斯特劳布哈尔
Sugar, Lord   休格爵士
Sun, Wanning   孙婉宁（译音）

supersaturation of media　媒介超饱和
surveillance　监视
　　workplace　工作场所的监视
Survivor　《幸存者》
Sweden　瑞典
　　media rituals　媒介仪式
　　newspaper consumption　报纸消费
　　PirateBay movement
Swidler, Ann　安妮·斯威德勒
symbolic capital　符号资本
symbolic power　符号权力
symbolic violence　符号暴力
symbols　符号

Takahashi, Toshie　高桥利惠
talk shows　脱口秀
Tarde, Gabriel　加布里埃尔·塔尔德
Tea Party movement　茶党运动(美国)
technological networks　技术网络
telephone　电话
televised sport　电视转播的体育节目
television　电视
　　and advertising　电视与广告
　　change in nature of　电视性质的变化
　　consumption statistics　电视消费统计数字
　　influence of　电视的影响
　　continuance as primary medium　电视仍然是首要的媒介
　　rituals of self-disclosure through　自我袒露的仪式
television debates and UK general election (2010)　电视辩论与英国选举
television news　电视新闻
Tenenboim-Weinblatt, Keren　凯伦·特伦波姆-韦因布拉特
terrorism　恐怖主义
Tescopoly.org　反垄断网站

Teurlings, Jan 让·图灵斯

Thevenot, Laurent 劳伦·泰弗诺

Thielmann, Trillistan 特里斯坦·希尔曼

Thompson, John 约翰·汤普森 viii

The Media and Modernity 《媒介与现代性》

Thrift, Nigel 奈杰尔·希利弗特

Thussu, Daya 达雅·屠苏

Tibet 西藏

Tilly, Charles 查尔斯·蒂利

Titchmarsh, Alan 艾伦·蒂施马奇

Tomlinson, Ian 伊恩·汤林森

Tomlinson, John 约翰·汤林森

torrent, media "媒介激流"

totalitarian regimes 极权主义政权

Trinidadian Facebook users 特立尼达脸谱用户

Trow, George 乔治·特洛

trust 信赖

trust networks

truth 真相,真理

Tunisia 突尼斯

Tunstall, Jeremy 杰里米·汤斯托尔

Turkey 土耳其

Turkle, Sherry 谢丽·塔克尔

Turner, Graeme 格雷厄姆·特纳

Turow, Joseph 约瑟夫·塔洛

TV Globo 环球电视台(巴西)

Twitter 推特

Uitermark, Justus 贾斯特斯·邬特马克

UK 英国
  battle to save local press and radio 拯救地方报纸和广播的斗争
  blogging 博客
  decline in newspaper readership 报纸读者数量的下降

  education policy　　教育政策
  general election（2010）　　大选（2010）
  journalistic cultures　　新闻文化
  and network news　　英国与网络新闻
  portrayal of crime by media　　媒体表现的犯罪
  propensity to vote　　投票倾向
  and radio　　英国与广播
  summer riots（2011）　　夏季动乱（2011）
  television viewing　　电视收视情况
UN Universal Declaration of Human Rights（1948）　　联合国人权宣言（1948）
United States　　美国
  blogging　　博客
  Christian right
  decline in newspaper readership　　报纸读者人数的下降
  internet penetration　　互联网的渗透
  journalism　　新闻业
  media rituals　　媒介仪式
  political engagement　　政治参与
  portrayal of crime by media　　媒体对犯罪的描绘
  and radio　　报纸与广播
  television viewing　　电视收视情况
  Web in　　互联网在美国
Uricchio, William　　威廉·乌里奇奥
Urry, John　　约翰·乌里
user-generated content　　"用户生成的内容"
Uses and Gratifications research　　使用和民族研究
Ushahidi website　　"见证网"

value-pluralism　　价值多元主义
Van Gogh, Theo　　西奥·梵高
Vaneigem, Raoul　　拉乌尔·瓦内让
Verizon　　韦利松
Video Nation　　视频英国

video-on-demand（VOD） 视频点播
violence 暴力
 and politics 暴力和政治
 symbolic 符号暴力
virtue of care 关爱的美德
virtue ethics 德性伦理
virtues, media-related 与媒介相关的美德
Voice of Charity "慈善之声"

Wacquant, Loic 洛伊奇·瓦昆特
Wagner, Peter 彼得·瓦格纳
Warhol, Andy 安迪·瓦霍尔
Weaver, W. 沃伦·韦弗
Web 2.0 2.0版互联网
Web Ecology Project 互联网生态研究项目
Weber, Brenda 布伦达·韦伯
Weber, Max 马克斯·韦伯
Wellman, Barry 巴里·韦尔曼
WENN 世界娱乐新闻网
Wife Swap 《换妻》
Wlkileaks 维基解密
Wlkipedia 维基百科
Williams, Bernard 贝尔纳·威廉斯
 Truth and Truthfulness 《真理与真相》
Williams, Raymond 雷蒙德·威廉斯
Winocur, Rosalia 罗莎莉娅·维诺克
Wittgenstein, Ludwig 路德维希·维特根斯坦
Wolff, Michael 迈克尔·沃尔夫
Wolin, Sheldon 谢尔登·沃林
Woods, Tiger 泰格·伍兹
workplace surveillance 工作场所的监视
world 世界
World Summits on the Information Society（WSIS） 信息社会世界峰会

World Trade Organization　　世界贸易组织
World Wide Web　　万维网
Wriston, Walter　　沃尔特·李斯顿
www.iwiw.hu　　匈牙利社交网

Xinran　　欣然(译音)

York, Duchess of　　约克郡公爵夫人
Young British Artists（YBA）　　英国青年艺术家
YouTube　　优视网
　　connecting of audiences across cultural borders　　跨越文化边界联系受众
　　as cultural archive　　作为文化档案库
　　and showing practices　　优视网与展示习惯做法
Yugoslavia, former　　前南斯拉夫

Zapatistas　　查帕蒂斯塔民族解放军
Zelizer, Barbie　　芭比·泽利扎
Zielinski, Siegfried　　西格弗里德·齐林斯基
Zimbabwe　　津巴布韦
Žižek, Slavoj　　斯拉沃伊·齐切克
Zolo, Danilo　　达尼洛·佐罗
Zuckerberg, Mark　　马克·扎克伯格

译 者 后 记

2013年上半年,我为人民大学出版社翻译《互联网的误读》,紧接着又为复旦大学出版社翻译了这本《媒介、社会与世界》。推动出版这两本书的编辑和朋友互不知情,却凑巧委托我完成译事。《误读》的作者是詹姆斯·柯兰(James Curran)、纳塔莉·芬顿(Natalie Fenton)和德斯·弗里德曼(Des Freedman),三人均执教于伦敦大学金匠学院。凑巧的是,《媒介、社会与世界》的作者尼克·库尔德利也在该校执教。

人民大学出版社的编辑翟江虹小姐与我有十年的书信往还,感谢她将《误读》托付给我,这本书能给我们的互联网狂热退退烧,其现实针对性极强。

香港中文大学的邱林川博士曾在伦敦大学金匠学院游学。感谢他为我和库尔德利教授牵线搭桥。《媒介、社会与世界》是媒介研究和媒介社会学的力作。

复旦大学出版社的章永宏先生为我敞开复旦"译库"的大门,今年又为我精心编辑自选集《夙兴集:闻道·播火·摆渡》,专此致谢。

何道宽
于深圳大学文化产业研究院
深圳大学传媒与文化发展研究中心
2013年6月26日

作 者 介 绍

尼克·库尔德利(Nick Couldry),英国传播学教授,执教于伦敦大学金匠学院,主攻文化研究、媒介研究和媒介社会学,继承并弘扬了英国文化研究的传统,旗帜鲜明地批判新自由主义,著有《媒介、社会与世界:社会理论与数字媒介实践》、《为何发声那么重要:新自由主义之后的文化与政治》、《媒介仪式:批判路径》、《洞察文化:文化研究方法的再想象》、《媒介权力的地位:媒介时代的朝觐者和目击者》、《超越回声的聆听:不稳定世界里的媒介、伦理和中介》、《全球时代的媒介事件》(合著)、《媒介消费与公共参与:超越注意力的预设》(合著)等。

译 者 介 绍

何道宽，深圳大学英语及传播学教授、政府津贴专家、资深翻译家，曾任中国跨文化交际研究会副会长，现任中国传播学会副理事长、深圳市翻译协会高级顾问，从事文化学、人类学、传播学研究30余年，著作和译作50余种，逾1 500万字。著作有《凤兴集：闻道・播火・摆渡》、《中华文明撷要》（汉英双语版）、《创意导游》（英文版）。电视教学片有《实用英语语音》。译作50来种，要者有：《思维的训练》、《文化树》、《理解媒介》、《麦克卢汉精粹》、《数字麦克卢汉：信息化新纪元指南》、《交流的无奈》、《麦克卢汉：媒介及信使》、《思想无羁》、《传播的偏向》、《帝国与传播》、《手机》、《真实空间》、《麦克卢汉书简》、《传播与社会影响》、《新政治文化》、《麦克卢汉如是说》、《媒介环境学》、《技术垄断》、《模仿律》、《莱文森精粹》、《游戏的人》、《与社会学同游》、《伊拉斯谟传》、《中世纪的秋天》、《口语文化与书面文化》、《传播学批判研究》、《重新思考文化政策》、《17世纪的荷兰文明》、《裸猿》、《人类动物园》、《亲密行为》、《作为变革动因的印刷机》、《超越文化》、《无声的语言》、《传播学概论》（施拉姆）、《新新媒介》、《软利器》、《理解媒介》（增订评注本）、《迫害、灭绝与文学》、《菊与刀》、《理解新媒介：延伸麦克卢汉》、《字母表效应》、《变化中的时间观念》（汉英双语版）、《传播的偏向》（汉英双语版）、《帝国与传播》（汉英双语版）、《传播的结构与功能》（汉英双语版）、《文化对话：跨文化传播导论》、《互联网的误读》、《媒介、社会与世界》等。长期在学术报刊上发表一系列专业论文，要者有《介绍一门新兴学科——跨文化的交际》、《比较文化之我见》、《文化在外语教学中的地位》、《中国文化深层结构中崇"二"的心理定势》、《试论中国人的隐私》、《论美国文化的显著特征》、《论非言语交际》、《比较文化的新局面》、《水向高处流》、《媒介即是文化——麦克卢汉媒介思想述评》、《麦克卢汉在中国》、《和而不同息纷争》、《媒介革命与学习革命》、《多伦多传播学派的双星：伊尼斯与麦克卢汉》、《天书能读：麦克卢汉的现代诠释》、《麦克卢汉的学术转向》、《我们为什么离不开纸媒体和深度阅读》、《异军突起的第三学派——媒介环境学评论之一》、《游戏、文化和文化史——〈游戏的人〉给当代学者的启示》、《破解史诗和口头传统之谜:〈口语文化与书面文化〉评析》、《麦克卢汉的昨天、今天和明天:纪念麦克卢汉百年诞辰》、《麦克卢汉:媒介理论的播种者和解放者》、《莱文森:数字时代的麦克卢汉,立体型的多面手》等。

图书在版编目(CIP)数据

媒介、社会与世界:社会理论与数字媒介实践/[英]库尔德利(Couldry, N.)著;何道宽译.
—上海:复旦大学出版社,2014.5(2024.1重印)
(复旦新闻与传播学译库.新媒体系列)
书名原文:Media, society, world: social theory and digital media practice
ISBN 978-7-309-10438-7

Ⅰ.媒… Ⅱ.①库…②何… Ⅲ.传播媒介-研究 Ⅳ.G206.2

中国版本图书馆CIP数据核字(2014)第047930号

上海市版权局著作权合同登记图字:09-2012-830
This edition is published by arrangement with Polity Press Ltd., Cambridge.
英国政体出版社许可本书由中国上海复旦大学出版社独家发行。
All rights reserved.

媒介、社会与世界:社会理论与数字媒介实践
[英]库尔德利(Couldry, N.) 著 何道宽 译
责任编辑/章永宏

复旦大学出版社有限公司出版发行
上海市国权路579号 邮编:200433
网址:fupnet@fudanpress.com http://www.fudanpress.com
门市零售:86-21-65102580 团体订购:86-21-65104505
出版部电话:86-21-65642845
江苏句容市排印厂

开本787毫米×960毫米 1/16 印张21.25 字数362千字
2014年5月第1版
2024年1月第1版第5次印刷

ISBN 978-7-309-10438-7/G·1278
定价:49.00元

如有印装质量问题,请向复旦大学出版社有限公司出版部调换。
版权所有 侵权必究